지난 세기 삼위일체론의 르네상스는 그리스도교 신학에 새로운 활력을 불어넣었다. 특히 삼위일체론의 부흥은 그리스도론 중심의 신학 전통에 중대한 수정을 가하면서, 신과 세계에 대한 신선한 통찰을 가져다주었다. 위르겐 몰트만은 이러한 신학적 발전에 결정적 공헌을 한 대표적인 신학자 중 한 사람이다. 몰트만의 삼위일체 신학과 비판적 대화를 시도한 현대 신학자들의 글을 모은 이 책은, 삼위일체론을 둘러싼 보다 최근의 논의가 인간론, 과학과 신학의 대화, 교회 일치, 종교 간 대화, 젠더 연구, 예배학 등 다양한 분야에서 얼마나 풍성하게 전개되고 있는지 잘 보여준다. 이 책을 읽는 독자는 그리스도교 신학이 단순히 사변적 교리를 다루는 학문에 그치지 않고 우리가 발 딛고 사는 이 땅의 현실에 적극적으로 응답하는 실천적 학문이라는 사실을 분명히 깨닫게 될 것이다.

김정형 연세대학교 연합신학대학원 부교수

본서는 기념논문집의 진수를 잘 보여준다. 몰트만은 칼 바르트와 칼 라너 등이 전개한 20세기의 삼위일체론의 부흥에 잇대어 그 지경을 그들보다 더 넓혔다. 이 기념논문집은 그렇게 넓혀진 다양한 지경을 천착하는 여러 신학자들이 그의 신학을 호평하면서도 비판하고 제언하는 흥미진진한 책이다. 기고자들은 삼위일체론의 관점에서 몰트만과 대화하면서 과학, 종교, 성 평등, 정의, 교부학 등에 새롭게 접근하고 삼위일체론과 그 해석의 지평을 넓히려고 시도한다. 굳이 몰트만이나 기고자들의 신학적 입장에 다 동의할 필요는 없으나 다만 창조와 십자가와 종말을 이루시는 삼위 하나님과 그 사역의 넓이와 높이와 깊이를 맛보기를 기대한다. 본서는 한국교회와 신학도 이런 안목을 가지고 교회와 세상과 모든 피조물을 존중하고 개혁하며 가꿀 수 있는 신학적 성숙을 향하여 나갈 것을 도전한다.

유해무 고려신학대학원 은퇴 교수

삼위일체 하나님이 어떤 분이시며 어떤 일을 하시는지에 대해 많은 신학자들이 지금도 논의를 하고 있다. 삼위일체론은 어제나 오늘이나 완전히 이해될 수 없는 신비를 다루기 때문이다. 이 책은 위르겐 몰트만 출생 80주년을 기념하여 그의 삼위일체론을 집중 탐구하는 신학자들의 논의를 담고 있다. 삼위일체론 자체, 삼위일체론의 역사, 기독교 삼위일체론과 유대교, 동방 정교회, 이슬람의 신론의 비교, 삼위일체론의 실천신학적 적용 등을 차례로 담고 있기에 오늘날 삼위일체론 논의 전체를 파악하는 데 도움을 주는 책이다. 다양한 학자들의 견해를 담고 있지만 몰트만의 삼위일체론을 초점으로 삼는다는 점에서 일관성을 유지하고 있다 볼 수 있다. 삼위일체 하나님의 신비를 조금이나마 더 알고 싶은 독자에게 유용하다.

이경직 백석대학교 교수

삼위일체는 하나님의 삶의 신비와 생명의 역동성을 드러내는 기독교의 풍요로운 유산이다. 위르겐 몰트만의 사회적 삼위일체론은 그 신비와 생명의 관계성을 선구적으로 확장해 낸 20세기 개신교 신학의 참신한 성과다. 그의 신학은 한국 신학의 형성에도 크게 기여했다. 영미 신학자 18명이 위르겐 몰트만의 새로운 삼위일체의 신학을 비판적으로 재해석하며 그 지평을 더욱 확장한다. 저자들은 몰트만이라는 거인의 어깨에 올라서서 더 넓게 하나님의 흔적들(vestigia Dei)을 탐색한다. 이 책에는 살아있는 삼위일체 하나님의 다성부 화음과 그 반향이 담겨 있다. 하나님의 은혜, 예수 그리스도의 사랑, 성령의 인도 안에 있는 독자들에게 이 책은 삼위일체 하나님의 풍요로운 삶을 제공할 것이다.

전 철 한신대학교 신학대학원 교수

이 책은 2006년도에 몰트만의 80회 생일을 기념하여 출판된 책이지만 아직도 그 적실성이 매우 크고 유효하다고 할 수 있다. 그 이유는 바로 21세기 신학 전반을 주도하는 주요 주제로서 삼위일체론이 모든 논의의 중심에 있기 때문이다. 아울러 현재 영미 신학계의 영향력 있는 18명의 신학 교수들의 글쓰기를 맛볼 수 있는 것도 이 책의 묘미다. 전통적 삼위일체론에 대한 창의적이고 확장적인 재해석을 통해 이 교리의 지평을 넓힌 몰트만의 신학적 접근은 그 입장에 동의하는지의 여부를 떠나 그 자체로서 매우 흥미롭고 매력적이며 연구할 가치가 충분히 있다. 더구나 이 책은 삼위일체 교리를 인간, 경제, 생명, 자연, 과학, 종교 신학, 성령론, 젠더 및 교부 신학에 이르는 다양한 이슈들에 적용하면서 그 연관성을 심도 있게 보여주어서 진지한 독자들의 시야를 확실히 넓혀 줄 수 있을 것이다. 오늘의 상황에 맞게 신학을 연구하며 실천하고자 고민하는 모든 이들에게 일독을 추천하는 바이다.

한상화 아신대학교 교수

GOD'S LIFE IN TRINITY

Miroslav Volf and Michael Welker, editors

삼위일체로 존재하는 하나님의 삶

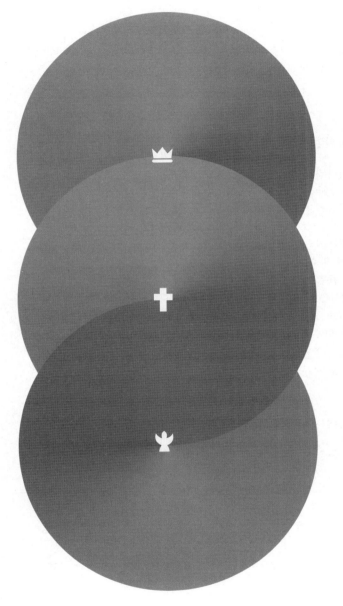

미로슬라브 볼프·미하엘 벨커 편집

김석권·백충현·정대경 옮김

GOD'S LIFE IN TRINITY

새물결플러스

목차

저자와 편집자 소개

낸시 엘리자베스 베드포드(Nancy Elizabeth Bedford). 아르헨티나 코모도로 리바다비아에서 태어났다. 1989년부터 1994년까지 튀빙겐 대학교에서 공부하면서 위르겐 몰트만의 지도하에 신학 박사학위를 취득했다. 가장 최근 저서로 메르세데스 가르시아 바흐만(Mercedes García Bachmann)과 마리사 스트리찌(Marisa Strizzi)와 함께 공동 편집한 『만남의 장소들』(*Puntos de Encuentro*, Buenos Aires: ISEDET, 2005)이 있다. 이 책은 여러 학문 분야에 걸쳐 라틴아메리카의 관점으로 페미니스트 이론과 신학을 탐구한다. 그녀는 미국 에번스턴 소재 게렛 복음주의 신학교에서 응용신학 조지아 하크니스 교수로 가르치고 있으며 아르헨티나의 부에노스아이레스 소재 ISEDET 대학교 연구소에서 비상임 특별교수로 활동하고 있다.

사라 A. 코클리(Sarah A. Coakley). 하버드 신학대학원 에드워드 맬린크로트 교수로서 조직신학, 종교철학, 젠더 이론 및 페미니스트 신학, 기독교 영성사를 가르치고 있다. 1993년에 하버드 대학교로 옮기기 전 영국 랭커스터 대학교 및 옥스퍼드 대학교 오리엘 대학에서 가르쳤다. 저서로는 『절대성 없는 그리스도: 에른스트 트뢸취의 기독론 연구』(*Christ without Absolutes: A Study of the Christology of Ernst Tröltsch*, 1988), 『권력과 복종: 영성, 철학, 젠더』(*Powers and Submissions: Spirituality, Philosophy, and Gender*, 2002), 『니사의 그레고리오스 재고찰』(*Re-Thinking Gregory of Nyssa*, 편집인, 2003) 등이 있다. 조직신학의 첫 번째 책은 『하나님, 성(性), 자아: '삼위일체론'』(*God, Sexuality and the Self: An Essay 'On the Trinity'*, 2006)이다. 최근에는 템플턴 재단으로부터 2백만 달러의 연구비를 받아 마틴 노박 교수와 함께 하버드 대학교에서 신학과 진화생물학에 관한 논의를 진행하고 있다.

니콜라스 콘스타스(Nicholas Constas). 미국 워싱턴 D.C. 소재 아메리카가톨릭 대학교에서 교부학으로 박사학위를 취득했다. 홀리크로스 그리스 정교회 신학교(1993-1998)

와 하버드 신학대학원(1998-2004)에서 교부학과 정교회 신학 분야의 대학원 과정을 가르쳤다. 저서로『콘스탄티노플의 프로클로스와 고대 후기의 동정녀 숭배』(*Proclus of Constantinople and the Cult of the Virgin in Late Antiquity*, 2003)가 있으며, 「하버드 신학 리뷰」(*Harvard Theological Review*), 「초기 기독교 연구 저널」(*The Journal of Early Christian Studies*), 「덤바튼 오크스 페이퍼스」(*Dumbarton Oaks Papers*)를 비롯한 여러 학술지에 다수의 논문을 게재했다. 현재 그리스에서 살고 있다.

하비 G. 콕스 주니어(Harvey G. Cox, Jr.). 미국에서 가장 오래된 석좌교수직인 홀리스 신학 교수(Hollis Professor of Divinity)를 맡고 있다. 그의 책『세속도시: 현대 문명과 세속화에 대한 신학적 전망』(*The Secular City*[문예출판사 역간])이 세계적인 베스트셀러가 된 1965년 이후로 하버드 대학교에서 가르치고 있다. 그가 쓴『바보들의 축제』(*Feast of Fools*, 1969)는 전미 도서상(National Book Prize)을 수상했다. 『여러 처소: 기독교와 타종교의 만남』(*Many Mansions: A Christian's Encounters with Other Faiths*, 1998)과 『하늘에서 내린 불』(*Fire from Heaven*, 1995) 등의 다른 저서들에서 오순절 운동의 세계적 성장을 추적했다. 그는 도시화, 세계 기독교의 신학적 발전, 유대교와 기독교 사이의 관계, 오늘날의 영성 운동들(특히 남미와 아시아)에 관심을 보이고 있으며, 현재 기독교의 이슬람 해석사에 관한 연구 프로젝트를 수행 중이다. 그의 가장 최근작은 『예수 하버드에 오다』(*When Jesus Came to Harvard: Making Moral Choices Today*, 2004[문예출판사 역간])이다.

데이비드 퍼거슨(David Fergusson). 에딘버러 대학교 신학 교수이며, 그 이전에는 애버딘 대학교에서 조직신학 교수로 활동했다(1990-2000). 저서로는『우주와 창조주』(*The Cosmos and the Creator*, 1998), 『교회, 국가, 시민사회』(*Church, State and Civil Society*, 2004)가 있다. 2000년부터 2002년까지 신학 연구회(Society for the Study of Theology) 회장으로 활동했다.

데이비드 H. 켈시(David H. Kelsey). 해버퍼드 칼리지, 예일 신학대학원, 예일 대학원을 졸업했다. 다트머스 칼리지와 예일 신학대학원에서 가르쳤고 예일 신학대학원의 루터 바이글 명예 신학 교수다. 저서로는 신학교육에 관한 영향력 있는 책들을 비롯하여『폴 틸리히의 신학 구조』(*The Fabric of Paul Tillich's Theology*, 1967), 『교리 증명하기: 최근 신학에서의 성경 사용』(*Proving Doctrine: Uses of Scripture in Recent Theology*, 2d ed. 1999)이 있으며, 가장 최근에는 『구속 상상하기』(*Imagining Redemption*, 2005)를 저술했다. 신학적 인류학에 관한 책 집필을 거의 마쳤다.

M. 더글러스 믹스(M. Douglas Meeks). 미국 내슈빌 소재 밴더빌트 대학교 신학대학원의 칼 터너 신학과 웨슬리학 챈슬러 교수다. 그 이전에는 워싱턴 D.C. 소재 웨슬리 신학교의 학장으로 활동했다. 가장 초기 저서인 『희망의 신학의 기원』(*Origins of the Theology of Hope*, 1974)부터 시작하여 『경제학자 하나님: 하나님에 관한 교리와 정치적 경제』(*God the Economist: The Doctrine of God and Political Economy*, 1989)를 거쳐 『삼위일체, 공동체, 권력: 웨슬리 신학의 궤적 지도 그리기』(*Trinity, Community and Power: Mapping Trajectories in Wesleyan Theology*, ed., 2004)에 이르기까지 조직신학, 웨슬리 신학, 종교와 현대인의 삶의 만남에 관한 주제들을 탐구했다.

다니엘 L. 밀리오리(Daniel L. Migliore). 프린스턴 신학교의 찰스 하지 조직신학 교수다. 저서로는 『자유로의 부르심: 해방신학과 기독교 교리의 미래』(*Called to Freedom: Liberation Theology and the Future of Christian Doctrine*, 1980), 『기독교 조직신학 개론: 이해를 추구하는 신앙』(*Faith Seeking Understanding: An Introduction to Christian Theology*, 2nd ed., 2004[새물결플러스 역간]), 『라헬의 외침: 탄식의 기도와 희망의 재탄생』(*Rachel's Cry: Prayer of Lament and Rebirth of Hope*, 캐슬린 빌만과 공저, 1999)이 있다.

제럴드 오콜린스, SJ(Gerald O'Collins, SJ). 호주 멜버른에서 태어났고 1968년에 영국 케임브리지 대학교에서 박사학위를 받았다. 1974년 이후로 로마 교황청의 그레고리오 대학교에서 가르쳤으며 신학부 학장을 역임했다(1985-1991). 단독 또는 공동으로 수백 편의 논문과 44권의 책을 저술했다. 최근 저서로 일련의 학제 간 심포지엄의 결과물인(스티븐 데이비스[Stephen T. Davis]와 다니엘 켄달[Daniel Kendall]과 공동 편집) 『부활』(*Resurrection*, 1997), 『삼위일체』(*Trinity*, 1999), 『성육신』(*Incarnation*, 2002), 『구속』(*Redemption*, 2004)이 있으며, 공동 저술로 『가톨리시즘: 가톨릭 기독교 이야기』(*Catholicism: The Story of Cahtolic*

Christianity, 마리오 파루지아[Mario Farrugia]와 공저, 2003)가 있다.

존 폴킹혼(John Polkinghorne). 케임브리지 퀸스 칼리지의 학장을 역임했고 현재는 펠로우로 활동하고 있으며 왕립학회 회원이다. 이전에 수리물리학 교수였으며 현재 영국 성공회의 서품 받은 사제로서의 활동도 하고 있다. 1997년에 작위를 받았다. 종교와 과학 분야에서 선구적인 그의 많은 저서로는 『양자 세계』(*The Quantum World*, 1985), 『이성과 실재』(*Reason and Reality*, 1991), 『물리학자의 신앙』(*The Faith of a Physicist*, 1996), 『과학과 신학: 입문』(*Science and Theology: An Introduction*, 1998) 등이 있다. 가장 최근 저서로는 『실재 탐구: 과학과 종교의 뒤얽힘』(*Exploring Reality: The Intertwining of Science and Religion*, 2006)이 있다.

필립 J. 로사토(Philip J. Rosato). 필라델피아에서 태어났고 포덤 대학교에서 고전 언어와 철학을 공부했으며 튀빙겐 소재 에버하르트 카를 대학교에서 발터 카스퍼의 지도하에 박사학위를 취득했다. 1979년부터 2004년까지 로마 교황청 그레고리오 대학교에서 조직신학을 강의했다. 현재 필라델피아 소재 세인트 조지프 대학교 신학과에서 활동하고 있다. 저서로 『주님으로서의 영: 칼 바르트의 성령론』(*The Spirit as the Lord: The Pneumatology of Karl Barth*, 1981), 『성례 신학 입문』(*Introduction to the Theology of the Sacraments*, 1992), 『성만찬과 사회적 사랑』(*The Lord's Supper and Social Love*, 1994)이 있다.

윌리엄 슈바이커(William Schweiker). 시카고 대학교 신학적 윤리학 교수다. 다수의 책을 저술했는데 가장 최근의 저서로는 『신학적 윤리학과 국제역학: 여러 세상의 시대에서』(*Theological Ethics and Global Dynamics: In the Time of Many Worlds*, 2004)가 있다. 기념비적인 저작인 『종교 윤리학에 대한 블랙웰 개요 시리즈』(*Blackwell Companion to Religious Ethics*, 2005)의 편집인이기도 하다. 그의 저작은 국제역학, 비교윤리학, 확고한 종교적 인본주의의 가능성에 관심을 기울이는 신학적·윤리적 질문들을 다룬다. 상을 받은 저술가이자 유명 강연자이며 미국 감리교에서 안수받은 목회자다.

더크 J. 스미트(Dirk J. Smit). 남아프리카공화국의 스텔렌보스 대학교 신학부의 조직신학 및 윤리학 교수다. 다작 작가인 그는 80편 이상의 학술 논문을 저술했다. 미국 버클리의

연합신학대학원(GTU), 듀크 대학교, 프린스턴 신학교, 독일 하이델베르크 대학교의 초
빙 교수로 활동했다. 개혁교회 전통에 서 있는 그는 지역교회 및 에큐메니컬 교회 활동
에도 참여한다. 그의 현재 연구는 교회론과 세계화를 다룬다.

브라이언 D. 스핑크스(Bryan D. Spinks). 예일 신학대학원과 예일 교회음악원의 예전학 교
수이자 예전 프로그램 책임자다. 영국 성공회 사제인 그는 예일 대학교로 오기 전에 케
임브리지 대학교의 신학부에서 예전을 가르쳤다. 1986년부터 2000년까지 영국 성공
회 예전위원회에서 활동했고 영국 성공회의 새로운 예전인 『공동예배서 2000』(*Common
Worship 2000*)의 편찬에 참여했다. 세례 의식 및 신학에 관한 그의 저작은 2006년에 두 권
의 책으로 출판되었다. 그는 현재 이성의 시대에서의 예배 및 성례 신학에 관해 집필하
고 있다.

로널드 F. 씨먼(Ronald F. Thiemann). 1986년 이후 하버드 대학교에서 신학 및 종교와 사회
분야 교수로 활동하고 있다. 처음에는 신학대학원의 학장으로 활동했으며(1986-98) 이
후로는 현재의 교수직을 수행하고 있다. 또한 존 에프 케네디 대학원의 공적 리더십 센
터 펠로우 교수로 활동하고 있다. 안수받은 루터교 목회자이며 공적 삶에서의 종교의
역할에 관한 전문가다. 저서로는 『계시와 신학: 이야기된 약속으로서의 복음』(*Revelation
and Theology: The Gospel as Narrated Promise*, 1985), 『공적 신학 구성하기: 다원적 문화 안에서
의 교회』(*Constructing a Public Theology: The Church in a Pluralistic Culture*, 1991), 『공적 삶에서
의 종교: 민주주의에 대한 딜레마』(*Religion in Public Life: A Dilemma for Democracy*, 1996)가 있
다. 그는 『누가 공급할 것인가? 미국의 사회적 복지에서 변화하는 종교의 역할』(*Who Will
Provide? The Changing Role of Religion in American Social Welfare*, 2000)의 편집자이기도 하다. 현재
『양심의 포로들: 위기의 시기의 공적 지식인들』(*Prisoners of Conscience: Public Intellectuals in a
Time of Crisis*)이라는 제목의 책을 집필하고 있다. 그는 하버드 대학교로 옮기기 전에 해버
퍼드 칼리지에서 10년 동안 가르쳤으며 그곳에서 교무처장 대행과 총장 대행으로 활동
했다.

미로슬라브 볼프(Miroslav Volf). 예일 신학대학원의 헨리 B. 라이트 조직신학 교수다. 크로아티아 출생인 그는 미국 장로교와 크로아티아 복음주의 교회의 회원이다. 10여 년 동안 국제적인 에큐메니컬 대화, 특히 바티칸 기독교 일치 위원회와의 대화에 관여했다. 그의 저작으로는 『성령 안에서의 일: 일의 신학을 향하여』(*Work in the Spirit: Toward a Theology of Work*, 1991), 『배제와 포용: 동일성, 타자성, 화해에 대한 신학적 탐구』(*Exclusion and Embrace: A Theological Exploration of Identity, Otherness, and Reconciliation*, 1996), 『삼위일체와 교회』(*After Our Likeness: The Church as the Image of the Trinity*, 1998, 새물결플러스 역간)가 있으며 가장 최근의 저술로는 『값없이 주심: 은혜가 없는 문화에서의 베풂과 용서』(*Free of Charge: Giving and Forgiving in a Culture Stripped of Grace*, 2005)가 있다.

존 웹스터(John Webster). 애버딘 대학교의 조직신학 교수다. 케임브리지 대학교에서 신학을 공부한 뒤 더럼 대학교, 토론토 대학교, 옥스퍼드 대학교에서 가르치다 현재의 자리로 옮겼다. 그는 현대 독일 신학, 특히 칼 바르트와 에버하르트 윙엘의 저작에 관해서 및 기독교 교의학과 윤리학의 주제들에 관해 광범위하게 저술했다. 최근 저서로는 『말씀과 교회』(*Word and Church*, 2001), 『성경』(*Holy Scripture*, 2003), 『하나님 고백하기』(*Confessing God*, 2005), 『바르트의 초기 신학』(*Barth's Earlier Theology*, 2005)이 있다. 그는 「국제 조직신학 저널」(*International Journal of Systematic Theology*)의 편집장이며 에딘버러 왕립학회의 펠로우다.

미하엘 벨커(Michael Welker). 독일 하이델베르크 대학교의 조직신학 교수이며 국제 과학 포럼 이사다. 그의 조직신학 저작은 성경신학의 통찰과 현대 과학 및 문화에 관한 성찰을 통합한다. 그는 북미에서 자주 강연하며 프린스턴 신학교, 맥매스터 대학교, 하버드 대학교, 시카고 대학교에서 가르쳤다. 영어로 출판된 그의 주요 저서로는 『성령 하나님』(*God the Spirit*, 1994), 『창조와 실재』(*Creation and Reality*, 1999), 『성만찬에서 무슨 일이 일어나는가?』(*What Happens in Holy Communion?*, 2000)가 있으며, 존 폴킹혼과 함께 쓴 『세상의 종말과 신의 종말』(*The End of the World and the Ends of God*, 2000), 『살아 계신 하나님에 대한 신앙』(*Faith in the Living God*, 2001)이 있다.

니콜라스 월터스토프(Nicholas Wolterstorff). 미국 예일 대학교의 노아 포터 철학적 신학 명예교수이며 버클리 칼리지의 펠로우다. 캘빈 칼리지에서 석사 학위를 취득했고 1956년에 하버드 대학교에서 철학 박사학위를 받았다. 캘빈 칼리지에서 30년 동안 가르친 후 예일 대학교 신학대학원에 합류했다. 미국철학협회(중앙지부)와 기독교철학자협회의 회장을 역임했다. 옥스퍼드에서 윌드 강연을 했고, 세인트 앤드루스에서 기포드 강연을 했으며, 프린스턴 신학교에서 스톤 강연을 했다. 가장 최근의 저서들로는 『신적 담화』(*Divine Discourse*, 1995), 『존 로크와 믿음의 윤리』(*John Locke and the Ethics of Belief*, 1996), 『토머스 리드와 인식론 이야기』(*Thomas Reid and the Story of Epistemology*, 2001), 『삶을 위한 교육』(*Education for Life*, 2002), 『샬롬을 위한 교육』(*Education for Shalom*, 2004)이 있다. 현재 정의에 관한 연구를 수행하고 있다.

서문

아마도 지난 세기의 기독교 신학에서 삼위일체에 대한 우리의 이해만큼 집중적이고 생산적인 작업이 이루어진 분야는 없을 것이다. 이 책에서 전 세계의 신학자들은 하나님의 삼위일체적 삶에 대한 우리의 이해를 진척시키기 위해 노력한다. 이는 특히 2006년 4월 8일 위르겐 몰트만(Jürgen Moltmann)의 80회 생일을 맞이해서 그의 현저한 공헌을 다루고 확장하는 작업을 통해 이루어졌다.

위르겐 몰트만은 칼 바르트(Kartl Barth), 디트리히 본회퍼(Dietrich Bonhoeffer), 폴 틸리히(Paul Tillich) 이후 20세기에 다른 어떤 개신교 신학자보다 많은 국제적인 신학적 대화를 이끌어냈다. 지난 수십 년 동안 그의 사상의 힘과 매력은 전 세계적인 인정을 받아왔는데, 그의 신학에 관해 쓴 박사학위 논문이 2백 편 넘게 나왔고 그에게 명예박사학위 열한 개 외에 수많은 영예와 상이 수여되었다.

몰트만의 『희망의 신학』(*Theology of Hope*, 1965, 영어번역 1967, 대한기독교서회 역간)은 2005년에 독일에서 15쇄를 기록했으며, 20세기 전반기에 나온 칼 바르트의 로마서 주석에 필적하는 영향을 20세기 하반기에 끼쳤다. 이 책은 새로운 형태의 신학 사상에 대한 열정적인 시도였으며 열광과 논쟁을 모두 불러일으켰다. 몰트만이 요한 밥티스트 메츠(Johann Baptist Metz) 등과 함께 발전시킨 분야인 "정치신학"의 저술들은 철의 장막을 넘나드는 다면적 교환을 낳았고 그 계기를 마련해주었다. 헤겔 좌파와 신마르크스주의 사상의 활기가 넘치던 시기에 몰트만은 슈바벤 지역의 목회자들에게 모스크

바에 충실한 신학자라고 비판받았다. 역설적으로 몰트만은 동구권의 몇몇 국가에서 강연을 금지당하기도 했다. 되돌아보면 그의 신학의 이런 형식은 정통 마르크스주의에 대한 효과적인 비판이었으며 냉전을 양극화하려는 전사들에게보다는 베를린 장벽의 붕괴에 더 많이 공헌했음이 분명하다.

다음으로 의미 있는 신학적 자극은 몰트만의 책 『십자가에 달리신 하나님』(*The Crucified God*, 1973, 영어번역 1974, 대한기독교서회 역간)으로부터 나왔다. 이 책은—『희망의 신학』과 함께—남미와 다른 지역들에서 다양한 방식으로 해방신학에 영향을 끼쳤다. 이 책으로 인해 몰트만은 다양한 반응을 직면하고 그에 응답해야 했다. 상황적 해방신학을 증진하려는 그의 시도는 한편으로는 우호적으로 수용되었지만 다른 일부 신학자들의 비우호적인 거리 두기에 직면하기도 했다. 현대의 경향에 비판적인 신학을 충분히 신학적이지 않다고 생각하는 사람들이 있었고, 충분히 비판적이지 않다고 생각하는 사람도 있었으며, 충분히 시의적절하지 않다고 생각하는 사람도 있었다.

그러나 발견에 대한 위르겐 몰트만의 신학적 열정과 기쁨은 심지어 논쟁과 반대의 한가운데서도 꺾이지 않았다. 다음으로 중요한 몰트만의 업적은 삼위일체 관련 저작들, 특히 그의 『삼위일체와 하나님의 나라』(*The Trinity and the Kindgom*, 1980, 영어번역 1981, 대한기독교서회 역간)였다. 이 책에서 몰트만은 동방 정교회 신학자들, 특히 그리스와 루마니아에 있는 신학자들과의 대화를 강화하려는 시도에서 신론에 대한 새로운 통찰을 탐구했다.

본서의 기고자들은 이런 마지막 흐름의 몰트만 사상에 기반을 두고 있다. 즉 거의 모든 글이 삼위일체 신학과 신론에 집중한다. 본서는 4부로 나누어진다. 1부 "삼위일체와 인간"은 하나님의 삼위일체적 삶과 근대성의 몇몇 사상적 패턴 및 실천 간의 만남을 탐구한다. 2부 "삼위일체와 종교 전통"은 삼위일체 교리가 오늘날의 몇몇 중심적인 교회 및 종교 간 문제들에 미치는 영향을 검토한다. 3부 "삼위일체와 신론"은 하나님의 내적인 삶과 이것이 세계의 삶에 미치는 영향에 관한 교의적 성찰을 포함한다. 마지막으로 4부 "삼위일체와 역사신학"은 기독교 전통이 오늘날의 삼위일체적 사유에 제공하는 자원들을 비판적으로 탐구하는 데 집중한다.

　　본서가 출판되는 것과 같은 시기에, 비슷한 책이 독일의 귀터스로어 출판사를 통해 출판된다. 독일어로 쓰인『삼위일체로서의 살아 계신 하나님』(Der lebendige Gott als Trinität)의 1부는 고전적 교의학, 성경신학, 신학적 윤리학, 비교종교학의 관점에서 "하나님의 자기계시와 삼위일체 교리"라는 주제를 다룬다. 2부는 "성경, 신조, 교리적 발전에서의 삼위일체 교리"라는 주제를 조직신학 및 성경신학의 관점으로 다룬다. 이 논문들은 모범적인 방식으로 신학의 최근 역사에서의 특정한 발전에 관해 설명해준다. 3부는 "유대교 신학과 기독교 삼위일체 교리"라는 제목하에 신론과 관련하여 교회와 이스라엘 사이의 대화를 위한 기초와 현대의 도전들을 검토한다. 4부는 "에큐메니컬 및 종교 간 대화에서의 삼위일체"에 대한 도전을 고찰하는데, 특히 동방 정교회 및 이슬람과의 대화에 중점을 둔다. 마지막 부분("삼위일체, 교회론, 영성")은 포스트모던 사회에서의 예배 및 공동체 정신이라는 주제와 세례, 영성, 설교에 대한 신학에서 삼위일체 교리가 가지는 적실성에 대한 조직신학 및 실천신학의 기여를 포함한다. 이에 대한 더 많은 정보는 본서의 마지막 쪽에 실려 있다(우리말 번역서에서는 독일어로 된 해당 페이지를 포함시키지 않았음).

　　독일 쪽에서 작업한 토비아스 하넬과 볼프람 랑파페에게 진심으로 감사한다. 특별히 출판을 위한 글을 준비하는 동안 집중적인 도움을 제공해준 하이케 슈프링하르트에게 감사한다. 미국 쪽에서 출판을 위한 원고들을 준비해준 로즈-앤 무어에게도 특별한 고마움을 전한다.

　　귀터스로어 출판사와 포트리스 출판사의 좋은 관계, 특히 디트리히 쉬티인과 마이클 웨스트의 좋은 관계 덕분에 출판사들과의 유쾌한 협력이 가능했을 뿐만 아니라 이 두 권의 기념논문집(*Fetschrift*) 사이의 미학적·주제적 유사성도 가능했다. 이 점에 대해서도 감사한다.

1부 삼위일체와 인간

1장

하나님처럼 되기

삼위일체와 베풂

미로슬라브 볼프

유사성

삼위일체 하나님이 기독교 순례의 시작과 끝, 따라서 기독교 신앙의 중심에 위치한다는 것은 분명하지만 진부하지 않다. 그리스도인들은 성삼위의 이름으로 잠긴 세례의 물 밖으로 나올 때 태어난다. 부활이라는 마지막 문턱과 순례가 끝나는 최후 심판을 건넌 후, 존귀한 신적 존재의 "깊고 밝은 본질 안에서" 그리스도인들은 단테의 『신곡』(Divine Comedy)에 등장하는 표현처럼 "다른 색상들"이지만 "같은 차원"에 속하는 회전하는 원 세 개를 바라보고 깨닫게 될 것이다.[1]

삼위일체 하나님이 기독교 순례의 시작과 끝, 따라서 순례의 전 과정과 관련되는 방식은 대략 하나님이 경주장을 세우고 인간에게 일련의 규정들을 준 다음에 경주하라고 명령한다고 상상될 수 있다. 하나님은 결승선에서 기다리다가 인간이 얼마나 잘 수행했는지를 평가한다. 이 시나리오에서 하나님의 본성은 기독교 순례의 성격과는 다소 무관할 것이다. 하나님이 누구인지가 아니라 하나님이 무엇을 요구하는지가 중요할 것이다. 또는 하나님이 누구인지는 하나님이 무엇을 요구하는지에 영향을 미치는 정도만큼만 중요할 것이다. 하나님이 삼위일체인지 아닌지는 직접적인 관련이 없을 것이다.

그러나 그리스도인들은 그들의 순례의 시작과 끝으로서의 하나님을 이런 방식으로 생각하지 않았다. 단지 하나님의 명령이 아니라 하나님이라는 존재의 본성이 그리스도인의 시작과 끝의 특성에 필수적이다. 삼위

----

1   Dante Alighieri, *The Divine Comedy: Paradiso*, trans. Allen Mandelbaum (New York: Alfred A. Knopf, 1995), canto xxxiii, 540.

일체 하나님의 이름 **안으로** 받는 세례가 증명하듯이 기독교 순례의 시작은 단지 하나님의 명령에 응답하는 것이 아니라 삼위일체 하나님과의 친교(communion) 안으로 들어가는 것을 의미한다. 기독교 순례의 끝은 단지 지상의 임무를 완수했다는 것이 아니라 삼위일체 하나님과의 완벽한 친교 안으로 들어가는 것을 의미한다.

　단순한 결합과는 달리 친교는 어느 정도의 유사성을 전제한다. 인간과 하나님 사이, 따라서 그리스도인들—그리고 확장하면 모든 인간—이 살아가야 하는 방식과 하나님이 존재하는 방식 사이에는 **유사성**이 존재한다. 그러므로 하나님의 본성은 그리스도인의 삶의 특성을 근본적으로 결정한다. 하나님과 인간 사이의 이런 유사성 때문에 산상수훈에서 예수는 불가능하고 낯선 명령처럼 들리는 내용을 말할 수 있었다. "그러므로 하늘에 계신 너희 아버지처럼…되어라"—그리고 따라서 하나님이 행동하시는 것처럼 행동하라(마 5:48).

　"하나님처럼 되라!"라는 이 명령과 이 명령이 전제하는 하나님과 인간 사이의 유사성이 이번 장의 가장 기본적인 주제를 형성한다. 그와 같은 명령의 의미는 무엇일까? 분명히 하나님이 **아닌** 우리가 "하나님**처럼** 되는 것"을 어떻게 이해해야 할까? 삼위일체 하나님의 본성이 기독교적 삶의 특성에 어떻게 영향을 미치는가? 나는 이 장에서 이런 질문들을 오직 하나의 관점, 즉 선물 주기의 관점으로만 다룰 것이다. 창조성, 화해 혹은 정체성 같은 다른 관점에서 이 주제를 검토하는 것이 이 탐구를 보충하고 완성해줄 수 있을 것이다. 그러나 여기서 나는 선물 주기에 초점을 맞추고 이 작업을 공식화하는 이런 방식에 대해 나올 수 있는 몇 가지 반대를 다룸으로써 시작하고자 한다.

유비

첫 번째이자 가장 근본적인 반대는 선물 주기에 관한 나의 견해가 원칙상 인간이 제대로 알 수 없는 것, 즉 삼위일체 하나님의 특성에 기반하고 있다는 점일 수 있을 것이다. 하나님은 인간이 다가갈 수 없는 빛 안에 거한다. 인간의 삶의 모습과 관련하여 우리는 하나님의 삶으로부터 아무런 결론도 끌어낼 수 없다. 우리는 그런 결론 혹은 적어도 유의미한 결론을 끌어낼 정도로 충분히 하나님의 삶에 관해 알지 못하기 때문이다.[2] 이것이 사실이라면 이 주장은 삼위일체 하나님의 위격 및 그들의 관계와 마찬가지로 하나님의 속성에도 적용될 것이다.[3] 우리는 하나님의 사랑이 무엇인지에 대해 하나님의 위격성이 무엇인지보다 더 알거나 덜 알 수 없기 때문이다. 우리가 그 어느 것에 대해서도 알 수 없다면 하나님은 철저히 알려질 수 없는 존재로 남을 것이고 오직 미미하게만 우리와 관련될 것이다.

그러나 나는 하나님이 알려질 수 있는 유일한 기초, 즉 하나님의 자기 계시에 근거해서 우리가 하나님을 **알 수 있다**고 가정한다. 하나님의 자기 계시 안에서, 우리는 정의상 창조세계와 무관한 하나님(소위 **내재적 삼위일체**)이 아니라 창조세계와 관련된 존재로서의 하나님(소위 **경륜적 삼위일체**)을 다룬다. 삼위일체와 인간의 삶의 모습 사이의 관계를 탐구할 때 일차적으

....

2 이런 입장을 표현한 가장 유명한 사람은 칸트다. 예컨대 Immanuel Kant, *Critique of Practical Reason*, trans. T. K. Abbott (Amherst, N.Y.: Prometheus, 1996), 160-61을 보라.

3 Gregory of Nyssa, *Contra Eunomium*, 7.5(198-99)을 보라. (니사의 그레고리오스의 모든 인용문은 vol. 5 of *The Nicene and Post-Nicene Fathers*, 2nd ser.[Grand Rapids, Mich.: Eerdmans, 1979]에서 가져왔다.) 니사의 그레고리오스는 우리가 (신적 위격들의 관계와 그 속성들과 더불어) 신적 위격들을 알지만, 신적 본성 안에는 "형태도, 장소도, 크기도, 시간에 대한 인식도 혹은 알 수 있는 그 밖의 다른 어떤 것도 없기 때문에" 신적 본성은 우리로부터 철저하게 감추어져 있다고 주장했다(1.26 [69]).

로 우리는 경륜적 삼위일체에 관한 주장들에 근거해야 하고 좀 더 잠정적으로 꼭 필요할 때만 내재적 삼위일체의 영역 안으로 들어가야 한다. 나는 이후의 논의에서 이런 절차를 따를 것이다. 그러나 우리는 반드시 내재적 삼위일체의 영역 안으로 들어가야 한다. 우리가 경륜적 삼위일체가 세계와 맺는 관계에 근거해서 내재적 삼위일체에 관한 주장들을 제시할 수 없다면 경륜적 삼위일체와의 만남 안에서 하나님이 진실로 어떤 존재인지를 다루지 못할 것이다.[4] 경륜적 삼위일체로부터 내재적 삼위일체로 나아가는 사고의 움직임을 미리 방지하기 위해 신적 신비에 호소하는 것은 하나님의 계시의 현실성을 부정하는 것이다. 우리가 경륜적 삼위일체에 관해 적절하게 말하고자 한다면 불가피하게 내재적 삼위일체에 관한 주장들도 말해야 한다.

우리가 삼위일체 하나님에 관해 주장할 때 **내재적 삼위일체**와 **경륜적 삼위일체**는 정적으로 생각되는 신적 존재의 서로 관련되지만 상이한 두 측면을 지칭하는 것이 아니라는 점을 명심할 필요가 있다. 오히려 둘 사이의 일치는 그 자체로 하나의 운동 즉 **내재적 삼위일체**에서 **경륜적 삼위일체**로, 그리고 최종적으로 **영광의 삼위일체**로의 운동을 형성한다. 영광의 삼위일체는 구원의 경륜이 완성되고 하나님 안에서 인간의 참여가 완전하게 되는 다가올 세계에서의 삼위일체다.[5]

....

4   다른 한편으로 하나님이 단순히 구원의 경륜에서 자신을 보여주는 대로 존재할 뿐이라고
     주장하는 것—경륜적 삼위일체와 내재적 삼위일체의 완전한 동일성을 주장하는 것—은 세
     계를 신적 삶의 필수적인 조건으로 만들어버릴 것이다. 그렇다면 예를 들어 하나님은 인간
     의 육체를 취하고 십자가에서 고난을 받는 것이 하나님의 본성 자체에 속하게 되는 그런 분
     이 될 것이다.
5   위르겐 몰트만은 내재적 삼위일체와 경륜적 삼위일체라는 범주들에 세 번째 범주, 즉 영광
     의 삼위일체를 추가할 필요성에 올바로 관심을 기울였다. 게다가 그는 이것들 사이의 관계
     는 하나님의 "역사"의 부분으로서 이해될 필요가 있다고 제안했다(Jürgen Moltmann, *The*

어떤 이들은 여전히 우리가 **내재적 삼위일체**에 관한 주장을 제시할 수 있음을 인정하면서도 하나님이 인간과는 너무나 다르기 때문에 우리가 삼위일체 하나님의 본성으로부터 인간의 삶의 특성에 관해 어떤 추론도 하지 **않는** 것이 좋다고 주장한다.[6] 이 두 번째 반대는 하나님의 삶과 인간의 삶 사이의 병행이 정확할 수 없거나 어떤 측면들에서는 심지어 가까울 수조차도 없다는 점을 올바로 강조한다. 적어도 두 가지 이유로 삼위일체와 인간의 삶의 특성을 일대일의 상응하는 방식으로 연결하려는 모든 시도는 잘못이다. 첫째, 인간은 분명하게 하나님이 아니다. 피조된 인간은 피조되지 않은 하나님께 오직 **피조물로서** 적절한 방식으로만 상응할 수 있다. 둘째, 기독교 순례의 여정에 있는 한 우리 인간은 불가피하게 죄로 손상되었고 우리가 최종적으로 이르러야 할 목적인 삼위일체 하나님의 충분히 적절한 형상인 피조물이 될 수 없다. 육체적 존재인 우리 인간은 **역사적으로** 적절한 방식으로만 하나님께 상응할 수 있다.[7]

....

Trinity and the Kingdom: The Doctrine of God, trans. Margaret Kohl [New York: Harper & Row, 1980], 153, 176, 177-78을 보라).

6   예를 들어 테드 피터스를 보라. 피터스는 볼프하르트 판넨베르크와 로버트 젠슨을 따라 내재적 삼위일체를 종말에 위치시킨다(Ted Peters, God as Trinity: Relationality and Temporality in Divine Life [Louisville, Ky.: Westminster John Knox, 1993], 20-24, 특히 23. 피터스는 삼위일체보다는 오히려 하나님의 나라가 그리스도인들이 그것에 따라 살아야 할 윤리적 표준이 되어야 한다고 주장한다. 그에게 삼위일체는 이미 그것이 설명한다고 여겨지는 위격성과 관계성이라는 개념들에 의존하고 있는 이차적 상징이다(184-85). 달리 표현하자면, 삼위일체론은 인간의 행동을 위한 기초가 될 수 있는 종류의 하나님에 대한 지식이 아니다. 대신에 하나님 나라 개념은 그것 자체 안에 모든 인간적 권위에 대한 철저한 비판을 포함하는데, 이는 현세의 사회적 구조들이 하나님 나라에만 속하는 영원한 상태를 찬탈함이 없이 사람들이 자유롭게 사회를 변혁하도록 시도할 수 있게 해준다(185-86).

7   삼위일체와 인간의 삶의 특성 사이의 상응에 대한 이런 두 가지 제한은 칼 바르트의 주장을 떠올리게 한다. 바르트는 하나님에 대한 모든 말은 "이중의 간접성"의 특징을 지닌다고 주장했다. 즉 그것은 "피조적"이면서 "하나님께 모순되는" 매개를 통한 형태를 취한다(Karl Barth, Church Dogmatics, trans. G. W. Bromiley [Edinburgh: T & T Clark, 1975], I/1:168).

이런 한계들에도 불구하고 하나님과 인간 사이의 유사성에 기초하여 둘 사이의 상응점들이 추구될 수 있다. 우리는 이 상응점들을 전개할 때 유비의 한계들로 인해 하나님으로부터 인간에게로 곧바로 진행해서 "이것이 하나님의 모습이다. 따라서 인간은 이렇게 되어야 한다"라고만 말할 수 없다. 우리는 인간으로부터 하나님께로 나아가 "이것이 바로 인간이 하나님과 구별되는 모습이다. 따라서 이런 방식으로 인간은 하나님과 상응할 수 있다"라고도 말해야 한다.[8]

모형

여기서 내 견해는 삼위일체에 대한 심리적 모형과 종종 현저하게 대조되는 종류는 아니지만, 때때로 **사회적 삼위일체론**이라고 불리는 모형과 관련된다.[9] 하나는 동방 교회의 모형이고 다른 하나는 서방 교회의 모형이라고 주장되는 두 모형의 주창자들 사이의 논쟁이 중요하기는 하지만, 이 논쟁은 각 모형이 다른 모형의 진리를 담아내지 못하는 만큼 불충분하다는 분명한 사실을 무시하는 경향이 있기 때문에 종종 비생산적이다.

이런 모형들의 가장 중요한 초기 주창자들인 니사의 그레고리오스(Gregory of Nyssa)와 아우구스티누스(Augustine)는 그 모형들의 불충분한 점

....
8   이런 방법론적 관찰들 모두—상응의 두 가지 한계, 그리고 상응의 구성이 인간으로부터 신에게뿐만 아니라 신으로부터 인간에게 가야 한다는 주장—에 대해 Miroslav Volf, *After Our Likeness: The Church as the Image of the Trinity* (Grand Rapids, Mich.: Eerdmans, 1988), 198-200을 보라.
9   Brian Leftow, "Anti-Social Trinitarianism," in *The Trinity: An Interdisciplinary Symposium on the Trinity*, ed. Stephen T. Davis et al., 203-49 (Oxford: Oxford University Press, 1999). 레프토우는 다소 소박한 형태의 사회적 삼위일체론에 대한 비판을 제기한다.

들을 알고 있었다. 니사의 그레고리오스는 삼위일체에 대한 사회적 이미지들을 사용한 것으로 유명하다(예. 하나의 인간 본성에 속하는 개별 인간들이 하나의 신적 본성에 속하는 신적 위격들을 반영한다). 그러나 그는 하나님의 일치성(unity)을 보호하기 위해 이 모형을 상당히 제한했을 뿐만 아니라 「에우노미오스에 대한 논박」(*Contra Eunomium*)에서 사회적 모형이 본질적으로 중요하다고 하더라도 다른 모형들에 의해 보완될 필요가 있다고 주장했다.[10] 아우구스티누스는 명백히 심리적 모형을 선호했고(기억, 지성, 의지가 인간의 정신

....

10   사라 코클리는 니사의 그레고리오스의 삼위일체 신학에 관해 설득력 있는 해석을 제기한다.
      그녀는 현대의 몇몇 사회적 삼위일체론자들이 그레고리오스의 "세 사람" 유비를 획일적으
      로 전유한 것에 대해 올바르게 반대한다(Sarah Coakley, "'Persons' in the 'Social' Doctrine
      of the Trinity: A Critique of Current Analytic Discussion," in *The Trinity: An Interdisciplinary
      Symposium on the Trinity*, ed. Stephen T. Davis, Daniel Kendall, and Gerald O'Collins,
      [Oxford: Oxford University Press, 1999], 132-33; Sarah Coakley, "Re-thinking Gregory of
      Nyssa: Introduction—Gender, Trinitarian Analogies, and the Pedagogy of *the Song*," *Modern
      Theology* 18 [October 2002]: 433-34도 보라). 그녀는 그레고리오스가 사회적 모형을 포함
      하여 여러 모형에 대한 이론적 근거를 발전시킨 텍스트를 고려하지 않는 것으로 보이기 때
      문에 그녀의 논쟁은 일방적이다. 예를 들어 그레고리오스는 우리의 피조적 무능력 때문에
      성경이 "독생자의 형언할 수 없는 존재를 우리에게 제시하기 위해 영감을 받은 가르침으
      로부터 여러 형태의 발생(generation)을 사용하며, 하나님에 관한 우리의 개념들 안으로 경
      건하게 인정될 수 있는 만큼 각각으로부터 가져온다"고 주장한다(*Contra Eunomium*, 8.4
      [204]). 둘째, 그레고리오스가 그 용어의 현대적인 의미로서 삼위일체의 세 위격과 자의식
      을 말하지 않은 것이 분명하다고 하더라도, 여전히 다음과 같은 질문들, 즉 그가 왜 "성부
      의 의지, 성자의 의지, 성령의 의지가 하나다"라고 주장할 수 없고(*Contra Eunomium*, 2.15
      [132]), 대신에 성자는 "자신의 행위로써 만물을 존재하도록 하셨다"(*Contra Eunomium* 5.4
      [179]), "성령이 성자에게 좋아 보이는 것을 하고자 하신다"(*Contra Eunomium* 2.15 [132]),
      또는 "선을 원하시고 실행하실 수 있는 말씀은…말씀의 기원이 되시는 분과 다르다"라고
      주장할 수 있는지에 대해 답할 필요가 있다(*Oratio Catechetica*, 1 [476]). 삼위일체에 적
      용된 "의지(하고자 하다)"라는 용어는 물론 어떤 수준에서는 작동하지 않는다(Coakley,
      "'Persons' in the 'Social' Doctrine," 133을 보라). 그레고리오스에 따르면 예를 들어 우리는
      성부가 "자신의 본성의 어느 정도의 필연성으로 인해 선택 없이 성자를 가졌다"고 말할 수
      없고, "그 '원함'이 성자를 성부로부터 분리하고 둘 사이에 일종의 간격이 된다"라고 단언할
      수 없다(8.2 [202]). 그러나 모든 언어가 그렇다. 동시에 그런 언어는 구원의 경륜을 설명하
      기 위해 필수적인데, 이는 애초에 삼위일체적 성찰을 불러일으키는 것이다.

과 관계를 맺는 것처럼 삼위일체의 위격들은 한 하나님과 관계를 맺으며 서로 관계를 맺는다), 이 모형을 아주 설득력 있게 전개했다. 그러나 그는 이 모형의 한계들을 인식하고 있었고 이 모형을 제한했는데, 바로 삼위일체 안에 사회성에 대한 상당한 여지를 둠으로써 그 모형을 중요한 방식으로 제한했다. 그는 위격들을 관계들로 이해했음에도 성부는 "또한 그 자신과 관련된 어떤 것"이라고 주장했다. 이런 주장은 성자와 성령에게도 해당한다.[11] 그의 설명에 따르면 한편으로 기억, 이해, 의지와 다른 한편으로 신적 위격들 사이의 불일치는 바로 한 하나님 안에는 "세 위격이 존재하고" 한 인간 안에서처럼 하나의 위격이 존재하는 것이 아니라는 사실에 놓여 있다. 그러므로 예를 들어 성자는 자신의 기억, 자신의 이해, 자신의 사랑을 지닌다. 비록 성자의 존재 전체가 "성부로부터 나와서 성자에게로 온다"고 하더라도 말이다.[12]

아래에서 내가 전개하는 입장은 약한 의미의 **사회적 삼위일체론**이다. 이는 몇몇 중요한 수정을 함으로써 니사의 그레고리오스뿐만 아니라 아우구스티누스에게도 적합하다고 주장될 수 있는 의미의 용어다. 더욱이 나는 대부분의 **사회적 삼위일체론자들**과 마찬가지로 우리가 삼위일체론을 하

....

11   Augustine, *De Trinitate*, VII, 2 (220): " 성부가 자신과 관련한 어떤 것이 아니라면 그 밖의 다른 어떤 것과 관련해서도 절대적으로 아무것도 말할 수 없다."

12   Augustine, *De Trinitate*, XV, 11-12: "성자 역시 지혜에서 난 지혜이기 때문에 이는 성부가 성자를 위해 성자의 기억을 행하지 않고 성령이 성자의 사랑을 행하지 않는 것처럼, 성부나 성령이 성자의 이해를 행하지 않고 성자가 그 모든 것을 직접 행함을 의미한다. 성자는 자신의 기억이고 자신의 이해이며 자신의 사랑이다. 그러나 그가 성부로부터 태어났기 때문에 그의 존재는 모두 성부로부터 온 것이다. 성령 역시 기억을 성부에게 의존하고 이해를 성자에게 의존하며 사랑은 자신이 직접 행하는 것이 아니다. 성령은 지혜로부터 난 지혜이기 때문이다. 그리고 다른 분이 성령의 기억을 행하고, 또 다른 분이 성령의 이해를 행하며, 성령은 자신의 사랑만을 행한다면 그는 지혜가 되지 못할 것이다. 하지만 그런 것이 아니다. 성령 자신이 이 세 가지를 지닌다. 성령은 그 자신이 그것들이 되는 방식으로 그것들을 지닌다"(404). *De Trinitate*, XV, 28(419)도 보라.

나님의 자기계시[13] 또는 자기소통[14]이라는 특성에 근거시킬 것이 아니라—그렇게 근거시키는 것은 주체성의 형이상학에 너무 많은 신세를 지는 처사다—삼위일체의 **위격들이** 구원의 경륜 안에서 맺는 상호 관계들의 역사에 근거시켜야 한다고 생각한다.[15] 비록 우리가 하나님의 자기계시에 기초해서만 하나님을 안다고 할지라도 하나님의 자기계시의 내적 논리 때문이 아니라 그 신적 자기계시의 드라마에서 드러나는 각 행위자의 특정한 특성과 그들의 관계들의 본성 때문에 우리는 삼위일체적인 용어들(전달하는 자와 전달받는 자의 차이점 안에서의 동일성)로 사유해야 한다.

나는 이번 장의 제목을 "하나님처럼 되기"로 정했다. 우리가 삼위일체 하나님을 닮은 것은 우리의 노력의 결과인가? 그렇다. 다만 이는 마르틴 루터(Martin Luther)의 『노예 의지론』(*Bondage of the Will*)에 등장하는 유명한 말처럼,[16] 우리 안에서 활동하는 하나님이 우리 없이는 활동하지 않는다는 이유에서만 그렇다. 따라서 내가 인간이 삼위일체의 **형상을 반영하는 것**에 대해 말할 때 그것은 인간이 자신이 성령의 권능에 의해 삼위일체의 형상으로 창조되었음을 받아들인다는 의미다. 인간이 삼위일체의 **형상을 반영하는 것**은 삼위일체 하나님의 삶의 활동 영역을 넘어서 인간을 창조하는 하나님의 운동의 선물이다. 또한 인간이 죄를 지은 이후에도 인간 안에 거하고 인간을 하나님의 본성인 사랑의 완벽한 친교 안으로 끌어들임으로써 인간을 회복시키는 하나님의 운동의 선물이다. "하나님처럼 되라!"라는 단

....

13   Karl Barth, *Church Dogmatics* I/1:296-98을 보라.

14   Karl Rahner, *The Trinity*, trans. Joseph Donceel (New York: Crossroad, 1999), 34-37을 보라.

15   몰트만 역시 *The Trinity and the Kingdom*, 64에서 이 점을 올바로 지적한다.

16   Martin Luther, *The Bondage of the Will*, in *Luther's Works*, ed. Helmut T. Lehman (Philadelphia: Fortress Press, 1972), 33:243, 이후로는 *LW*로 표기함.

순한 명령은 자칫 억압적이고 공허한 도덕이 될 수 있다. 최선의 기독교 전통이 "당신은 해야 하기 때문에 할 수 있다"라는 잘못된 원리에 근거한 도덕으로부터 우리를 치유하지 못했다면,[17] 공상적 사회주의의 대한 칼 마르크스의 강력한 비판은 우리를 치유했어야 했다.[18] 하나님이 우리로 하여금 하나님 자신의 삼위일체적 존재를 반영하도록 만들었기 때문에 우리 인간의 과제들은 우선 하나님처럼 **행하는** 것—우리 자신을 하나님처럼 되게 하는 것—이 아니라, 하나님이 우리 자신 안에 거하게 하고 하나님이 행했고 행하고 있으며 행할 일을 기념하고 선포하는 것이다. 아래에서 살펴보겠지만 이것 자체가 우리가 삼위일체를 닮아가는 방식 중 하나다. 삼위일체의 세 위격은 구원의 경륜 안에서는 서로를 위해 그리고 서로 함께 위에서 묘사된 것과 유사한 일을 행하며, 구원의 경륜과 별개로는 다소 다르게 행하기 때문이다.

삼위일체 하나님이 우리를 성령으로 이끌어 거룩한 성 삼위와의 친교 안으로 들어가게 함으로써 가능해진, 삼위일체를 닮는 것(*imitatio Trinitatis*)의 내용은 무엇인가? 내가 앞서 암시했듯이 우리는 삼위일체를 닮는 것의 내용을 적어도 네 가지, 즉 창조성, 베풂, 화해, 정체성이라는 제목 아래에서 탐구할 수 있다.[19] 여기서 나는 베풂으로만 한정하고 그것의 특정 측면들에

....

17   예를 들어 Immanuel Kant, *Critique of Pure Reason*, ed. Vasilis Politis (London: Everyman, 1993), 519[A807/B835]을 보라.

18   예를 들어 Karl Marx, "Moralizing Criticism and Critical Morality," in *Karl Marx: Selected Writings*, ed. David McLellan (Oxford: Oxford University Press, 1977), 216-18을 보라.

19   삼위일체와 관련된 화해와 정체성에 대해서는 미로슬라브 볼프의 다음 세 저작을 보라. *Exclusion and Embrace: Theological Exploration of Identity, Otherness and Reconciliation* (Nashville: Abingdon, 1996); "'The Trinity Is Our Social Program': The Doctrine of the Trinity and the Shape of Social Engagement," *Modern Theology* 14, no. 3 (1998): 403-23; *Free of Charge: Giving and Forgiving in a Culture Stripped of Grace* (Grand Rapids, Mich.:

만 집중할 것이다.[20]

하나님이 주는 것(giving)과 우리가 주는 것의 관계를 탐구할 때, 주는 것과 용서하는 것(forgiving)을 개념적으로 구별할 필요가 있다. 이 논문과 다른 곳에서 나는 이 둘 사이를 예리하게 구별한다. 이 논문에서는 베풂에 관해 쓰기 때문에 나는 용서라는 주제를 다루지 않을 것이다. 이 논문에서 나는 **주는 것**을 좀 더 좁은 의미지만 더 근본적인 의미로 사용한다. 물론 더 넓은 의미에서 **주는 것**은 용서하는 것을 포함한다. 용서하는 것은 주는 것이다. 즉 그것은 내게 잘못을 범한 사람들이 내게 진 빚으로부터 그들을 풀어주는 선물을 그들에게 주는 것이다. 그러나 용서라는 선물에는 독특한 점이 있다. 용서는 주는 자에게 범해진 잘못을 전제하지만 다른 선물들은 받는 자 편에서의 단순한 필요(자연재해로 인해 생명을 유지하기 어려운 누군가를 내가 도와주는 때처럼), 주는 자들이 받는 자들에 대해 지니는 기쁨(내가 여행에서 돌아올 때 자녀에게 선물을 주는 때처럼)을 전제한다. 선물 주기의 역학은 잘못이 개입될 때 변한다. 따라서 **주는 것**과 **용서하는 것**을 개념적으로 구별할 필요가 있다. 하지만 동시에 용서하는 것을 뜻하는 **forgiving**이라는 영어 단어가 함의하듯이 용서하는 것도 **주는 것**(giving)의 한 형태라는 사실을 놓치지 않는 것이 중요하다. **용서하는 것**과 구별되는 것으로서 **주는 것**과 관련하여 "하나님처럼 되는 것"은 무엇을 의미하는가?

....

Zondervan, 2006), 4-6장.

20   나는 이하의 내용을 *Free of Charge*, 1-3장에 많이 의존하고 있다.

자유

하나님은 아낌없이 준다. 하나님의 선물 주기라는 관점에서 창조를 예로
들어보자.[21] 창조를 통해 주는 존재로서의 하나님은 창조해야 할 의무가 없
다. 외부의 아무런 강제도 없다. 하나님의 창조가 없으면 하나님 외에 아
무것도 존재하지 않는다. 내부, 즉 하나님 자신의 본성으로부터 오는 강제
도 전혀 없다. "자신이 그렇게 되어야 하는 존재"이자 "자신의 필연적인
존재의 본성 때문에 행동해야 하는 대로 행동하는"[22] 존재인 플로티노스
(Plotinus)의 일자(One)와는 달리 하나님은 스스로 결정한다는, 협소하지만
중요한 의미에서 원하고 결정하며 자유롭다. 동시에 창조는 신적인 변덕이
아니다.[23] 신적인 사랑의 충만함이 자신에게서 벗어나 비존재의 무(無)를 향
할 때 하나님은 창조주로서 준다. 사랑으로 스스로 움직인다는 것은 신적
으로 자유롭다는 의미다.

하나님이 아낌없이 주기 때문에 우리도 그렇게 해야 한다. 이는 사도
바울이 예루살렘의 가난한 자들을 위해 재정적인 도움을 주도록 고린도 교
인들에게 권면할 때 선물 주기에 관해 생각한 방식이다. 그것은 "자발적인
선물이고…착취가 아니어야" 한다(고후 9:5). 사도 바울의 생각은 이런 점에

....

21   우리는 창조를 신적 창조성의 측면에서 및 신적 선물 주기의 측면에서 볼 수 있다. 창조성은
      하나님이 창조함으로써 자신의 활동이 없이는 존재하지 않았던 사건들을 존재하게 한다는
      사실과 관련된다. 선물 주기는 하나님이 타자(예를 들어 인간)의 유익을 증진하는 사건들이
      존재하도록 한다는 사실과 관련된다. 이 구별은 선물이 수여되기 위해서는 먼저 어떤 실체
      가 존재해야 한다는 것을 전제한다. 나는 바로 이런 가정에 기초해서 하나님의 창조적 활동
      을 다룰 것이다.

22   Etienne Gilson, *God and Philosophy* (New Haven, Conn.: Yale University Press, 1941), 49-
      50.

23   Jürgen Moltmann, *Trinity and the Kingdom*, 107-8을 보라.

서 세네카(Seneca)의 생각과 크게 다르지 않다. 세네카는 "매우 주저하며 마지못해서 주는 자는 '준' 것이 아니라 그것을 끄집어내려는 노력에 저항하기를 실패한 것이다"라고 말했다.[24] 제대로 주는 것은 아낌없이 주는 것이다.

사실 우리가 아낌없이 준다고 해서 하나님처럼 후하게 주는 것은 아니다. 첫째, 우리는 인간이지 하나님이 아니다. 하나님은 자신의 고유한 자원으로부터 준다. 우리는 우리가 그로부터, 그를 통해, 그를 위해 존재하는 분인 하나님으로부터 받았기 때문에 줄 수 있을 뿐이다. 근본적으로 우리는 스스로 움직이는 자가 아니다. 우리의 존재와 활동은 하나님에 의해 시작된다. 우리가 아낌없이 줄 때 우리를 통해 주는 존재는 하나님이다. 둘째, 우리는 죄 많은 세상에서 살아가는 죄인들이다. 우리는 마지못해서 주는 자들이기에 아낌없이 주고 행하도록 권면을 받을 필요가 있다. 심지어 명령을 받아야 할 필요도 있다. 만일 주는 것에 대한 명령이 우리에게 강요처럼 느껴진다면, 그것은 죄에 사로잡힌 우리가 주는 것에 자연스럽게 **저항하기** 때문이다. 아낌없이 주라는 명령은 죄로부터 자유롭게 된 삶의 특성에 대한 요약의 일부다. 그 명령은 우리가 진정으로 하나님이 구속한 피조물로서의 우리의 진정한 모습대로 살아가도록 자극한다. 우리가 아낌없이 주는 한 그 명령은 제약이 아니라, 하나님이 우리 안에 거하는 존재인 우리가 자발적으로 행하는 모습이 된다. 즉 타자의 유익을 위해 주는 것이다.

....

24 Seneca, *On Benefits*, trans. John W. Basore (Cambridge: Harvard University Press, 2001), 2.1.2
    (51).

타자의 유익

하나님은 줄 때 타자의 유익을 구한다. 창조를 다시 생각해보자. 하나님은 피조물로부터 기쁨을 "얻는" 것 외에 무언가를 얻기 위한 목적으로 주지 않는다. 하나님에게는 아무것도 필요하지 않다. 이는 하나님 됨이 의미하는 바의 일부다. 즉 하나님에게는 부족한 것이 없다. 주는 것이 무언가를 얻기 위한 방식이라면 하나님은 전혀 주지 않을 것이다. 아무것도 부족하지 않기에 하나님은 무언가를 얻을 필요가 없고 그래서 아무것도 주지 않을 것이다. 하나님은 자기의 유익을 구하지 않고 타자의 유익을 구한다. 그렇게 주는 것이 하나님의 정체성에서 중심을 차지한다.

우리도 타자의 유익을 위해 주어야 한다. 참으로 타자의 유익을 적극적으로 증진하는 것이 바로 준다는 것의 의미다. 매매할 때 우리는 돈이나 물건을 받기 위해 물건이나 돈을 준다. 우리는 우리 자신을 위해 교환 행위에 참여한다. 우리 자신의 유익이 전체 과정을 이끌어간다. 우리가 빌려줄 때도 마찬가지다. 반면에 주는 자들은 자신을 위한 이득을 포기하고 그것을 타자에게 준다. 세네카는 타자의 유익을 위해 신이 주는 것과 인간이 주는 것 사이의 연관성을 "유익을 주는 자는 신들을 닮는 것이며 보상을 구하는 자는 자금 대여자들을 닮는 것이다"라고 잘 표현했다.[25]

물론 우리는 종종 아낌없이 주지 않고 마지못해 주는 것과 마찬가지로 종종 타자의 유익을 위해서라기보다 우리 자신을 위해 무언가를 얻고자 베풀어준다. 보상으로 비슷한 어떤 것을 받고자 주기도 한다. 명예와 찬사를 받기 위해 주기도 한다. 아니면 우리의 양심의 가책에 대한 빚을 갚기 위해

....
25   Ibid., 3.15.4 (151).

주거나 나중에 적절할 때 사용할 의도로 도덕적 자본을 축적하기 위해 주기도 한다. 타자로부터 상품을 끌어내기 위해 주든지 관대함에 대한 찬사를 듣기 위해 주든지 우리 자신의 도덕적 벌거벗음을 가리는 무화과 나뭇잎을 입기 위해 주든지 간에 우리의 관대함은 종종 모종의 방식으로 거짓이거나 불순한 것으로 드러난다. 사실 우리는 전체적으로든 부분적으로든 우리 자신에게 준다.[26] 그러나 이것은 하나님이 주는 방식이 아니다. 참으로 우리는 하나님과 달리 타자와의 관계에서 **주기만 하는** 자일 수 없다. 적어도 타자가 우리를 돌보지 못하는 한 우리는 그럴 수 없다. 생존하고 번성하기 위해 그리고 (타인에게) 줄 무언가를 가지기 위해 우리는 대체로 대략 동등한 상품과 서비스를 교환함으로써 서로 협력한다. 하나님과 달리 우리는 주고받는 자들인데 그렇게 하는 것이 정당하다. 그러나 하나님처럼 우리도 주는 자들이다. 우리는 타자의 유익을 위해 우리가 주는 정도만큼 선한 제공자들이다.

우리가 타자의 유익을 위해 주는 전형적인 두 가지 경우가 있다. 첫 번째는 타자에 대해 우리가 기뻐하는 경우이고, 두 번째는 타자에게 필요가 있는 경우다.

....
26   오늘날 인간에게는 다른 종류의 주는 것이 불가능하다고 생각하는 사람이 많다. 다른 모든 것은 착각이다. 그것은 유용한 착각이지만 그럼에도 착각이다. 우리는 이기적인 주는 자들이다. 선물을 주면서 우리는 그저 게임을 하고 있을 뿐이다. 부르디외가 표현하듯이 이 게임에서 "모든 사람은 모두가 교환의 진정한 본질을 안다는 점(과 알기를 원하지 않는다는 점)을 알고 있다(그리고 알기를 원하지 않는다)"(Pierre Bourdieu, "Marginalia—Some Additional Notes on the Gift," in *The Logic of the Gift: Toward an Ethic of Generosity*, ed. Alan D. Schrift [New York: Routledge, 1997], 232).

기쁨

하나님은 자신이 기뻐하기 때문에 준다. 하나님이 애초에 그리고 특히 주는 존재가 되는 것은 창조세계와의 관계에서 이루어지는 것이 아니다. 선물은 하나님의 세 위격 사이에서 맨 먼저 제공된다. 몇몇 신학자는 하나님의 세 위격을 일부 고대인들이 고대 그리스-로마의 삼미신(三美神, Three Graces)에 관해 생각했던 방식으로, 즉 "하나는 유익을 베풀어주고 다른 하나는 그것을 받으며 셋째는 그것을 되돌려준다"[27]는 방식으로 생각한다. 이런 패턴에 따르면 성부는 베풀어주고 성자는 받으며 성령은 되돌려준다. 그러나 이 책의 헌정 대상인 몰트만이 주장했듯이 이런 패턴은 일방적이며 성경적 구원사에 충실하지 않다.[28] 각각의 신적 위격이 베풀어주고 받으며 되돌려준다는 점도 언급되어야 한다. 각 위격이 다른 두 위격을 사랑하고 영화롭게 하며, 각 위격이 다른 두 위격으로부터 사랑과 영광을 받는다. 한 위격이 먼저 주고 그 결과 다른 두 위격이 신세를 지는 것이 아니라 세 위격이 모두 상호 교환이 이루어지는, 영원히 움직이는 원 안에서 서로 베풀어준다. 이런 방식으로 베풀어주기 때문에 세 위격은 서로 구별되는 특성을 제외하고 모든 것을 공유한다. 이런 사랑의 선물 교환을 기뻐하는 것이 그들의 영원한 복이다.

이따금 선물의 완벽한 원운동이 지닌 경이로운 어떤 것이 죄로 깊이 손상된 인간들 사이에서, 지금 여기서 일어난다. 연인들은 사랑하는 서로의 포옹에서 이런 경이를 경험할 수 있다. 그러므로 성적 연합은 사랑의 성례다. 그것은 단순히 인간적 사랑의 성례만이 아니라 신적 사랑을 표현하고

....

27   Seneca, *On Benefits*, 1.3.2 (13).
28   Jürgen Moltmann, *Trinity and the Kingdom*, 94–95.

전달하는 수단이기도 하다.[29] 타자에게 그리고 타자를 위해 베풀어진 즐거움—몸의 즐거움에 못지않은 영혼의 즐거움—은 이제 받아들여진 즐거움**이다**. 상대에게 받아들여진 즐거움은 거의 역설적으로 본래 베풀어준 자에게 되돌려주는 즐거움이다.

　　최선을 다해 주는 성탄절 선물은 그런 교환이 될 수 있지만 실제로는 자주 그렇게 되지 않는다. 사람마다 선물을 주고받는다. 다른 사람들이 보답해야 한다는 의무감을 느끼게 하려고 먼저 주는 사람은 없다. 모두가 동시에 주고받는다. 또는 각각 보답으로 받기 때문에 모두가 서로 함께 기뻐할 수 있다. 각각 감사함을 느끼고, 각각 관대하며, 모두 서로의 기쁨을 즐거워한다. 선물 자체는 더 이상 사람들이 필요하거나 좋아하거나 바라는 것만이 아니다. 선물은 신적이든 인간적이든 모두 사랑의 성례다. 의식 전체가 기쁨의 축제다. 베푼 것에 대한 기쁨이고, 주고받는 행위에 대한 기쁨이며, 주고받는 사람들에 대한 기쁨이고, 전체 과정에 의해 실행되는 공동체에 대한 기쁨이다.

필요

하나님 자신의 필요는 아니지만 필요는 하나님이 주는 또 다른 이유다. 하나님에게는 어떤 것도 필요하지 않다. 사랑받는 자들을 사랑하고 그들의 번영을 기뻐하고자 하는 욕망, 즉 충만하게 영원히 채워지는 신적 욕망을 필요라고 부르지 않는 한 말이다. 하나님이 주는 이유는 피조물의 필요를 채워주기 위함이다. 사랑이 삼위일체의 상호성의 원의 가장자리를 넘쳐흐

29　Karol Wojtila, *Love and Responsibility*, trans. H. T. Willetts (New York: Farrar, Straus and Giroux, 1981).

르고, 선물이 피조물에게 흘러간다. 순전한 필요가 하나님이 베풀어주는 이유다. 이는 존경과 선행이라는 깨끗하고 우아한 의복으로 장식된 필요가 아니다. 그럴 경우 하나님이 공적 때문에 주는 셈이 되고 선물은 보상이 될 것이다. 그러나 하나님은 우리의 필요가 결점이라는 닳아빠지고 추한 누더기로 덮일 때도 주시기를 중단하지 않는다.

하나님처럼 우리도 낯선 자들이든 가까운 친족이든, 자격이 없는 자들이든 있는 자들이든 아무 차별 없이 도움이 필요한 이들에게 베풀어줘야 한다. 도움이 필요한 이들이 어디 출신인지, 그들의 피부가 무슨 색인지 혹은 그들이 어떻게 행동하는지는 중요하지 않다. 그들의 필요와 결핍이 중요하다. 그 필요와 결핍은 단순히 우리가 정의한 것이 아니라 도움이 필요한 사람들이 직접 알려주는 대로가 중요하다. 필요가 있을 때 그것이 누구의 필요인지와 상관없이 선물이 제공되어야 한다.

그렇다면 우리는 하나님처럼 모든 사람에게 주어야 하는가? 만일 그렇다면 우리의 책임은 결코 완수되지 못할 것이다. 그리고 한 사람에게 주기로 한 선택은 모든 다른 이들을 희생시키는 선택이 될 것이다.[30] 우리는 모든 사람의 모든 필요는 말할 것도 없고 단 한 사람의 모든 필요도 다 채워줄 수 없는 유한한 존재들이다. 한 사람의 선물이 모두를 위한 것이 되는 경우는 오직 "한 사람", 즉 신인(神人)인 예수 그리스도의 경우뿐이다(롬 5:15-21). 나의 선물은 몇몇 사람만을 위한 것이다. 하나님은 근원적이고 무한히 주는 존재다. 모든 사람에게 주는 것은 어느 한 개인의 책임이 아니다. 모든 사람에게 주는 것은 하나님의 책임이며 집합적으로 모든 인간의 책임이다.

....

30   Jacques Derrida, *The Gift of Death*, trans. David Wills (Chicago: University of Chicago Press, 1995), 68.

우리가 모든 이들에게 베풀어줘야 하는 것은 아니라면 우리가 모든 것을 주어야 하는가? 성육신한 분처럼 우리도 우리의 생명 자체 또는 "죽음의 선물"을 주어야 하는가?[31] 연약하고 죄 많은 세상에서 우리는 때때로 그리스도가 우리의 구원을 위해 죽었듯이 죽음의 선물을 주어야 할 수도 있다. 그러나 우리가 우리 자신의 생명을 주어야 진정으로 주는 것은 아니다. 우리는 하나님의 선물의 통로일 뿐만 아니라 그것을 받는 자들이기 때문이다. 우리는 보상을 기대하거나 우리의 도덕적 올곧음의 유익을 누리지 않으면서 사람들에게 신세를 진 것보다 더 많이 나눠주는 것으로 충분하다. 그것은 선물을 주는 것에 수반되는 모든 모호성에도 불구하고 선물―평범한 선물이지만 완전히 좋은 선물―이다. 우리가 그런 평범한 선물을 줄 때 누구도 불평할 권리가 없다. 불가능한 선물을 줄 것을 요구하는 철학자들에게도 그런 권리가 없고 선물을 받는 자들에게도 확실히 그런 권리가 없다.

동등성

우리는 줄 때 종종 경쟁에 관여하고 위계를 형성한다. 그러나 선물이 삼위하나님 안에서 순환할 때는 아무런 경쟁도 발생하지 않으며 위계도 재확인되지 않는다. 모두가 주고받기 때문에 주는 존재가 받는 존재보다 더 크지 않다. 각자가 제공된 각각의 선물로 서로에게 영광을 돌린다.

그렇지만 하나님의 선물 주기가 세상을 향할 때 주는 자들과 받는 자들의 동등성에 어떤 일이 생기는가? 하나님과 피조물 사이에는 아무런 동

----

31   Ibid., 96.

등성도 없다. 그러나 역설적이게도 하나님은 줌으로써 하나님과 인간 사이의 관계가 더 큰 동등성으로 나아갈 수 있게 한다. 마르틴 루터(Martin Luther)는 그리스도와 인간의 영혼의 일치성 때문에 그들 사이에 일어나는 "놀라운 교환"에 관해 말함으로써 핵심을 파악했다.[32] 그리스도는 우리의 자기 폐쇄적인 자아의 곤경 안으로 들어오고, 우리 안에 거하며, 자신의 신적인 삶이 우리의 것이 되게 한다. 그리스도의 선물은 우리 각자를 하나의 "그리스도"로 만든다. 그리스도가 우리에게 줄 때 비동등성―범주의 비동등성―이 남지만, 우리는 어떤 측면에서 그리스도와 동등한 존재가 된다.

신적 위격들 사이에서 교환되는 선물과 마찬가지로 인간의 선물도 동등성을 표현하고 증대해야 한다. 연인들 사이에는 처음도 없고 마지막도 없으며 더 큰 자도 없고 더 작은 자도 없다. 연인들은 서로 기뻐하고 흠모하기 때문에 준다. 연인들이 서로를 능가하는 것을 목표로 삼을 때 그것은 선물을 주든지 어떤 다른 수단을 주든지 간에 명예를 얻기 위함이 아니라 명예를 **주기** 위함이다(롬 12:10을 보라). 베풀어주는 선한 자들은 받는 자들에게 선물을 주고 자기의 명예를 얻지 않는다. 그들은 결과적으로는 선하게 주는 자들로서의 명예를 얻는다고 할지라도 선물과 명예를 모두 받는 자들에게 준다. 그럴 때 원이 움직이듯이 그들은 선물과 명예를 되돌려받는다.

인간에게 준 그리스도의 선물처럼, 서로에게 주는 우리의 선물은 극단적이고 만연한 불평등 가운데서 동등성을 확립하는 것을 목표로 해야 한다. 사도 바울에 따르면 도움이 필요한 이들에게 줄 때는 먹을 것이 하늘로부터 내리는 것처럼 되어야 한다. "많이 거둔 자도 남지 아니하였고 적게 거

....
32 Martin Luther, *Luther's Works* 31 (Philadelphia: Fortress Press, 1957), 351. 224 각주 16을 보라.

둔 자도 모자라지 아니하였느니라"(고후 8:15). 선물을 주는 것의 직접적인 목적은 획일성이 아니다. 그 목적은 필요를 동등하게 채우는 것이며 정확히 말하면 애초에 선물 주기의 동기를 부여한 필요의 동등성이다.

친교

한 하나님은 각자가 다른 위격들 안에 거하고 다른 위격들의 거처가 된다는 점에서 세 위격의 친교다. 삼위 하나님은 사랑의 완벽한 친교이므로 신적 위격들은 선물—자신이라는 선물과 다른 위격들의 영광이라는 선물—을 교환한다. 그 역도 참이다. 즉 신적 위격들은 그런 선물을 교환하기 때문에 사랑의 신적 친교라고 불린다. 따라서 그것은 세상에 대한 하나님의 관계와 별개로 하나님의 영원한 생명 안에 존재한다.

하나님이 세상을 향할 때 신적 친교 안에서 이루어지는 교환의 원이 밖으로 흘러넘치기 시작한다. 하나님은 피조물을 기뻐하는데, 피조물에게는 필요한 것이 있기 때문에 하나님이 피조물에게 준다. 그 기쁨은 하나님과 인간의 더 포괄적인 친교 관계의 일부분인데 그것은 신적 위격들 사이에서의 친교와는 다른 종류의 친교다. 그러나 그것은 인성과 신성을 나누는 간격을 넘어서는 친교다.

우리는 단지 하나님과의 친교만이 아니라 서로와의 친교를 위해서도 창조되었다. 그리스도가 온 것은 단지 우리 안에서 살기 위해 또는 단지 우리를 통해 살기 위해서만이 아니다. 그리스도는 우리를 한 몸, 즉 그의 몸, 교회로 만들기 위해 왔다. 그 몸의 각 지체는 사도 바울이 "신령한 은사"—성령이 타인의 유익을 위해 각자에게 주는 역할과 능력—라고 부르는 것을 부여받는다(고전 12:1-30; 14:1-40). 줄 수 있는 은사를 받은 각자가 이제 타인에게 베풀어준다. 선물의 호혜적 교환은 사랑의 공동체를 표현하고 자라게 한다.

　선물 주기에서 호혜성이 제거되면 공동체는 분리된 개인들로 해체된다. 호혜성이 없을 경우 최상의 시나리오는 우리가 모두 각자의 섬에 살면서 스스로 도울 수 없는 사람들을 돕기 위해 익명으로 선물 보따리를 보내고 받거나―(선물 주기의 자발성이 없겠지만!) 거의 동일한 것으로서―우리가 모두 정부에 기부금을 보내 정부로 하여금 궁핍한 자들에게 분배하도록 하는 형태일 것이다. 분명히 오늘날의 복잡한 사회에서는 정부가 사회적 필요를 돌보는 중요한 역할을 담당한다. 그러나 정부 기관이나 도움이 필요한 이들에 대한 우리의 일방적인 선물이 호혜적인 선물 주기를 대체할 수는 없다. 호혜적인 주고받기―단지 물질적인 것만이 아니라 시간과 관심을 주고받기―가 없다면 우리는 기껏해야 외로운 이타주의자들의 세계에 거하게 될 것이다.

　아니면 우리는 협력하는 이기주의자들의 세상에 거하게 될 것이다! 선물 주기가 호혜성에서 분리되면 공동체는 각자의 이익에 맞게 협력하고 분열하는 개인으로 전락한다. 다른 사람이 "내가 원하는 물품이 당신에게 있는가? 나는 당신이 필요로 하는 물품을 가지고 있다"고 당신을 설득할 것이고, 우리는 물품들을 서로 교환할 것이다. 그런 다음에 우리는 우리가 즐거워하는 방식대로 지낼 것이다. 이것이 인간관계의 교환 방식이며 이를 위한 장소도 있다. 우리는 대략 대등한 것에 해당하는 물품을 교환할 권리가 있다. 복잡한 체계로 조직되어 있고 이기적인 사람들이 많은 세상에서 그런 교환이 없다면 우리는 쇠약해지고 억압당할 것이다. 우리가 잘못을 범할 수 있고 실패하는 인간들이 운영하는 거대한 관료주의적 분배구조에 의존하게 될 것이기 때문이다. 가장 호혜적인 관계가 자기 위주의 교환으로 바뀌면 우리에게서 인간성 자체에 본질적인 것이 박탈당할 것이다.

　　종종 우리는 하나님이 주는 대로 주지 못하고 우리가 마땅히 주어야 하는 대로 주지 못한다. 이기심, 교만, 게으름이 우리를 압도하고 인색한 사회 환경과 공모하여 우리가 마땅히 주어야 할 방식은 고사하고 주는 것조차도 주저하게 만든다. 이기심, 교만, 게으름이 우리가 주는 것에 미치는 영향에 우리가 어떻게 대항할 수 있을까? 이 질문에 대한 대답은 우리를 다시금 삼위일체 하나님께로 데려간다. 이번에는 모방하기 위한 모형으로서가 아니라 그런 모방 자체의 근원으로서의 삼위일체 하나님에게로 말이다. 그러나 그것은 다른 기회에 탐구할 주제다.

2장

사회적 삼위일체와 재산

M. 더글러스 믹스

위르겐 몰트만이 기독교 신학에 남긴 가장 지속적인 공헌은 그의 삼위일체 교리라고 할 수 있다. 몰트만도 바르트(Barth)와 라너(Rahner)를 따라 삼위일체를 중심 교리로 삼았는데 이는 단지 다른 신학적 주제들의 통합에만 기여한 것이 아니라 기독교가 현대 세계와 관련을 맺도록 문을 열어주는 최첨단을 형성하기도 했다. 지난 30년 동안 상당히 많이 발간된 삼위일체 관련 문헌은 몰트만의 삼위일체 교리의 발전이거나 그에 대한 반작용이었다. 몰트만의 삼위일체 사상이 신학적으로 위험하다고 보는 비평가들도 있지만 그의 삼위일체 교리가 신학에 풍성한 열매를 맺었다는 것은 틀림없는 사실이다.

아마도 가장 논쟁이 되는 내용은 삼위일체가 사회적이거나 공동체적이라는 몰트만의 주장일 것이다. 비평가들은 이런 주장이 결과적으로 삼신론, 범신론이 되었다거나 현대 교회와 세상의 사회적 프로그램에 공헌하는 도구주의가 되었을 뿐이라고 비판해왔다. 이런 비판들은 대개 몰트만의 종말론 사상이 새로운 신학적 존재론에 미치는 함의들을 부정하거나, 교회와 세상 안에서의 교회의 삶에 대한 몰트만의 개념들을 의문시하는 두 가지 노력을 중심으로 단결했다. 이런 비평가들은 거의 변함없이 하나님의 주권과 자유에 대한 전통적인 견해들을 보존하는 존재론을 보호하려고 하거나,[1] 교회와 세상 사이의 관계에 대한 몰트만의 견해에 의문을 제기하려고 한다. 나는 삼위일체를 사회경제적 문제들 및 정치적인 문제들과 관련시키는 것에 대한 몇몇 우려가 타당함을 인정하지만, 사회적 삼위일체가 재산

....
1   Randall E. Ott, "Moltmann and the Anti-Monotheism Movement," *International Journal of Systematic Theology* 3, no. 3 (2002): 293-308은 그런 비판의 대표적인 예다. Ott, "The Use and Abuse of Perichoresis in Recent Theology," *Scottish Journal of Theology* 54, no. 3 (2001): 366-84도 보라.

에 관한 이론과 실천의 수정에 중요하다는 것을 이번 장이 보여주기를 원한다. 내가 보기에 재산은 우리 시대의 정치적 경제의 가장 골치 아픈 문제다. 바로 하나님의 능력과 자유에 대한 몰트만의 수정 작업이 가난, 기아, 실업, 빈부격차, 생태권 파괴 등 재산을 중심으로 하는 거대한 국제적 난제들의 해결에 교회가 기여할 가능성을 열어주었다. 재산을 그것에 관해 신성시되어온 가정들과는 다른 방식으로 생각하기가 매우 어렵기 때문에 이런 문제들은 극복하기 어려운 것처럼 보인다. 사회적 삼위일체는 재산에 관한 기본적 가정들에 대한 비판과 재구성을 가능하게 한다.

교회 및 세상과 관련하여 삼위일체의 유비들을 우리가 적절하게 말할 수 있는지 아닌지에 관한 질문이 핵심이지만, 다른 중요한 질문들도 제기된다. 세상 안에 있는 삼위일체의 흔적들에 관한 고대의 개념은 필연적으로 세상으로부터 삼위일체를 증명하거나 사회적 실재로부터 하나님을 개념화하려고 하는 자연신학을 함의하는가? 우리가 참으로 삼위일체로부터 세상 안에 있는 인간의 정체성과 행동까지 생각할 수 있는가? 또는 삼위일체(특히 내재적 삼위일체)는 하나님의 완벽성을 보호하기 위해 단지 하나님을 세상과 구별하는 데만 기여하는가?[2] 몰트만에게 사회적 삼위일체 교리는 인간의 사회성을 반영한 것이나 그것의 전형이 아니라 오히려 우리가 하나님이 원하는 인간 됨의 사회적 방식을 올바르게 파악하려고 노력하게 만드는 원천이다.[3] 브루스 마샬(Bruce Marshall)은 "세상을 합리적으로 이해하기

....
2   하나님의 자유를 보호하기 위해 내재적 삼위일체를 사용하는 극단적인 형태를 Paul D. Molnar, *Divine Freedom and the Doctrine of the Immanent Trinity* (London: T&T Clark, 2002), 197-233에서 찾아볼 수 있다.
3   예컨대 Jürgen Moltmann, *God in Creation* (San Francisco: Harper & Row, 1985), 234-43을 보라.

위해 삼위일체에 대한 신앙이 요구되지는 않는다"라고 말한다. 그리고 그는 "그러나 삼위일체에 대한 신앙은 세상에 대한 우리의 합리적 이해에서 엄청난 차이를 낳는다"라고 덧붙인다[4]

몰트만에게 있어서 삼위일체는 하나님에 관한 기독교의 모든 하위 개념에 대한 일차적 비판 역할을 하지만, 동시에 교회의 삶과 세상에 대한 선교적 실천의 이론이다. 몰트만은 삼위일체가 사변적 교리가 아니라 기독교적 삶에 존재하는 실제 문제들을 해결하는 데 크게 공헌한다고 꾸준히 주장했다. 그에게 기독교적 삶은 삼위일체 하나님에 대한 예배와 세상 안에서 **코람 데오**(*coram Deo*, 하나님 앞에서)의 삶으로서 기능한다. 열린 삼위일체 교리는 교회가 세상에 대해 그리고 하나님의 세계 구속에 대해 열려 있음을 의미한다.[5] 그러나 삼위일체가 송영적(doxological)이지 않다면 비판적이지도 않고 실천적이지도 않을 것이다.[6] 하나님의 이름으로서 하나님의 서사적 기술(narrative description)인 삼위일체는 예배하는 기독교 공동체의 중심적인 실재다. 삼위일체는 특별히 교회가 삼위일체 하나님의 공동체에 참여하고 있음을 알려준다. 그리고 이 참여는 온 창조세계와 함께하는 하나님의 역사의 궁극적 지평 안에서 일어난다. 그러므로 삼위일체의 삶과 논리에 따라 교회를 합리적으로 이해하는 것은 항상 일차적으로 창조세계와 함께하는 하나님의 삶이라는 가장 넓은 지평에서 예배의 행위로 이루어진다.

....

4   Bruce Marshall, "Putting Shadows to Flight: The Trinity, Faith, and Reason," in *Reason and the Reasons of Faith*, ed. Paul J. Griffiths and Reinhard Hütter (London: T&T Clark, 2005), 77.

5   그래서 몰트만은 몇몇 포스트자유주의 신학자들과 급진적 정통주의 신학자들의 분파주의적 비판에 대해 확고하게 반대했다.

6   *The Spirit of Life: A Universal Affirmation* (Minneapolis: Fortress Press, 1992), 289-306에 수록된 삼위일체의 군주적·역사적·성만찬적·송영적 차원에 관한 몰트만의 논의를 보라.

종말론에서 삼위일체로

삼위일체 교리의 발전은 (간단히 말하자면) 몰트만 신학의 시작부터 진행 중이었다. 몰트만은 『희망의 신학』에서 하나님이 세상과 맺는 화해의 신학을 전개하기 시작했고 즉시 전통적인 존재론을 재고하라는 도전을 받았다. 첫 번째 국면은 그의 십자가와 부활의 종말론적 신학에서 나온 중요한 교리였다. 하나님 안에서 그리고 하나님과 세상의 관계에서 발생하는 십자가와 부활의 변증법은 계속 그의 사유를 자극하는 요소로 남았다. 부활은 사실상 신학의 모든 것이 종말론적임을 의미한다. 십자가는 하나님이 세상을 구속하고 교회가 세상 안에서 자신의 사명에 참여하게 하는 힘이 바로 고통을 겪는 하나님의 사랑의 힘임을 의미한다.

이와 같은 초기의 신학적 움직임은 하나님에 대한 유일신론적 개념들과 그것들이 기초하고 있는 존재론에 대한 비판을 수반했다. 원래의 시도는 하나님의 존재를 하나님에 대해 소망을 품고 알 것을 요구하는, 도래하는 현존과 현존하는 도래(parousia)로 생각하는 것이었다.[7] 우리가 하나님을 역사적으로 알고 역사를 종말론적으로 안다면 하나님은 단순한 실체 또는 절대적 주체로 해석될 수 없다. 오히려 하나님은 이스라엘의 내러티브 및 이스라엘의 하나님의 아들의 내러티브에서 성령을 통해 하나님 자신을 드러내는 존재로서의 하나님이다. 역사성에 대한 바르트의 강조와 "세상을 위한 하나님의 존재"라는 그의 주제를 따라 몰트만은 삼위일체를 하나님의 경륜부터 하나님의 내적인 삶까지 깊이 생각하려고 시도했다.[8] 우리는 하

---

7   M. Douglas Meeks, *Origins of the Theology of Hope* (Minneapolis: Fortress Press, 1989).

8   몰트만은 삼위일체에 관한 견해를 전개하면서 창조세계와 은혜를 포함하면서도 종말적 근거를 제시하기 위해 내재적 삼위일체 교리를 발전시키려는 바르트의 도전을 상당한 정

나님이 창조세계와 맺는 하나님의 경륜 안에서 자신을 드러내는 것을 통해 내재적 삼위일체를 안다.[9] 몰트만은 [삼위일체를] 세례 및 성찬 시 성령의 활동에서 기원하는, 교회에 관한 바울의 사고방식과 연결한다. 삼위일체는 삼위일체의 공동체 **안에 있는** 교회의 삶을 반영하는 일차적 방식이다.

전통적인 존재론에 대한 몰트만의 비판은 그의 정치 신학으로 이어졌고, 하나님의 주권과 자유를 하나님의 사랑으로 여기는 그의 새로운 관점은 결국 사회적 삼위일체 교리의 전개로 이어졌다.[10] 최상의 삼위일체 교리는 하나님의 권능과 인간의 권력의 지배적인 개념들을 계속 비판해왔다. 몰트만은 동방과 서방의 삼위일체 전통 모두에서 발견되는 이런 모티프를 다룰 것을 촉구한다. 사회적 삼위일체 교리는 위격들의 사랑의 공동체의 일치성뿐만 아니라 위격들의 독특성도 주장한다. 하나님은 단순한 실체도 아니고 개별적인 자아도 아니다. 서방의 삼위일체 전통은 위격에 해당하는 그리스어 **휘포스타시스**(*hypostasis*)를 라틴어 **페르소나**(*persona*)로 번역함

....

도로 받아들였다. 그러나 바르트는 하나님의 사랑과 은혜의 존재론에 대한 자신의 일관된 탐구 안에서 이런 작업을 했다. Karl Barth, *Letters 1961-1968*, trans. Geoffrey Bromiley (Edinburgh: T&T Clark, 1981), 176.

9   "내재적 삼위일체에 대한 지식과 표상은 송영의 영역에서 발견될 수 있는데, 이는 구원의 경험에 상응하며 영광의 나라를 예기한다." Moltmann, *The Trinity and the Kingdom*, trans. Margaret Kohl (San Francisco: Harper & Row, 1980), 161.

10   레오나르도 보프는 몰트만을 따라 사회적 삼위일체 교리를 발전시켰다. 그러나 보프는 사회적 삼위일체를 주로 사회적 구성을 위한 이상적 모형으로 보았기 때문에 회심과 권한 부여에 대한 몰트만의 꾸준한 삼위일체적인 관심을 놓쳤다. Boff, *Trinity and Society* (Maryknoll, N.Y.: Orbis, 1986), 6, 8을 보라. 보프는 "억압 및 해방을 위한 갈망이 있는 상황에서" 삼위일체가 극도로 풍성함을 발견한다. "…신앙을 가진 이들에게 신적인 세 위격 사이의 삼위 사이의 친교 및 사랑과 활발한 상호 침투 안에서의 그들 사이의 일치는 영감의 원천과 유토피아적 이상으로 기능할 수 있다.…성부, 성자, 성령의 공동체는 사회가 삼위일체의 형상과 이미지가 되게 하는 방식으로 사회를 개선하고 건설하기를 원하는 사람들이 꿈꾸는 인간 공동체의 원형이 된다."

으로써 고유한 특성 및 교환할 수 없는 실존을 가진 구별된 위격을 의미하는 데 공헌했다.[11] 동방 교부들은 상호 내주를 의미하는 그들의 **페리코레시스**(*perichoresis*) 개념을 통해 구별된 위격들의 공동체의 일치성이라는 개념에 공헌했다. 하나님은 각자가 자신을 타자 및 세상에 내어줌에 있어서 하나가 되는 위격들의 공동체다. 삼위일체 하나님은 세 위격이 공유하는 무궁무진한 생명이며, 이 생명 안에서 세 위격은 서로와 함께, 서로를 위해, 서로 안에 현존한다. 세 위격의 위격적 속성과 독특한 책무 외에는 모든 것이 공유된다.

이제 재산과 사회적 삼위일체 교리의 문제들을 함께 살펴보자. 사회적 삼위일체 교리는 우리가 재산을 지배적으로 사용하는 것을 하나님에게 투사하고 그 결과로 나타나는 하나님에 대한 견해를 재산에 대한 정당화로 사용하려는 끊임없는 경향을 특히 잘 알고 있다. 하나님에 관한 전통적인 형이상학적 속성들은 인간에게 적용될 때 배타적인 개인 재산에 관한 근대적 개념이 요구하는 것─재산을 소유·사용·관리하고, 재산으로부터 이득을 얻고, 재산을 고안하고, 그에 대한 영구소유권을 주장하고, 재산을 소비·낭비·양도·파괴하는 능력과 권리─을 기술한다. 양도할 수 있는 배타적 재산에 관한 이런 개념과 이와 연관된 이데올로기들은 적어도 부분적으로는 재산을 처분하는 권한으로서 하나님의 자유, 만물에서의 하나님의 배타적인 재산, 하나님의 자기 소유에 대한 개념들에 근거한다.

....

11   참조. Moltmann, *The Trinity and the Kingdom*, 191-200.

하나님의 주권과 자유 그리고 재산의 개념들

재산이 권력과 연관되어 있다는 점이 재산의 불가사의한 점이다. 그리고 모든 형태의 재산은 잠재적으로 생명의 비인간화를 초래할 수 있기 때문에 재산이 정당화될 필요가 있다는 점이 재산이 하나님과 연관되는 신비다.[12] 재산은 일단 의식적이든 무의식적이든 하나님의 승인으로 정당화되면 인간관계에 대해 자명한 원칙이 된다. 사회적 삼위일체 교리의 첫 번째 기능은 재산에 관한 비인간적인 교리들을 정당화하는 데 사용되는 하나님에 관한 개념들을 비판하는 것이다.

재산은 항상 그것이 인간에게 자유를 제공해줄 것이라고 약속했다.[13] 재산이 있다는 것은 생계를 다른 사람에게 의존하거나 노예로 전락하거나 의뢰인이 되거나 운명에 무방비 상태로 남겨질 가능성이 적다는 것을 의미한다. 따라서 시민사회의 역사에서 재산이 있는 사람들은 자유, 독립, 책임을 지닌다고 여겨졌다. 재산은 자유와 안전을 약속하는 한편 지배하려고 위협하기도 한다. 재산과 지배는 밀접하게 연결된 것처럼 보인다. 재산을 통해 자신의 자유를 획득하고 자신의 미래를 보장하는 사람들은 종종 다른 사람들의 재산을 부정하기 쉽다. 따라서 재산은 남을 지배하려는 위협이 되기도 한다.

....

12 재산(property)의 어원적 뿌리(*proprius* = 자신의 것)는 사람 또는 사물과 적절하게 소유되는 것 사이의 관계를 가리킨다. 재산이 인도적이고 정의로운지 아닌지는 이 관계의 질에 달려 있다.

13 이후의 내용 중 일부는 다음 문헌들에서 취했다. M. Douglas Meeks, *God the Economist: The Doctrine of God and Political Economy* (Minneapolis: Fortress Press, 1989), 5장과 M. Douglas Meeks, "The Economy of Grace: Human Dignity in the Market System," in *God and Human Dignity*, ed. R. Kendall Soulen and Linda Woodhead (Grand Rapids, Mich.: Eerdmans, 2006).

결과적으로 재산의 종류에는 질적인 차이가 있다. 생명에 대한 접근인 재산은 재산을 지닌 사람에게 다른 사람들을 생명에 접근하지 못하도록 배제할 힘을 부여하는 재산과는 엄청나게 다르다. 사람을 독립적으로 만드는 재산은 다른 사람들을 의존적으로 만드는 재산과는 질적으로 다르다. 전자는 인간으로서 자신의 소명을 실현하는 수단이지만 후자는 다른 이들의 인간성과 자신의 인간성을 파괴하는 수단이다. 재산은 생계에 포함되는 것으로서 삶을 위한 힘과 생계로부터 배제되는 것으로서 죽음을 위한 힘을 모두 의미할 수 있다는 점에서 심오한 모호성을 지닌다.

자유주의 재산 이론은 사람들의 권리를 배제될 수 없는 것으로 변화시켰다.[14] 그 결과로 근대 세계에서 재산의 의미가 매우 협소해졌다.[15] 가장 중요한 변화는 전통적인 포괄적 재산권의 상실이었다. 시장의 논리에 필수적인 재산권은 개인이나 법인이(자연적 개인이든 인위적 개인이든) 무언가를 사

....

14   Lawrence C. Becker, "The Moral Basis of Property Rights," in *Property*, ed. J. Roland Pennock and John W. Chapman (New York: New York University Press, 1980), 193-94. 베커는 사적 재산권을 정당화하는 일반적인 네 가지 이론을 다음과 같이 적시했다. (1) 로크-밀의 노동이론에 따르면 재산의 권리는 무언가를 생산하는 노동자에게서 나온다. 노동이 없었다면 재산권은 존재하지 않았을 것이다. (2) 노동이론의 노동 보상 버전에 따르면 타인에게 가치 있는 무언가를 생산하는 노동자는 그것에 대한 어떤 혜택을 받을 자격이 있다고 말해진다. (3) 경제적 효율성 또는 정치적·사회적 안정의 관점에서 효용을 중시하는 복잡한 논증들. (4) 정치적 자유에 근거한 논증은 인간의 불가피한 소유욕은 모든 자유를 파괴하지 않고서는 금지될 수 없지만 그럼에도 규제되어야 한다고 주장한다. 사적 재산권의 체계가 자유를 유지하기 위해 소유욕을 규제하는 유일하게 정당한 방식이기 때문이다. 사적 재산권을 정당화하는 네 가지 일반 이론에 근거하여 절대적·배타적 재산권은 사회 조직의 근본적인 가정이 되었다.

15   재산에 대한 몇몇 이론이 그것을 존재론적으로 주어졌고 절대 변하지 않는 보편적 실재로서 묘사하지만 재산은 역사적으로 결정된 것이다. 재산은 역사를 지니며 역사에 개방적이어야 한다. 재산의 의미와 기능은 광범위하게 달라졌다. 인간 역사에 몇몇 종류의 재산이 항상 있었다고 하더라도 근대에 절대적·배타적·사적 재산으로 여겨지는 것은 확실히 항상 있었던 것이 아니다.

용하거나 누릴 때 타자들을 배제할 수 있는 권리다. 오직 배타적 권리들만이 시장에서 거래될 수 있다. 무언가를 사용하거나 누릴 때 배제되지 않을 권리는 본질적으로 거래될 수 없다. 이런 두 번째 종류의 재산권은 사실상 거의 사라졌다.

오직 사적이고 배타적인 것으로서만 규정되는 재산에서 초래되는 비인간화를 고려할 때, 사회적 삼위일체는 하나님의 자유와 우리 인간의 자유에 대한 대안적 이해를 제시한다. 많은 신학 전통에서 하나님의 자유는 재산을 처분할 수 있는 하나님의 제한 없는 권한으로 여겨졌다. 하나님의 절대적 주권은 절대적 자유로 여겨졌다. 마음대로 자기 재산을 처분하는 것을 포함하여 하나님이 자신이 원하는 것은 무엇이든지 자유롭게 할 수 있다는 사실은 하나님의 주권과 통치권의 본질로 이해된다. 하나님의 자유가 지배로 생각될 때 인간의 자유 역시 그렇게 여겨진다.

그러나 성경의 내러티브는 하나님의 자유가 배타적이고 양도 가능한 소유권과 같은 권한이라고 말하지 않는다. 하나님의 자유는 **자유로운 선택**이 아니다. 하나님의 자유는 하나님의 사랑이다. 하나님의 자유를 재산을 처분할 수 있는 능력에 근거한 **자유로운 선택**으로 여기는 관념은 사랑으로서의 하나님의 본성을 부정한다. 몰트만에 따르면 하나님은

서로 배타적인 여러 가능성 중…사랑인 것과 사랑이 **아닌 것** 사이에서 선택하지 않는다. 하나님이 사랑이라면 세상을 사랑할 때 하나님은 결코 "자신의 포로"가 되지 않는다. 반대로 세상을 사랑할 때 하나님은 전적으로 자유롭다. 하나님은 전적으로 자기 자신이기 때문이다. 하나님이 최고선이라면 하나님의 자유는 선과 악 사이에서 선택해야 하는 것으로 구성될 수 없다. 반대로 하나님의 자유는 그 자신인 선을 행함에 있는데, 이는 그 자신을 전달하는 것을 의

미한다.[16]

하나님이 상상할 수 있는 어떤 것이든 원하고 행할 수는 없다. 하나님은 자신의 약속에 대한 신실함을 통해 자신을 제한한다. 하나님의 자유는 하나님의 본질인 사랑을 내재적으로 그리고 경륜적으로 전달하는 것으로 이루어진다. 공동체의 위격들 사이에서 표현되는 사랑으로서의 삼위일체의 일치성은 하나님의 자유와 일치성을 재산의 소유와 처분으로서 여기는 개념을 부정한다.

하나님은 (재산의 노동이론에서 말하는) 생산자나 (최초로 점유한) 소유자로서가 아니라 창조주와 구속자로서 창조세계와 모든 피조물에 대한 권리를 가진다. 하나님의 자유/창조 행위의 중심에는 하나님의 고통과 자기희생이 있다. 고난이라는 하나님의 활동이 하나님의 재산, 즉 창조세계에 대한 하나님의 권리의 근원이다. 하나님은 **무**(*nihil*)의 힘에 맞서 값비싼 싸움을 통해 세상을 존재하게 한다. 하나님은 창조세계를 위해 고난을 겪었고 창조세계가 공허로 떨어지거나 소외되도록 허용하지 않을 것이다. 창조세계는 당연히 하나님의 것이다. 하나님의 의의 능력이 창조세계의 생명을 근본적으로 하나님이 은혜로 부여하는 선물로 만들기 때문이다. 하나님 외에는 아무도 고난을 겪으면서 무의 힘을 이겨낼 능력이 없다. 하나님 외에는 모두가 여전히 죽음 아래에 놓여 있고 아무도 무의 위협으로부터 구속되어야 하는 창조세계의 만물에 대한 권리를 가지지 못한다.

....
16   Moltmann, *The Trinity and the Kingdom*, 54-55.

사적 재산으로서의 자아와 베풀어주기

많은 시장체제 옹호자들은 **자유**가 시장체제의 가장 본질적인 요소라고 말할 것이다. 인간이 자신의 몸과 에너지를 사용하거나 통제하고 자신이 원하는 대로 이동하고 거래할 수 있는 능력을 보장해주는 관습과 법이 작동해야 한다.[17] 인간에 대한 시장의 관점은 내가 자신에 대한 재산권을 가진다는 가정을 요구한다. 나는 나 자신을 가지며 소유한다.[18] 경제적 자유는 타인이 나에 대한 아무런 권리도 주장할 수 없음을 의미한다. 나 자신을 내가 어떤 값을 치르더라도 보호해야 하는 나의 궁극적 재산으로 생각하는 것이 나를 타인에게 양보할 수 없도록 만들고, 풍요롭게 살기 위해 인간이 필요한 것에서 배제되지 않을 타인의 권리를 인정하게 만든다. 그러나 이것이 참으로 자유인가? 아니면 구속으로부터의 자유를 제공할 수 있지만 궁극적으로는 유일하게 진정한 자유인 삶을 위해 다른 사람들과의 활동에 대한 자유를 제공하지 않는 체제에 대한 일종의 종속인가? 인도적인 경제는 인간이 상품과 서비스의 선택지 중 어느 하나를 정하는 능력으로서의 협소한 자유관에 의해 결정되지 말도록 요구한다. 인간은 타자와 함께 그리고 타자를 위한 삶을 살라는 하나님의 부름을 통해 진정으로 자유롭게 된다.

하나님을 단순하고, 나누어지지 않고, 원자적인 본질로 묘사하는 것은 인간을 오늘날 경제적 삶에서 사적인 개인으로 묘사하는 데 도움이 된다.

----

17 이것은 시장 참여자들이 관계를 맺지 않음을 의미하는 것이 아니라 가능한 제안 또는 거래를 자유롭게 선택하고 그 제안 또는 거래를 통해 자유롭게 선택된다는 것을 의미한다.

18 "시장경제 사회에서 개인은 자기 인격의 소유자로서의 인간이다.…그의 인간성은…이기적인 것을 제외한…타인들과의 관계로부터의 자유에 의존한다." C. B. Macpherson, *The Political Theory of Possessive Individualism* (Oxford: Clarendon, 1982).

서방 교회의 가르침에서 신론은 종종 하나님을 양태론적으로 자신을 소유한 자, 즉 자기의 소유자로 인식해왔다. 신적인 세 위격 뒤에는 절대적 존재, 즉 단순하고 나누어지지 않으며 자기충족적인 개별자가 있다. 하나님의 절대적 존재는 하나님 자신 안에 그리고 하나님 자신을 위해 존재한다. 아우구스티누스 이후 서방 교회는 철저하게 개인적인 인간의 모형을 따라 삼위일체를 생각하게 되었다. 이 모형에서 인간은 내가 자신을 구성하고, 내가 자신에게 고유하며, 내가 자신의 재산이라고 주장할 것이다. 이 모형에서 하나님은 자신을 위해 존재하고 자신에게 고유하다. 이것은 하나님의 자아가 하나님의 재산임을 의미한다.

그러나 사회적 삼위일체 교리는 하나님의 소유가 자기소유에 근거하지 않고 자기희생에 근거한다고 주장한다.[19] 하나님 자신을 우리에게 주고 하나님 자신과 함께 모든 것을 우리에게 주는 것이 하나님의 성품이다(롬 8:32). 하나님은 줌으로써 소유한다. 하나님은 바로 하나님 자신을 주는 데서 자신을 "가진다." 하나님이 삶에 필수적인 것에 타자의 접근을 배제함으로써 지배하는 자기 소유자가 아니라면, 하나님의 소유 양식이 모든 재산을 절대적·배타적 재산으로 여기는 이해를 위한 모형이나 정당화가 될 수 없다는 점 역시 사실이다. 하나님의 자기희생이야말로 공동체에서의 인간의 생계의 원천이다. 창조세계 안에 하나님의 선함이 존재한다는 인간의 공통적인 주장은 모두를 위한 하나님의 자기희생에 기초한다.

기독교 인간학은 인간이 되기 위해서는 무엇이 필요한가를 다룸에 있어 보편적으로 인정되는 **포괄적** 재산권을 강조한다. 각자에게 속한 것과

....
19   "자연의 조물주와 만물의 섭리자는 땅의 모든 풍성함을 우리에게 계속 제공함으로써 자신의 절대적 지배를 행사한다." 바실레이오스의 말을 풀어 쓴 이 말은 Charles Avila, *Ownership: Early Christian Teaching* (Maryknoll, N.Y.: Orbis, 1983), 53에 등장한다.

각자에게 합당한 것은 단순히 각각의 인간을 창조하고 구원하는 하나님의 행위와 무관한, 배타적 재산에 관한 현대의 이론들에 의해 결정될 수 없다. 모든 인간은 죽음에 맞서는 생명에 적절한 것에 대해, 그리고 하나님과 이웃을 섬김으로써 자신의 인간성(*imago Dei*, 하나님의 형상)을 성취하는 데 필요한 것에 대해 재산권이나 권리를 지닌다. 인간의 환대(타자에게 삶을 위한 재화와 공간을 내어주는 것)는 하나님의 모든 창조세계로 확장되는 하나님의 선함의 다른 측면이다. 하나님은 아무도 생명으로부터 배제하지 않는다. 우리도 아무도 생명으로부터 배제할 수 없다.

선물로서의 재산과 상품으로서의 재산

칼 폴라니(Karl Polanyi)는 현대의 시장이 존재하기 위해서는 토지, 노동, 돈이 철저하게 상품이 되어야 했다고 주장했다.[20] 그 결과 모든 것이 매매하기 위해 가치나 가격을 매길 수 있는 상품이 되는 경향이 있다는 점이 현재 즉

....
20 Karl Polanyi, *The Great Transformation* (Boston: Beacon, 1957). 폴라니에 따르면 물물교환 경제와 화폐경제는 둘 다 선물 경제보다 더 큰 진전으로 여겨진다. 왜냐하면 "선물은 수혜자로 하여금 호혜적 선물을 하도록 의무를 부여하기 때문이다." 그러나 "수혜자가 어떻게 언제 보답할지를 결정하고 연기할 수 있으므로" 호혜적인 선물을 주는 것은 "내가 혜택을 제공함으로써 구체적 혜택을 획득할 기회를 거의 제공하지 않는다." Charles E. Lindblom, *The Market System* (New Haven, Conn.: Yale University Press, 2001), 54-55은 다음과 같이 논평한다. "물물교환을 넘어서기 위한 수단으로 화폐가 도입되어야 했다. 물물교환에 따르면 내가 원하는 물건이나 기술이나 솜씨를 지니고 있는 사람이 동시에 내가 제공하는 것을 원하지 않으면 내 필요가 충족될 수 없다. 유일한 해결책은 모든 사람이 갖기를 기뻐하는 대상, 즉 화폐. 이제 나는 보편적으로 바라는 대상을 제공하므로 내가 제공할 수 있는 것을 원하는 누군가를 찾을 필요가 없다. 화폐는 모든 거래를 위한 충분한 유인책이다." 보편적인 교환 수단으로서의 화폐는 대단한 도구다. 그러나 무한정한 인간 욕망의 표지로서의 화폐는 시장체제에서 거대한 불균형을 초래한다. 화폐는 세계 경제에서 금융시장의 제한받지 않고 규제받지 않는 지배를 가능하게 한다. 부의 축적과 부유함의 과시에 대한 모든 제한이 상실된다. 화폐의 물신 숭배적 성격으로 인해 국제 금융시장을 통제하기는 더욱더 어려워진다.

각적인 글로벌 커뮤니케이션으로 악화되는 시장 사회의 가장 명백한 특징이다. 모든 것이 판매를 위한 상품이라면 시장이 인간의 모든 문제를 해결해야 한다. 이런 환상에 대한 비판이 인간의 얼굴을 지닌 경제를 향한 첫걸음이다.

인간의 삶을 상품화하는 추세가 조금도 수그러지지 않는 한가운데서 기억상실증에 걸리지 않은 그리스도인들과 유대인들은 예컨대 정의, 치유, 배움이 상품이 되어서는 안 된다는 것을 알아야 한다. 그러나 확실히 우리의 사법 체계와 건강보험 체계 그리고 교육제도들의 혜택은 교환할 것이 전혀 없는 사람들에게 폐쇄적인 경향이 있다. 이런 체계들의 관행은 정기적으로 상품화된다. 미디어는 인간이 이전에는 결코 상품이 될 수 없다고 생각했던 대상들, 즉 혈액, 장기, 태아, 개인 유전자 정보, 어린이, 공기 같은 것들이 이제는 적절하게 상품화되어야 한다는 날조된 주장으로 가득 차 있다.

무엇이 상품이 되지 말아야 하는가? 삶에 필수적인 것은 상품이 되지 않거나, 오로지 상품이기만 하지 않아야 한다. 공동체의 공유된 삶만이 무엇이 상품인지 아닌지를 결정할 수 있다.[21] 현재 미국에서 개인들은 보험을 통해 구매한 것 혹은 주 정부에서 제공하는 것을 통해서만 의료 체계를 이용할 수 있다. 의료 체계의 상품화로 인해 약 4천 3백만 명이 의료 체계를 이용하지 못한다. 로빈 쿡(Robin Cook)은 의료 체계 이용권에 대한 우리의 개념이 철저하게 변해야 한다고 주장했는데, 이는 접근의 동등성이라는 사회적 가치 때문일 뿐만 아니라 유전체학의 발달로 우리가 점진적 장애와 죽음을 의미하는 현재의 불치병들을 점점 더 예측할 수 있기 때문이기도

....
21   Michael Walzer, *Spheres of Justice* (New York: Basic, 1983).

하다.[22] 계속해서 확장되는 미세 배열 기술로 인해 영리를 목적으로 하는 민간 보험사들은 서비스 또는 보장 범위를 거부함으로써 자신들의 수익을 보호하기 위해 이렇게 "잔인하게 연기된 사망 선고"를 사용하도록 동기가 부여된다.

> 그러나 바로 이 위험이 큰 돌파구―보편적 의료를 향한 불가피한 움직임―로 이어질 수 있다. 유전체 의학이 동터오는 이 시대에 특정화되고 파편화된 집단들 내에서 보험통계적인 위험 합산(pooling)에 기반을 둔 민간 건강보험 개념은 한물간 제도가 될 수 있다. 개별 보험계약자에 맞춰 위험이 결정될 수 있으면 위험이 합산될 수 없기 때문이다. 유전적으로 결정된 질병 성향은 민간 보험업자들이 엄중하게 피해왔던 "미리 존재하는 상태"에 대한 현대의 상응물이 될 것이다.[23]

삶에 필요한 것, 그리고 타자의 삶에 기여하기 위해 필요한 것에 대한 모든 사람의 동등한 접근이 사회적 삼위일체에서 그려지는 기준이라면 재산은 호혜성, 재분배, 기부의 관점에서도 이해되어야 한다.[24]

시장체제는 교환의 논리, 즉 **대가**(*quid pro quo*, 그것 대신 지급하는 이것)에 의존한다. 재화와 서비스를 분배할 때 교환 관계가 주는 큰 혜택을 아무도 의심할 수 없다. 하지만 전적으로 교환의 논리가 지배한 경제의 역사는 그

----

22 Robin Cook, "Will Genetics Alter Health Insurance?" *New York Times*, May 22, 2005.
23 Ibid.
24 여러 종류의 재산권에 대한 유용한 구별은 David E. Klemm, "Material Grace: The Paradox of Property and Possession," in *Having: Property and Possession in Religions and Social Life*, ed. William Schweiker and Charles Matthewes, 222-45 (Grand Rapids, Mich.: Eerdmans, 2004) 을 보라. 그러나 "물질적 은혜"에 대한 그의 정의는 개인주의적인 경향이 있다.

에 따르는 채무의 논리가 사회 체계를 파괴하게 된다는 것을 보여준다.

사회적 삼위일체는 교환과 채무의 논리에 맞서서 삼위일체 공동체가 인간의 기부를 채무의 실재로부터 자유롭게 해주는 것을 지향한다. 인간의 기부를 이렇게 자유롭게 하는 것은 애초에 하나님이 창조 때 주는 방식에서 처음으로 드러난다. 하나님은 답례에 대한 보장 없이 준다.[25] 이 관대함은 우리의 모든 것을 하나님이 주었으므로 우리 안에 하나님에 대한 의무를 설정할 수 있는 것이 아무것도 없기 때문이다. 바울은 이와 동일한 관점을 다음과 같이 반영한다. "네게 있는 것 중에 받지 아니한 것이 무엇이냐? 네가 받았은즉 어찌하여 받지 아니한 것같이 자랑하느냐?"(고전 4:7; 참조. 롬 8:32) 더욱이 하나님은 우리에게 그리스도를 주고 그리스도 안에서 삼위일체 공동체와의 연합을 주는데, 이는 우리가 받을 자격이 있어서가 아니라 단지 우리의 필요 때문이다. 하나님의 **플레로마**(*pleroma*, 충만, 총체성)에는 우리가 갚을 수 있는 것이 부족하지 않다.

하나님은 십자가에서 채무의 가능성 자체와 그에 따라 의무와 안전의 원천으로서의 채무 경제를 폐지한다.[26] 하나님이 우리에게 아무런 채무가 없다고 여긴다면 우리가 하나님의 은혜로운 기부의 경제로 회복될 가능성이 열린다. 이런 의미에서 하나님의 구속 사역은 채무의 경제를 은혜의 경제로 변화시킨다. 은혜의 경제에서 드려져야 할 적절한 기도는 "우리가 우리에게 빚진 자들을 용서하듯이 우리의 빚을 용서해주소서"다. 하나님의

....

25 이어지는 내용에 관해서는 Kathryn Tanner, *Jesus, Humanity and the Trinity: A Brief Systematic Theology* (Minneapolis: Fortress Press, 2001), 82-95을 참조하라.

26 "우리는 십자가에서 채무 경제로 인한 고통과 억압으로부터 대속되었다. 십자가에서 우리는 우리의 가난과 다른 사람들이 우리에게 요구하는 것을 주지 못하는 우리의 무능력 때문에 고통을 겪는 박탈과 불의의 세상에서 구출되어 우리의 원래 주인이신 하나님께, 무조건적으로 주시는 하나님의 나라로 돌아간다." Tanner, *Jesus, Humanity and the Trinity*, 88.

은혜의 경제에서 **호모 에코노미쿠스**(*homo economicus*, 경제적 인간)가 된다는 것은 우리가 유용성을 최대화함으로써가 아니라 하나님이 주는 것에 의해 형성된다는 것을 의미한다.

하나님이 그리스도를 선물로 준 것은 어떤 종류의 전제조건도 없이 죄 인들에게 준 것이다. 하나님이 우리에게 준 선물은 채무가 아니다. 하나님 은 우리가 하나님의 선물을 낭비하거나 오용할 때도 주기를 중단하지 않는 다. 하나님은 심지어 우리가 주지 못할 때조차도 기꺼이 더 많이 준다. 우리 가 주지 않는 것은 확실히 하나님이 우리에게 의도한 주기의 복을 제거한 다. 하지만 그렇다고 해서 하나님이 주기를 멈추지는 않는다. 우리의 삶에 관한 모든 것은 이 선물의 반영이어야 한다.

하나님이 채무 경제를 약화하는 방식으로 창조세계에 준다면 우리에 게 남은 질문은 우리가 **어떻게** 주어야 하는가다. 하나님이 넘치도록 주는 것이 인간의 호혜성을 위한 공간과 시간을 마련한다. 우리가 주기에 있어 서 순종하는 것은 우리가 하나님께 진 빚을 갚는 문제가 아니다. 그렇지만 하나님은 자신이 주는 것이 우리가 주는 것에 반영되기를 기대하면서 우리 에게 준다.

그렇다면 우리가 하나님의 선물을 주는 것이 채무의 의무가 아니라 하나님의 은혜를 표현할 수 있는 지평 혹은 틀은 무엇인가? 어떤 의미에 서 우리가 선물을 주는 것이 삼위일체적인 주기를 적절히 반영하는가? 이 렇게 주는 것은 주의 식탁을 준비할 때 선물로 주어지는 성만찬적 실존 안 에서 생명을 섬기는 인간의 삶의 모습에서 가장 잘 나타난다. 우리의 의무 는 하나님처럼 주는 것이다. 즉 예수 그리스도가 죽은 목적인 피조물의 필 요를 채우기 위해 주는 것이다. 상품 교환은 익명으로 이뤄지지만, 하나님 이 주는 것처럼 주기에 있어서는 교환되는 대상이 아니라 관계 속으로 들어온 인격이 강조된다. 선물을 주는 것은 상호 의존하는 공동체 관계를 창조한다. 상품 거래는 재화가 교환되자마자 관계를 끝내기 때문에 즉각적으로 다른 거래로 자유롭게 들어간다. 이런 교환은 평형에 공헌할 수는 있지만, 서로 다른 타자와 화해하고 관계를 맺는 삶에는 이바지하지 못한다. 하나님이 모든 인간에 대한 권리, 즉 포함될 권리, 삶의 조건들이 매개되는 일차적 공동체에 속할 권리를 갖고 있기 때문에 상품 거래는 가장 중요한 생명에 대한 권리를 제공해줄 수 없다.

하나님의 가계(household)에서는 재산이 지배를 만들어내려는 경향이 소유물이 공동체 안에서 하나님의 뜻을 실현하기 위해 사용되는, 서로 자신을 내어주는 **오이코스**(*oikos*, 가정) 관계 속에서 극복되어야 한다. 하나님의 삼위일체적인 공동체의 자기희생적인 삶은 자아를 사유 재산으로 여기는 것을 비판한다. 모든 종류의 인간 소유는 기본적으로 **코이노니아**(*koinonia*, 친교)를 양성하는 수단이다. 그러므로 소유권이 어떤 식으로 배정된다고 하더라도, 인간의 재화에 대한 일차적인 공동체의 목적이 보호되어야 한다. 재산은 공동체에 맞서는 권리일 뿐만 아니라 공동체 안에서 생명을 주는 힘에 대한 권리이기도 하다. 소유권은 하나님, 타인, 자연과 함께하는 공동체를 통해 하나님의 청지기가 되어야 하는 우리의 소명을 성취하는 수단이다. 재산은 공동체와 관련이 있으며 사회적 기능을 실행하는 수단이다.

3장

생명의 영과 생명 경외

윌리엄 슈바이커

인류가 계속해서 존속해야 하는가,
아니면 멸절되어도 되는가 하는 질문은
이성적인 방법을 통해서는 그 대답을 찾을 수 없다.
오직 생명을 향한 사랑을 통해서만 대답이 가능하다.

- 위르겐 몰트만, 『생명의 영: 총체적 성령론』
(*The Spirit of Life: A Universal Affirmation*)

위르겐 몰트만은 생명의 하나님에 대한 경험과 생명 경외 사이에는 필연적인 관계가 있다고 주장한다. 그는 한 저서에서 다음과 같이 주장한다. "생명은 '생명의 샘'인 창조적인 성령으로부터 나오고, 생명은 성령 안에서 살아 있다. 생명은 성화되어야만 하는데, 우리가 모든 살아 있는 것을 하나님 앞에서 경외함으로 만나게 될 때 생명은 성화된다."[1] 몰트만은 윤리학을 발전시키지는 않았지만, 그의 생명 경외 사상은 나와 같은 신학자로 하여금 몰트만의 연구를 가장 중요한 지점에서 윤리학적 관심으로 확장하게 한다.[2] 이러한 작업에서 중요한 것은 바로 인간 삶과 행위를 추동하는 가장 근본적인 차원의 선과 실재에 대한 기독교 신앙의 관점이다.

나는 전 지구적인 고통과 생태 위기 시대 가운데 생명의 귀중함과 연약함에 대한 감수성이 절실히 필요하다는 몰트만의 생각에 동의한다. 생명 경외 사상은 도덕적이고, 종교적인 열망 깊숙한 곳으로부터 표출된다. 다만, 나의 질문은 오늘날 생명 경외 윤리가 기독교적인 도덕적 사고를 적절하게 표현하고 있는가 하는 데 있다. 그 질문에 대해 나는 깊은 관심을 가진다. 그렇기 때문에 생명의 영과 생명 경외 윤리 사이에 어떤 **필연적** 관계가 있는지 살펴보아야 한다. 이러한 숙고는 감사하게도 위르겐 몰트만으로부터 배운 많은 것들, 곧 신학적 숙고를 가능케 하는 덕의 종류들, 관용의 범주, 창조성으로부터 기인한다. 개인적으로 이러한 작업에 기여할 수 있게 된 것을 영예롭게 생각한다.

....

1   Jürgen Moltmann, *The Source of Life: The Holy Spirit and the Theology of Life*, trans. Margaret Kohl (Minneapolis: Fortress Press, 1997), 49. 『생명의 샘』(대한기독교서회 역간).

2   몰트만의 사상적 구조와 "왜 체계적인 윤리학을 세우지 않았는지"에 관해서는 Geiko Müller-Fahrenholz, *Phantasie für das Reich Gottes: Die Theologie Jürgen Moltmanns Eine Einfürhung*(Gütersloh: Chr. Kaiser Gütersloher Verlag, 2000)을 보라.

기독교 신앙과 생명 경외?

언뜻 보면 살아계신 하나님에 대한 믿음은 자연스럽게 생명 경외 사상으로 이어질 것 같다. 신적인 생명, 곧 하나님의 **페리코레시스**(*perichoresis*)적 사귐은 생명의 힘과 에너지이며, 새로운 생명의 울림이기 때문이다. 하나님의 오심이 모든 실재를 새롭게 보도록 만들 때 생명을 향한 경외감은 필연적으로 따라올 것 같다. 생명의 성화에 대한 몰트만의 설명은 하나님에 대한 신뢰, 타자와 자신을 향한 존중, 그리고 또한 모든 살아있는 것에 대한 경외를 불러일으키기 때문이다. 그가 다음과 같이 주장하는 것은 그리 놀랍지 않다. "(만약) 생명이 그 자체로 거룩하기 때문에 성스러운 것이라면, **생명 경외** 윤리는 하나의 필연적인 결과다."[3]

생명의 신학에 대한 몰트만의 관심에도 불구하고 윤리학에 관심을 가지는 기독교 신학자들이 왜 생명 경외 사상에 즉각적으로 관심을 기울여야 하는지는 분명치 않다. 생명 경외 윤리는 거의 대부분 알베르트 슈바이처(Albert Schweitzer)의 윤리적 신비주의와 연계되어 왔다. 슈바이처는 다음과 같이 말한다. "모든 종류의 생명을 섬길 때에만 비로소 나는 모든 생명을 일으키시는 창조주의 의지를 섬기게 된다.…이것은 윤리학이 지니는 신비적 차원의 의미다."[4] 하지만 오늘날 대부분의 윤리학적 입장은 슈바이처가 제시하는 의지의 형이상학과 신비주의를 윤리와 연결시키는 것을 거부한

....

3   Moltmann, *The Source of Life*, 49.
4   Albert Schweitzer, "The Ethics of Reverence for Life," Christendom 1 (1936): 225-39. 이 글은 Henry Clark, *The Ethical Mysticism of Albert Schweitzer: A Study of the Sources and Significance of Schweitzer's Philosophy of Civilization* (Boston: Beacon, 1962), 180-94에 재수록되었다. 이 저서는 다음의 온라인에서 확인할 수 있는데 본고에서의 인용은 온라인 버전이다. www1.chapman.edu/schweitzer/sch.reading4.html, 13.

다. 윤리학적 차원에서 오늘날 우리는 반(反)형이상학적이고, 반(反)신비적이며, 점점 더 반(反)보편적인 개별주의를 향해간다. 반면에 삶의 신비적 영역을 이야기하는 사상가들 또한 그러한 시도를 거부한다. 그들 또한 신비를 윤리학과 연결하기를 꺼린다. 그들은 그러한 시도를 합리성을 위해 영적인 삶의 풍성한 차원을 포기하는 것으로 인식한다. 그렇다 보니 전 지구적으로 증대되는 경제 논리의 압력 속에 사람들의 영적이고 도덕적인 갈망은 사적인 차원의 사고와 실천으로 축소되거나, 종교전통들 안에서만 표현되고 있을 뿐이다. 이러한 이유들 때문에 생명 경외 윤리는 전 지구적 차원의 모호한 영성과 열정적인 합리주의 사이에서 안착하지 못하며 부유하고 있을 따름이다. 이런 상황에서 누군가 생명 경외 윤리를 숙고해봐야만 한다면 그것은 상당히 어려운 작업일 것이다.

하지만 문제는 더욱 복잡하다. 왜냐하면 다양한 차원에서 생명 경외 사상은 세계의 많은 사람의 도덕적·종교적 감수성을 동시에 불러일으키고 있기 때문이다. 이러한 감수성은 생명에 가해진 다음과 같은 위협들, 곧 생태계 파괴, 전 지구적 가난과 억압, 미래세대의 필요에 대한 묵살, 전 세계적인 정치·경제 시스템에 의한 지역문화들과 전통종교들의 해체, 무엇보다 생명의 불가침성과 신비에 대한 망각에 대한 저항으로 일어나고 있다. 나아가 생명 경외 사상은 종종 새로운 종교들과 영성들에서 사람들의 새로운 영적 자각이나, 기존 세계종교들에서 새로운 활력의 원인으로 나타나기도 한다. 예를 들어 불교 승려이자 평화운동가인 틱낫한은 생명에 대한 경외가 우리 시대에 생동력 있는 도덕적·종교적 관점의 가장 근본적인 전제라고 주장한다.[5] 생태 여성주의와 통전적인 창조신학과 같은 종류의 새로운

....

5   Thich Nhat Hanh, "The First Precept: Reverence for Life" at www.ncf.carleton.ca/ rootdir/

영성들은 그들의 도덕적 비전을 설명하기 위해 생명 경외 사상의 언어를 사용한다.[6] 나아가 기독교를 포함한 모든 종교의 보수적이고 근본주의적인 사람들 또한 생명 경외와 연관된 **생명권, 생명의 신성함** 등의 개념과 용어들을 받아들이고 있다.

이렇듯 전 세계적으로 퍼져 있는 생명 경외 사상에 대한 거부와 요청은 현대 기독교 신학으로 하여금 그것에 대해 숙고하게 만든다. 게다가 기독교 신앙은 핵심적으로 인간과 모든 존재하는 것에 생명과 영생을 부여하는 살아계신 하나님을 이야기하기 때문에 이 또한 그러한 작업의 근거가 된다. 기독교의 실존적 과제는 하나님의 능력과 임재 속에 거하는 것이다. 그러므로 생명 경외 사상을 기독교 신학과 윤리의 관점에서 비판적으로 숙고해보는 것은 당연한 일일 것이다. 몰트만은 어떻게 그러한 작업을 수행하는가? 이 질문에 답하면서 몰트만 사상의 독특한 특징들을 지적하기 위해 나는 알베르트 슈바이처의 생명 경외 윤리를 먼저 간략하게 다뤄볼 것이다.

절대적인 생명 경외

알베르트 슈바이처는 생명 경외 윤리는 **절대적**이라고 주장한다. 왜냐하면 생명 경외 윤리는 인류 역사에서 절대 실현될 수 없는 도덕적 요구와 가능성을 말하기 때문이다. 이를 실현하고자 하는 몸부림은 인간의 삶을 깊이 있게 만들고 실존적 갈등들을 완화시킨다. 생명 경외 윤리는 또한 실재의

menus/sigs/religion/buddhist.

6   이에 관해서는 Larry L. Rasmussen, *Earth Community, Earth Ethics*(Maryknoll, N.Y.: Orbis, 1998)를 보라.

근본적인 차원에 대해 설명한다. 슈바이처는 "문명의 실제적인 몰락은 우주를 이해하는 이론의 부재 때문"이라고 역설했다.[7] 그에 따르면 적절한 이론은 세계와 생명에 대해 확정적일 뿐만 아니라 윤리적이어야 한다. 생명경외 윤리는 이러한 두 가지 차원의 요구를 맞닥뜨릴 수밖에 없는데 왜 그런가?

18세기의 합리주의와 특별히 데카르트 철학과의 연속성 안에서 슈바이처는 자신의 윤리학적 근거를 즉각적인 자기의식에 둔다. 슈바이처에 따르면 데카르트(Descartes)의 방법적 회의를 따라 의식의 중심에 도달하게 되었을 때 발견하는 것은 **코기토**(*cogito*), 즉 "나는 생각한다"가 아니다. " '내 의식의 즉각적이고 근원적인 사실은 무엇인가?' ··· '나는 어떤 곳으로 항상 회귀하게 되는가?' 우리는 의식의 근원적인 사실로서 **삶에의 의지, 즉 '나는 살 것이다**(I will live)'를 발견하게 된다."[8] 만약 이 사실을 잘 생각해본다면 삶에의 의지가 우주의 일차적인 특징이며, 내 안에서 확증되고 존중될 뿐만 아니라 모든 것 안에 동일하게 확증되고 존중되고 있다는 사실을 발견할 수 있다. 그러나 이러한 통찰, 곧 영적인 행위로서 삶에의 의지를 살펴보면 경건의 측면에서는 낙관적이지 않다.

세계는 삶에의 의지가 그것 자체로 분열되어 나타나는 끔찍한 드라마다. 하나의 생명은 다른 생명을 소비하며 실존한다. 하나의 생명은 다른 생명을 파괴

......

7   Albert Schweitzer, *The Philosophy of Civilization*, trans. C. T. Campion (Buffalo, N.Y.: Prometheus, 1987), xiv.

8   Schweitzer, "The Ethics of Reverence for Life," 4. 비록 나는 여기서 해당 주제를 깊이 있게 다루지는 않겠으나, 프로이트 이후 의식에 관한 즉각적인 사실인 삶으로의 의지를 죽음본능과 분리해서 다룰 수 없게 되었다는 사실은 짚고 넘어가고 싶다. 간략히 말해 의식은 슈바이처가 생각했던 것보다 더욱 복잡하고, 중복결정되어 있으며, 혼란스럽다.

하고 있다. 한 생명의 삶에의 의지는 다른 생명의 삶에의 의지에 대항하여 그 의지력을 발휘하고 있지만 그 사실을 모르고 있다. 그러나 내 안에서 작동하는 삶에의 의지는 다른 것들 안에 작동하고 있는 삶에의 의지를 자각하게 되었다. 그리고 그 안에서 나는 내 안의 삶에의 의지가 다른 것들 안에 있는 삶에의 의지와 연합하여 보편적이고자 하는 갈망을 발견한다.[9]

슈바이처는 삶에의 의지를 발견하고 확증하는 것을 첫 번째 영적인 행위에 대한 경험이라고 이야기한다. 그러나 내 생명을 확증하는 것이 다른 모든 생명에 대한 경외를 요구하는지는 명확하지 않다. 내 삶에의 의지는 경외하고 다른 생명들의 의지는 그렇게 하지 않을 수도 있기 때문이다.

슈바이처는 순수하게 합리적인 기반 위에서 한 생명이 다른 생명을 향해 갖는 태도는 자기 스스로에 대한 태도와 일치해야 한다고 주장한다. 그는 다음과 같이 주장한다. "만약 내가 생각하는 존재라면 나는 나와 다른 모든 생명을 동일하게 경외해야만 한다."[10] 나아가 그는 칸트의 보편화의 원리를 윤리학의 "형식"으로 제안한다. 생명 경외 윤리는 모든 종류의 생명이 동일하게 경외되어야 함을 의미한다. 이 동등성이 슈바이처로 하여금 인간이 아닌 생명체들의 도덕적 지위를 인정하게 만든 것이다. 악은 생명을 괴멸하거나 저해하며 방해한다. 선은 생명을 돕거나 구하며 그 생명을 최종 단계까지 실현할 수 있게 해 준다. 그러므로 생명에 대한 경외는 의식의 가장 근원적인 사실인 삶으로의 의지를 확증하고 그것을 보편적 차원으로 확대해석하는 것으로부터 시작된다. 선과 악은 생명을 증진하는가 파괴하는

....

9   Schweitzer, *The Philosophy of Civilization*, 312.
10   Ibid., 311.

가에 따라 규정된다. 나아가 생명 경외 윤리는 보편적이고 합리적인 특징을 가질 뿐만 아니라 실천적인 특징 또한 지니고 있다. 그것은 자기 자신을 온전케 할 뿐만 아니라 모든 생명으로 하여금 자라나게 한다. 슈바이처는 다음과 같이 이를 요약한다. "사람은 그가 도울 수 있는 모든 생명을 돕거나, 생명을 해할 수 있는 모든 가능성으로부터 스스로를 돌이킬 때 윤리적이라 할 수 있다."[11]

물론 슈바이처는 생명이 다른 생명과 경쟁한다는 사실을 잘 알고 있었다. 그는 삶에의 의지 안에 분열이 있다는 실존의 끔찍한 드라마를 인지하고 있었다. 그는 다음과 같이 말한다. "생명을 경외하는 태도를 가지고 살아야 하는 세계 안에서 무엇인가를 창조하는 의지와 그것을 파괴하는 의지가 불가분의 관계라는 사실은 참으로 고통스러운 수수께끼다."[12] 윤리적인 행위, 곧 또 다른 생명을 돕고자 하는 행위의 온전한 의미는 다음과 같다. 한 생명의 삶에의 의지는 또 다른 생명의 삶에의 의지가 되고, 그렇게 함으로써 삶에의 의지 안의 분열은 극복된다. 윤리적 실존의 운명은 "내 실존의 영향력이 닿는 데까지 삶에의 의지 안의 분열을 제거하기 위해 노력하는 것이다." 슈바이처는 다음과 같이 결론짓는다. "내가 지금 알아야 할 한 가지는 우주와 그 안에 있는 내 실존의 수수께끼를 한쪽으로 잠시 미뤄둬야 한다는 것이다."[13]

슈바이처의 윤리학은 삶에의 의지가 분열되어 있다는 형이상학적 사

....
11   Ibid., 310.
12   Ibid., 312. 슈바이처가 쇼펜하우어(Schopenhauer)와 자이나교를 비롯한 아시아 전통들을 연구했음을 기억해야 한다. 궁극적 실재인 창조적인 의지가 창조적일 뿐만 아니라 파괴적이라는 그의 주장은 이러한 종류의 사상들과 맥을 같이한다.
13   Ibid., 313.

실을 수용한다. 창조적인 의지는 파괴적인 의지다. 절대적 생명 경외 윤리는 이 상황과 적당히 타협하지 않고, 분열이 있는 실제적인 현실을 윤리적으로 극복할 방안을 제시한다. 삶에의 의지 안의 분열에 맞서 윤리적인 사람은 선한 행위를 통해 실재의 끔찍한 드라마 가운데 일시적인 종말을 가져온다. 슈바이처에 따르면 그 사람이 그렇게 행동할 때 그/그녀는 모든 존재하는 것 안의 하나 되어 있는 무한한 의지에 참여하게 되고 그 의지와의 신비스러운 연합을 경험하게 된다. 그 하나 됨은 윤리학이 밝혀내는 신비한 의미이며 인간실존을 도덕적으로 정당화하는 것이다. 그리 놀랄 것 없이 윤리학은 유신론과 범신론 사이에 위치한다. 슈바이처가 윤리적 유신론이라고 부르는 것은 "세계의 밖에 서 있는 윤리적인 대(大)인격을 상정한다.…(그리고) 윤리적 유신론은 신이 세계 내 작동하는 모든 힘의 총합이며 모든 존재하는 것이 신 안에 있다는 사실을 굳게 믿게 한다."[14]

슈바이처의 윤리적 유신론, 의지의 형이상학, 신비주의는 "오시는 하나님"으로 대변되는 몰트만의 주장과 양립이 불가능해 보인다. 그렇다면 몰트만은 왜 생명 경외 사상을 굳이 말하는가? 다음 부분에서 나는 몰트만의 종말론적 생명 경외 사상을 다룰 것이다.

종말론적 생명 경외

위르겐 몰트만의 최근 저작들은 『십자가에 달리신 하나님』(*The Crucified God*)

---

14   Albert Schweitzer, *Christianity and the Religions of the World*, trans. Johanna Powers (New York: Henry Holt, 1939), 81. Lois K. Daly, "Ecofeminism, Reverence for Life, and Feminist Theological Ethics," in *Liberating Life: Contemporary Approaches in Ecological Theology*, ed. Charles Birch, William Eaken, and Jay B. McDaniel, 86–110 (Maryknoll, N.Y.: Orbis, 1990) 도 보라.

과 『희망의 신학』(*The Theology of Hope*)으로부터 시작된 그의 "신학에 대한 조직적 기여" 기획의 일환들이다. 그 저작들이 공유하는 것은 종말론적 관점이다. 그것은 실존의 모호성, 고통, 불의에 대해 이뤄질 최종적 해결에만 초점을 둔 모든 종류의 묵시적인 관점을 비판한다. 몰트만은 다음과 같이 말한다. "그러나 기독교 종말론은 이런 종류의 묵시적인 '최종적 해결'과 무관하다. 왜냐하면 그것의 주제는 '종말' 그 자체가 아니기 때문이다. 이와 대조적으로 그것의 주제는 모든 것의 새 창조다."[15] 마지막은 시작이 될 것이다. 참된 창조는 오고 있으며 그러므로 우리 앞에 있다. 몰트만은 희망의 신학 안에 있는 종말론적 태도와 그것의 표현은 신학의 근본적인 "형식"이라고 분명하게 주장한다.

여기서 중요한 것은 몰트만이 이전에 희망과 종말론을 통해 신학의 형식을 제시했다면 최근 저작들을 통해서는 그가 신학의 **내용**(content)을 제시하고자 했다는 점이다. 그의 신학은 묵시적 종말론이 아닌 맥락에서 생명, 새로운 생명, 새로운 창조를 종말론의 필수적인 내용으로 다룬다. 그가 말하듯이 만약 신학이 "세계 안에서 **하나님 나라를 상상하고** 하나님 나라 안에서 세계를 상상하는 것이라면," 신학의 중심주제는 하나님이 어떻게 창조 안에 거하는가에 있다.[16] 이러한 맥락에서 신학은 몰트만의 새로운 생명에 대한 관심을 지지한다.

....

15   Jürgen Moltmann, *The Coming God: Christian Eschatology*, trans. Margaret Kohl (Minneapolis: Fortress Press, 1996), xi.

16   Ibid., x-xvii. *Experience in Theology: Ways and Forms of Christian Theology* trans. Margaret Kohl(Minneapolis: Fortress Press, 2000)도 보라. 방법론에 관한 논의는 Benedict H. B. Kwon, "Moltmann's Method of Theological Construction," in *Sin-Theology and the Thinking of Jürgen Moltmann*, ed. Jürgen Moltmann and Thomas Tseng, International Theology 10, 1-22(Frankfurt: Peter Lang, 2004)을 보라.

몰트만은 자신의 종말론적 관점과 일관되게 슈바이처의 윤리학과 같이 자기의 경험을 구성의 원천으로 보는 모든 시도를 비판한다. 몰트만이 『생명의 영』에서 이미 이야기한 것 같이, 우리는 "자기에 대한 경험뿐만 아니라 모든 종류의 경험에서 초월을 발견할 수 있다는 근대적 개념의 '자기의식'에 집중하는 것"을 이제 그만두어야 한다. 이는 **"하나님을 경험하는 것**이 인간 주체의 자기에 대한 경험만으로 축소될 수 없고, 자연과 사회 안에서 경험되는 '타자(Thou)'에 대한 경험을 통해서도 가능할 수 있다"는 점을 말하는 것이다.[17] 몰트만에게 있어 경험의 가장 기초적인 자료는 인간이 포착하게 되는 분열된 삶에의 의지가 아니라 살아계신 하나님의 실재성이다. 자기의식이 아닌 종말론적 순간이 인간으로 하여금 모든 것 안에 하나님이 계신다는 사실과 하나님 안에 모든 것이 있다는 사실을 깨닫게 한다. 몰트만은 이러한 하나님의 현실성을 설명하기 위해 성령을 이야기한다. 그는 성령을 "우리를 포함해 모든 것을 관통하고 있는 신적인 힘의 장"이라고 생각한다.[18] 성령은 모든 살아있는 것의 환경이며, 동시에 그것들의 내적인 생명력이다. 성령의 존재는 생명과 그 가치의 근원이다.

내가 이해하기로는 생명의 영을 바탕으로 한 이 윤리적 주장의 논리는 다음의 요점들을 포함하는 듯하다. (1) 생명의 신적인 근원은 창조적인 영이다. (2) 생명의 근원이 성령 안에 있기 때문에 생명은 성화되어야 한다. (3) **모든 것**을 하나님 앞에서 경외심을 가지고 대할 때 생명은 성화된다. 이와 상응하여 다음과 같은 중요한 주장들이 생겨난다. (1) 보편화의 요구 때문이 아니라 하나님이 생명의 근원이기 때문에 모든 생명은 경외되어야 하

....

17   Jürgen Moltmann, *The Spirit of Life: A Universal Affirmation*, trans. Margaret Kohl (Minneapolis: Fortress Press, 2001), 34.
18   Moltmann, *The Source of Life*, 68.

며 그러므로 이러한 생명 경외는 보편화될 수 있다. (2) 윤리학의 최종적인 근거는 유한한 생명의 현실적인 역동이나 갈등, 그것의 끔찍한 드라마가 아니라 하나님의 삼위일체적 생명이다. 생명을 경외하는 것은 진실로 모든 것 안에 있는 신적인 생명에 관한 것이다. 몰트만은 일관되게 역사의 미래는 오시는 하나님이며 새 창조이고 하나님의 안식일과 피조적 실재 안에 거하심이라고 주장한다. 삶에의 의지 안의 분열을 극복하고 생명을 경외하도록 만드는 것은 묵시적인 두려움, 도덕적 완벽주의, 혹은 슈바이처가 주장한 행위를 통한 시도가 아니라 하나님의 현실성이다.

몰트만은 특별히 죽음, 파괴, 고통으로 점철된 실존에 주의를 기울인다. 그에 따르면, 피조물로 하여금 하나님께 부르짖도록 만드는 고통은 이중적인 고통이다. "그것은 인간에 의해 끊임없이 지속적으로 이뤄지고 있는 자연파괴로 인한 고통이다. 그리고 그것은 자연 그 자체에 내재돼 있는 파괴 가능성으로 인한 고통, 곧 인간이 자연을 파괴할 수 있는 가능성 그 자체로 인한 고통이다."[19] 시간과 죽음의 폭압은 인간과 비인간 모두를 향한 인간의 공격성과 불의의 조건이다. 그리고 그것은 회복을 갈망하는 창조의 내재적인 측면으로서 '자연'의 한 특징이다. 시간과 죽음의 힘 아래 생명은 생명에 대항하여 치명적인 폭력과 압제의 주기적 전쟁을 벌인다. 그래서 몰트만은 현재 조건 안에서 신학적 상상력이 제한될 수밖에 없음을 인정한다. 다시 말해 하나님의 통치를 이야기할 때 부정적인 이미지를 사용하는 경향이 있다. 애통하는 것이나 곡하는 것, 아픈 것이 더 이상 없을 때, 다시는 사망이 없을 때(계 21:4)라고 말하는 것처럼 말이다. 하지만 긍정적인 이미지들 또한 가능하다. 하나님의 나라, 그리스도의 부활, 영원한 생명, 그리

....
19   Ibid., 111-12.

고 정의와 공의의 통치와 같은 이미지들이 가능하다.

그러나 어느 누구도 현재 하나님 나라를 온전히 경험하지 못한다. 부분적으로만 하나님 나라를 경험할 수밖에 없는 상황이 신학으로 하여금 상상력을 사용하게 만든다. 하나님의 통치를 기대하면서, 피조물들을 사망에서 생명으로 옮기기 위해 그들과 함께 고통받는 하나님의 종말론적 현존에 반응해야 한다. "영원한 생명을 바라는 희망으로부터 연약하고 죽을 수밖에 없는 생명을 사랑하는 것이 새롭게 일어난다.…우리 그리스도인들은 크리스토프 블룸하르트(Christoph Blumhardt)가 이야기하듯 '죽음에 저항하는 인간들'이다."[20] 윤리학의 내용은 죽음에 대한 저항을 지지하고, 모든 생명을 하나님 앞에서 신성하게 하는 희망일 것이다. 기독교적 비전의 독특성은 구체적인 도덕 규칙들, 기준들, 가치들이나 주제들에 있지 않다. 그것은 종말론적 각성으로부터 태어나 새로운 창조를 가능케 하는 생명 경외에 있다. 그것은 오시는 하나님 안에서 새로운 생명을 사는 것이다. 그러한 그리스도인의 프로젝트를 가능케 하는 것은 생명을 경외하게 만드는 하나님의 오심인 것이다.

몰트만의 생명 신학은 슈바이처의 윤리학을 부정하는 것처럼 보일 수 있다. 그러나 그것은 널리 공유되고 있는 생명 경외 사상의 종말론적 변형이라고도 볼 수 있다. 만약 몰트만의 생명 신학이 정말 슈바이처의 윤리학을 부정하는 것이라면, 본고에서 처음 제기했던 질문이 다시금 제기될 수 있다. 생명 경외 윤리는, 그것이 종말론적 생명 경외 윤리라 하더라도, 우리 시대의 적절한 기독교 윤리 사상으로 제시될 수 있는가? 나는 이 질문에 대해 답하면서 우리가 지금까지 살펴본 내용을 결론짓고 싶다. 나는 이 시대

....
20   Ibid., 124.

에 공유되고 있는 생명 경외에 대한 감수성을 부정하지 않는다. 오히려 이런 종류의 윤리학을 어떻게 하면 실제 삶에서 더욱 잘 제시할 수 있을지 고민하고 있다.

생명의 통전성에 대한 책임

몰트만의 생명 신학은 도덕적 실천을 추동하는 원초적인 선과 실재에 대한 기독교적 관점을 확장시킨다. 그러한 맥락에서 몰트만의 생명 신학은 현대 신학에 중요하며 세계교회에 지속적인 기여를 할 수 있다. 그럼에도 문제점들은 남아있다. 어떤 신학적 혹은 철학적인 근거에서 **생명은** 모든 상황에서 경외될 수 있고 또한 경외되어야만 하는지 명확하지 않다. **생명은** 두 번째 신이 아니다. 그것은 중요한 선이지만 가장 위대한 선은 아니다. 이를 부인하는 것은 유한한 **생명의** 가치를 인식하지 못하는 것이며, 하나님과 실재 사이의 간극을 이해하지 못하는 것이다. 그리스도인들은 생명을 사랑한다. 그러나 신적인 생명에 비추어 볼 때 유한한 생명은 여전히 유한하며 앞으로도 유한한 생명으로 남아있을 것이다. 우리는 신학적 차원에서 생명의 선함과 그것의 유한성을 연계해서 생각해야 한다. 이를 부인하는 것은 일종의 허무주의이며, 신적인 현존에 열려있기는 하지만 신이 아닌 세계의 피조물 됨을 부정하는 것이다.

  몰트만은 이러한 구분을 강조하는 것으로 보인다. 자세히 읽어보면 몰트만은 생명을 **성화하는 것**과 생명을 **경외하는 것**을 구분한다. 생명을 성화하는 것은 유한한 실존 안에서 실현할 선 혹은 목적을 인지하고 상정하는 것처럼 보인다. 몰트만은 다음과 같이 말한다.

하나님과 화평을 이루는 것이 성화다. 하나님의 형상이자 그의 자녀로서 우리 자신과 화평을 이루는 것이 행복이다. 이러한 맥락에서 성화는 참된 자기실현으로 이어진다…하나님을 신뢰하고, 나 자신의 생명과 다른 생명들을 존중하고, 또한 모든 살아있는 것을 경외하는 것 안에서 하나님은 현존한다. 이러한 것들이 생명의 성화를 결정하고 그 특성을 이룬다.[21]

경외는 모든 생명에 대한 일종의 태도이자 감수성으로서 그것이 추구하는 선, 곧 하나님, 자기 자신, 타자들과의 **화평**(harmony)과 개념적으로 구분된다. 그것은 또한 다른 종류의 감수성, 신뢰, 존중과도 구분된다. 내가 이해하기로는 몰트만의 글 안에서 신뢰와 존경과 연관된 일종의 감수성으로서의 경외와 모든 실천과 관계를 일으키고 인도하는 목적 혹은 선으로서의 성화는 구별된다.

우리는 다음과 같이 간단히 말할 수 있다. **존중**이 타자와 자신과의 올바른 관계를 의미하는 것처럼, 그리고 **신뢰**가 살아계신 하나님과의 올바른 관계를 의미하는 것처럼, **경외**는 생명의 모든 차원의 도덕적 지위와 가치를 기꺼이 인정하는 올바른 태도다. 그러므로 **경외**의 감수성과 선의 내용으로서의 화평 혹은 성화를 혼용하는 것은 심각한 오류다. 실천을 일으키는 감수성과 감수성의 기준과 목적으로서의 선을 혼동하는 것은 종종 슈바이처의 윤리학과 같은 결과를 낳는다. 더 나아가, 인간은 생명에 대한 도덕적 감수성이 부족한 때도 자신의 힘을 사용하는 것에 대해 책임감을 지녀야 한다. (사랑은 말할 것도 없이) 경외, 존중, 신뢰 같은 고상한 동기들뿐만 아니라 의무감 그 자체만으로도 그렇게 해야 한다.

....
21   Ibid., 48.

그렇다면 우리는 무엇을 할 수 있는가? 경외의 개념이 가치 있는 것에 대한 태도 혹은 감수성을 의미한다면, 도덕적 실천을 가능케 하고 이끌어 가는 선은 몰트만의 **성화**와 **화평**에 관한 주장의 맥락에서 이해될 수 있다. 그러나 이 부분은 조금은 더 자세한 설명이 필요해 보인다. **화평**의 개념은 상당히 모호하다. 왜냐하면, 예를 들어, 자신 안에서 무엇이 화평케 되어야 하는지 혹은 화평한 공동체가 어떤 공동체인지가 불분명하기 때문이다. 나는 이러한 모호함을 해결하기 위해 모든 도덕적 실천과 관계 가운데 무엇이 존중되고 길러져야 하는지를 명확히 할 수 있는 개념으로 **생명의 통전성**(integrity of life)을 제안한다.[22] 분명 **통전성**은 다른 감수성들과 동기들의 원천일 뿐만 아니라 경외도 일으킬 수 있고, 일으켜야만 한다. 그러나 우리는 생명의 통전성을 위한 책임 윤리를 발전시킴으로써 확실한 유익을 얻고, 그렇게 함으로써 **화평**(몰트만) 개념의 모호함뿐만 아니라 생명 존중 윤리(슈바이처)의 선에 대한 개념과 감수성을 혼동하는 것도 피할 수 있다. 그러므로 나는 **생명의 통전성**에 대한 몇 가지 주장들과 함께 몰트만의 윤리학 같은 신학적 윤리학이 하나님 안에서 모든 것을 이해하고, 모든 것 안에서 하나님을 이해하는 것이 무슨 의미인지를 밝히면서 지금까지의 논의를 마치려고 한다.

생명의 통전성은 두 가지를 상정한다. 첫째, 통전성은 생명체가 자신의 생존을 위해 필요한 기초적인 것들을 통합하고 비존재에 저항하여 자신의

....
22 보다 명확히 말하자면 나는 일종의 책임 윤리를 제안한다. 이는 책임 행위와 구분되지만 연관되어 있는 의무들과 목적들을 연결하고, 복잡하고 혼합된 도덕 명령과 관련해 행위들과 관계들에 어떻게 응답할지를 안내해 줄 수 있다. 이 주장과 관련해서는 나의 다음 저작들을 참조하라. *Responsibility and Christian Ethics* (Cambridge, UK: Cambridge University Press, 1995); *Theological Ethics and Global Dynamics: In The Time of Many Worlds* (Oxford, UK: Blackwell, 2004).

실존을 존속하는 생명의 필수적인 능력이 있음을 드러낸다.[23] 분명 각 생명체의 생존을 위해 필요한 것들은 그 범위나 종류가 매우 다양하다. 예를 들어, 인간은 세포나 동물들과 같이 생존에 필요한 에너지를 얻기 위해 그/그녀의 환경과 상호작용해야만 한다. 그럼에도 인간은 이러한 유기체적 차원의 욕구와 능력을 넘어 생각과 의미를 위한 욕구와 능력도 가지고 있다. 그 모두를 통해 한 인간 존재의 통합이 발생한다. 다양한 형태들을 아우르는 생명 개념의 유비적 사용은 삶의 생명력 혹은 통합하는 힘을 이야기한다. 따라서 모든 종류의 생명을 비존재 혹은 죽음에 이르도록 약화시키는 주된 위협은 분열이다. 심지어 죽음이라는 개념 또한 생명체들이 그들의 존재를 통합하는 다양한 방법들과 연관되어 유비적으로만 표현된다. 그렇기 때문에 그리스도인들이 인지해온 것과 같이 인간은 다양한 방법으로 죽을 수 있다. 육체적인 죽음, 공동체의 해체에 따른 사회적 죽음, 삶의 의미를 잃어버린 것에 의한 실존적 죽음, 그리고 실존의 영적인 통합을 부정하는 것과 같은 영적인 죽음이 있다. 어떤 이는 육체적으로는 살았으나 영적으로 죽

....

23   여기서의 주장은 신학 분야의 다른 기본적인 프레임들과 연관돼 있지만 구분된다. 예를 들어 폴 틸리히는 존재는 그것의 깊이뿐만 아니라 양극적인 구조를 가진다고 주장했다(자아-세계와 존재의 힘의 깊이). 생명은 시간 안에서 비존재의 위협에 저항하는 자아 안에 존재하는 이 구조의 역동적인 확증이다. 키에르케고르는 신적인 것과도 관계되어 있는 자기 자신 안에서의 역동을 이야기했다. 칸트와 피히테는 초월적 주체의 종합적인 힘에 주목했고, 헤겔은 정신의 변증법을 이야기했다. 슐라이어마허는 자아 내에서 변하지 않는 것과 자아를 넘어서고 있는 것 사이의 진동에 관한 의식에 주목했다. 이러한 맥락에서 "삶"이 역동적인 힘이라는 생각은 완전히 새로운 것이 아니다, 왜냐하면 그 생각은 "아니마"(anima)와 영혼에 관한 고대 사상에까지 거슬러 올라갈 수 있기 때문이다. 이러한 다른 입장들에 관한 나의 염려는 양극이나 실존적인 자기연관에 관한 말들이 공허할 수 있고, 힘을 어떻게 행사하는가보다 자기 확신의 문제에 빠질 수 있다는 것이다. 내 주장의 혁신적인 부분은 통합되어야만 하는 필요들과 능력들의 다양성을 검토하고, 어떻게 그러한 통합이 선의 개념을 채우는데 도울 수 있는지를 살펴봤다는 데 있다. 내 주장은 고전적인 사상과 현대적인 사상 모두와 공명하면서도, 생명을 양극적인 구조나 자기연관의 힘으로 환원시키는 것으로부터 벗어날 수 있다.

어있을 수 있다. 어떤 이는 육체적으로는 죽어가지만 실존적으로는 살아있을 수 있다.

신학적으로 본다면 통합하는 힘은 신적인 영의 현존에 의한 것이며 한 존재가 자신의 존재를 붙잡음으로써 살아가도록 만드는 생명의 힘이다. 이 신적인 힘은 한 생명체가 다른 생명체들과의 관계를 형성하며 살아갈 때 그 생명체의 물리적인 차원으로부터 실존적이고 영적인 차원에 이르기까지 모든 차원에서 경험된다. 그렇기 때문에 모든 것 안에 하나님이 계신다고 고백할 수 있으며, 하나님이 모든 것 안에 계신다고 고백할 수 있다. 나아가 이는 하나님을 생명력이자 살아있는 것들의 환경이라고 고백할 수 있다. 유한한 생명의 특징은 모든 차원을 통합하는 이 능력이 없다는 것이며, 그러므로 시간 안에서 유한한 생명은 완전히 해체되어 죽음에 이르기까지 파괴되거나 소멸된다. 나아가 모든 생명체는 생명의 통합성 그 자체나 다른 생명체들을 생장시키거나 좌절시킬 수 있다. 현실에서 화합뿐만 아니라 갈등 또한 존재한다. 이러한 맥락에서 **선**과 **악**은 존재자들 사이의 관계들과 행위들의 실존적 통합을 증진하는가 혹은 방해하는가에 따라 결정된다.[24]

나의 첫 번째 주장은 생명의 **통전성**이 살아있는 존재를 돕거나 방해하는 것과 복잡하게 얽혀 있으며, 그러므로 우리가 어떻게 우리 자신뿐만 아니라 다른 존재들과 관계를 형성하는가와도 연관되어 있다는 것이다. 이는

....

24　H. 리처드 니부어는 유익하게도 이것을 "관계적 가치이론(relational theory of value)"이라고 불렀다. 나는 이 이론에 착안하면서도 다소 수정하여 각 단계의 삶의 통합성에 관한 복잡성을 살펴보았다. 이 이론과 관련해서는 H. Richard Niebuhr, *The Responsible Self: An Essay in Christian Moral Philosophy*, introduction by James M. Gustafson, foreword by William Schweiker(Library of Theological Ethics; Louisville, Ky.: Westminster John Knox, 1999)를 보라.

생명 경외 윤리가 제안하는 생명에 대한 모호한 개념을 바탕으로 하는 **선**보다 더욱 엄밀하고, 구체적인 개념을 제공한다. 여기서 제안된 설명은 우리로 하여금 중요한 도덕적·종교적 함의를 가진 생명에 가해진 위협, 예를 들어 우리와 같이 유한한 피조물들을 괴롭히는 삶과 죽음의 형식들 사이의 갈등과 같은 위협을 이해하도록 돕는다.

통합된 생명을 위해 필수적인 것들과 능력들 그리고 그 필요들을 계속해서 살펴보는 것보다, 인간의 책임과 관련된 중요한 통찰을 주는 **통전성**의 두 번째 의미를 살펴보는 것이 좋을 것 같다. 통전성의 두 번째 의미는 첫 번째 의미와 연관되어 있지만 선에 대한 독특한 형식을 드러낸다. 선은 자신뿐만 아니라 다른 존재들 안에 실재하는 생명의 통전성을 존중하고 향상시킬 때 그러한 방식의 자신을 헌신하는 삶으로부터 실현된다. 통전성에 대한 이러한 의미는 선의 한 형태로서 **도덕적 선**을 명시하며, 이 선은 아무리 파편적이고 일시적이라 하더라도 오직 책임감 있는 행위에 의해서만 실현될 수 있다. 다시 말해 도덕적으로 통합된 삶은 단순히 생존을 위한 (기초적이고, 사회적이며, 재귀적인) 필요들과 능력들과만 관련되어 있는 것이 아니라, 타자들을 위해 타자들과 함께 타자들 안에서 그 선을 존중하고 증진시키는 헌신과 연관되어 있다. **통전적인** 삶을 사는 사람은 그/그녀의 행위들과 관계들 안에서 구체적인 지향성과 방향성을 바탕으로 그 힘을 발휘한다. 이러한 맥락에서 삶의 **통전성**은 인간들에게 요구되는 도덕적 소명을 의미한다. 그것은 인간 삶의 영적인 핵심과 역동으로서의 독특한 선이다.

도덕적 온전함(moral integrity)은 생명을 통합하는 힘의 투박한 깨달음이나, 필요들과 능력들을 인지함으로써 이뤄지는 것이 아니다. 오히려 그것은 일종의 타자를 위한, 타자와 함께하는, 타자 안에 있는 생명의 통전성을 증진하기 위해 그 능력을 행사할 때 이뤄진다. 도덕적 행위를 일으키는 힘은 다른 살아있는 존재들의 통전성을 손상시키거나 파괴하지 않고, 그것을 존중하며 향상시킨다. 진정으로 도덕적인 사람은 자기 자신의 생명을 통합하는 데 관심을 두기보다 타자를 위한 책임 있는 삶을 실현하기 위해 노력한다. 조금 더 고전적으로 몰트만의 용어를 빌려 말하자면, 진정으로 도덕적인 행위 안에서 거룩함과 행복이 만난다. 도덕 관념이 없는(amoral) 사람이나 공동체는 자신들의 필요나 부족함을 채우기 위해 책임을 감수한다. 도덕 관념이 없는 자들은 행복을 가장 최우선으로 추구하는데, 도덕적 통합이나 거룩함의 요구를 따를 때조차도 그러하다. 다시 말해, 그들은 행복을 실현하기 위한 **도구**로서 도덕적 통전성이나 거룩함을 이루려고 한다. 이러한 방식은 값싼 양심으로서 영적인 삶을 다른 것들을 위한 도구로 만들어 버린다. 그러나 만약 사람이 온 세상을 얻고도 제 영혼을 잃어버리면 무슨 이득이 있겠는가?(막 8:36)[25]

윤리적 차원에서 보면, 인간실존의 실제적인 어려움은 시간이나 죽음에 종속되어 있거나 생명이 내적으로 분열되어 있는 그 상황 자체로부터 도래하지 않는다. 물론 어려움과 투쟁, 슬픔은 도처에 가득하다. 그럼에도

....

25 여기서 중요한 점은 도덕과 도덕 관념이 없음 사이의 구분에 관한 것이다. 도덕 관념이 없는 사람은 책임 있는 행위들에 참여할 수 있지만 행위의 지향점이 참으로 도덕적이지는 않다. 비도덕적인(immoral) 것에 관한 질문은 도덕적인 것, 곧 행위의 적절한 지향점뿐만 아니라 무엇이 옳고, 정당하며, 선하고, 적절한가에 관한 명확성을 요구한다. 그렇기 때문에 나는 칸트가 옳았을 뿐만 아니라, 사실 유대교와 기독교적 사상의 원칙을 단순히 설명했던 것이라고 생각한다. 도덕적인 삶은 아리스토텔레스가 생각했던 것처럼 단순히 행복을 성취하는 것일 수는 없다. 도덕적인 삶은 칸트가 지적하듯 특정한 삶의 방향과 행위에 관한 적절한 지침을 만드는 의지의 강직함과 연결되어 있다. 이는 고전적인 프로테스탄트 사상에서도 가장 기본적인 것이었다. 예를 들어 루터는 항상 "율법의 행위를 하는 것"과 "율법을 성취하는 것" 사이를 구분했다. 은혜를 바탕으로 하는 오직 후자만이 진정으로 "도덕적"이고 "영적"인 것이다. Martin Luther, "On the Bondage of the Will," in *Luther and Erasmus: Free Will and Salvation*, ed. E. Gordon Rupp and Philip S. Watson, Library of Christian Classics (Philadelphia: Westminster, 1969), 302-18을 보라.

이러한 상황 가운데서도 도덕적인 온전함을 이루고자 하고, 삶을 위한 복잡성을 존중해야 하며, 끝까지 그 희망을 놓쳐서는 안 된다는 사실에 실존적인 어려움이 있다. 이는 종종 도덕적인 역설로 불린다. 다시 말해 하나의 역설로서 그 통찰은 "자기중심주의는 사람을 자멸로 이끌지만, 자기희생은 실상 더 높은 차원의 자기실현으로 이끈다"는 것을 보여준다.[26] 그리스도는 다음과 같이 말했다. "자기 목숨을 얻으려는 사람은 목숨을 잃을 것이요, 나를 위하여 자기 목숨을 잃는 사람은 목숨을 얻을 것이다"(마 10:39). 진정으로 도덕적인 사람이나 공동체는 그들의 실존을 존속하기 위한 필요들과 능력들에 대한 즉각적이고, 총체적인 관심을 다소 누그러뜨린다. 그렇게 행할 때 새로운 생명이 발견된다. 존재의 높은 차원, 곧 **도덕적 온전함**이라고 불릴 수 있는 것들이 발견되는 것이다. 행복과 거룩함은 하나다. 분명, 이 도덕적 온전함은 자기 무시나 무분별한 자기희생은 아니다. **도덕적 온전함**은 노예 됨을 의미하지 않는다. 그것은 책임 있는 행위들과 관계들의 차원에 의해 매개되는 적절한 자아 관계다. 따라서, 정의로운 요구들에 부응하는 판단들을 바탕으로 기초적, 사회적, 재귀적인 필요들과의 관계 속에서—자기 자신을 사랑하는 것을 포함하여—삶의 형식들 사이에 벌어지는 갈등 가운데 어떤 행위들을 해야 하는지를 신중하게 결정하는 것이다. **도덕적 온전함**의 선은 자신뿐만 아니라 타자들을 위해, 그들과 함께, 그들 안의 생명의 통전성을 존중하고 증진하는 헌신을 가능케 한다. 그것은 몰트만이 지적한 화평의 종류들을 가능케 하는 것이다. 조금 더 명확하게 말하자면, **도덕적 온전함**은 존 웨슬리가 주창했던 사랑 안에서의 온전함을 바탕으로 한

<hr>

26   Reinhold Niebuhr, *An Interpretation of Christian Ethics* (New York: Seabury, 1979), 33. 다양한 종교전통의 사상가들 또한 이러한 역설을 이야기했다.

윤리를 의미한다.[27]

그렇다면 왜 인류는 계속해서 **존속해야만** 하는가? 생명이 생명을 대적하는 끔찍한 드라마에 일시적인 중단을 가져오기 위함인가? 죽음에 저항하는 사람들로서 하나님의 종말론적 현존 안에서 우리의 도덕적 책무를 다해 살기 위함인가? 기독교 신앙의 유산들로부터 도출해낸 생명의 통전성을 위한 책임 윤리는 다음과 같이 대답한다. 치명적이고 대가가 큰 인간의 모험을 도덕적으로 정당화하는 길은 우리의 마음을 새롭게 함으로써 우리에게 맡겨진 힘을 오직 생명을 돕는 데 쓸 수 있고, 써야 한다는 사실을 되새기는 것이다. 그렇게 함으로써 우리는 실존의 고통 속에서도 영의 승리를 가능케 할 수 있다. 달리 말해, 그것은 가장 근본적인 기독교적인 간구, 곧 하나님의 뜻이 하늘에서와 같이 땅에서도 이루어지기 위해 살아가는 삶의 모습이기 때문일 것이다. 우리를 둘러싼 세계는 끔찍한 드라마도 아니고, 참된 창조를 기다리고 있는 상태도 아니다. 세계는 슬픔과 고통으로 점철되어 있지만, 동시에 기쁨으로도 충만하다. 세계는 책임의 **광장**, 무대, 혹은 경기장으로서 인간들이 생명을 위해 신적인 목적에 따라 협력할 수 있고 협력해야만 하는 곳이다.

결론

본고를 통해 나는 몰트만의 생명 신학을 바탕으로 제기된 생각들을 정리했

---

27 흥미롭게도 *The Spirit of Life*를 포함한 여러 저작에서 몰트만은 행복과 거룩에 대한 관계에 관해 웨슬리를 인용한다. 여기서 전개한 나의 생각들은 다분히 웨슬리적이다. 중요한 것은 웨슬리가 로마 가톨릭이 강조했던 자연법과 덕목들이나 16세기 개혁자들이 지지했던 십계명이 아닌 산상수훈을 기독교적 삶의 적절한 모델로서 제시했다는 것이다. John Wesley, *Sermons on Several Occasions*(London: Epworth, 1975)를 보라.

다. 나는 지금까지 우리가 기독교적 바탕 위에서 생명의 통전성을 위한 책임 윤리를 발전시킬 수 있고, 발전시켜야만 하는 당위성을 피력하려고 노력했다. 확실히 가장 중요한 것은 신학적인 개념들을 명확하게 하거나, 신학적 상상력의 깊이를 더하는 데 있지 않다. 가장 중요한 것은 증오, 폭력, 슬픔으로 가득한 수수께끼와 같은 세계 안에서 우리 삶의 위치와 방향일 것이다. 위르겐 몰트만을 알고 그의 사상의 영향을 받은 사람이라면 누구나 그의 삶과 창조적인 에너지가 낮은 자들을 높여주고, 주님의 은혜의 날을 선포한 데 기여한 그의 작업에 감사할 것이다. 그러한 작업들 안에서 나는 생명의 영에 대한 증언이 발견된다고 생각한다.

4장

"'친구'라고 말하고 들어오라"

우정과 신학 방법

♛

낸시 엘리자베스 베드포드

"사춘기 시절 나의 가장 친한 친구는 거의 말이 없었다. 그리고 그것이 바로 우리가 가까울 수 있었던 이유였다." 로사리오 카스텔라노스(Rosario Castellanos)는 조금 전과 같은 아이러니한 말들로 그녀의 짧은 이야기 "덧없는 우정"(*Las amistades efimeras*)을 시작한다. "찰나의 우정"이라는 의미의 제목과 소개의 글은 이 우정이 지속되는 우정에 관한 것이 아님을 내포한다. 정말로 그 관계는 거의 순식간에 깨어진다. 그러나 그녀의 친구 게르투르디스와의 대화를 통해 화자는 그녀의 소명을 발견하기 시작한다. "나는 내가 누구였는지, 무엇이 되고 있었는지 전혀 알지 못했다. 나는 행동보다 말을 통해서 나 자신을 정돈하고 표현해야만 할 것 같은 절박성을 느꼈다."[1] 앞선 말들을 들으면서 그리고 이후 그녀 자신의 목소리와 말들을 찾게 되면서 친구는 화자가 작가로서의 자신의 소명을 발견할 수 있도록 하는 공간을 만들어준다. 그 이야기의 마지막에 두 친구는 더 이상 소통이 불가능해질 정도로 너무 멀어져 버린다. 우정의 종말에 직면해서 이야기의 끝까지 이름이 밝혀지지 않는 일인칭 시점의 화자는 공책을 펼치지만 끝내 무언가를 쓰지는 못한다. "나는 무엇인가를 쓰고 싶었지만 그렇게 할 수 없었다. 무엇 때문에? 참으로 어렵다. 아마도─나는 두 손으로 머리를 부여잡고 스스로에게 되뇌었다─그냥 사는 게 더 간단할거야."[2]

찰나의 우정이라 할지라도 그것은 의미 있는 말들을 만들어내는 과정에 기여할 수 있다. 그에 반해 친구의 부재와 그녀와의 대화 없음은 아무런 의미를 만들어내지 못한다. 적어도 이 짧은 이야기 안에서 단순하게 살아가는 것과 의미를 만들고 공유하며 살아가는 것 사이의 간극은 **친구 사이**

....
1   인용된 부분은 Rosario Castellanos, *La muerte del tigre y otros cuentos* (México: Alfaguara, 2000), 45-64에서 내가 번역한 것이다.
2   Ibid., 64.

의 대화에 의해 메워진다. 카스텔라노스의 이야기가 나의 마음을 움직였던 이유는 글 속 내레이터의 이야기가 우정의 맥락에서 풍성해졌던 것처럼 나의 신학적인 소명으로서의 글쓰기 또한 그렇기 때문이었을 것이다. 나 또한 친구들과의 대화를 통해 얻는 자극 없이 신학적인 글을 쓴다는 것은 상상할 수 없다. "찰나"의 관계를 바탕으로 하는 친구들이나 지인들과의 짧은 대화는 물론, 삶을 깊이 공유하는 친구들과의 관계를 통해 우리는 사람이 단순히 친족이나 결혼에 의한 관계만이 아니라 우정을 통해서도 삶의 의미를 만들어 가고 있음을 발견한다. 내가 이야기하는 것은 신학적인 글들을 써내고 그것의 비평이나 수정을 위해 친구들과 동료들에게 보내는 작업이나, 한 책의 첫 부분에 추천사를 써주는 과정에 관한 것이 아니다. 내가 이야기하고자 하는 것은 조금은 더 큰 대화의 과정 속에서 가장 깊은 통찰을 얻게 되는 그러한 과정, 은혜로 점철되는 그러한 과정을 이야기하는 것이다. 친구들과 그들의 조언들, 얼굴, 현존, 그리고 때로는 그들의 붉으락푸르락한 표정을 통해 얻게 되는 통찰은 우리가 경험할 수 있는 하나님의 경륜적 은혜의 선물들일 것이다. 위르겐 몰트만이 그의 신학 형성에 있어 그의 선생님들과 친구들의 영향을 기술할 때 고린도전서 4:7을 자주 인용하는 것은 몰트만 또한 그러한 과정을 잘 알기 때문이었을 것이다. "네게 있는 것 중에 받지 아니한 것이 무엇이냐?" 이어지는 글에서 나는 나의 선생이자 친구인 몰트만에게 헌정의 글로서 삼위일체 하나님을 믿는 믿음에 기초한 신학의 한 방법으로서의 우정 안에서의 대화 문제를 살펴보고 제안하려 한다.

삼위일체적 주제로서의 우정

우정에 관한 신학적인 반성은 주로 아리스토텔레스(Aristotle)의 『니코마코스 윤리학』(*Nichomachean Ethics*)이나 키케로(Cicero)의 『우정론』(*Laelius sive de amicitia*)을 기반으로 이뤄져 왔다. 그리고 이러한 선택은 타당하다. 왜냐하면 그 저작들은 그 자체로 가치 있고 아름다울 뿐만 아니라 신약성경이 기록된 배경으로서 그리스와 로마문화는 우정을 당시 에토스의 일부로 봤기 때문이다. 이러한 문화적인 환경은 왜 신약성경을 우정의 렌즈를 통해 봐야 유익한지를 보여주고,[3] 루크 티모시 존슨(Luke Timothy Johnson)이 잘 지적했듯이, 왜 **친구 됨**(*philein*)이나 **우정**(*philia*), 그리고 그 단어들과 어원이 같은 말들을 신약성경 안에서 찾는 것으로 해당 연구를 수행하는 것이 불충분한지를 잘 보여준다. 종종 어떤 이들은 친구 됨이나 우정과 같은 단어가 신약성경 안에서 자주 사용되지 않기 때문에 우정이 신약성경 안에서 부차적인 주제라고 치부해버리는데 이는 잘못된 판단이다. 요한복음 15:14, 사도행전 27:3, 디도서 3:14, 요한3서 15절이 지적하듯이 그리스도인들은 실상 서로를 친구들(*philoi*)이라고 불렀다. 정확한 어휘를 넘어 우정에 관한 고전적인 관념들은 초기 교회가 언어를 사용하여 상호성, 하나의 정신, 같은 마음을 가지는 것, 하나 됨, 친교를 즐거워함 혹은 모든 것을 통용함을 전달하고자 했다는 점에서 중요한 유사성이 있다.[4]

....

3   예를 들어 Sharon H. Ringe, *Wisdom's Friends: Community and Christology in the Fourth Gospel*(Louisville, Ky.: Westminster John Knox, 1999)에 수록된 그녀의 요한복음 해석을 보라.

4   다음 문헌들을 보라. Luke Timothy Johnson, "Making Connections: The Material Expression of Friendship in the New Testament," *Interpretation* 58 (2004): 158-71; Rainer Metzner, "In aller Freundschaft. Ein frühchristlicher Fall freundschaftlicher Gemeinschaft (Phil 2,25-30),"

고전적인 그리고 신약성경적인 이해 안에서 **우정**(*philia*)의 특징 중 하나는 그것의 질료적인 부분(material component)이다. 우정은 **물리적인 실천**(*material practice*)으로서 우리가 살아가는 방식이 반영되어 있다. 다시 말해, 우정은 구체적이고 실제적인 결과를 불러오는 헌신을 요구한다. 만약 우리가 신학적 사유 안에서 우정을 너무 추상적으로 생각하거나 예수의 친구 됨이라는 구체적이지만 개인주의적인 이해에만 집중한다면, 우정의 실천적이고도 질료적인 요소를 망각하게 될 것이다. 기독교 신앙의 관점에서 우정을 이야기하는 찬송가가 어떤 것이 있는지 생각해보면, 나는 즉각적으로 "죄 짐 맡은 우리 구주"(What a Friend We Have in Jesus)를 떠올리는데, 이는 아마도 이러한 찬송가들이 자주 불렸던 곳에서 자랐기 때문일 것이다. 어렸을 때 내가 자란 아르헨티나 교회들에서는 이 찬송가가 "¡Oh, qué amigo nos es Cristo!"[5]라는 제목으로 불렸는데, 그 찬송가가 놀라운 이유는 예수를 친구로 이야기하기 때문이 아니라 3절에서 다음과 같은 가사가 등장하기 때문이다. "당신의 친구들이 당신을 멸시하고 버렸습니까? 주님께 기도하세요"(또는 스페인어 찬송에서는 "¿Te desprecian tus amigos? Cuéntaselo en oración"이다). 이 가사는 세상 친구들은 의지할 바가 못 되고 오직 예수만이 참된 친구임을 함의한다. 그러므로 다음과 같은 일종의 이분법이 제시되고 있다. 즉 참되고 다소 배타적인 형태의 예수의 우정과 우리가 "약하고 무거운 짐 지었을 때" 우리를 멸시하기 쉬운 인간들 사이의 헛되고 믿을 수 없는 우정 사이의 대립이다. 이러한 이해에서는 예수와 맺는 우리 우정의 공동체적 차

....

New Testament Studies 48 (2002): 111-31.

5   이 19세기 찬송가는 요셉 스크리븐이 가사를 썼고, 찰스 C. 콘버스가 작곡했으며, L. 가르자 모라가 스페인어로 번역했다. *Himnos Selectos Evangélicos*, 16th ed. (Buenos Aires: Junta Bautista de Publicaciones, 1970), no. 255을 보라.

원이 철저하게 사라진다.[6] 이러한 경향성을 단순히 영미권의 개인주의 때문이라고 치부해서는 안 된다. 스페인의 시인이었던 로페 데 베가(Lope de Vega, 1562-1635) 또한 그의 유명한 시에서 예수와의 우정을 개인적이고 배타적인 형태의 것으로 표현한다. 그는 자신의 시를 다음과 같은 질문으로 시작한다. "왜 당신은 나의 우정을 바라십니까?"

> 왜 당신은 나의 우정을 바라십니까?
>
> 나의 예수여, 당신은 내게 무엇을 바라서서
>
> 이슬로 덮인 내 문 앞에서
>
> 어두운 겨울밤들을 보내십니까?[7]

주목해볼 만한 것은 로페 데 베가나 조셉 스크리븐(Joseph Scriven) 모두 친구에 관한 기독론적 이해가 나타나는 요한복음의 예수를 전제하지 않고 있다는 사실이다. 로페 데 베가는 주로 요한계시록 3:20, 스크리븐은 마태복음 11:28을 중심으로 예수의 친구 됨을 이야기한다.[8]

....

6   스페인어 번역보다 영어 번역의 다음 구문에서 더욱 그러하다. "Jesus is our friend; this he proved to us" ("*Jesucristo es nuestro amigo, de esto pruebas nos mostró*")

7   H. W. 롱펠로우는 이 4행으로 이뤄진 시를 번역하면서 우정을 직접적으로 표현하는 부분과 "나의 예수"라는 친밀한 호칭을 삭제하고, 요한계시록 3:20을 연상시키는 "문(door, *puerta*)"을 "입구(gate)"로 바꿨다. "Lord, what am I, that with unceasing care / Thou did'st seek after me, that Thou did'st wait / Wet with unhealthy dews before my gate, / And pass the gloomy nights of winter there?"(주여, 제가 누구이기에 끊임없이 돌보시나이까? / 주께서 저를 찾으셔서 저를 기다리시느라 / 제 대문 앞에서 건강에 좋지 않은 이슬에 젖으시고 / 그곳에서 어두운 겨울밤을 지내셨나이까?) Thomas Walsh, comp., *Hispanic Anthology: Poems Translated from the Spanish by English and North American Poets*(New York: G. P. Putnam's Sons, 1920)를 보라.

8   우정을 높이 평가하는 수도원 전통에서는 고전들을 요한 공동체의 렌즈를 통해 이해한다. 이에 관해서는 Adele Fiske, "Paradisus Homo Amicus," *Speculum* 40 (1965): 436-59을 보라.

요한복음에는 우정에 관한 어휘들(*philos, phileo*)이 등장한다. 세례 요한은 신랑의 "친구"다(요 3:29). 베다니의 나사로, 마리아, 마르다는 예수의 친구들로 소개된다(요 11장). 요한복음 15:13-15에는 우정과 친구에 관한 보다 직접적인 언급이 등장한다. 요한 공동체의 예수는 친구들을 위해 자신의 생명을 내어주는 사람을 가장 위대한 사랑의 행위를 하는 자로 묘사하면서 다음과 같이 이야기한다. "너희는 내가 명하는 대로 행하면 곧 나의 친구라. 이제부터는 너희를 종이라 하지 아니하리니…(나는) 너희를 친구라 했노니." 예수의 말씀은 개인적이거나 사적인 우정에 관한 것이 아니다. 그 말씀은 예수 자신과 직접적으로 관계를 맺고 있는 사람들에게, 나아가 친구들의 공동체 안에서 서로 관계를 맺고 있는 사람들에게 주어진 것이다. 하워드-브락(Howard-Brock)이 지적하듯이 예수가 친구를 위해 자신의 생명을 내어놓는 것에 관해 이야기할 때, 예수는 추상적인 자기희생에 관해 이야기하고 있는 것이 아니다. 그는 "친구들 사이의 관계로부터 출발하는 일종의 헌신에 관해 이야기하고 있는 것"이다.[9] 요한 공동체의 상황에서 친구는 예수와 가까운 사람들을 의미하는 것이 아닌 신앙 공동체 안에 있는 사람들을 의미한다.[10]

샤론 린지(Sharon Ringe)가 표현하듯이, 예수는 연인이자 친구로서 하나님과의 우정으로 불릴 수 있는 하나님과의 친밀함을 수여함으로써 사랑을 통해 생명을 실현하는 자다.[11] 친구로서 예수는 그가 보여준 대로 살고자 하는 복수의 **친구들**에게, 즉 그렇게 예수에게 헌신하는 이들에게 자신을 친

----

9   Wes Howard-Brock, *Becoming Children of God: John's Gospel and Radical Discipleship* (Maryknoll, N.Y.: Orbis, 1994), 336.

10   Ringe, *Wisdom's Friends*, 67-68을 보라.

11   Ibid.

구로 소개하며 그들에게 또한 헌신하는 자로 그려진다. 그 친구들과의 관계성을 이야기할 때, 언어적 표현은 명백히 삼위일체적 성격을 띠게 된다. "너희를 친구라 했노니 내가 내 아버지께 들은 것을 다 너희에게 알게 했음이라"(요 15:15). 몰트만은 그의 한 저작에서 요한복음의 이러한 삼위일체적 우정의 역동성을 이야기하면서, 이 우정이 성령의 차원에 의해 편만하게 되는 것을 지적한다.

> 성령 안에서 경험되는 자유는 자녀로서의 관계성을 넘어 **하나님과의 우정**으로까지 경험된다. 남성과 여성 모두 하나님의 "친구들"로서 더 이상 하나님 "아래"에서 살아가는 것이 아니라, 하나님과 함께, 하나님 안에서 살아간다. 그들은 하나님의 고통과 기쁨에 참여한다. 그들은 하나님과 "하나"가 된다(요 17:21).[12]

그러므로 몰트만은 하나님과의 우정을 요한복음 15장의 "종들"로서의 관계성뿐만 아니라 로마서 8장의 "자녀들"로서의 관계성 또한 넘어서는 것으로 이해한다. 이 주장은 삼위일체적인 것으로서 칼케돈 신조의 기독론적 이해, 즉 성자는 완전히 인간인 동시에 완전히 신이라는 식의 이해를 요청한다. 그렇게 이해됐을 때야만 비로소 예수의 친구 됨은 성령 안에서 경험되는 하나님과의 우정과 상응할 수 있게 된다.

만약 요한복음에 내포되어 있고 몰트만이 그것을 명백하게 드러낸 것처럼 삼위일체 하나님과 우리의 관계성이 **우정**으로 이해될 수 있고 그렇

....
12   Jürgen Moltmann, *In der Geschichte der dreieinigen Gottes. Beiträge zur trinitarischen Theology*
      (München: Chr. Kaiser Verlag, 1991), 52(나의 번역, 강조는 덧붙인 것임).

게 이해되어야만 한다면, 그것은 신학적으로 어떤 의미가 있는가? 신학이 하나님의 친구들 사이에서의 하나님에 관한 말(God-talk)이라면 나는 **신학은** 하나님과의 우정을 떠나 논의될 수 없다고 생각한다. 신학은 하나님과의 우정, 다른 존재들과의 우정에 대한 감사의 표현일 수 있다. 그렇다면 신학은 우정이 표현되는 차원들 중 하나, 곧 **물리적인 실천들**(material practices) 중 하나가 될 수 있을 것이다.

친구들 사이의 대화와 신학 방법

하나님과 우리 사이의 삼위일체적 우정에 관한 통찰을 어떻게 신학 방법 안으로 녹여낼 수 있을까? 나는 그것이 드러나는 한 가지 방법, 곧 대화에 초점을 맞추고 싶다.[13] 물론 고도로 양식화된 다양한 종류의 대화들이 철학과 신학에서 오랫동안 사용되었다. 우리는 주로 플라톤(Plato)의 『국가』 혹은 순교자 유스티누스(Justin Martyr)의 『트리포와의 대화』(*Dialogue with Trypho*)에 나타난 소크라테스(Socrates)의 방법을 떠올린다. 그러나 내가 여기서 살펴보고자 하는 것은 다른 종류인데, 이는 친구들 사이의 대화를 **신학함**에 있어 구체적으로 신학적 사유와 통찰에 기여하는 한 방법으로 생각해보자는 것이다.

가장 적절한 예는 『고백록』(*Confessions*) 8권에 기록된 아우구스티누스(Augustine)와 알리피우스(Alipius), 폰티키아누스(Ponticianus)와의 대화일 것

....
13 현재 많은 신학자가 신학에 있어 대화를 하나의 방법과 메타포로 보는 경향을 보이고 있다. 예를 들어 루뱅 조직신학 인카운터(the Leuven Encounters on Systematic Theology)에서는 2001년 컨퍼런스 주제로 "신학과 대화(Theology and Conversation)"를 제안했고, 이에 대한 흥미로운 주제발표들과 분과발표들이 있었다. 발표주제들에 관해서는 다음을 참조하라. www.theo.kuleuven.ac.be/lest/LEST%20III/ 0LEST-papers.html

이다. 아우구스티누스는 폰티키아누스와의 대화와 그 대화의 효력에 대해 생생하게 묘사한다. "어느 날 네브리디우스(Nebridius)가 없을 때—무슨 연유에서였는지 나는 기억하지 못한다—황실 고위직에 있는 아프리카 출신 동포인 폰티키아누스가 알리피우스와 나를 찾아왔다. 나는 그가 우리에게 무엇을 원했는지 모르지만, 우리는 함께 앉아 이야기했다."[14] 대화 중에 폰티키아누스는 탁자 위에 사도 바울의 필사본이 놓여 있는 것을 발견하고 그것이 그가 우려했던 수사학책이 아님에 안도한다. 그는 세례를 받은 그리스도인이었기 때문이다. 이후 폰티키아누스는 아우구스티누스가 그때까지 들어본 적이 없는 이집트의 수도사 안토니우스(Anthony)에 관한 대화로 그들을 이끈다. 그리고 그는 알리피우스와 아우구스티누스에게 『안토니우스의 생애』(*Life of Anthony*)가 집필된 오두막을 방문했던 것, 폰티키아누스의 두 동료인 비밀요원들(*agentes in rebus*)을 기독교 신앙으로 이끌었던 경험에 관해 이야기한다. 아우구스티누스의 이야기 안에서 이 이야기는 친구들 사이의 대화에 초점이 맞춰진다. 폰티키아누스는 그 정보기관 동료 중 하나가 그의 다른 동료에게 더 이상 "황제의 친구들"(*amici imperatoris*)로 살아가지 않고 "하나님의 친구"(*amicus Dei*)로 살겠다고 고백한 것을 이야기한다. 그 다른 동료는 그러한 친구의 결정에 "그는 계속해서 그의 우정을 유지해나갈 것이다"라고 대답한다. 그렇게 이야기하면서 그 또한 하나님의 종이자 친구가 될 것을 결심한다. 이 두 친구는 폰티키아누스와 또 다른 친구에게 정원을 거닐면서 하나님을 섬기기 위해 제국을 섬기는 것을 그만두기

....

14   *Confessions* 8.6.14. 알버트 아우틀러의 이 영어번역(*Confessions and Enchiridion*, LCC 7 [Philadelphia: Westminster, 1955])은 www.fordham.edu/halsall/basisconfessions-bod.thml 에서 찾을 수 있다. 제임스 오도넬이 주해한 라틴어 번역(New York: Oxford University Press, 1992)은 www.stoa.org/hippo에서 찾을 수 있다.

로 했다는 결심을 이야기한다. 폰티키아누스는 그들과 같은 결정을 하지는 않았지만, 그들의 결정을 높이 평가하는 것처럼 보였다. 이 이야기는 아우구스티누스에게 지대한 영향을 끼친다. 아우구스티누스는 폰티키아누스의 이야기를 들으면서 그 이야기 속 두 사람이 "하늘의 것을 추구"하기로 한 결정과 자신의 삶을 비교한다. 아우구스티누스는 이야기한다. "폰티키아누스가 그러한 것들을 이야기할 때 나는 내적으로 갈등하기 시작했고, 두려움과 수치심으로 좌절했다. 그리고 그가 이야기와 용무를 마치고 돌아갔을 때 나는 스스로 어쩔 줄 몰라 했다"(8.7.16).

    아우구스티누스의 회심과 『고백록』 8권의 문학적 구조에 관해서 많은 논의가 이뤄졌다. 명백히 드러나는 것처럼 앞선 "정보기관 동료들"의 회심 이야기가 아우구스티누스 자신의 회심 이야기를 잘 반영한다. 그 동료들의 회심 이야기는 심플리키아누스가 이야기하는 마리우스 빅토리누스(Marius Victorinus)의 회심 이야기(8.2.3)로부터 시작하고 아우구스티누스 자신과 알리피우스의 회심 이야기로 마무리되는 극적인 내러티브들 사이에서 연결 고리로 작용한다. 그러나 내가 여기서 주목하고자 하는 것은 해당 대화들이 아우구스티누스의 회심에 미친 영향에 관한 것이 아니라 **신학**으로서의 『고백록』에서 대화가 차지하는 의미이다. 물론 『고백록』은 그의 다른 신학적 작업들과 달리 대화의 형태이긴 하지만 예비 신학적인 글이 아니라 그 자체로 **신학적인** 글이다. 친구들과의 대화와 상호작용은 고백록의 문학적 구조에 있어 핵심적이다. 자전적인 구조는 아우구스티누스로 하여금 하나님의 본성에 관한 근본적인 결론들에 어떻게 도달하게 됐는지를 잘 드러나게 해준다. 이는 분명 성령의 인도와 성경을 읽음으로써 이뤄진 것이지만, 동시에 이는 하나님(『고백록』 전반에 걸쳐 아우구스티누스는 기도의 형식을 통해 하나님을 호격으로 묘사한다), 친구들, 그리고 지인들과의 대화 안에서 이뤄지고 대화를 통해 이뤄진 것이다. 앞서 지적된 바와 같이 전체적인 문학구조의 연결고리인 "정보기관 동료들"의 회심 이야기는 **하나님의 친구들**이 되는 것에 초점이 맞춰져 있다. 이러한 맥락에서 아우구스티누스의 내러티브 신학은 신적인 우정(*amicitia Dei*)의 의미를 드러내는 과정에서 **하나님과의 우정**과 친구들 사이에서의 대화의 중요성을 연결하고 있다.

어떤 면에서 성경을 음독하는 것으로부터 묵독하는 것으로의 역사적 전환은 "우리의 목소리들을 찾기" 위해서 다른 사람들과 함께 있을 필요를 더욱 커지게 했다. 드 세르토(de Certeau)가 환기해주듯 초기에는 독자들이 그들 자신의 목소리로 "타자의 몸"을 만들었다. 반면에 오늘날 대부분 텍스트는 독자의 목소리를 통해 드러나지 않는다. 그 몸은 텍스트로부터 분리되어 오직 눈의 동작을 통해서만 텍스트와 접촉하게 되었다. 마치 비행기가 더욱 빠르게 멀리 이동하기 위해 지상으로부터 이륙하는 것처럼 눈은 텍스트로부터 멀어지며 할 수 있는 한 재빨리 텍스트를 훑는다.[15] 드 세르토가 언급하는 우리 몸과 텍스트 사이 상호작용의 잔여물적 상징으로서 잠재의식적 제스처들, 버릇들, 바스락 소리들, 웅성대는 소리들과 함께 우리는 여전히 우정과 공동체의 상황에서 음독한다. 우리 자녀들에게 이야기를 읽어주고, 교회에서 성경을 소리 내어 읽으며, 감동되었던 글귀를 친구들에게 읽어주고, 뉴스의 헤드라인들을 중얼거리며 읽는다. 그렇게 함으로써 우리는 이 텍스트들을 다시 체현하며, 그것들의 사유화에 저항한다. 마찬가지로 친구들과의 의미 있는 대화는 그 대화가 아니었으면 침묵했었을 생각들을 우리의 몸짓, 발짓으로 체현하게 한다. 심지어 침묵하며 단순히 함께 앉아

....
15   Michel de Certeau, *The Practice of Everyday Life* (Berkeley: University of California Press, 1984), 176.

있는 것도 탈체현적 침묵을 허락하지 않는다. 우리는 숨을 쉬고, 눈짓을 교환하며, 서로의 온기를 느끼고, 미묘하게 변화된 만남을 경험하면서 돌아선다.

확실히 대화를 학문을 행함에 있어 중요한 것으로 인식하는 것은 신학에도 이질적인 것은 아니다. 라틴 아메리카의 월터 미뇰로(Walter Mignolo)의 사례를 예로 들어보자. 그는 자신의 저서 서문에서 이 주제에 대해 쉽게 설명하면서 이 저서가 그의 대화들을 바탕으로 한 여정의 결실이라고까지 이야기한다.[16] 그는 다음과 같이 말한다. "이 책의 주된 연구는 대화들에 녹아져 있다." 여기서 그가 말하는 대화는 인터뷰와 같은 것들이 아닌 모든 종류의 일상적인 대화들이다. 그는 다음과 같이 설명을 덧붙인다.

> 대화라고 했을 때 나는 녹음되거나 기록되는, 문서화가 가능한 표현들을 말하는 것이 아니다. 내게 영향을 가장 많이 주었던 대화들은 대체로 사건, 책, 생각, 사람에 관한 사람들의 스쳐 지나가는 말들이었다. 이것들은 기록될 수 없는 문서들이고, 스쳐 지나가는 지식들이지만 당신에게 남아서 특정한 사안들에 변화를 가져온다.

물론 이것은 다소 민감한 사안이다. 다른 사람들의 생각을 그들에게 공을 돌리지 않고 나의 것으로 만들어버릴 가능성이 있기 때문이다. 그러한 위험성에 대한 자각은 아우구스티누스가 고백록에서 자신이 나눈 대화들에 대해 세세히 기록한 연유를 다시 생각해보도록 만든다. 비록 그것이 주로

....
16 Walter Mignolo, *Local Histories/Global Designs: Coloniality, Subaltern Knowledges, and Border Thinking* (Princeton, N.J.: Princeton University Press, 2000), xi. 현재 단락에서 인용되는 미뇰로의 글은 같은 페이지로부터 인용된 것이다.

문학적 기교로 사용되었지만 말이다. 인류학자들과 신학자들 같은 학자들에게 낮은 수준의 표절은 불가피한 상황이다. 그들은 대중문화의 동향을 파악하면서 학문적인 저서나 논문들을 읽어본 적이 없는 이들과의 대화로부터 생각을 얻고 이를 사용하기 때문이다.[17] 미뇰로의 **학문적 방법으로서의** 대화에 대한 주의 깊은 묘사는 그것 자체로 정직함에 근거한 작업이다. 그는 다음과 같이 이야기한다. "비록 나는 그들이 한 말들을 정확히 인용할 수 없고 아마 그들도 자신들이 한 이야기를 기억하지 못할 수 있으나, 나는 주로 사람들을 통해 얻은 지혜를 바탕으로 내 생각을 발전시켰다." 정확한 인용이 어려움에도 불구하고, 대화가 가지는 또 다른 유익한 측면 중 하나는 대화가 그 과정에서 한 사람의 통찰력, 생각들, 확신들을 예기치 않은 길로 이끌 수 있다는 점이다. 이러한 결과는 성령의 사역을 암시한다. 종종 예기치 않았고 믿을 수 없을 정도로 단순한 나비의 날갯짓이 거센 바람을 일으키고 우리 삶의 경로를 바꾸는 것과 유사한 성령의 사역 말이다. 어떻게 성령의 역사가 그러한 대화들 가운데 나타나는가를 의식적으로 조명해보는 것은 다른 학문들은 의지적으로 하지 않거나 할 수 없는 일이지만 신학은 할 수 있는 일이다.

버지니아 애즈큐이(Virginia Azcuy)는 그녀의 자전적인 이야기 안에 자신의 신학적 방법을 형성하는 데 도움을 주었던 신학적 대화들을 소개하면서 신학적 대화를 통한 교회적이고 사회적인 에토스에 대한 성령의 사

----

17   페미니스트들은 이런 우려를 중요하게 생각하는데, 이는 다른 여성들을 대변한다고 하면서 그 여성들의 입을 빌려 자신의 주장을 억압적으로 관철하지 않기 위함이며 자기의 목적을 위해 그들의 말이나 생각을 이용하지 않기 위함이다. 이런 맥락에서 다음의 리뷰 논문은 여전히 주목할만하다. Kathleen Logan, "Personal Testimony: Latin American Women Telling Their Lives," *Latin American Research Review* 32 (1997): 199-211.

역과 결과들을 내러티브의 형식으로 풀어낸다.[18] 그녀는 알퐁소 로페즈 퀸타스(Alfonso López Quintás)에 의해 발전된 개념적 도구들인 **엔트레베로스**(*entreveros*)와 **엔트레베라미엔토스**(*entreveramientos*)를 사용해서 이야기를 생생하게 그려낸다.[19] 스페인어 동사 **엔트레베라르**(*entreverar*, 섞다 혹은 혼합하다)로부터 파생된 이 명사들은 한편으로 얽혀 있는 것이나 (고대의 고통스러운 전투들의) 난투와 같이 주로 무질서한 물리적인 충돌을 의미한다. 다른 한편으로는, 조금 더 긍정적인 의미로, 다른 사람의 삶에 참여함을 의미한다. 애즈큐이는 이 두 명사를 두 번째 의미로 사용하여 라틴 아메리카와 라틴 신학의 인격적이고 대화적인 에토스를 그려내는데, 이 에토스는 대화와 상호작용의 전기적인 엮임을 통해 나타난다. 그녀는 **엔트레베라르**의 의미체계 안의 일부인 갈등과 문제들 역시 신학적 과정의 일부라고 인정한다. 인간의 삶은 복잡하며 그 삶들 사이의 상호작용 또한 그러하기 때문이다. 그녀가 구사하는 **엔트레베라르**의 의미들 가운데 내게 가장 흥미롭게 다가왔던 부분은 그 단어의 풍성함과 모호함이 일상에서 신학함을 반영하고 있다는 것이었다. 다시 말해, **엔트레베라르**는 일상 내 뒤섞여있음과 개방성을, 우리 각자의 삶에 반영되는 전 지구적 차원과 지역적 차원의 상호작용과 그 물질성을 반영한다. 애즈큐이는 인간관계의 가능성과 한계 모두를 자각하는 것이 우리로 하여금 사람들 사이의 만남을 통한 상호성을 더욱 분명하게 이해하도록 돕는다고 주장한다.

....

18   Virginia R. Azcuy, "Entreveros biográficos como lugares teológicos. Aportes para un ethos de mutualidad eclesial y social," 2004년 10월 5일 독일 볼프스부르크에서 행한 강연. http://www.die-wolfsburg.de/pdf/scriptspanisch.pdf에서 찾아볼 수 있다.
19   그의 *Ética y creatividad*, http://www.cnice.mecd.es/ tematicas/etica/modulo1/modulo1.html 을 보라.

상호성의 개념은, 특별히 그것이 우정과 자기 노출(self-disclosure) 사이의 관계에서 표현될 때, 초기의 많은 기독교 작가들에 의해 다뤄진 주제다. 예를 들어 『의무에 관하여』(*De officiis*)를 집필했던 키케로를 존경하여 「성직자의 의무에 관하여」(*De officiis ministrorum*)라는 글을 썼던 암브로시우스는 자기 노출에 나타난 상호성에 관해 친구들은 "그들의 가슴" 혹은 "그들의 마음"에 있는 것을 서로 드러내야만 한다("*ostendamus illis nos pectus nostrum, et illi nobis aperiat suum*")고 말한다. 그러나 그러한 상호성은 삼위일체적 역학을 전제로 한다. 암브로시우스는 요한복음 15:14을 인용하면서 다음과 같이 덧붙인다. "진실한 친구라면 아무것도 숨기지 않는다. 마치 주 예수께서 아버지의 신비를 드러내 주셨던 것처럼 그 친구 또한 그의 마음을 드러낸다."[20]

나는 암브로시우스의 이 구절이 신학자인 우리가 상호성과 자기 노출을 실천하며 대화할 때 일어날 일들에 대해 시사하는 바가 있다고 생각한다. 그러나 **경고**도 주어지는데 그것은 애즈큐이의 **엔트레베라미엔토스** 모델이 요구하는 힘의 역학에 관한 명백한 자각을 통해 자기 노출이 대화하는 사람들 가운데 강한 자만 드러내고 약한 자는 지워버리는 결과를 초래하지 않도록 해야 한다는 것이다. 이러한 의미의 상호성을 향한 운동은 우리 자신이 친구가 되고자 하는 이의 관점을 "우리 마음에 새기겠다"는 명시적인 약속으로 나타난다.[21] 그 사람이 자기의 마음을 다 내비칠 수 있도록

....

20 Ambrose, *Off.* 3.22.135 (NPNF2). 이 점에 관해서는 David Konstan, "Problems in the History of Christian Friendship," *Journal of Early Christian Studies* 4 (1993): 87-113을 보라.

21 나는 "우리가 친구가 되고자 하는 사람"에 대해 말하면서 예수가 여리고로 가다가 강도를 만난 사람에게 누가 "이웃"이었는지에 관한 자신의 질문을 어떻게 표현했는지를 생각하고 있다(눅 10:36).

하기 위해, 우리는 우리가 사회의 헤게모니적 "상식"의 관점에서 소수자의 목소리는 개인적이고 주관적이며 입증되지 않고 신뢰할 수 없는 것처럼 느끼고, 다수의 목소리는 대중적이고 진실되며 객관적인 것으로 여기는 경향이 있음을 기억하면서 대화에 임해야 한다.[22] 다시 말해, 친구가 되고 싶은 이와 나 자신 가운데 내가 사회적 힘과 지위를 더 많이 가지고 있다면 내 대화상대의 사회적 위치로 인해 그/그녀의 생각과 주장이 상대적으로 덜 표현되어왔을 수 있다는 사실을 기억해야 한다. 반대로 내가 사회적 약자라면, 창의적인 방법으로 "우리를 박해하는 자들을 기꺼이 축복하고자 하는 태도"를 가지는 동시에 상당한 조심성과 자존감을 가지고 대화에 임해야 한다.[23] 서로 대화하고 상호작용하기 전에는 실제 어떤 일이 벌어질지 예측하는 것이 불가능하다. 비록 나와 대화상대 모두 일련의 구조와 배경들을 공유하지만, **차이**의 상호작용은 항상 상황적이고 특수하기 때문이다.[24]

암브로시우스가 고전적인 작가들을 따라 우정이 사회적 지위가 비슷하고 같은 언어를 같은 방식의 복잡한 수사학적 방식으로 구사하는 사람들 사이에서 이뤄지는 것으로 이야기했던 것을 고려한다면, 앞서 언급된 상호성의 실천은 암브로시우스의 체계를 벗어날 것이다. 다른 한편으로 암브로

....

22 Trinh T. Minh-ha, *Woman, Native, Other* (Bloomington: Indiana University Press, 1989), 28.

23 준 조던은 다음의 글에서 두 가지 상황에 대해 아주 잘 이야기했다. June Jordan, "Report from the Bahamas," in *Feminist Theory Reader: Local and Global Perspectives*, ed. Carole McCann and Seung Kyung Kim (New York: Routledge, 2003), 438-46.

24 Aili Mari Tripa, "Rethinking Difference: Comparative Perspectives from Africa," *Signs: Journal of Women in Culture and Society* 25 (2000): 649-75을 보라. 그녀는 당파적인 입장들로 분열된 사회에서는 페미니스트들이 주로 "차이(difference)"를 최소화하고, 인종, 성, 종교문제들을 정치화하는 것에 반대하는 전략적 움직임을 보여 왔다고 지적한다. 나아가 그녀는 미국에서의 "차이(difference)"에 관한 논의가 그러한 사회들을 분석하는 데 맞지 않는다고 주장한다.

시우스가 상호성에서의 자기 노출의 삼위일체적 근거를 제시하면서 사회적 지위가 상당히 다른 사람들 사이의 상호성과 우정의 가능성을 열어놓고 있음이 인정되어야 한다. 다시 말해, 사회적으로 서로 다른 지위를 가진 사람들이라 할지라도 그들 모두 성육신을 통해 드러난 하나님의 사랑을 동등하게 받고 있다는 차원에서 두 사람 사이의 동등한 상호성과 우정이 가능하다는 점이 인정되어야 한다.

잠시 인종, 계급, 혹은 성별 등의 렌즈들을 내려놓고 상호성을 향한 이러한 종류의 운동을 급작스럽긴 하지만 소통 기술들의 맥락, 특별히 인터넷을 통한 상호성 운동의 맥락에서 생각해보자. 네스토르 가르시아 칸클리니(Néstor García Canclini)는 인터넷 사용이 자유로운 사람들과 그렇지 않은 사람들, 곧 전자미디어라고는 공중파 텔레비전이 전부인 사람들 사이의 격차(disparity)를 분석한다. 이러한 불평등은 어느 나라에나 있지만 특별히 경제성장이 더디고, 고용이 불안정하며, 외채가 높은 곳일수록 불평등은 더욱심하다. 예를 들어, 멕시코에는 어린 자녀들이 있는 가정 중 77%는 텔레비전이 있지만, 그중 6%만이 인터넷 연결이 가능하다. 동시에 이 아이들 모두 다른 모든 라틴 아메리카인의 경우와 같이 출생의 순간부터 1,550달러 정도의 외채를 빚진다. 모든 사람이 같은 정도로 외채의 영향을 받지는 않지만 모두 채무자다. 모두가 세계와 연결되었지만 같은 방식으로 연결된 것은 아니다.[25] 세계화된 자본주의 상황에서 생존과 부의 창출을 위해 필수적인 정보에 접근할 수 있는 아이와 그렇지 못한 아이에게 대화와 상호성을 향한 운동은 어떤 의미인가? 그런 대화가 어떤 맥락에서 신학적으로 의미

....
25 Néstor García Canclini, *Diferentes, desiguales y desconectados. Mapas de la interculturalidad* (Barcelona: Gedisa, 2004), 169-70.

가 있다고 여겨질 수 있는가? 먼저, 그런 대화는 가상의 채팅 공간에서 가능하지 않다. 친밀한 대화는 실시간뿐만 아니라 얼굴과 얼굴을 맞대는 신체성을 요구한다. 이는 포스트모던 상황의 가장 불온하고 비인간적인 표식인 시공간성의 제거를 방해한다.[26] 이와 같이 단순한 관찰조차도 **실제적인 현존**이 요구된다는, 신학적으로 심오한 함의를 드러낸다.

가르시아 칸클리니는 인류학자로서 다음에 주목하며 이야기한다. 정보에 접근할 수 있는 학자에게 가장 풍부한 아이디어를 제공하는 공간과 지식을 창출하는 물리적 가능성은 선진국의 엘리트주의 편견이나 사회적 약자를 존재론적으로 특별하고 순수한 지식의 원천으로 삼는 것으로부터 발견되지 않는다. 도리어 그것은 "주체적으로 사람들이 서로 이야기하고, 행동하며, 상호 간에 영향을 주고받는" **교류들**(intersections) 속에서 발견된다.[27] 교차하는 지점, 상호교류가 일어나는 곳, 제3의 지점에서 의미 있는 대화가 이루어진다. 비록 자신을, 바바(Bhabha)가 "틈새의 시공간"이라고 명명한 곳에 위치시키는 것은 "불가해함 속에 살아가는 것"을 의미하지만 말이다.[28]

내가 보기에 우리 신학자들은 종종 우리와 타자 간의 상호작용을 하나님의 페리코레시스적인 리듬과 연관시키려고 하는 것 같다. 우리는 선한 의도에도 불구하고 너무도 자주 일을 더욱 혼란스럽게 만든다. 그러나 하나님의 은혜는 그러한 혼돈 속에서도 예기치 못한 신학적 풍성함, 곧 얽힌 것을 풀어내는 풍성함을 발견케 한다. 그러한 혼란은 무엇보다도 조화와

············
26   이 점에 관해서는 Raúl Fornet Betancourt, *Transformación intercultural de la filosofía* (Bilbao: Desclée de Brouwer, 2001), 280-81을 보라.

27   Canclini, *Diferentes, desiguales y desconectados*, 166.

28   Homi Bhabha, *The Location of Culture* (New York: Routledge, 1994), 235.

균형을 추구하는 고전 전통의 맥락에서는 불쾌한 것일 수 있다. 아리스토 텔레스는 "지속성과 다른 모든 측면에서 완벽한 우정"은 "모든 면에서 각자 서로 주는 만큼 받는 것이다. 그것이 친구 사이에서 일어나야 할 일이다"라고 주장한다.[29] 니코마코스 윤리학의 이 부분은 몰트만에 의해 여러 번 비판적으로 인용되었다. 몰트만은 이러한 우정을 복음서에 나타난 예수의 열린 우정이 아니라 사회적으로 동등한 위치에 있는 사람들 사이에서 맺는 배타적인 우정으로 이해하기 때문이다. "세리들과 죄인들의 친구"(눅 7:34)와 그의 영으로부터 발생하는 공동체(롬 15:7)는 신적이고 우주적인 우정, 곧 하나님이 모든 피조물을 수동성이나 분열에 기반한 것이 아닌 열린 우정으로 초대함을 전제한다.[30] 방법론적으로, 몰트만의 많고 다양한 친구들과의 대화들의 결과는 그의 저서『신학에서의 경험들』(*Experiences in Theology*) 안에서 "해방하는 신학의 거울 이미지들"을 통해 잘 표현되어 있다. 그는 그곳에서 그가 한 백인으로서 흑인 신학과 대화했던 것, 한 명의 독일인으로서 해방 신학과 대화했던 것, 한 남성으로서 여성 신학과 대화했던 것, 선진국의 일원으로서 민중 신학과 대화했던 것의 결과로서의 자신의 신학을 이야기한다.[31] 그러한 대화들은 그의 신학을 예기치 못한 방법으로 형성했

....

29 *Eth. Nic. 8.4.* 여기서 나는 David Ross, *The Nicomachean Ethics*, The World's Classics(New York: Oxford University Press, 1980)의 번역을 인용했는데 그것은 http://classics.mit.edu/ Aristotle/nicomachaen.8.viii.html에서 찾을 수 있다.

30 다음 문헌들을 보라. Jürgen Moltmann, *Der Geist des Lebens: eine ganzheitliche Pneumatologie* [The Spirit of Life: A Universal Affirmation] (Munich: Chr. Kaiser Verlag, 1991), 230- 32; *Erfahrungen theologischen Denkens: Wege und Formen christlicher Theologie* [Experiences in Theology: Ways and Forms of Christian Theology] (Munich: Chr. Kaiser/Gütersloher Verlagshaus, 1999), 140-42. 이 주제와 관련해 몰트만이 교회를 "친구들 사이의 사귐"으로 이해한 부분은 *The Church in the Power of the Spirit* (Minneapolis: Fortress Press, 1993 [1977]), 314-16을 보라.

31 Jürgen Moltmann, *Experiences in Theology: Ways and Forms of Christian Theology*, trans.

고 창조적으로 발전시키는 데 기여했다.

"친구"라고 말하고 들어오라

J. R. R. 톨킨(J. R. R. Tolkien)의 『반지원정대』(*The Fellowship of the Ring*, 반지의 제왕 3부작 중 첫 번째 에피소드)에서 반지를 운명의 산(Mount of Doom)으로 가져가는 프로도와 그를 돕는 친구들이 모리아 광산의 봉인된 입구에 다다랐을 때의 순간은 중요한 전환점이다. 그들은 그곳을 통과해야만 했다. 입구 위 아치형 구조물에는 고대의 언어로 다음과 같은 문구가 적혀있다, "'친구'라고 말하고, 들어오라." 문을 열 수 있는 암호를 찾아 헤매던 마법사 간달프는 몇 시간 동안 단어들을 조합하면서 말해보지만 실패하고, 좌절한 나머지 지팡이를 문에 던져버린다. 동행하던 호빗 중 하나인 메리가 문을 열 수 있는 중요한 단서를 가진 다음과 같은 말을 지나가는 말로 웅얼거린다. "'친구라고 말하고 들어오라'는 말이 도대체 무슨 뜻이지?" 메리와 나눈 대화의 파편들을 곰곰이 생각하던 간달프는 "친구"를 뜻하는 엘프들의 단어를 말함으로써 마침내 수수께끼를 풀고 문을 열게 된다.[32] 이 사례는 말 그대로 친구와의 대화가 문을 여는 중요한 열쇠가 된다는 것을 보여준다. 그러나 아우구스티누스가 그의 『고백록』에서 얘기한 것과 달리, 이 대화는 동일한 사회적 지위를 가진 사람들 사이에 이뤄지는 것이 아니라 나이와 사회적 지위와 "계급"이 다른 사람들 사이에 벌어지는 대화다. 이와 같이 친구들 사이의 대화가 그러한 경계들을 넘어서 발생할 때 종종 신학적 통찰

....

Margaret Kohl (Minneapolis: Fortress Press, 2000), 183-299.

32   J. R. R. Tolkien, *The Fellowship of the Ring* (New York: Ballantine, 1973), 396-402. 『반지의 제왕 1: 반지 원정대』(아르테 역간).

의 발전에 가장 귀한 돌파구들이 마련된다.

만약 신학자들이 친구들과 나누는 대화들의 중요성을 인식하지 못한다면 신학은 신학이 필요한 곳에 있을 수 없게 된다. 그러한 대화들이야말로 우리로 하여금 자기중심적으로 살고, 생각하고, 글 쓰는 것을 피하도록 돕는 실제적인 계기이기 때문이다. 그러나 우리가 대화하는 친구들의 범주가 우정에 관한 고전적인 모델에 따라 우리 자신들과 비슷한 사람들로 제한된다면, 그것이 비록 가능한 갈등과 오해, 혼란을 피하게 할 수는 있겠지만 변화를 위한 새로운 공간을 마련하는 계기가 되는 것은 놓치게 만들 것이다. 로사리오 카스텔라노스의 등장인물과 그녀의 친구 게르트루디스의 우정이 스러졌던 이유는 그 친구의 과묵함이나 둘 사이의 차이가 꽤 컸기 때문이 아니라, 유쾌한 친구가 그녀에게는 무관심해졌기 때문이었다. 우정이 끝나가면서 그녀는 다음과 같이 말한다. "대화는 잘 통했고 안정적이었다. 우리는 행복했다. 마치 우리가 서로 다른 사람이었던 것을 몰랐던 것처럼 말이다."[33] 우정은 더욱 깊어지지 못했는데, 이는 그들이 서로 다른 사람이었기 때문이 아니라 둘 중 하나가 그 다름을 인정하지 않기로 했기 때문이었다. 신학에 있어 특별히 중요한 것은 같은 종류와 성향의 사람들 사이에 나누는 대화가 아니라, 도전적이고 정돈되지 않은 대화들이다. "그들끼리 대화하며 논쟁하던"(눅 24:15, 개역개정을 사용하지 아니함) 엠마오로 가는 제자들의 사례와 같이, 열띤 대화 속에서 우리는 우리와 동행하는 예수를 예기치 않게 발견하게 되고, 그렇게 우리의 신학은 더욱 발전할지 모른다.

....

33   Castellanos, *La muerte del tigre*, 62.

5장

지혜, 신학적 인간학, 현대의 세속적 인간학

데이비드 H. 켈시

기독교의 신학적 인간론과 인문과학이나 생명과학 모두 "인간은 **무엇인가?**"라는 공통의 기술적인 질문을 다루기 때문에, 신학적 인간론은 개념적인 차원에서 그런 과학들이 제시하는 인간학적 주장들과 잘 공명한다면 좋을 것이다. 신학이, 지식의 출처를 따지지 않고, 지식의 내적 정합성과 일치성을 강조한다면, 그리고 공론장에서 신학적 주장이 진지하게 받아들여지기를 원한다면, 그런 과학들을 바탕으로 제기되는 인간에 대한 이해를 무시하거나 배제해서는 절대 안 될 것이다. 이는 기독교 신학의 관점에서 두 번째 질문을 제기하게 만든다. 우리는 어떻게 인간에 관한 신학적 주장들과 생명과학과 인문과학을 바탕으로 한 세속적인 인간학적 주장들을 연관시킬 수 있을까? 나는 위르겐 몰트만 교수가 최근에 제안한 내용[1]을 바탕으로, 지혜문학이 제공하는 창조 이야기가 전통적으로 기독교의 신학적 인간론의 규준을 제공해주었던 창세기의 창조 이야기보다 인간이 무엇인지에 관한 과학적 인간 이해와 더욱 잘 공명한다고 주장할 것이다.

창세기와 신학적 인간론

신학적 인간론에서 인간이 무엇인지에 관한 질문은 전통적으로 창세기 1:1-2:24의 창조 이야기를 통해 뒷받침되는 창조교리의 부차적인 주제로 치부돼왔다. 좀 더 정확하게는 해당 질문은 창세기 1-3장이 창세기뿐만 아니라 이스라엘의 이집트 탈출과 이스라엘의 창조에 관한 모세 오경의 내러티브 전체를 해석하는 해석학적 렌즈라는 이해 안에서 그 적절성을 인정받

....
1   Jürgen Moltmann, *Science and Wisdom*, trans. Margaret Kohl (Minneapolis: Fortress Press, 2003), 10장.

아왔다. 이러한 해석은 창세기의 창조 이야기들을 기원에 관한 내러티브들로 이해하는 인간학적 이해를 포괄한다. 즉 그것은 하나님과의 적절한 관계 안에서 온전히 실현된, 신체적으로 완벽하며 죽지 않는 피조물인 인간의 기원에 관한 이야기이고, 불순종의 결과로 인간에게 닥쳐진 고된 노동, 고통, 죽음 같은 불완전성의 기원 이야기이며, 그러므로 그리스도인들에게 있어 모세 오경뿐만 아니라 성경 전체가 증언하는 구원 사건의 필요성에 대한 기원 이야기다. 창조와 타락에 대한 이러한 인간학적 이야기는 신학적으로 또 다른 중요한 이야기인 신적 구원의 이야기를 통해 좌우되고 결정된다. 나는 인간이 무엇인지를 밝히는 데 있어 기원 문제들에 초점이 맞춰진 상태에서 신적 구원에 관한 이야기로 나아가는 인간학적 설명은 과학적 이해들과 같은 비성경적 차원에서 제시되는 유전학적, 인과론적 주장들과 양립하기가 상당히 어렵고 갈등을 일으킬 수밖에 없음을 특별히 강조하고 싶다.

이러한 이해를 배경으로 클라우스 베스터만(Claus Westermann)[2]은 창세기 주석에서 창세기 1:1-3:24을 제대로 이해한다면 그것을 전통적인 방식에 따라 창조와 타락을 바탕으로 한 하나님과의 실존적이고 개인적인 관계들에 대한 이야기로 해석할 수 없다고 주장한다.[3] 베스터만의 이러한 주장은 기독교 인간론이 과학에 의해 제시된 인간학적인 주장들과 공명해야 한다는 맥락에서 제기된 것은 아니다. 나아가 그의 주장은 인간이 무엇인지

....

2   Claus Westermann, *Genesis 1-11: A Commentary*, trans. John J. Scullion, SJ (Minneapolis: Augsburg, 1984); *Beginning and End in the Bible* (Philadelphia: Fortress Press, 1971); *Blessing in the Bible and the Life of the Church*, trans. Keith Crimm (Philadelphia: Fortress Press, 1978); *Creation*, trans. John J. Scullion (Philadelphia: Fortress Press, 1974).

3   Westermann, *Creation*, 16.

에 관한 인간학적인 질문에 대한 신학적 이해가 창조교리의 부차적인 주제가 되어서는 안 된다는 맥락에서 제기된 것도 아니다. 그럼에도 그는 창세기 1-3장에 대한 올바른 이해가 전통적인 방식의 신학적 인간론으로 귀결되는 것은 아니라고 주장한다.

베스터만의 창세기 1-11장 분석은 인간론의 견지에서 더욱 큰 함의를 가진다. 나는 이어지는 두 섹션에서 그의 분석이 창세기 1-3장을 **어떤** 형태로든 신학적 인간론을 세우기 위한 규준으로 사용되는 것에 **반대되는** 근거를 마련하고 있으며, 동시에 인간이 무엇인지에 관한 기독교 인간학적 이해를 산출하는 데 있어 창세기 1-3장보다 지혜 문학 전통의 창조 이야기가 **더욱 설득력이 있다는** 판단의 근거를 제시하고 있음을 주장할 것이다. 그다음에 나는 마지막 섹션에서 지혜문학의 창조 이야기에 근거한 신학적 인간론이 개념적 차원에서 인간에 대한 현대의 세속적 이해들과 잘 상응한다는 것도 밝힐 것이다.

창조와 타락에 초점을 맞추는 창세기 1-3장 기반의 전통적인 실존주의 인간론을 비판하는 베스터만의 주장은 모세 오경의 문학적 구조, 그 구조에서 창세기의 역할, 창세기에서 창세기 1-11장의 역할에 대한 그의 분석으로부터 비롯된다. 간단히 말해, 베스터만은 오경을 이해할 때, 그것의 "핵심적인 부분은 홍해에서의 구원 이야기다(출 1:18)"[4]라고 주장한다. 성경의 편집자들은 이 구원 이야기에 대한 두 가지 유형의 서론을 제공하기 위해 창세기를 현재의 정경 형태, 즉 12-50장과 1-11장으로 구성했다. 각 부분은 이스라엘의 구원 이야기가 보다 넓은 맥락에서 보편적인 의미를 가지도록 기능한다. 12-50장은 "이스라엘이 한 그룹의 사람들로 드러나기

....

4   Westermann, *Genesis 1-11*, 2.

전의 역사를 보여준다." 이는 이스라엘이 끊임없이 이어지는 시간과 세대들의 보편적인 과정으로부터 출현하고 있음을 드러내는 것이다. 그러나 1-11장은 구원의 사건을 "훨씬 더 넓은 지평 위에" 위치시키며, "그 구원 사건을 가장 넓은 의미의 세계적인 사건들과 연계한다."[5]

우리의 관심은 1-11장에 있다. 베스터만에 따르면 이 장들은 **태곳적 시간**을 상정한다. 이는 오경의 이후 부분들에서 "생육, 팽창, 번영, 번성"[6]의 과정들을 통한 세대를 거친 연속성을 바탕으로 일어나는 이스라엘의 형성과 구원 사건의 배경을 제공한다. 이 과정들은 구원 사건과 같은 역사적 사건들의 "필수적인 전제조건들"이다. 그 과정들은 "앞으로 밀고 나가는, 되어감의 한결같은 잠재력"[7]에 의해 특징지어지는 인간 삶의 보편적 상황을 드러낸다. 창세기 1-11장은 "세대를 거쳐 (인간) 실존을 가능케 하는 이 잠재력, 곧 그 근원을 추적해나간다."[8]

베스터만은 이 장들이 하나의 독자적인 문학 단위를 구성하고 있기 때문에 그것 자체의 내적인 논리를 바탕으로 이해되어야 한다고 주장한다.[9] 베스터만의 분석에 따르면 이 단위는 두 가지 상이한 유형의 글들, 즉 베스터만이 "수를 세는" 글이라고 부르는 족보들과 다른 종류의 내러티브들로 구성되어 있다. 족보들은 **태곳적 시간**이 드러내는 "세대들의 연속성"[10]을 강조하는 기능을 한다. 베스터만의 요점은 족보들이 "창세기 1-11장에 등

....

5   Ibid., 2.
6   Ibid., 17.
7   Westermann, *Creation*, 55.
8   Ibid., 65.
9   Ibid.
10   Westermann, *Genesis 1-11*, 7.

장하는 모든 것의 뼈대"[11]를 형성한다는 것이다. 그것들은 일종의 해석학적 렌즈로서 기록된 내러티브들이 어떻게 해석되어야 하는지를 드러낸다.[12] 베스터만의 분석에 따르면, 창세기의 최종 편집자들은 이스라엘 주변의 이웃들과 그들의 조상들로부터 전해 받은 세계의 기원에 관한 창조 이야기들을 차용했는데, 그 이야기들이 우주의 생성론을 제시하는 데 기여했다. 창세기 1-3장이 드러내는 창조 이야기들은 우주의 기원을 **설명**하는 데 목적이 있었던 것이 아니라, "대대로 인간실존을 가능케 하는 힘"이자 홍해에서의 이스라엘 구원의 보편적이고 필수적인 선결 조건인 모든 것의 근원인 하나님의 창조적인 축복을 **강조**하는 데 목적이 있었다. 범죄와 징벌 이야기들(예컨대 3장의 아담과 하와, 4장의 가인과 아벨, 6장과 7장의 홍수, 9:18-28의 노아의 아들들)도 모두 같은 기능을 한다. 그 이야기들은 다른 문화들로부터 차용되어 **태곳적 시간**이 하나님의 창조적인 축복을 포함하고 있었음을 강조하도록 편집되었다. 나아가 "죄, 죄의식, 반항"은 "이스라엘의 죄와 같이 하나님과의 오랜 만남 끝에 생겨난 어떤 결과가 아니라,""인간의 실존 자체에 내재되어 있고 따라서 모든 곳, 모든 사람에게 만연하게 나타나는 어떤 것"임을 표현하도록 편집되었다.[13]

이러한 분석은 창조와 인간에 대한 전통적인 교리들과 다른 이해를 제시한다. 전통적으로 창세기 1장과 2장의 창조 이야기와 3장의 아담과 하와의 불순종 이야기는 이후 창세기 본문을 이해하는 해석학적 렌즈였다. 그러나 새로운 이해 안에서 아담과 하와의 불순종에 관한 이야기는 더 이상 인류가 **구원받아야 할** 죄와 고통의 기원을 **설명하는 어떤 것**이 아니다. 마찬

....
11   Ibid., 6.
12   Ibid., 67.
13   Westermann, *Blessing*, 61.

가지로, 창조 이야기도 **타락** 가능한 세계의 실존을 **설명하고자 하는 어떤 것이** 아니다. 대신, 창조 이야기는 세대를 거쳐 인간실존에 역사하는 힘인 구원 사건의 전제조건을 묘사한다. 그리고 범죄와 징벌 이야기는 해당 전제조건, 곧 보편적인 인간의 하나님으로부터의 소외를 그려낸다. 확실히 창세기 1-3장의 창조 이야기를 창세기의 족보들이라는 해석학적 렌즈를 통해 이해하게 되면 창조와 타락에 관한 실존주의적 인간 이해는 불가능해진다.

창조의 축복, 종말론적 축복, 구원에 관한 성경 이야기들의 내러티브 논리

베스터만의 분석은 그의 결론보다 더욱 흥미로운 세 가지 점들을 함축하면서 창세기 1-3장의 이야기들이 **어떠한 형태**로든 신학적 인간론을 위한 성경적 규범이 될 수 없음을 누적적으로 제시한다. 그는 두 가지 점들에 대해 명확하게 말한다. 하지만 세 번째 점에 관해서는 베스터만이 명확히 이야기하지는 않지만 그것은 그가 앞서 제시한 두 가지 점들로부터 유추될 수 있다.

첫째, 베스터만은 오경이 증언하는 하나님이 인간과 관계 맺는 두 가지 방식을 개념적으로 구분하는데, 그것은 (오경의 중심 이야기인) 구원 사건 안에서의 관계와 축복 안에서의 관계다. 그 두 가지 관계 양식들은 "하나의 개념으로 환원될 수 없다. 그것들은 서로 달리 경험되기 때문이다. 구원은 하나님의 개입을 보여주는 사건들 안에서 경험된다. 축복은 현재와 현재가 아닌 시점 모두에서 지속되는 하나님의 계속적 행위다. 힘의 팽창, 자극, 쇠퇴가 한순간에 경험될 수 없는 것처럼 축복 또한 하나의 사건 안에서만 경험될 수 없다."[14] 구원 이야기는 하나의 에피소드에 관한 이야기다. 축복 이야기는 계속적인 상태에 관한 이야기다.

둘째, 창세기 2장에서는 암묵적으로 나타나지만 성경의 다른 곳에서는 명시적으로 나타나는 두 가지 종류의 축복에 대한 구분이다. 베스터만은 (창 1-3장에서 나타나는) 피조물을 향한 하나님의 창조의 축복과 (사 65장과 계 21-22장에 나타나는) 종말론적 축복을 구분한다.[15] 두 축복 모두 역사 안에서 일어난 일회적인 사건들에 관한 것이 아닌 지속적인 상태들과 상황들에 관한 것이다.[16] 베스터만은 종말론적 축복 안에서 하나님이 인간과 관계를 맺는 이야기는 창세기 2:2-3을 통해 암묵적으로 드러난다고 주장한다. 그에 따르면, P 문서 편집자들은 창세기 1:1-2:4을 편집하면서 당시 여러 민족에게 공유되고 있던 창조 이야기들을 차용했고, 여덟 가지 행위로서의 창조를 6일 창조와 일곱 번째 날의 안식일, 곧 "앞선 창조의 과정이 계속되면서 창조의 목적을 실현해가는 과정"으로 바꿨다.[17] 인간의 역사는 "창조의 6일처럼 그 목적을 향해 달려간다." 그 목적은 "일곱 번째 날 안식을 통해 예표된 영원한 안식이다."[18] 그러므로 창조의 축복 이야기는 단순히 구원 이야기와만 연관된 것이 아니라 종말론적 축복 이야기와도 연관되어 있다.

하나님의 창조의 축복과 종말론적 축복이 동일한 축복의 다른 양식인지 아니면 전혀 다른 종류의 복들인지에 대해 베스터만은 모호한 입장을

<hr/>

14 Westermann, *Blessing*, 61.
15 Westermann, *Beginning and End in the Bible*, 6.
16 Ibid., 3-4. Westermann, *Creation*, 41-65도 보라.
17 Westermann, *Creation*, 41.
18 Ibid., 65

보인다. 나는 베스터만이 구원을 축복과 구별한 것처럼 창조의 축복과 종말론적 축복을 구분해야 한다고 생각한다. 그 두 축복은 서로 다르게 경험된다. 창조의 축복은 하나님이 지금 이곳과 적극적으로 관계를 맺으며 "대대로 인간의 실존에 역사하는 힘"의 지속적인 조건으로 경험된다. 그러나 정의상 종말론적 축복은 지금 이곳에 주어지는 지속적인 조건으로 경험될 수 없다. 그것은 적어도 아직 온전히 실현된 것은 아니기 때문이다. 몰트만이 이미 그의 선구자적인 저서 『희망의 신학』에서 보여주었듯이[19] 종말론적 축복은 그 복의 실현에 대한 약속에 반응하는 희망 안에서만 **경험될** 수 있다. 인간은 그 **약속**을 하나의 지속적인 조건으로 **경험**할 수 있을지도 모른다. 그렇다고 해서 그들이 종말론적 축복 그 자체를 하나의 실현된 지속적 조건으로 경험하는 것은 아니다. 베스터만은 비록 명시적으로는 하나님과 인간이 관계를 맺는 양식과 관련하여 성경의 내러티브들을 바탕으로 두 가지 방식, 즉 구원과 축복으로만 구분했지만 나는 그가 암묵적으로 하나님이 인간과 관계를 맺는 방식으로 세 가지 구분, 곧 구원, 창조의 축복, 종말론적 축복을 제시하고 있다고 본다.

나는 베스터만의 구분에 기초하여 성경이 기독교 신학적 인간론을 위한 규범들을 제공하는 방식에 관해 베스터만 본인은 그리 동의하지 않았을 수도 있는 형식적 요점을 제시하고 싶다. 이것은 중요한데, 왜냐하면 인간이 무엇인지를 다루는 신학적 인간론이 그것을 규명하기 위한 신학적 규범들을 왜 창세기 1-3장으로부터 찾을 수 없는지 보여주기 때문이다. 그 요점은 다음과 같다. 구원, 창조의 축복, 종말론적 축복이 서로 각각 다르게 경

....

19 Jürgen Moltmann, *Theology of Hope: On the Ground and Implications of a Christian Eschatology*, trans. James W. Leitch (London: SCM, 1967), 특히 서론과 2장.

험되기 때문에 구분될 수 있다면 기독교의 정경에서 하나님이 인간과 관계를 맺는 이야기들 또한 같은 맥락에서 구분되어야 한다. 형식적인 차원에서 그 이야기들은 서로 다른 내러티브 논리를 가지고 있기 때문이다.

내러티브 논리라는 개념에 관해서는 설명이 조금 더 필요하다. 각기 다른 유형의 이야기들이 어떻게 구성되어 전개되는지 생각해보자. 하나님이 사람을 종말론적 완성으로 이끌어 가는 성경 이야기는 하나님이 인간을 어떻게 인간 스스로는 이룩할 수 없는 종말론적 축복으로 이끌어 가고 그 약속을 이루는지 묘사한다. 그렇다고 해서 인간이 더 이상 인간이 아니거나 유한한 피조물이 아닌 것은 아니다. 신약성경에서 그 이야기는 나사렛 예수의 부활 안에서 하나님에 의해 의도된 세계의 미래가 침투하는 방식으로 전개된다. 여기서 하나님의 미래는 인간의 세상에서 인간의 피조성이나 유한성을 폐기하지 않으면서 동시에 현존한다. 아직 온전히 실현되지 않은 하나님의 미래는 온전한 실현을 향해 다가온다. 이러한 방식의 하나님과 인간에 관한 이야기는 **하나님이 해결해야 할 필요**가 있는 문제나 **하나님이 치유할 필요**가 있는 깨어짐을 중심으로 전개되지 않는다. 소외된 인간과의 화해를 추구하는 하나님에 대한 기독교 정경의 이야기는 **하나님만이 고칠 수 있는** 깨어짐과 **하나님만이 해결할 수 있는** 문제 중심으로 전개된다.

인간의 하나님으로부터의 소외는 하나님이 창조를 통해 관계를 맺음에 의해 주어지는 인류의 본성을 심각하게 왜곡시키는데 그 왜곡은 인간 스스로 교정할 수 없는 성질의 것이다. 하나님이 인간을 종말론적 완성으로 이끌어 가는 신약성경 이야기의 구조와 같이 이 이야기의 구조 또한 나사렛 예수의 죽음과 부활 이야기를 통해 왜곡된 것을 바로잡고 소외된 인간과 화해하는 하나님에 관한 구체적인 방식의 내러티브 논리에 의해 전개된다. 예수의 이야기는 하나님 자신의 이야기로서 예수의 형제자매들과 그들의 피조물로서의 유한성 안에서 하나 됨을 이루는 이야기일 뿐만 아니라, 그들의 하나님으로부터의 소외와 그들 서로 간의 소외로 인해 발생하는 치명적 결과 안에서도 하나님이 그들과 함께 있음을 드러내는 이야기다. 다시 말해, 하나님이 인간과 화해하고자 그들과 관계를 맺을 때 유한한 인간의 피조성에 의해 조건 지어진 상태뿐만 아니라, 죽음을 초래하는 인간 소외의 (칼뱅의) "우발적인" 속성에 의해 조건 지어진 상태 **또한** 이 이야기의 내러티브 논리 안에 내재되어 있다.

이 두 이야기 사이의 형식적 차이들은 그 이야기들로 하여금 비대칭적인 상호교환적 관계를 맺게 한다. 그 이야기들은 서로 관계가 있다. 각각의 이야기(종말론적 축복 이야기/구원 이야기)는 하나님이 인간과 관계 맺는 다른 방식을 이야기하면서도 결국 나사렛 예수의 이야기로 귀결되기 때문이다. 두 이야기 중 어느 한 이야기도 다른 이야기 없이 전개될 수 없다. 그러나 그 이야기들 안의 내적인 논리의 차이로 인해 그 두 이야기들은 비대칭적인 관계를 맺는다. 종말론적 축복에 관한 정경의 이야기는 축복을 받는 이들이 하나님으로부터 소외되어 있지 않다는 것을 전제한다. 원칙적으로, 비록 사실과 달리 인간이 소외되지 않았거나 구원이 필요하지 않았다 하더라도 종말론적 축복 이야기는 일관성 있게 들렸을 것이다. 반면에 인간이 하나님으로부터 소외되어 있다면, 하나님의 종말론적 축복을 향한 신실함은 구원의 사건을 일으켰을 것이다. 하나님의 구원 사건이 없이는 하나님으로부터 소외된 이들의 구원이 불가능하며, 종말론적 축복의 실현 또한 불가능하기 때문이다. 그러므로 정경의 구원 이야기는 하나님으로부터의 인간의 소외뿐만 아니라 종말론적 축복 이야기도 전제한다. 구원 이야기는 종말론적 축복 이야기와 분리되어 전개될 수 없다.

그러나 지금까지 살펴본 이야기들(종말론적 축복 이야기와 구원 이야기)과 달리, 하나님이 창조의 축복 안에서 인간과 관계하는 정경의 이야기는 피조물의 유한성에 의해 조건 지어진 한계 안에서 약속하고 그것을 성취하고자 하는 내러티브 논리에 의해 전개되지 않는다. 창조의 축복 이야기는 피조물의 유한성과 인간의 소외로 인해 조건 지어진 한계 안에서 깨어진 관계를 회복하고 왜곡된 인간을 바로잡는 식의 내러티브 논리에 의해 전개되지도 않는다. 하나님이 창조세계와 어떻게 관계를 맺을 것인가를 결정하는 요인은 하나님 자신밖에 없다. 이러한 맥락에서 창조의 축복 안에서 관계를 맺는 하나님에 관한 정경의 이야기는 하나님의 자연스러운 놀이 혹은 표현적인 몸짓이라는 내러티브 논리를 통해 전개된다. 하나님은 약속의 성취 혹은 깨어진 것의 회복과 같은 어떤 목적을 이루고자 피조물들과 창조 관계를 맺는 것이 아니라, 그런 관계를 맺는 것 자체를 목적으로 그렇게 한다. 이 이야기는 하나님이 순전히 창조 관계를 맺는 것 자체를 기뻐한다는 것을 드러낸다. 하나님은 그렇게 하기를 좋아하며 그렇게 하는 것이 선한 것이라고 선포한다.

하나님이 창조의 축복 안에서 관계를 맺는 이야기의 특징적인 내러티브 논리는 앞서 살펴본 다른 두 이야기들과 비대칭적으로 연결되어 있다. 하나님이 종말론적 축복 안에서 관계를 맺는 이야기와 하나님이 소외된 인간을 구원하는 이야기는 각각 하나님이 인류를 포함하여 하나님 아닌 어떤 실재와 창조적인 관계를 맺는다는 사실을 전제한다. 그렇지 않다면 종말론적 축복과 구원의 대상이 될 존재가 "없으므로" 종말론적 축복이나 구원 모두 불가능할 것이다. 반면에, 하나님이 창조 관계를 맺는 이야기의 내러티브 논리는 다른 두 가지 방식의 이야기들을 상정하지 않는다. 그러므로 그 두 가지 이야기들을 **은혜**에 관한 이야기라고 부를 수 있는 것이다. 하나님이 인간과 창조 관계를 맺는 것은 다른 두 가지 방식의 관계 맺는 것을 존재론적으로나 도덕적으로나 혹은 논리적으로 상정하지 않는다.

정경 이야기의 이 세 가지 내러티브 논리들의 차이는 마치 그 이야기들이 기본적으로 **같은** 하나의 이야기의 서로 다른 변형들이거나 다른 순간인 것처럼 융합될 수 없음을 보여준다. 그 이야기들은 같지 않다. 그것들은 서로 다른 내러티브 논리들을 가진다. 베스터만은 암묵적으로 이렇게 주장하고 있다. 그는 홍해에서의 하나님의 구원 행위에 대한 믿음의 고백이 오경의 구원사의 중심이라는 게르하르트 폰 라트(Gerhard von Rad)[20]에 동의하지만, 폰 라트처럼 창세기의 창조행위가 구원역사 안에서 일어난 첫 번째 사건이라고 생각하지는 않는다. 창조는 어떤 것을 어떤 것으로부터 구원하는 사건이 아니다. 창세기의 창조 이야기는 하나님의 창조의 축복 이야기의 내러티브 논리를 가지는 것이지, 하나님의 구원 행위에 관한 이야기의 내러티브 논리를 가지는 것은 아니다. 성경의 창조 이야기는 그것이 마치 구원 이야기의 서막이기라도 한 것처럼 성경의 구원 이야기와 융합될 수 없다.

이 점은 일반화될 수 있다. 다시 말해, 정경의 이 세 가지 이야기들은 그것들이 마치 일관된 내러티브 논리를 가지는 하나의 광대한 이야기의 처음, 중간, 마지막인 것처럼 하나의 이야기로 엮어질 수 없다. 그렇지만 그 이야기들이 서로 동떨어진 것으로 분리될 수도 없다. 각각의 이야기들은 다른 두 이야기들과 융합되지 않으면서도 서로 연관되는 방식으로 이해되어야만 한다.

세 가지 이야기들을 하나로 융합하는 것과 다른 두 이야기에서 비유들

....

20 Gerhard Von Rad, *Old Testament Theology*, trans. D. M. G. Stalker (Edinburgh: Oliver and Boyd, 1963), 1:175-79.

과 이미지들을 가져와 하나의 이야기를 이해하는 것을 혼동해서는 안 된다. 그러한 방식의 수사학적인 관행은 예외가 아니며 기독교 정경에 많은 사례가 있다. 일례로 로마서 5장에서 사도 바울은 창세기의 아담 이야기를 비유적으로 사용해서 그리스도 안에 나타난 신적 구원을 이야기한다. 바울이 이야기하고자 했던 구원 이야기를 전하는 데 그러한 방식이 얼마나 호소력이 있고 효과적이었는지는 모르겠지만, 베스터만은 그렇게 함으로써 아담의 이야기가 더 이상 창세기 1-3장의 창조의 축복 이야기의 내러티브 논리에 따라 이해되는 것이 아니라 구원 이야기의 내러티브 논리에 종속되게 되었다고 지적한다. 따라서 베스터만은 사도 바울이 로마서 5장에서 아담과 그리스도를 연관시킴으로써 신학적 인간 이해를 지나치게 구원론 중심으로 전개했던 것에 의문을 제기한다. 창세기에 기록된 아담 이야기는 창세기 1-11장에 기록된 창조의 축복 이야기의 일부분이기 때문에 "그리스도"나 구원 이야기에 가장 밀접하게 연관된 것이 아니라, 종말론적 축복 이야기, 곧 "마지막 사건들, 구체적으로는 예를 들어 이사야 65장과 요한계시록 21-22장에 기록된 마지막 사건들이 일어날 때 변화될 인간에 관한 이야기"[21]와 더욱 가깝게 연관되어 있다. 나아가 아담이 그리스도와 연관된다면 그리스도를 통한 구속 또한 로마서 6장 같이 죄와 죽음으로부터의 구속만으로 제한되게 된다. 그러나 아담이 요한계시록과의 연관 안에서 이해된다면 그리스도가 구속하는 범위는 요한계시록 21:4에 기록된 것처럼 "피조물임…으로 인해 발생한 고통" 모두로 확대되게 된다.[22] 오경 전체의 좀 더 큰 맥락 안에서 창세기 1-3장의 역할을 바라보는 베스터만의 분석은 이

....

21   Westermann, *Beginning and End in the Bible*, 6.
22   Ibid., 7.

러한 수사학적 방식의 전형적인 사례다. 창조의 축복 이야기 안의 비유들은 상당히 다른 신적 구원 이야기를 전개한다. 창조 이야기의 내러티브 논리는 두 번째 유형의 이야기의 내러티브 논리가 제공하는 개념적 힘 아래에서 **굴절**되기 때문이다.

"인간이란 무엇인가?"라는 질문에 신학적 인간론의 설명이 창조교리의 하위 주제라면 그것은 종말론적 축복이나 구원 이야기의 내러티브 논리가 아닌 창조의 축복의 내러티브 논리에 의해 주어지는 규범들을 바탕으로 다뤄져야 한다. 베스터만은 창세기 1-3장이 창조 이야기 "그 자체만을" 말하는 것이 아니라, 하나님이 인간을 구원하기 위해 그들과 관계를 맺는 또 다른 종류의 이야기를 위한 것임을 보여주었다. 창세기의 창조 이야기는 구원 이야기의 내러티브 논리에 의해 규제되고 창조 및 타락과 관련된 전통적인 인간학을 정당화하지 않으며, 그러므로 인간이란 무엇인가에 관한 질문에 대한 신학적 응답을 위한 규범을 제공하지 않아야 한다. 대신 인간이란 무엇인가에 대한 신학적 답변은 종말론적 축복이나 구원 이야기의 맥락이 아닌, 그 자체만의 내적 논리를 가지고 있는 하나님의 창조의 축복에 관한 정경 이야기의 내러티브 논리로부터 규범들을 마련해야 한다. 이를 위해 우리는 창세기 1-3장이 아닌 다른 곳을 살펴볼 필요가 있다.

창세기, 지혜, 그리고 창조세계와 관계를 맺는 하나님

한 가지 대안은 발터 침멀리(Walther Zimmerli)가 오래전에 지적했듯이 "단호하게 창조신학의 틀 안에서 생각하는" 정경 지혜문학에서 이야기되는 창조 이야기다.[23] 나는 "인간이란 무엇인가?"라는 인간학적 질문을 지혜문학의 창조 이야기의 내러티브 논리를 바탕으로 다루는 것이 창세기의 창조 이야기를 바탕으로 다루는 것보다 과학적으로 제시된 인간학적 주장들과 더욱 잘 양립할 수 있다고 주장한다. 정경 지혜문학의 텍스트들은 하나님의 창조의 축복 이야기를 전개할 때 그것의 내러티브 논리를 다른 이야기들의 맥락에서 **변형**시키지 않는다. 지혜문학의 내러티브 논리는 신학적 인간학을 위한 기준들을 마련할 수 있는 훌륭한 대안이다. 여기서 정경의 지혜문학이란 로마 가톨릭과 개신교 모두에서 인정되는 책들인 잠언, 전도서, 욥기, 아가서를 의미한다. 해당 저작들은 모두 창조신학의 이론적 틀 안에서 다양한 방식으로 창조 이야기를 전개한다. 나는 잠언이 지혜문학 전통의 전형적인 이야기들을 전개하고 있고, 전도서와 욥기는 그것과는 조금 결이 다른 이야기를 전개하고 있다고 생각한다. 브레바드 차일즈(Brevard Childs)가 지적하듯이 정경 지혜문학 안의 다양한 변형들은 모두 "기본적으로는 창조신학 안에서 신학적 반성을 통해 지혜의 다양한 측면들을 **확장하는** 방향으로 이루어진다."[24]

지혜문학의 창조신학은 잠언과 욥기의 몇 군데에서만 명백하게 드러난다. 그것은 대체로 묵시적이며 명시적으로 표현되는 내용의 배경 역할을 한다. 하나님이 하나님 아닌 실재와 창조적으로 관계를 맺는 이야기는 훨씬 드물다. 주목할 만한 예외들은 잠언 3:19, 3:20, 8:21-32인데, 해당 본문들조차도 말하는 내용이 너무 적어서 내러티브 형식을 띤다고 보기는 힘

....

23   Walther Zimmerli, "Concerning the Structure of Old Testament Wisdom," in *Studies in Ancient Israelite Wisdom*, ed. Harry M. Orlinsky (New York: KTAV, 1976), 316.

24   Brevard Childs, *Biblical Theology of the Old and New Testaments* (Minneapolis: Fortress Press, 1992), 189.

들다. **그럼에도** 이 본문들에 창조신학이 확실히 존재하며 창조 이야기는 그것 자체를 위해 존재한다. 그 이야기는 종말론적 축복이나 구원 이야기의 맥락에서 전개되지 않는다. 정경의 지혜문학은 하나님의 구원 행위를 언급하지 않으며 율법이나 종교의식도 거의 언급하지 않는다.[25] 최종형태의 잠언 편집자들은 잠언의 처음(1:1)과 마지막(30:5-6)에 본문 두 가지를 추가로 삽입함으로써 잠언을 히브리 성경의 정경에서 독립적인 책이자 율법이나 예언서의 부록이 아닌 책으로 규정하고자 한 것으로 보인다. 잠언 30:5-6은 사무엘하 22:31과 신명기 4:2의 특징들을 결합하여 주의 깊은 독자들로 하여금 이 지혜어록 모음집이 (삼하 22:31에서 다윗에게 주어진) 하나님의 약속들과 (신 4:2에서 모세에 의해 발표된) 하나님의 율법 같은 권위를 가지고 있음을 알아차리도록 한다. 차일즈 또한 이러한 방식의 편집과 구성은 지혜문학이 역사서와 예언서 같은 종교적 권위를 가지고 있음을 보여주기 위해 이뤄진 것이라고 주장한다.[26] 전체 잠언의 표제(1:1)는 잠언의 모든 글이 실제로는 그렇지 않지만 솔로몬의 것이라고 공표한다. 이는 저작권의 문제에서 중요한 것은 실제로 누가 썼는가가 아니라 누구의 종교적 권위로 이야기하는가에 있다는 것을 보여준다. 신앙을 바탕으로 한 우리 공동체의 삶에서 왜 이 지혜의 글이 권위를 갖는가? 오경의 저작권을 전통적으로 모세에게 돌림으로써 오경의 권위를 야웨와 이스라엘의 언약사에 두고 시편의 저작권을 다윗에게 돌림으로써 시편의 권위를 (모호하게) 신적으로 확립된 이스라엘의 왕정 역사와 시온산에서의 야웨에 대한 종교의식에 두는 것처럼, 잠언 또한 열왕기상에서 동방 및 이집트의 지혜전통과 명시적으로

....

25   Zimmerli, "Concerning the Structure of Old Testament Wisdom," 315.
26   Childs, *Biblical Theology*, 189.

관련이 있는 것으로 표현되는 사람에게 권위의 기반을 두고 있다. 지혜문학의 창조 이야기는 정경 지혜문학의 독립적인 위상을 토대로 자체적으로 전개된다. 이는 지혜문학의 창조 이야기가 정경 안의 다른 이야기들에 그 기반을 두고 있지 않다는 것과, 그러므로 창조 이야기를 구원이야기나 종말론적 축복 이야기의 맥락에서 읽지 않아도 된다는 것을 드러낸다.

잠언 3:19, 3:20, 8:21-32을 바탕으로 하는 지혜문학의 창조 이야기는 종말론적 축복에 대한 약속이나 소외와 분열로부터의 구원의 논리가 아닌 자연스러운 놀이 혹은 표현적인 몸짓의 내러티브 논리에 의해 전개된다. 잠언 3:20에서 창조는 갑자기 일어난다. 그것은 분출된다. 잠언 3:19을 통해 우리는 하나님이 "지혜로" 땅의 기초를 놓았다고 배운다. 그 후 잠언 8:21-32에서 지혜는 여성형의 인격화된 지혜로 묘사된다. "여호와께서 그 조화의 시작 곧 태초에 일하시기 전에 나를 가지셨다"(8:22). 문학적 비유에서 인격화된 지혜는 하나님을 대신한다기보다(삼위일체의 세 위격 중 한 위격보다 훨씬 못한 존재다), 하나님이 어떻게 창조세계와 관계를 맺는가를 드러낸다. 하나님이 지혜(Woman Wisdom)와 관계를 맺는 방식과 지혜(Wisdom)가 다른 모든 피조물과 관계를 맺는 방식은 모두 하나님이 하나님 아닌 실재와 창조 관계를 맺는 방식의 전형이다.

하나님과 지혜(Woman Wisdom) 사이의 관계는 친밀한데, 이는 하나님이 인간과 맺는 창조적인 관계를 모형으로 한 것이다. 하나님이 창조할 때 지혜는 하나님과 함께 있다. "내가 그 곁에 있어서 창조자가 되어 날마다 그의 기뻐하신 바가 되었으며 항상 그 앞에서 즐거워했으며, 사람이 거처할 땅에서 즐거워하며 인자들을 기뻐했느니라"(잠 8:30-31). 창조에 관한 이 작은 이야기는 자연스러운 놀이의 내러티브 논리를 가진다. 하나님이 창조 관계를 맺는 것은 자연스럽게 발생하고, 그 행위 안에서 기뻐하고, 그것의 계속적인 행위에 주의를 기울이며 헌신한다. 하나님이 창조 관계를 맺는 것은 일종의 사랑이다. 그것은 자체적인 내적 근거로부터 일어나는 전적으로 자유로운 행위다. 잠언은 자체의 논리 안에서 하나님의 창조의 축복이 창조세계 안에 내재적인 도덕질서의 형태로 각인되었다고 강조한다. 이를 통해 지혜로운 행동은 생명을 풍성하게 하고 어리석은 행동은 죽음을 가져온다는 것이다. 그러나 하나님이 그러한 질서를 창조했다는 믿음에 직접적인 반대를 제기하지 않으면서도, 전도서는 하나님의 그러한 질서가 과연 작동하고 있는가에 대해 의문을 제기한다. 그리고 욥기는 하나님이 욥이 당하는 고통이 정당한가에 대한 판결을 내리기에는 너무 멀리 있다고 애통해한다. 하나님은 하나님의 자유로운 결정에 따라 창조한다. 만약 하나님이 창조 관계를 맺는 것이 모든 선행조건으로부터 전적으로 자유롭다면, 하나님의 창조물로서의 인간 본성은 경험적으로 발견될 수 있는 그들만의 **본성**이 아니라 그들의 **피조성**, 곧 하나님께 그들의 실존이 전적으로 의존한다는 것으로 이해될 수 있다. 만약 하나님이 창조 관계를 맺는 것이 자유로울 뿐만 아니라 사랑에 기반하고 있다면, 하나님에 의해 창조 관계가 맺어지고 있다는 그 사실은 선물로 이해될 수 있을 것이다. 하나님의 창조물로서의 인간 본성은 경험적으로 발견될 수 있는 **본성**이 아니라, 존재론적 차원에서 우발적인 은혜에 의해 주어진 특성으로 규정될 수 있을 것이다.

잠언에서 인간을 포함한 피조물과 관계를 맺는 지혜(Woman Wisdom)의 주된 비유는 생명 나무인데, 이는 하나님이 인간과 창조 관계를 맺는 것을 모형으로 한다. 잠언의 지혜 어록은 어떻게 지혜가 생명의 나무인지를 보여주기 위해 두 가지 방편을 제공하는데, 하나는 인간들로 하여금 그들의 행위 안에서 지혜롭게 행동하도록 초청하는 것이고, 다른 하나는 인간들로 하여금 짧은 형태의 선문답 식 격언들을 배우게 함으로써 그것들을 통해 지혜를 얻게 하는 것이다. 잠언에서 지혜의 반대는 어리석음이며, 어리석음은 죽음으로 이끈다. 잠언이 죽음을 형상화함으로써 반증하듯이 지혜를 통해 길러지는 생명은 생물학적 생명 이상을 의미한다. 죽음은 일관되게 단순한 형태의 신체적 죽음을 의미하는 것이 아니라 개인적이고, 사회적인 차원의 생명이 깨어져 있음을 의미하는데, 이는 살아있음에도 죽어 있는 상태, 곧 살아있는 죽음으로 그려진다. 지혜문학의 창조신학은 피조물의 생명을 생물학적, 감성적, 지성적, 도덕적, 사회적, 문화적 생명력을 포괄하는 것으로 그려낸다. 지혜를 끌어내는 선생이자 지혜를 통해 생명을 육성하는 원천으로 상징되는 생명 나무는 하나님이 창조 관계를 맺는 것을 현재 진행 중인 어떤 것으로 묘사한다. 이는 베스터만이 창조의 축복을 일회적인 사건이 아니라 현재 진행 중인 과정으로 규정한 것과 공명한다. 하지만 지혜문학의 그러한 신적인 관계 맺음은 부가적으로 주어지는 종말론적 축복의 약속이나 구원 사건의 필연적이고 보편적인 전제조건의 성격으로 그려지지 않는다. 하나님은 하나님 아닌 실재와의 관계 자체를 위해 자신을 창조 관계 안에 노출시킨다.

정경의 지혜문학에서 하나님의 지혜롭고 주의 깊으며 자기 헌신적인 기쁨은 인간을 포함한 다양한 물리적 존재들의 사회를 **만든다**. 이는 인간의 일상적이고 활력 있는 보통의 삶과 세계를 만든다. 잠언은 대체로 시골 마을과 성읍에 위치한 소시민의 일상적인 삶을 가정하며 중동의 가부장적이고 농경 문화적인 삶을 단순하게 보여준다. 그러나 이 가운데 어느 것도 **피조물**의 일상이 무엇인지 드러내지는 않는다. 물리적 존재들로 구성된 이 사회를 **피조물**로 규정하는 것은 그 존재들의 유한성, 곧 그것들의 한계다. 그것들은 적어도 세 가지 차원에서 유한하다. 첫째, 물리적 에너지 자원과 그것을 규제할 수 있는 능력이 한정되어 있고 에너지는 언젠가는 고갈

된다. 모든 피조물의 기간은 정해져 있다. 특히, 정경 지혜문학의 창조신학은 두드러지게 인간의 삶의 물리적인 부분을 상정한다. 다시 말해, 인간이 물리적으로 한계 지워져 있다는 것과 본래 영원히 살 수 없는 존재라는 점을 부각한다. 둘째, 일상적인 삶은 인간을 포함한 물리적인 존재들 사이에 상호작용이 벌어지는 하나의 사회라는 점에서 갈등과 충돌, 상처 등에 취약할 수밖에 없다. 피조성은 불상사가 일어날 수밖에 없는 일상성을 내재적으로 가지고 있음을 드러낸다. 셋째, 이미 지적했듯이 상호의존적인 피조물들의 사회와 전체 네트워크는 그것의 실존을 하나님이 창조 관계를 맺는 것에 의존할 수밖에 없다는 점에서 또한 유한하다.

지혜문학의 창조 이야기에서 이러한 일상성은 하나님이 창조 관계를 맺음으로써 인간들에게 주어지고 있는 자연스러움으로 이해된다. 창세기의 창조 이야기들과 대조적으로 하나님이 창조한 **인간들**은 본래 **완벽**하지 않다. 창세기에서 인간들은 물리적인 몸을 가지고 있지만 투쟁과 상처, 고통과 죽음으로부터 자유로운 존재들이다. 물론 만약 그들이 하나님께 신실하지 않다면 노동과 고통, 그리고 죽음의 저주를 받을 수 있지만 말이다. 창세기에서 하나님에 의해 부여된 인간의 **완벽성**은 상당히 다른 종류의 신적 구원 이야기를 위한 하나의 장치다. 다시 말해, 그 완벽성은 구원의 당위성을 확보하기 위한 일종의 보편적인 배경으로 작동한다. 그러나 대조적으로 정경의 지혜문학은 물리적인 신체성 안에서 내재적으로 죽음에 놓여 있고, 삶을 위해 노동할 수밖에 없으며, 모든 종류의 범죄와 고통에 취약할 수밖에 없는 존재들을 하나님이 창조했다고 이야기한다. 잠언에서 인간은 그 일상성에서 벗어나거나 그것을 초월할 수 있는 존재로 그려지지 않는다. 일상성 안에서 그들을 다른 피조물들과 구별해주는 것은 하나님의 부름, 곧 그들의 복지를 위해 지혜롭게 행동할 수 있도록 부르는 하나님의 부름에 응답할 수 있다는 사실 뿐이다. 그러한 부름이 바로 지혜(Woman Wisdom)가 비유적으로 표현하고자 하는 것이다.

지혜문학의 창조 이야기는 풍부한 표현 혹은 자연스러운 놀이라는 내러티브 논리를 따라 전개된다. 하나님은 창조하는 행위 자체를 기뻐하는 존재로 묘사된다. 하나님은 자신의 창조 관계 맺기 안에서 인간들이 그들의 유한한 에너지를 사용해 그들 자신을 위해 피조물로서의 일상성 안에서 하나님의 부름에 지혜롭게 반응하기를 원한다. 이는 어떠한 종말론적인 목적을 이루기 위함이나 유한성이라는 일상성을 극복하기 위한 수단이 아니다. 물론, 이를 하나님이 창조행위 안에서 피조물들을 종말론적 완성으로 이끌어 가거나, 하나님으로부터 소외된 창조세계를 회복하고 구원할 가능성 자체를 부인하는 것으로 오해해서는 안 된다. 다만 그러한 하나님의 관계 맺음은 하나님이 창조 관계를 맺는 것에 대해 다르게 이야기하는 다른 내러티브 논리를 바탕으로 하는 이야기들과 구분되어야 한다.

현대 세속적 인간론

정경 지혜문학의 창조 이야기의 내러티브 논리는 인간에 대해 공유되고 있는 현대의 세속적 이해와 개념적으로 잘 어울리는 인간학적 함의들을 가지고 있다. 정경 지혜문학이 자연과 사회에 관한 당시 이집트와 바빌로니아의 지혜 문헌들을 참고했다는 사실과 창세기 편집자들이 당시 가나안과 바빌로니아 창조 이야기들과 족보 이야기들을 참조하면서 **변형**[27]했다는 사실은 현대 신학적 인간학이 현대 문화 안에서 공유되고 있는 인간 이해를 어

----

27 P 문서 편집자들이 어떻게 해당 부분을 "굴절"시키는지에 관해서는 Westermann, *Genesis 1-11*, 16을 보라.

떻게 참조하고 사용해야 하는가에 대한 일종의 선례가 될 수 있다.

신학자 웨슬리 와일드만(Wesley Wildman)은 그의 논문[28]에서 MSIH ("Modern Secular Interpretation of Humanity", [현대 세속적 인간론])라는 약어를 사용하여 현대 문화 안에서 널리 공유되고 있는 인간 이해를 잘 요약해주었다. 그는 도표를 통해 MSIH가 인간 본성에 관한 주요 종교들의 이해에 강한 도전을 야기할 수 있는 부분들을 짚는다. 나는 그 가운데 특별히 MSIH가 전통적인 차원의 기독교 인간학에 가할 수 있는 도전들만을 살펴보려고 한다.

와일드만은 현대의 인간 이해 안에 다섯 가지 중요한 내용이 있음을 지적한다. 나는 바로 이 다섯 가지 내용을 특정하고, 그것들에 관한 신학적 성찰을 시도하기보다 먼저 MSIH 자체의 네 가지 중요하면서도 일반적인 특징들을 살펴보려고 한다.

첫째, MSIH는 인간에 대한 하나의 엄밀하고, 종합적이며, 체계적인 철학이 아니다. 그것은 인간에 대해 이견 없이 보편적으로 받아들여지는 과학이론이나 연구결과를 바탕으로 하는 체계적이고 종합적인 이론이 아니라는 말이다. 나아가 그것은 일종의 과학연구프로그램으로도 이해될 수 없다. MSIH는 몇몇 과학들로부터 산출된 이론들과 데이터들을 바탕으로 제시된 인간에 관한 느슨한 주장들의 묶음으로 이해되어야 한다. 진화생물학, 유전학, 신경학, 내분비학, 고인류학, 문화인류학, 사회학 등이 중요한 단서들을 제공해주었다.

둘째, MSIH는 과학이 일종의 체계를 형성하고 있다는 중요한 전제를

....

28   Wesley Wildman, "A Theological Challenge: Coordinating Biological, Social, and Religious Visions of Humanity," *Zygon* 33, no. 4 (1998): 571-99.

바탕으로 하고 있다. 다시 말해, "(실재의) 한 층위는 그에 상응하는 과학이 밝혀낼 수 있으며, 두 가지 층위 사이의 유기적 연결은 그 각각의 층위들에 상응하는 상위과학과 하위과학 사이의 협업을 통해 규명될 수 있다."[29] 이러한 방식으로 구성된 과학체계로부터는 어떠한 형태의 설명상의 틈새도 존재하지 않는다. 과학들 사이의 이러한 체계는 MSIH로 하여금 일종의 **통합적** 설명을 가능케 한다. 동시에 MSIH는 **인간**에 관해 각 과학 안에서 벌어지고 있는 논쟁들이나 이후 발생할 수 있는 새로운 과학적 발견이나 이론적 발전에도 열려 있다. MSIH는 개별 과학의 현재 상태들로부터 충분히 논리적으로 독립적이기 때문이다.

셋째, MSIH는 인간에 대한 이해에 있어 최소주의 입장을 취한다. 그것은 개별과학에서 지배적으로 받아들여지는 핵심가설과 논쟁 중인 주변부 가설 사이를 구분한다(이러한 핵심가설과 주변부 가설 사이 구분은 과학철학자 임레 라카토스의 구분에 따른 것이다, 역자 주). "그것은 개별과학들 내에서 이견이 없는 핵심가설들을 주로 사용하고, 논쟁 중인 가설들은 주의하면서 부차적으로 참고한다."[30] MSIH는 가치 있는 모든 통찰을 인간의 삶에 적용할 수는 없음을 인지한다는 차원에서 또한 최소주의를 표방한다. 다시 말해, MSIH는 개별과학들이 공통적으로 수용하는 새로운 지식들만 차용한다.

넷째, MSIH는 존재론적으로 소박한 입장을 취한다. 그것은 비물리적이고 초월적인 실재들에 대해 중립적인 태도를 갖는다. MSIH는 물리주의 (Physicalism) 바탕의 기초자료들을 사용하여 어떤 종류의 추가적인 가설들을 구성할 필요를 느끼지 않는다. 마찬가지로, MSIH는 해당 가설들을 반

....
29   Ibid., 583.
30   Ibid., 575.

드시 반증할 수 있다고도 생각하지 않는다. 환언하면, 그것은 종교적인 실재들에 대해 중립적인 태도를 취한다.

와일드만에 따르면, MSIH는 다섯 가지 중요한 내용으로 구성된다. 우리의 관심은 현대 신학적 인간학의 표준으로 받아들여지는 지혜문학의 창조 이야기의 내러티브 논리가 해당 내용들을 수용할 수 있는지, 하나라도 수용 가능하다면 어떠한 방식으로 해당 내용들을 **사용할 수 있는지**에 있다. 먼저, 두 가지 내용을 살펴보자. 첫째, MSIH는 신경과학에 기초하여 "인간의 두뇌가 인간의 정신에 필수적"[31]이며, "물질들의 최소, 최하 단위의 복잡성으로부터 (인간의 의식을 가능케 하는) 최고, 최대 단위의 복잡성에 이르기까지 빈틈없는 연속성"[32]이 있다고 주장한다. 둘째, MSIH는 진화생물학에 기초하여 인간을 "한정된 재원들을 놓고 경쟁하는, 유전자에 나타나는 우연한 돌연변이와 자연선택을 통해 진화하는 복잡하고 잠정적인 존재"[33]로 이해한다. 지혜문학 창조 이야기의 내러티브 논리 가운데 두 가지 특징들은 이러한 MSIH 내용들과 양립할 수 있는 인간학적 요소들을 가지고 있다. 첫째, 그것은 하나님의 창조의 축복을 바탕으로 한 인간의 **물리적** 모습을 전제하고 있다. 둘째, 그것은 인간이 어떻게 존재하게 되었는지, 그 인과적 기원은 무엇인지 설명하려고 하지 않는다. 지혜문학의 창조 이야기는 우주 혹은 인간에 관한 우주발생론 혹은 원인론적 설명이 아니다. **만약** "인간의 두뇌가 인간의 정신에 필수적"이라는 사실이 개념적으로 일관성이 있다면, **그리고 만약** 적절한 유형의 연구가 그 사실을 뒷받침한다면, **그리고 만약** 앞서 소개한 방식대로 인간이 진화했다면, **그렇다면** 지혜문학 창조

....
31   Ibid., 578.
32   Ibid., 579.
33   Ibid., 576.

이야기의 내러티브 논리는 그것을 수용할 준비가 되어 있다.

몇 가지 주의할 점이 있다. 앞서 지적한 부분들은 항상 비판적으로 검토될 수 있고, 계속 진행되는 연구에 따라 바뀔 수도 있기 때문이다. 지혜문학 창조 이야기의 인간 이해는 인간이 어떻게 존재하게 되었는지, 그들이 어떻게 의식을 가지게 되었고 정신을 가지게 되었는지에 관한 과학적 주장들을 판단하지 않는다. 오히려, 만약 해당 설명들이 오류가 없고 지혜문학 창조 이야기의 내러티브 논리로부터 산출된 신학적 인간학의 규준에 맞는다면 그 설명들과 공명할 수 있을 것이다. 신학적 인간학은 과학적 설명을 거부할 이유가 없다. 그럼에도 신학적 인간학에서 한 가지 포기될 수 없는 주장은 있다. 그것은 MSIH가 밝히는 방식대로 인간과 물리적 존재들이 상호 연관되어 있고 상호작용하고 있을지라도, 그 작용과 연관의 전체 네트워크는 "하나님이 창조 관계를 맺는 것"에 의존하고 있다는 사실이다. 나는 뒤에서 이 부분을 다시 다룰 것이다.

와일드만은 반드시 언급되어야 하는 추가적인 주제를 이야기한다. 셋째, MSIH는 사회과학들에 기초하여 인간을 "적응력이 있고 생존을 갈망하며 호기심이 많고, 집단 내 정체성을 갈망하는 강력한 심리적 욕망과 필요를 가지고 그것에 의해 추동되며, 폭력·정신질환·환상 등에 매몰되기 쉽고, 언어 습관과 상징체계 및 사회조직에 대한 궁극적이고 사전적인 헌신을 체현하고자 하는"[34] 존재로 이해한다. 넷째, MSIH는 사회생물학과 진화심리학에 기초하여 인간의 사회적, 문화적 세계를 구축하고자 하는 욕망이 적어도 부분적으로는 "자기 유전자의 존속을 보장받고자 하는 몸부

....
34   Ibid., 581.

림"[35]에 기인했을 수도 있음을 인정한다. 앞서 살펴본 지혜문학 창조 이야기의 내러티브 논리의 특징들 두 가지 외에 세 번째 특징은 조금 전에 살펴본 MSIH의 내용들과 개념적으로 잘 상응한다. 창조 이야기는 인간들이 하나님의 창조의 축복에 의해 생물학적 속성을 가질 뿐만 아니라 사회적, 문화적 속성들을 지닌다고 이야기한다. 이러한 이해는 우리 문화가 받아들인, 하나님의 **자연적인** 창조세계와 그것에 부가된 **인공적인** 인간의 구성물로서 문명 사이의 구분을 흐리게 한다. 대신에 이 창조 이야기는 인간의 삶의 사회적·문화적 차원이 생물학적 삶과 마찬가지로 그것의 피조성에 필수적이라고 여긴다. 이러한 맥락에서 지혜문학 창조 이야기의 내러티브 논리는 인간에 대한 물리주의적인 이해들을 수용할 수 있다. 물론, 앞서 지적한 바대로 이러한 방식의 과학적 이해의 수용과 대화는 조심스럽게 이뤄져야 한다.

MSIH의 다섯 번째 내용은 다음과 같다. MSIH는 윤리학과 종교 관련 이론들을 바탕으로 인간의 종교적인 실천과 믿음을 기능적으로 이해한다. 종교적 믿음은 일종의 투사일 수 있으며, 허상일 수 있다. 그러나 종교적 투사는 "진화적 욕구들로부터 부분적으로 기인한 세계 지향성이나 사회적 안정감을 향한 심리적 욕구"[36]를 충족시켜주는 기능을 한다. 계시, 신적인 구원, 종교적인 숭배 혹은 신적인 법에 대한 복종이 거의 부재한 지혜문학은 인간의 **종교성**을 일상성의 웰빙을 위해 지혜(Woman Wisdom)의 부름에 응답하여 지혜로워지는 것으로 이해한다. 전도서와 욥기 및 잠언의 몇몇 부분에서 강조하는, 어떤 것이 지혜로운 것인지 규명하기의 어려움과 잠언에

....
35   Ibid.
36   Ibid., 582.

서 반복적으로 강조하는, 사회적·문화적 삶에서 인간이 보이는 속임과 거짓의 파괴적인 힘·교묘함·다양성 등은 MSIH의 다섯 번째 내용과도 잘 상응한다. 반복해서 강조하지만 MSIH와 지혜문학 사이의 대화는 조심스럽게 이뤄져야 한다. 그럼에도 분명히 할 것은 MSIH의 다섯 번째 내용을 신학적 인간학 안으로 수용하는 것이 반드시 종교에 관한 회의주의적 입장으로 귀결되지는 않는다는 것이다. 물론, 이러한 시도가 칼 바르트(Karl Barth)가 날카롭게 지적했듯 인간의 종교현상을 회의주의적으로 해석할 여지를 마련할 수도 있지만 말이다.

지혜문학 창조 이야기의 내러티브 논리로부터 구성된 신학적 인간학이 MSIH를 개념적으로 **변형**할 때 경계하거나 저항해야 할 MSIH 내의 어떠한 규범이나 규준이 있는가? 표면적으로 보면 MSIH는 일종의 형식적이고 질료적인 규범성을 가지고 있다.

그것의 형식적 규범성은 개별과학들 가운데 하나 혹은 몇몇에 의존해서 해당 과학적 데이터들이나 이론들을 참된 것으로 받아들여야 한다고 이야기하지는 않는다. 그것은 상대적으로 비공식적이고, 일관되며, 최소주의적이고, 존재론적인 MSIH 내용들의 느슨한 집합이다. 와일드만은 이러한 방식으로 형식적 규범성을 이루고 있는 MSIH 주장들과 신학적 인간학이 대화해야 한다고 주장한다.

그의 제안은 우리로 하여금 마치 신학과 과학이 각각 단일한 하나의 지적 체계인 것처럼 오해하거나, 조급하게 신학과 과학 사이의 대화를 진행하는 것에 대해 경계하게 만든다. 그의 제안에 따라 우리는 단일한 하나의 과학적 사실에 대한 신학적 함의를 묻기보다, 개별과학들을 통해 제기된 데이터들과 이론들 하나 하나에 관한 함의들을 살펴보는 것이 더 바람직할 것이다. 마찬가지로, 다양한 과학이론들과 데이터들을 단일한 하나의 신학과 연관시킨다고 생각하는 것보다 개별적인 신학 **담론들**과 연관시킨다고 생각하는 것이 더 좋을 것이다. 이는, 제임스 구스타프슨(James Gustafson)이 주장한 대로,[37] 인간의 삶에서 일어나는 사건들과 연관하여 하나님의 섭리적인 주권을 이야기할 때 그 사건들의 유형(예컨대 유전질환)에 따라 연관된 개별 과학들의 데이터와 이론들의 맥락에서 대화를 추구하는 것과 비슷하다. 또한, 위르겐 몰트만이 제안한 바대로,[38] 무로부터의 창조를 과학적 우주론의 데이터와 이론들과 연관시킬 때는 그것들을 간접적으로만 고려해야 하며, 신학은 해당 과학의 인식론적이고 형이상학적 가정들과 함의들을 조직적이고 철학적인 방식으로 검토하는 차원에서 학제 간 대화가 진행되어야 한다는 것과도 유사하다. 그럼에도 인간학과 관련해서는 와일드만의 제안을 따라 과학적 데이터나 이론들을 직접적으로 검토하거나, 그것의 가정들과 함의들을 간접적으로 살펴보는 것을 넘어 적절한 과학적 데이터와 이론들을 바탕으로 구성된 상대적으로 비공식적인 인간에 관한 현대의 세속적 이해와 대화할 필요도 있다.

형식적 차원의 인간학적 규범성을 과학적 데이터나 이론들이 아니고 그렇다고 널리 공유되고 있는 조직적인 철학 체계도 아닌, 인간에 대한 세속적 해석으로 이해할 수 있는 주된 이유는 그 세속적 해석이 인간 본성에 관한 일종의 믿음 체계를 구성해서 우리 시대의 문화 안에서 활동하는 과학자들과 비과학자들의 생각에 영향을 미치고 있기 때문이다. MSIH가 관련 과학들의 데이터와 이론들로부터 정확히 어떻게 추론될 수 있는지는 명확하지 않다. 그러나 MSIH를 뒷받침하는 과학 데이터와 이론들이 대부분

....

37 James Gustafson, *An Examined Faith: The Grace of Self-Doubt* (Minneapolis: Fortress Press, 2004), 특히 1-3장을 보라.
38 Moltmann, *Science and Wisdom*, 24.

과학적으로 오류가 없다는 점에는 이견이 없다. 만약 기독교의 신학적 인간학이 공적인 영역에서 영향을 미치려고 한다면 MSIH를 무시하거나 부정할 수 없다. 왜냐하면, 우리 시대 문화 안에서 MSIH는 일종의 형식적 규범성을 지니는 것으로 받아들여지고 있기 때문이다.

와일드만은 MSIH의 내용적 규범성도 주장한다. 특히 그는 전통적인 기독교 인간학의 두 가지 내용들이 MSIH와 공명하기에 어려울 수 있다고 지적한다. 그는 비물리적인 영혼과 같이 "인격에 관해 비물리적인 차원을 하나의 본질로 상정하는 신학적 인간학"[39]은 MSIH가 기반하고 있는 신경학적 차원, 곧 인간의 두뇌는 인간의 의식에 필수적이라는 사실과 양립할 수 없음을 지적한다. 나는 앞서 MSIH의 두 가지 내용을 다룰 때 이미 이 부분을 다뤘다. 와일드만은 "(과학적) 우주론과 생물학이 공통적으로 이야기하는 메시지"는[40] 인간이라는 종(種)이 (단일한) 우주적-역사적-신학적 내러티브 안에서 유일하게 중요한 존재라고 주장하는 신학적 인간학과는 양립할 수 없음 또한 강조한다. 창세기 1-3장을 중심으로 창세기 후반부와 성경을 해석하는 창조, 타락, 구원 도식의 전통적인 인간학은 양립할 수 없는 것처럼 보인다. 그런 인간학은 특별히 MSIH의 두 번째 내용을 대폭 **수정**해야 할 것이다. 그러나 지혜문학의 창조 이야기는 단일한 우주적-역사적-신학적 내러티브를 상정하지 않는다는 점에서, 그리고 그것을 바탕으로 신학적 인간학을 구성한다는 점에서 MSIH와 불필요한 불협화음을 창출하지 않는다.

그럼에도 지혜문학의 창조 이야기에 기반한 신학적 인간학도 MSIH

....
39   Wildman, "A Theological Challenge," 595.
40   Ibid., 595.

와 관련하여 양립할 수 없는 것처럼 보이는 규범성이 있다. 그것은 드물지 않게 MSIH의 일반적인 특징들 중에서 두 가지를 침해할 것을 요구하는데, 그 특징들은 바로 최소주의와 존재론적 소박함이다. 이러한 요구는 MSIH 가 비물리적이고 초월적인 실재들, 특히 종교적 실재들에 관해 이것들을 존재론적으로 부인한다고 생각하기 때문에 제시되는 것은 아니다. 비록 그런 결론으로 귀결될 수는 있을지라도 말이다. 신학적 인간학을 바탕으로 한 규범성은 MSIH의 두 가지 특징들을 경계하는데, 그 이유는 MSIH의 인간학적 주장이 (주로 **물리주의** 유형의) 존재론적인 주장들로 구성된 하나의 집합이며, 그것을 기반으로 인간이 **무엇인지에** 관해 체계적이고 치밀한 설명을 제공하기 때문이다. 물리주의 유형의 주장들로 구성된 MSIH는 지혜 문학 기반의 창조 이야기를 토대로 제시된 신학적 인간학에 의해 수용될 때 최소주의적이고 존재론적으로 소박한 차원으로 **수정**될 수밖에 없다. 그러한 종류의 신학적 인간학에 있어 하나님이 인간을 창조했다는 것의 가장 **원초적인 개념**은[41] **피조성**이다. 신학적 인간학은 **하나님에 의해 창조 관계가 맺어져 있음**을 인간의 피조물 됨을 규정하는 가장 중요한 사실로 강조한다. MSIH를 구성하는 주장들을 포함하여 인간이 무엇인지에 관해 규정하는 모든 종류의 합리적 주장들은 신학적 인간학에 의해 제시된 인간 이해와 상응할 수 있을 것으로 보인다. 신학적 인간학은 일종의 조직적인 존재론이나 형이상학은 아니지만 인간에 관해 존재론적이고 형이상학적인 주장들을 내놓는다. MSIH 역시 조직적인 형이상학이나 존재론은 아니다. 그러므로 그것이 일종의 형이상학이나 존재론적 주장을 내놓을 때는 지혜

....

41   "원초적 개념"(primitive concept)에 관해서는 P. F. Strawson, *Individuals* (Methuen: London, 1959), 3장을 보라.

문학을 기반으로 한 창조 이야기의 내러티브 논리적 규범성은 해당 주장들을 수정할 수밖에 없을 것이다.

6장

위르겐 몰트만과
자연과학의 대화

존 폴킹혼

내가 이론물리학을 떠나 성공회 사제가 되기 위해 신학을 공부하기 시작할 준비를 하고 있을 때, 누군가가 내게 『십자가에 달리신 하나님: 그리스도교적 신학의 근거와 비판으로서의 예수의 십자가』(*The Crucified God: The Cross as the Foundation and Criticism of Christian Theology*, 대한기독교서회 역간)를 읽을 것을 권유했다. 나는 그렇게 했고 그 책에 압도되었다. 그 책은 나로 하여금 깊이 있고 창의적인 신학자가 제공할 수 있는 신학적 사유의 힘을 발견하게 해 주었다. 그 뒤로도 나는 그 책을 여러 번 다시 읽었고, 위르겐 몰트만의 다른 글들도 읽으면서 그의 제자가 되었다. 모든 현대 신학자들 가운데 그는 내게 가장 큰 도움과 영감을 준 신학자다. 이 기회를 빌려 나는 그가 나에게 끼친 지적·영적 영향에 대해 감사를 표하고 싶다.

과학과 신학의 학제 간 연구를 수행하는 사람들은 언제나 학문 간 소통에 동참할 수 있는 사람들을 찾는다. 나와 위르겐 몰트만 사이의 대면 접촉은 대부분 이런 학제 간 연구의 맥락에서 이루어졌는데, 프린스턴 신학연구소(Center of Theological Inquiry)의 후원을 받아 종말론 이슈들에 대한 현대의 접근법과 관련한 연구 프로젝트의 일원으로서 3년간 함께 연구를 수행한 일은 특히 주목할 만하다.

종말론에 관한 연구모임은 여러 모임들 가운데 학제 간 연구를 함에 있어 내게 가장 중요한 지적 차원의 기반이 되었다. 희망의 신학자로서 몰트만은 강력한 미래 지향적 사상을 갖고 있었는데, 이 점은 종말에 관한 이슈들을 자연과학과 연계해 다루는 데 매우 적합했다. 대부분의 전통신학이 세계를 타락 사건 이후 발생한 부패의 영향 아래에서 다뤄왔다면, 몰트만은 이를 "뒤집어서 생각해야 하며 그러한 맥락에서 세계를 종말론의 견지에서 이해해야 한다"고 역설했다. 그렇게 함으로써 "종말론은 더 이상 창조의 견지에서 이해되는 것이 아니라, 창조가 종말론의 견지에서 이해되어야

한다는 것"이었다.[1]

　확실히 과학은 현재의 상황이 과거에 낙원을 잃어버린 데 기인한다는 신학적 견해에 대해 어떤 근거도 제공하지 않는다. 이는 신학으로 하여금 타락 사건을 이해하고 재평가함에 있어 일종의 한계를 설정한다.[2] 나아가 천체물리학자들이 내놓는 미래에 대한 예측, 곧 우리 우주가 종국에는 다시 수축해 들어오거나 무한히 팽창함으로써 종말을 맞이할 것이라는 예측은 신학에 또 다른 중대한 도전을 가한다. 우주의 허무한 종말은 하나님의 창조물로서의 우주에 대한 신학적 이해와 양립하기 어려워 보이기 때문이다. 이 종말론적 이슈에 관해 연구한 많은 학자들과 같이,[3] 몰트만은 과학이 제기한 우주의 종국적 파멸이라는 문제에 대해 응답하면서 하나님의 두 번째 단계로서의 창조행위, 곧 현재의 창조세계를 새로운 창조세계로 변혁할 행위를 이야기한다. 몰트만은 "이는 두 가지 질적으로 상이한 시대(eon)들을 상정하며," "현재의 세계-시간은 일시적인 세상의 시간이고 미래의 세계-시간은 지속적이고 따라서 영원한 세상의 시간"이라고 이야기한다.[4]

　몰트만은 과거와 현재의 역할보다 미래의 역할을 훨씬 더 중요하게 생각한다. 그는 요한계시록 1:4이 하나님을 "이제도 계시고 전에도 계셨고 장차 오실 이"(him who is and who was and who is to come, "who will be"가 아니라 "who is to come"임에 주의하라. 동사의 시제가 현재-과거-현재로 표현되어 있다)라고 말

....

1　Jürgen Moltmann, *Science and Wisdom*, trans. Margaret Kohl (Minneapolis: Fortress Press, 2003), 34.

2　John C. Polkinghorne, *Reason and Reality: The Relationship between Science and Theology* (Philadelphia: Trinity Press International, 1991).

3　John C. Polkinghorne, *The God of Hope and the End of the World*(New Haven, Conn.: Yale University Press, 2002)를 보라.

4　Moltmann, *Science and Wisdom*, 79.

하는데 "세 번째 용어를 통해 직선적 시간 개념이 무너진다"고 지적한다.[5] 몰트만에게 미래는 단순히 현재의 상황이 계속해서 펼쳐지는 **단순한 미래** (*futurum*)가 아니라, "현재를 향해" 다가오는 사건으로서 현재에 지속적인 영향을 미치는 **도래하는 미래**(*adventus*)다.[6] 이 개념을 통해 우리는 몰트만의 종말론적 사고 안에 있는 실현된 요소를 발견할 수 있다. 다시 말해, 그는 이러한 미래에 대한 신학적 개념을 통해 현재의 세계를 신적인 목적과 의도가 실현되는 방향으로 이끌어 가는 하나님의 현재 활동의 영향을 표현하고자 한다.

그러나 미래가 현재에 영향을 미치는 방식의 이런 개념을 시간에 대한 과학적 이해와 연관시키려는 시도는 물리학자로 하여금 문제를 제기하게 만든다. 과학자들은 소위 시간에 대한 방정식의 뒤처진 값들(retarded solutions)의 맥락에서만 시간을 이해하기 때문에 과거로부터 미래에 부가되는 영향만을 상정한다. 물론 앞선 값들(advanced solutions) 또한 존재하며, 이러한 개념 안에서는 과거와 미래가 상호 영향을 주는 것으로 이해될 수 있다. 그러나 그 값들이 실제로 관찰될 때 물리과정에 적합한 것으로 보이지는 않는다.

몰트만의 저작 『과학과 지혜』(*Science and Wisdom*, 대한기독교서회 역간)에서 논의되는 많은 내용이 시간성을 어떻게 이해해야 하는가에 집중되는데, 이는 그가 『창조 안에 계신 하나님』(*God in Creation*, 대한기독교서회 역간)에서도 다뤘던 이슈다. 몇 가지 주요 개념들이 이 논의를 이끌어간다. 그 가운데 하나는 열린 체계들의 중요성과 함의다. 열린 체계로서 세계를 이해하는

....

5   Ibid., 101.
6   Jürgen Moltmann, *God in Creation: A New Theology of Creation and the Spirit of God*, trans. Margaret Kohl (San Francisco: Harper & Row, 1985), 133.

것은 미래를 단순히 과거에 일어난 사건들의 재배열로만 이해하는 것이 아닌, 진정한 의미의 새로움이 출현할 수 있는 가능성을 상정한다. 몰트만의 이 개념은 과학과 신학의 학제 간 연구 안에서 논의되는 생각들과도 잘 공명한다.

20세기 물리학은 세계를 정밀하고 예측 가능한 방식으로 파악했던 기존의 라플라스(Laplace)적 이해를 바꿔놓았다. 자연의 미시적인 차원에서 쉽게 찾아볼 수 있는 양자역학의 본유적 예측불가능성으로부터 거시적인 차원에서 미세 조건만 달라지더라도 미래가 예측불가능해지는 카오스 시스템으로서의 자연에 대한 발견은 물리적 실재가 단순하고 컨트롤 가능한 종류의 시계라기보다, 상당히 변화무쌍한 흥미로운 체계라는 사실을 밝혀냈다. 이 부분에 대한 상당히 많은 논의들이 이뤄졌다. 일단, 예측불가능성은 어떤 종류의 존재론적 함의를 포함하지 않는 (미래에 어떤 일이 발생할지 모른다는 의미의) 인식론적 특성이다. 결과적으로, 자연계 내 이런 예측불가능성을 어떻게 해석해야 하는가에 대한 훌륭한 논의들이 발생했다. 내재적인 예측 불가능성은 단순히 인식론적 차원의 과학적 무지로 인한 것인가, 아니면 미래와 관련하여 세계가 존재론적으로 열려 있기 때문에 나타나는 것인가? 이 질문에 답하는 것은 과학적 차원의 결정이라기보다 형이상학적 결정이다. 예를 들어 양자 이론에서 닐스 보어(Niels Bohr)와 그 계열의 학자들을 따라 전형적인 비결정론적 입장을 취하는 사람이 있는가 하면 데이비드 봄(David Bohm)의 결정론적 이해를 수용하는 사람도 있다.[7] 두 가지 해석 모두 경험적 관찰들에 부합하기 때문에 양자 관련 실험들은 이 이슈에 대

....
7   John C. Polkinghorne, *Quantum Theory: A Very Short Introduction* (Oxford: Oxford Press, 2002).

해 하나의 입장만이 가능하다고 제시하지 않는다. 그러므로 두 가지 해석 중 하나를 결정하는 것은 형이상학적 차원의 결정이며, 그런 맥락에서 하나의 해석을 취할 때 그것을 뒷받침하는 근거들 역시 형이상학적 근거들이라고 볼 수 있다.

실재론자들은 인식론을 일종의 존재론에 대한 신뢰할 만한 안내자라고 생각하며, 알려질 수 있는 것과 실제로 그러한 것 사이의 간극을 최대로 메우는 방향으로 철학적 결정을 내린다. 자연과학자들은 이런 태도를 자연스럽게 받아들이는데, 왜냐하면 그들의 연구가 물리적 세계가 실제로 어떠한지를 밝혀주는 성격이 아니라면 그 의미를 잃게 되기 때문이다. 이는 신학자들에게도 마찬가지다. 신학자들 또한 창조주의 자연의 책(the Creator's Book of Nature)을 쓰인 그대로 읽고 싶어 하기 때문이다. 이러한 맥락에서 우리는 예측 불가능성을 일종의 인과적인 열려있음으로 이해할 수 있다. 왜냐하면, 현대 물리학의 지배적인 견해에 따르면 자연 내 발생하는 모든 인과관계는 그것을 구성하는 구성물질들 사이의 에너지 교환만으로 발생하는 것이 아니기 때문이다. 필자를 포함해 이러한 자연의 열려 있음에 대해 이야기하는 사람들은 하향식 인과(top-down causality), 곧 전체가 그것을 구성하는 부분들의 행위들과 패턴들에 영향을 미칠 수 있는 하향식 인과를 진지하게 생각한다.[8] 하향식 인과를 고려하는 형이상학적 가설은 인간의 행위 혹은 하나님의 섭리적 행위에 있어 어떻게 해당 행위와 인과가 이루어질 수 있는가에 대한 통찰을 제공한다.

자연을 인과적으로 열린 체계로 보는 것은 기계론적 결정론을 폐기하

....

8   John C. Polkinghorne, *Belief in God in an Age of Science* (New Haven, Conn.: Yale University Press, 1998).

고, 세계 내 우발성을 이야기하는 비결정론을 상정한다. 몰트만은 과거를 닫힌 체계, 실현된 현실로 보고, 미래를 가능성의 영역, 곧 열린 체계로 이해하면서 그 중요성을 강조한다. "가능태와 현실태는 질적으로 다른 존재 양식이며 우리가 그것들을 다루는 방식도 질적으로 다르다. 기억된 과거는 기대되는 미래와 다른 어떤 것이다.…그러므로 시간의 양식 가운데 미래가 우선성을 갖는다."[9] 미래의 우선성에 대한 이해는 몰트만을 다음과 같은 신학적 사유로 이끈다. "현실의 형이상학으로부터 가능성의 형이상학으로 전환한다면 우리는 신적인 존재를 모든 가능성의 원천이자 최상의 가능성, 가능성 자체를 가능하게 만드는 초월적인 원인으로 이해할 수 있을 것이다."[10] 이는 아서 피콕(Arthur Peacocke)이 선호하는 비유, 곧 창조를 고정된 형태의 연주가 아닌 일종의 웅대한 즉흥 연주로 이해하는 것을 상기시킨다.[11] 이러한 음악적인 이미지를 고려하는 것은 혹자가 이야기하는 몰트만의 "미래에 대한 선호"에 수정을 가하도록 제안한다. 즉흥적인 푸가는 진술된 주제로부터 최종적인 결말로 나아가야 하지만 그 과정은 계속해서 과거의 전개를 현재의 연주에 통합하는 방식으로 이루어진다. 비유적으로 말하자면 진화하는 우주에서 과거 역사는 단순히 일어난 어떤 것이 아니다. 그것은 현재를 구성하는 힘을 가진다. 제임스 허턴(James Hutton)의 지질학적 통찰과 찰스 다윈(Charles Darwin)의 생물학적 통찰은 현재가 과거 사건들의 지속적인 영향 아래에서만 적절히 이해될 수 있음을 보여주었다. 빅뱅 우주론도 물리학자들로 하여금 동일한 결론에 이르게 했다. 나아가 미래가

....

9   Moltmann, *Science and Wisdom*, 91.
10   Ibid., 66.
11   Arthur R. Peacocke, *Creation and the World of Science* (Oxford: Oxford University 1979), 105-6.

열려 있고 우주가 진정한 의미에서 되어감의 과정 안에 있다면, 미래는 아직 존재하지 않을 것이고, 그렇다면 미래가 현재에 영향을 줄 수 있다는 신학적 사유 또한 문제가 될 수 있다.

위르겐 몰트만은 현 우주의 시간적 과정에 대한 과학적 묘사를 더욱 엄밀하게 살펴봐야 한다. 새로움은 보통 "카오스 복잡계의 가장자리"에서 발생한다는 일반적인 통찰이 있다. 그 가장자리는 새로운 것이 출현할 수 없을 만큼 지나치게 고정적인 환경이거나, 새로운 것이 출현했다가 지속되지 못하는 지나치게 유동적인 환경이 아니다. 이와 관련해 비교적 신생 과학인 복잡계 연구를 통해 열린 체계를 이해함으로써 추가적인 통찰을 얻을 수 있을 것이다. 컴퓨터 시뮬레이션 연구는 복잡계의 본성에 대한 파악을 가능케 하고 있다. 해당 연구를 통해 주목할 만한 예기치 않은 결과들이 도출됐는데, 이는 복잡계 안에서 열린 체계 혹은 시스템들이 놀라울 정도로 질서 현상을 자연스럽게 창출한다는 것이었다. 스튜어트 카우프만(Stuart Kauffman)의 연구로부터 제시된 예가 이 점을 잘 보여준다.[12] 그는 불리언 네트워크의 두 번째 위상에 관한 논리적 모델(the logical model of a Boolean net of connectivity two)을 가지고 이야기한다. 그러나 다음과 같은 하드웨어적인 차원의 예를 가지고 생각하는 것이 우리에게는 조금 더 쉬울 것이다. 많은 수의 전구들이 열의 형태를 이루고 있는 시스템을 생각해보자. 각 전구는 켜지거나(on) 혹은 꺼진(off) 상태를 가진다. 그 시스템은 연이은 단계를 따라 변화한다. 그리고 다음과 같은 간단한 규칙을 따라 작동한다, 곧 매 다음 단계에서 각각의 전구의 상태를 결정하는 것은 같은 열에 배치된 이웃하

----

12   Stuart Kauffman, *At Home in the Universe: The Search for Laws of Self-organization and Complexity* (Oxford: Oxford University Press, 1995), 4장.

는 두 개의 다른 전구다. 그 시스템을 처음에는 무작위적인 방식으로 전구들의 빛의 배열을 갖도록 시작한 후, 앞선 규칙을 따라 작동하도록 둬 본다. 누군가는 별 흥미로울 것 없는 현상이 일어날 것이고, 그 전구들의 수명이 다할 때까지 그냥 무작위적인 방식으로 전구들의 빛이 깜빡일 것이라고 생각할지 모른다. 하지만 그 예상은 실제 결과와 다르다. 시스템은 작동이 시작된 후 얼마 지나지 않아 매우 제한된 패턴의 불빛 배열을 반복해서 보여주는 질서정연한 현상을 보여주기 시작한다. 이 현상은 놀라울 정도의 질서가 자연스럽게 출현함을 보여준다. 예를 들어, 만약 10,000개의 전구들이 한 열에 배치되어 있다면, 원리상 103,000개의 서로 다른 불빛 배열을 보여줘야 한다. 그러나 실제로는 전구들의 불빛 배열은 작동이 시작된 후 곧 몇 개의 간단한 사이클만을 보이며 대략 100개 정도의 상태만을 보여준다. 이러한 현상은 시스템의 전체론적인 특징(holistic feature)이며, 이러한 특징은 개별 구성물들과 그것들의 연관만을 가지고는 예측하기 힘들다.

현재로서는 이러한 자기조직화(self-organization) 현상을 설명하는 일반적인 이론은 없다. 하지만 이러한 놀라운 현상을 가능케 하는 깊은 차원의 질서 혹은 기반이 있음은 틀림없다. 놀라운 발견들이 이뤄질 것이다. 나는 21세기 말까지 정보 개념(the specification of dynamic pattern)이 과학에 있어 근본적으로 중요한 범주가 될 거라 믿는다. 나아가 정보 개념은 물리 세계를 이해하는데 있어 에너지와 함께 핵심적인 개념으로 자리 잡을 것이다. 그럼에도 몰트만이 다음과 같이 이야기한 것, 곧 "우리는 더욱 복잡한 시스템이 덜 복잡한 시스템을 포괄하고, 그 내부를 연결시킨다고 생각한다"[13]고 말한 것에는 부연설명이 필요하다. 미래의 과학이 정보와 관련한 하향식

....
13   Moltmann, *God in Creation*, 100.

전체론적 사고와 에너지와 관련한 상향식 부분론적 사고 사이의 상보적인 균형을 발견하리라고 기대해볼 수 있다. 인과적 영향은 두 방향 모두에서 이뤄진다. 나는 몰트만이 다음과 같이 이야기하는 것에 동의한다. "피조세계는 정신없는 물질(spiritless-matter)이나 물질 없는 정신(non-material spirit)으로 구성된 것이 아니다. 그것은 정보화된 물질(informed matter)로 구성되어 있다"[14]("정보화된 물질"은 하나의 피조된 존재가 비물리적 특성과 물리적 특성 모두를 가지고 있음을 보여주는 개념이다. 이는 비물리적 요소인 인간의 정신과 신적인 실재의 물질을 향한 하향식 인과를 가능케 한다-역자 주). 이를 통해 우리는 인간의 의지 혹은 신적인 섭리가 어떻게 정보주입이라는 하향식 인과를 통해 그 목적을 실현해 가는지 생각해볼 수 있다.

앞서 살펴보았듯이 몰트만의 사고에서 중요한 것은 시간 자체의 본성, 특별히 종말론적 기대 안에서 시간을 이해하는 것이다. 과학자이자, 신학자로서 나는 과거가 계속해서 진화과정을 통해 영향을 끼치는 양상을 신학적인 차원에서 계속적 창조(creatio continua)로 표현할 수 있다고 생각한다. 그러나 이 진화하는 피조세계, 곧 (찰스 킹슬리[Charles Kingsley]가 함축적으로 표현한) "자기 자신을 만들어가는" 피조세계는 시간성의 열매를 통해 발생하는 피할 수 없는 어두움, 곧 개별자들이 자신들의 유한성(transience)으로 인해 다음 세대에게 자신의 자리를 내주어야만 하는 운명을 피할 수 없다. 그러나 우리는 새로운 창조세계에는 이와 전적으로 다른 새로운 종류의 **시간**이 있다고 생각해야 한다. 그 시간은 현재 세계가 열역학적 법칙을 따라 개별자들을 다시 무질서로 돌려보내는 것과는 다른 형태의 시간성을 보여줄 것이다. 나는 이 새로운 **시간**이 현재 세계의 시간과 같이 단선적(linear)일 것

....
14   Ibid., 212.

이지만, 그 연속적인 실현은 구원받은 존재들로 하여금 신적인 본성의 풍성함을 끝없이 향유할 수 있도록 만들어 줄 것이라고 생각한다. 유한한 존재들이 무한한 신적인 실재와 관계를 맺는다면 이런 방식의 영원한 과정에 대한 계시가 필연적으로 주어질 것이다.[15]

몰트만은 무시간적(timeless) 영원에 대해 거부했는데, 이는 잘한 일이다. 그에 따르면 "우리가 무시간적 영원 대신 **영원한 시간**(aeon, aevum)에 대해 이야기하는 것이 더 낫다."[16] 그러나 종종 몰트만은 단선적인 시간이 언제나 유한성을 내포하며, 되돌릴 수 없는 과거에 대한 상실을 야기할 수밖에 없다고 생각하는 것처럼 보인다. 이러한 그의 생각이 그로 하여금 도래하고 있는 세계의 시간성과 연관된 영원한 시간이라는 새로운 종류의 시간 개념을 고안하게 한 것으로 보인다. "비가시적인 다중우주(새로운 창조세계)의 시간은 순환적인 시간의 가역적-시간적 구조인 **영원한 시간**(aeon, aevum)이다. 시간의 순환은 영원의 형상이나 반영으로 간주되기 때문이다."[17] 나는 이 지점에서 그의 생각에 동의하기 힘들다. 물론, 현재 세계를 탐구하는 과학을 바탕으로 도래하는 세계 안에서 작동하는 순환적 시간에 대해 온전히 이야기할 수는 없을 것이다.[18] 그러나 몰트만의 생각은 현 세계 내 구원받은 자들의 삶에서 경험되는 진정한 인간성의 미래적 보존과 양립이 불가능해 보인다. 부활의 생명에 대한 기독교적 희망이 인간의 실존에 있어 필수적인 신체성을 연속적으로 이야기하듯이(물론, 바울이 고전 15:50에서 부

....
15   Polkinghorne, *God of Hope*, 117-22.
16   Moltmann, *Science and Wisdom*, 46.
17   Ibid., 79.
18   쿠르트 괴델이 일반상대성 방정식에 닫힌 시간 곡선과 상응하는 해법들이 있음을 보여 준 것은 매우 흥미롭다. 일관된 인과법칙의 순서 문제 때문에 그 해법들은 물리적 차원에서 중요하게 다뤄지지 않고 있다.

활한 신체와 현재 신체를 구분하지만), 현 세계 안에서 은혜를 통해 얻게 된 참된 인간성은 어떠한 방식으로든 새로운 창조 안에서도 연속적으로 경험될 수 있어야 한다.[19] (이러한 맥락에서 새로운 창조 안에서도 앞서 지적한 물질의 자기 조직화 속성이 동일하게 발견될 것이지만, 현 세계와 같이 그 물질이 열역학법칙에 의해 소멸되거나 유한하지는 않을 것이라고 기대해보는 것도 합리적일 것이다.) 몰트만의 가역성과 순환성 개념은 그가 종말론적 희망의 필수적인 요소로 논의해 왔던 불연속성 내 연속성(continuity-in-discontinuity) 개념과 잘 맞지 않아 보인다.[20] 적어도, 영원히 반복되는 회귀의 이미지를 가지고 있는 순환 개념은 하나님의 삶을 향해 가까이 다가가는 나선형적인 이미지로 대체될 필요가 있다.

몰트만은 이러한 방식의 영원한 시간 개념에도 열려 있는 듯 보인다. 그는 다음과 같이 이야기한다.

영광의 나라 안에서도 시간과 역사, 미래와 가능성이 있을 수 있다. 다만 그것들이 양면적이지 않고, 하나님의 섭리에 방해가 되지 않는 방식으로 말이다. 무시간적 영원 대신에 "영원한 시간"에 대해 이야기하는 것이 더욱 낫다. 그리고 "역사의 종말" 대신에 우리는 전(前)-역사의 종말과 하나님, 인간, 자연의 "영원한 역사"의 시작을 이야기해야 할 것이다. 이것은 물론 소멸이 없는 변화, 과거가 없는 시간, 죽음이 없는 삶을 의미한다. 그러나 이러한 종류는 삶과 죽음, 되어감과 죽어감의 역사 안에서는 이해하기 어렵다. 왜냐하면 우리의 모

....

19 Polkinghorne, *God of Hope*, 117-22.

20 John C. Polkinghorne and Michael Welker, eds., *The End of the World and the Ends of God: Science and Theology on Eschatology* (Harrisburg, Pa.: Trinity Press International, 2000), 여러 곳을 보라.

든 개념은 유한성의 경험들을 바탕으로 구성되기 때문이다. 그러나 유한성이 필멸성과 필연적으로 연관되어 있다고 볼 필요는 없다.[21]

바로 이 유한성과 필멸성의 구분이 옛 창조와 새 창조를 구분해주는 중요한 준거점이다. 왜냐하면 "혈과 육은 하나님 나라를 이어 받을 수 없고, 또한 썩는 것은 썩지 아니하는 것을 유업으로 받지 못하"기 때문이다(고전 15:50).

　　창조교리에 대한 최근의 이해와 위르겐 몰트만의 사상 내 중심이 되는 중요한 주제는 바로 신적인 창조가 케노시스적인 행위를 바탕으로 이뤄진다는 것이다. 하나님은 자기 자신을 비우고 피조물적인 타자가 자기 자신으로 존재하고, 자기 자신을 만들어 갈 수 있는 방식으로 창조한다. 사랑의 하나님은 우주적인 인형 놀이의 조종자일 리 없다.[22] 이러한 통찰은 고통의 문제와 끊임없이 씨름해온 신학적 사유에 지대한 도움을 주었다. 왜냐하면 일어나는 모든 일이―살인자의 행위든, 지진의 발생이든―창조주의 의지를 반영해서 일어난 것은 아닐 수 있기 때문이다. 몰트만은 이러한 방식의 신적인 섭리와 피조물의 자유를 이야기해온 가장 영향력 있고 설득력 있는 해설자들 중 한 사람이다. 『창조 안에 계신 하나님』(God in Creation)에서 그는 다음과 같이 주장한다. "하나님이 자기 자신 안으로 수축해 들어오심을 통해서 하나님은 자신 안에 창조적으로 행위할 수 있는 자유의 공간을 마련한다. 무로부터의 창조(creatio ex nihilo) 안의 무(nihil)는 전능하고, 무소 부재한 하나님이 자신의 현존을 거둬들이고, 자신의 힘을 제한할 때에야만

　　　　　　

21　　Moltmann, *God in Creation*, 213.
22　　참조. John C. Polkinghorne, ed., *The Work of Love: Creation as Kenosis* (Grand Rapids, Mich.: Eerdmans, 2001).

비로소 존재할 수 있다."[23] (이 부분은 몰트만이 이삭 루리아[Isaac Luria]가 카발라 전통 안에서 이야기한 **침춤**[*zimzum*] 개념을 바탕으로 발전시킨 것이다.) 이후에 그는 다음과 같이 이야기한다. "하지만 만약 하나님의 외적 창조(creation *ad extra*)가 하나님 자신의 자기 제한에 의해 발생한 공간 안에서 일어나는 것이라면, 하나님이 아닌 실재는 여전히 하나님 안에 위치하며, 하나님에 의해서만 그 **외부성**이 보존될 수 있다."[24] 이러한 방식으로 몰트만은 자신의 만유재신론적 사고를 넌지시 내비친다.[25] 그는 하나님의 고통 가능성에 대한 결과적 함의를 강조하면서, "하나님은 인내하는 중에 참으시고, 자연과 인간의 역사를 견디시고, 그들에게 그들만의 시간을 주시며, 그렇게 함으로써 전혀 새로운 가능성들을 가능케 하는 방식으로 세계가 스스로 발전하기도 하고 퇴보하기도 할 수 있는 자유를 보장하신다"고 말한다.[26]

케노시스적 통찰은 유신론적 자연주의, 곧 하나님이 자연과 발맞추어 자연과정을 통해 행위한다는 입장과도 잘 어우러진다. 유신론적 자연주의는 하나님이 자연과정에 개입한다고 보지 않고, 자연과정 자체를 하나님의 섭리 안에서 발생하는 것으로, 그 과정 안에서 나타나는 질서정연한 현상들을 창조주의 의지가 발현되는 것으로 이해한다. 몰트만은 과학과 신학의 학제 간 연구 자체를 발전시키지는 않았지만, 그가 남긴 케노시스에 관한 통찰은 그것 자체로 학제 간 연구에 크게 기여했다.

과학과 신학 학제 간 연구자들은 종종 그들의 동료인 조직신학자들이

....

23   Moltmann, *God in Creation*, 86-87.
24   Ibid., 88-89.
25   만유재신론에 대한 반대의견에 관해서는 John C. Polkinghorne, *Faith, Science and Understanding* (New Haven, Conn.: Yale University Press, 2000), 89-95을 보라.
26   Moltmann, *Science and Wisdom*, 66.

지나치게 협소하고, 인간 중심주의적인 창조 이해를 가지고 있음을, 그래서 **세계**를 지구로 국한하고 **역사**를 약 140억 년의 우주적 진화가 아닌 수천 년밖에 되지 않는 인간의 문화사로 이야기하는 것을 비판한다. 몰트만 또한 이러한 방식의 지구 중심적 편협성을 비판한다. 그는 다음과 같이 이야기한다. "개신교 신학의 올바른 기독론 중심주의는 그 신학적 지평을 오늘날 논의되는 우주적 지평으로 확장해야 한다. 그렇게 함으로써 우리는 하나님의 창조를 총체적으로 포괄할 수 있다."[27] 이후에 그는 또한 다음과 같이 이야기한다. "창조에 대한 어떠한 신학적 교리도 창조신앙에 대한 이해를 인간의 실존적 자기 이해로 축소되도록 놔두어서는 안 된다. 그것은 접근할 수 있는 전체 세계를 의미하는 것으로 이해되어야 한다. 만약 하나님이 세계의 창조자가 아니라면, 그는 나의 창조자일 수 없다."[28] 이렇게 우주적 지평을 추구하는 데 있어 성령의 역할이 강조되어야 한다. 그는 다음과 같이 주장한다. "'창조 안에 계신 하나님'이라는 제목에서 하나님은 바로 성령 하나님을 의미한다. 하나님은 '생명의 연인'이며, 하나님의 영은 모든 피조된 존재 **안에** 존재한다."[29] 앞서 제시한 대로 만약 우리가 피조세계 내 하나님의 섭리적인 행위를 피조물들의 발전과정 안에서 이뤄지는 정보주입의 맥락으로 이해할 수 있다면, 이는 몰트만의 성령론적 접근과도 잘 어울린다. 특별히 그는 다음과 같이 주장한다. "성령은 모든 차원의 물질과 생명에 작용하는 창조성의 원칙이다. 그는 새로운 가능성들을 창조하고, 이 가능성들 안에서 모든 물질과 유기체를 위한 새로운 디자인과 청사진을 야기한

....

27   Moltmann, *God in Creation*, xii.
28   Ibid., 36.
29   Ibid., xii.

다. 이러한 맥락에서 성령은 진화의 원동력이다."[30]

과학적으로 밝혀진 신뢰할 만한 사실들 중 어떤 것도 세계가 내재적으로 가지고 있는 예측불가능성들 안에서 성령이 활동하며, 성령의 사역이 진화적 우발성의 열매를 실현한다는 믿음을 반박하지 못한다. 지금까지의 논의를 바탕으로 제안되는 신학적 모델은 자연 안에서의 하나님의 개입을 이야기하는 것이 아니라, 자연의 열린 체계를 통해 하나님이 지속적으로 활동한다는 것을 이야기한다. 만약 창조자가 우발성과 규칙성의 상호작용을 바탕으로 하는 자연의 진화 과정을 통해 일한다면, 우리는 하나님을 단순히 우주적 질서를 보존하는 보존자로서만 이해할 것이 아니라 역사의 과정들 가운데서 능동적으로 일하는 존재로 이해해야 할 것이다. 창조자는 세계의 법칙성뿐만 아니라 우발성 안에서도 현존한다.

이러한 방식으로 피조된 우주의 시간과 공간에 내재적인 신적인 현존은 몰트만의 사상 안에서 신적인 쉐키나의 현존과 안식일과 휴식의 역할이라는 상징들로 표현되었다. 그는 "**하나님의 흔적들**(*vestigia Dei*)이라는 고대 신학 교리를 다시금" 다루고자 한다. "자연을 하나님의 피조물로 이해하는 자는 누구나 자연을 단순히 하나님의 작품들로만 보는 것이 아니라 하나님의 흔적들, 암호들, 그리고 숨겨진 신적 현존의 표식들로 본다. 하나님의 흔적은 자연 전체에 남아 있다."[31] 온건한 형태의 자연신학의 역할을 긍정하는 것은 과학에 배경을 두고 이러한 이슈들에 접근하고 있는 학자들의 태도와도 잘 맞는다.

아마도 현대과학이 이야기하는 것 가운데 몰트만의 삼위일체 사상과

....

30   Ibid., 100.
31   Ibid., 63.

가장 잘 어우러질 수 있는 부분은 물리적 세계 내 존재하는 관계성에 관한 것일 것이다. 뉴턴 역학은 절대 시간의 일방적 흐름과 공간 안에서 움직이는 개별 원자들에 대해 이야기했다면, 현대과학 바탕의 역학은 모든 것이 연계되어 있는 방식의 통합적 설명을 제시한다. 아인슈타인의 일반상대성 이론은 공간, 시간, 물질을 하나의 통합된 체계로 이해한다. 물질은 시공간의 굴곡을 형성하고, 그렇게 형성된 굴곡은 다시금 물질들의 이동 경로에 영향을 미친다. 이러한 관계적 특성이 더욱 선명하게 드러나는 것은 양자 세계 내 현존하는 비국소성, 곧 분리된 상태임에도 불구하고 연결성을 가지는 현상이다. 두 양자가 어떻게든 상호작용하게 되면, 그들이 얼마나 멀리 떨어져 있는지와 상관없이 마치 하나의 시스템을 구축하기라도 한 듯이 상호적으로 얽혀 있게 된다.[32] 이렇듯 아원자 세계까지도 개별 원자로 존재하지 않는 듯하다. 이러한 맥락에서 자연은 무자비한 환원주의를 거부한다. 이러한 종류의 통찰들은 삼위일체 하나님, 곧 세 위격들 사이의 페리코레시스적 사랑의 사귐이 신적 본성으로 자리 잡고 있는 하나님의 창조의 흔적으로 이해될 수 있는 부분이다.

또 다른 창조의 흔적은 과학자들 자신의 경험 속에서 발견될 수 있을지도 모른다. 과학연구를 통해 드러나는 우주는 질서를 바탕으로 하는 아름다움을 가지고 있다. 그리고 비록 과학자들이 자신들의 연구를 발표하는 저널 논문에는 그러한 표현을 기록하지 않더라도 **경이**(wonder)라는 단어는 그들의 어휘체계 안에서 독보적인 위상을 가지고 있는 단어다. 경이로움은 과학연구에 있어 피할 수 없는 부분들인 피곤하고 지루한 노동과 루틴(routine)을 보상해주는 지적인 기쁨이다. 『창조 안에 계신 하나님』에서 몰

....
32   참조. Polkinghorne, *Quantum Theory*.

트만은 아우구스티누스가 이야기한 다음과 같은 주장, 즉 "우리는 우리가 사랑하는 만큼 안다"를 인용하면서 "명상적인 지식의 형태들"을 말한다.[33] 나는 이 지점이 과학적 연구를 통해 얻게 되는 경이로움에 대한 감각과 연결된다고 생각한다. 과학자들이 그러한 종류의 지식을 알지 모르지만, 그리고 그들이 그러한 종류의 지식을 인정할지도 모르겠지만, 그들이 경험하는 경이로움에 대한 감각은 명상적 지식을 바탕으로 하는 종교적 경험이면서, 동시에 창조자를 경배하는 암묵적 행위이다. 몰트만이 다음과 같이 이야기한 것은 옳다. "세계를 창조의 결과로 이해하는 것은 실존에 더할 나위 없는 행복을 준다."[34]

위르겐 몰트만은 언제나 올바른 가르침과 더불어 올바른 실천에 지대한 관심을 가져왔다. 그는 공동선을 위한 정치적 의지와 행위를 강조한다. 이러한 맥락에서 그의 창조신학은 깊은 생태학적 관심을 바탕으로 전개된다.

> 우리는 현재 무분별한 산업개발을 통한 자연착취와 파괴에 직면해 있다. 이러한 상황에서 창조주 하나님을 믿는다는 것과 이 세계를 그의 피조물로 인식한다는 것은 무슨 의미일까? 우리가 환경위기라고 부르는 것은 단순히 인간의 자연적 환경에 위기가 찾아왔다는 것이 아니다. 그것은 인간 자신에게 도래한 위기다.[35]

인간의 자유가 파괴적으로 행사되지 않기 위해서는 인간 스스로 과학적 지

....

33   Moltmann, *God in Creation*, 32.
34   Ibid., 70.
35   Ibid., xi.

식을 바탕으로 주어진 기술력을 어떻게 사용해야 하는지 배워야 한다. 몰트만은 "과학과 신학이 가지고 있는 공통분모를 지혜로 볼 수 있어야 한다"고 지적한다.[36] 지혜에 대한 강조는 지적인 욕구와 올바른 윤리적 판단을 추구하는 것 모두를 충족시킬 수 있다. 히브리 성경의 지혜문학은 과학과 신학 학제 간 연구자들이 참고해온 중요한 문헌이다.[37]

　　몰트만은 일관되게 신학을 신앙주의를 바탕으로 게토화시키는 것에 대해 거부해왔다. "신학은 교회, 믿음, 내적인 마음으로 축소해 들어가려 하는 시도를 거부해야 한다.…그렇게 했을 때야 비로소 모든 존재하는 것과 더불어 신학은 통전적인 진리를 찾고자 할 수 있으며, 찢기고 상처 입은 세계의 구원을 구할 수 있다."[38] 과학과 신학의 대화는 넓은 차원에서 진리를 찾고자 협력하는 것이다. 그럼에도 몰트만은 "현재까지 과학과 신학의 대화가 상대적으로 적은 열매를 맺었다"고 지적한다.[39] 학제 간 연구가 현재까지 이룬 업적들에 대해 나는 몰트만보다는 조금은 더 긍정적이고 자부심을 느끼지만, 앞으로 더 해야 할 일들이 있다는 데 동의한다. 향후 협업은 두 학제 사이의 방법론들이나 일반적 접근들보다는 협업의 내용들에 조금은 더 깊은 주의를 기울여야 할 것이다. 예를 들어 시간의 본성이나 열린 체계들에 관한 연구가 성과를 얻기 위해서는 수사학으로부터 토론으로 발전한 것에 따른 최근 과학적 진보에 의해 제공된 통찰들에 더욱 주의를 기울여야 할 것이다. 우리는 지금까지 몰트만의 연구가 그러한 방식으로 과학

....
36　　Moltmann, *Science and Wisdom*, 26.
37　　예를 들어 다음을 참조하라. Celia Deane-Drummond, *Creation through Wisdom: Theology and the New Biology* (Edinburgh: T&T Clark, 2000); John C. Polkinghorne, *Science and Creation: The Search for Understanding*) (London: SPCK, 1988).
38　　Moltmann, *Science and Wisdom*, 7.
39　　Ibid., 24.

과 대화하게 되면 긍정적인 결과물을 얻을 수 있음을 이야기했다.

현대 학문의 특성 중 하나인 전문화는 학제 간 연구를 녹록치 않게 만들었다. 몰트만이 지적했듯이 "자연의 책을 신학자들이 오랫동안 연구하지 않은 것"은 아쉬운 사실이다.[40] 그렇기 때문에 우리는 더욱 이 학제 간 연구를 발전시켜야 한다. 몰트만은 철학이 과학과 신학이 서로 더욱 효과적으로 대화하는 데 있어 필수적일 수 있다고 이야기한다. 내가 제안하는 또 다른 방법은 두 학제 모두에 발을 담그고 있는 과학자이면서 신학자인 학자들의 글들에 조금은 더 주의를 기울이는 것이다.[41] 물론 나와 같은 학자들 또한 한계가 있다. 그러나 동시에 현재 진행되는 신학과 과학의 학제 간 연구가 기존의 학제 간 연구 및 발전 위에서 진행되는 것이라면 이전 연구들을 참고하는 것 또한 도움이 될 수 있을 것이다. 그럼에도 우리 과학자이자 신학자인 학자들은 위르겐 몰트만 같은 통찰력 있는 학자를 대화 파트너로 만날 수 있었고, 이를 통해 진리를 추구하는 서로 다른 학제들인 과학과 신학의 대화를 수행할 수 있었다는 것에 깊은 감사를 표한다.

. . . .
40   Ibid.
41   참조. John C. Polkinghorne, *Scientists as Theologians: A Comparison of the Writings of Ian Barbour, Arthur Peacocke and John Polkinghorne* (London: SPCK, 1996).

2부 삼위일체와 종교 전통

7장

자유 안에서의 교회 일치

♛

더크 J. 스미트

"삼위일체 하나님 고백에 필수적인가"?: 몰트만의 교회론

사도신경과 니케아-콘스탄티노플신경 각각에 있는 교회에 관한 고백들은 위르겐 몰트만의 『성령의 능력 안에 있는 교회: 메시아적 교회론』에 따르면 "신조의 한 부분을 형성한다."[1] 다시 말해 교회에 관한 고백들은 "삼위일체 하나님에 대한 고백에 통합되어 있어서 분리될 수 없다." 소위 참된 교회는 삼위일체 하나님의 진리에 의해 결정되어 있고 그 진리에 참여하고 있는 교회다.

> 그것들은 성령에 대한 신앙고백에 속한다. 그리고 그것들은 오직 성령의 창조적인 사역들의 맥락 안에서 정당화될 수 있고, 이해될 수 있다.…그것들은 삼위일체 하나님이 제공하신 지식 안에서 드러난 신적인 역사의 상황 안에 있는 교회를 볼 때야 비로소 이해된다.…그것들은 일종의 특징들로서 이 대상이 그 자체로부터는 분리되어 있는 역사를 통해 부여받는 것이다. 교회는 도래하는 하나님 나라를 위해 사역하시는 성령 안에서, 그리스도의 사역으로부터 그 속성들을 증여받는다. 그러나 이것들이 확장되고 연결될 때, 그 속성들은 참된 교회로부터 불가분의 표식이 되며, 교회가 하나님의 진리 안에 있다고 고백될 수 있다.[2]

이러한 주장들은 놀랍지 않다. 결국, 그의 교회론 관련 저서는 1964년부터 1975년 사이 있었던 기획연구들 가운데 세 번째이자 마지막 저서였고, 이

1   Jürgen Moltmann, *The Church in the Power of the Spirit: A Contribution to Messianic Ecclesiology* (Minneapolis: Fortress Press, 1993 [1977]), 337.

2   Ibid., 337–61.

기획연구들이 그로 하여금 남아프리카공화국 교회들과 신학자들 사이에서
뿐만 아니라 세계적으로 저명한 신학자로 알려지게끔 만든 것이다.『성령
의 능력 안에 있는 교회』(1975/1977)는『희망의 신학: 그리스도교적 종말론
의 근거와 의미에 대한 연구』(1964/1967)와『십자가에 달리신 하나님: 그리
스도교적 신학의 근거와 비판으로서의 예수의 십자가』(1972/1974)에 이어
출판되었고, 이 획기적인 저서들의 결론을 장식했다. 이 기획연구들의 삼위
일체적 전제들은 이미 알려져 있었고, 논의되고 있었다. 그리고 그 전제들
은 에큐메니컬한 교회 안에서 많은 청중들과 상황들에 도전을 가했고, 영
감을 주었으며, 정보를 제공해주었다.

　　나아가,『성령의 능력 안에 있는 교회』자체 내 삼위일체적 논리는 틀
림없이 해당 저서 전체의 주장과 요지뿐만 아니라 그의 교회론 전체에서
중요한 부분이었다. 오늘날 예수 그리스도의 교회―몰트만이 제시하는 중
요한 측면들로서 선교적이고, 에큐메니컬하며, 정치적인[3]―는 역사의 맥락
에서 이해되어야 한다. 그리고 그에게 있어 그 맥락은 "삼위일체 하나님의
역사"를 의미한다. 교회는 삼위일체 하나님의 역사에 참여함을 통해 그 존
재와 의미, 정체성과 소명을 부여받기 때문에 교회가 처해있는 역사적 상
황과 동떨어져서는 교회에 관해 말하는 것도, 교회의 깊은 본성과 목적을
이해하는 것도 불가능하다. "예수 그리스도의 교회"는 "하나님 나라의 교
회"이며, 이는 "교회가 성령의 현존 안에" 있으며 그러므로 "교회가 성령의
능력 안에 있다는 것"을 의미한다. 이러한 흐름을 몰트만은 삼위일체적인

....
3　　첫 번째 장은 이미 오늘날 교회론이 이러한 차원들, 곧 교회는 예수 그리스도의 교회일 뿐만
　　아니라, 선교적이고, 에큐메니컬 해야 하며, 정치적이어야 한다는 것을 다뤄야만 한다고 주
　　장한다(The Church in the Power of the Spirit, 1-18). 흥미롭게도 그는 교회에 관한 이러한
　　근본적인 생각들을 개혁교회 전통의 고백들과「바르멘 신학 선언」, 특별히 제1항 안에 깃들
　　어 있는 고백교회의 신념으로부터 발견했다고 말한다.

용어들을 사용하여 설명한다.[4]

이러한 맥락에서 보면 그가 **교회의 표지들**이라는 마지막 장(chapter)에서 교회에 대한 고백들이 교회를 하나의 대상 그 자체로 보고 묘사하는 것이 아닌, 삼위일체 하나님에 대한 고백 안에 통합된 고백으로 이해돼야 한다고 주장한 것은 놀랍지 않다. 왜냐하면 우리는 하나님이 삼위일체적이라고 고백하고, 교회가 그 이야기 안에서 어떤 역할을 부여받는 것이 아니라 삼위일체 하나님의 역사 안에서 **교회의 표지들**로서 네 가지 구체적인 역할을 부여받는다고 고백하기 때문이다. 몰트만에게 있어 삼위일체 하나님의 역사 안에 있는 이 **표지들** 혹은 요소들에 대한 주장은 사실 각각의 요소들이 구체적인 표지와 연계되어 있는 또 다른 요소를 추가함을 통해 입증되고 설명될 때 더욱 명확해진다. 이러한 이유로 그는 "자유 안에서의 연합", "보편성과 당파성", "가난함 안에 있는 거룩함" 그리고 "고통 안에 있는 사도직"을 이야기한다.[5] 그에 따르면 이러한 자격들은 우리로 하여금 삼위일체 하나님의 역사 안에서 각 특질들을 독립적으로 파악하는 것보다 더욱 잘 이해하도록 돕는다.[6]

물론 우리는 몰트만의 프로젝트 안에서 교회의 중요성이나 교회론의 중요성, 혹은 교회에 대한 신학적 함의를 지나치게 과대평가해서는 안 된

....

4   이러한 문구들은 3장부터 6장으로 이어지는 연속적인 주제들을 드러내는데, 이는 그가 교회의 네 가지 표지들에 관한 마지막 장으로 결론을 내리기 전 『성령의 능력 안에 있는 교회』의 핵심적 주장으로 제시했던 것들이다.

5   *The Church in the Power of the Spirit*, 340-41. 물론 그는 단순하게 이러한 주장들을 내놓는 것이 아니라 오늘날 필요한 자격들로서 이 부분들을 길게 논증한다.

6   물론 교회의 표지들을 어떻게 이해해야 하는가는 역사적으로, 조직적으로, 실천적으로 상당히 복잡하고 논쟁적인 주제. 이에 대한 역사적인 해석과 더불어 흥미로운 논의들은 예를 들어 다음을 참조하라. Gordon W. Lathrop and Timothy J. Wengert, *Christian Assembly: Marks of the Church in a Pluralistic Age* (Minneapolis: Fortress Press, 2004).

다. 그는 많은 사람들이 생각하는 것보다 교회나 교회론에 대해 전통적이고 기술적인 맥락에서 그다지 큰 관심을 두고 있는 것 같지는 않다. 많은 이유들이 있을 것인데, 아마도 혹자가 추측하듯이, 교회론에 관한 그의 초기 저작들이 그의 다른 주제 관련 저작들에 비해 큰 관심을 받지 못했기 때문에 그랬을 수 있다. 예를 들어 그의 기획연구 가운데 앞선 두 저작들은 다음과 같은 형태의 후속연구들과 관심을 받았다. 『위르겐 몰트만의 "희망의 신학"에 관한 토론』(Diskussion über die "Theologie der Hoffnung" von Jürgen Moltmann, 1967)과 『위르겐 몰트만의 책 "십자가에 달리신 하나님"에 관한 토론』(Diskussion über Jürgen Moltmanns Buch "Der gekreuzigte Gott", 1979).[7] 그러나 『성령의 능력 안에 있는 교회』는 신학자들 사이에서 같은 정도의 관심을 받거나 후속연구로 이어지지는 못했다.[8]

그러므로 그가 1980년부터 1999년까지 쓴 "조직신학에 대한 기여들"(Contributions to Systematic Theology)이라는 6권의 저서들 가운데 교회론이 부재한다는 사실은 그리 놀라운 것은 아니다. 『예수 그리스도의 길: 메시아적 차원의 그리스도론』(The Way of Jesus Christ: Christology in Messianic Dimensions, 1989, 대한기독교서회 역간)에서 교회에 관한 논의를 기대했을 때도 그는 단순히 『성령의 능력 안에 있는 교회』내 적절한 장들(chapters)만을 언급했을 뿐이다. 게이코 뮐러-파렌홀츠(Geiko Müller-Fahrenholz) 같은 논평가

....

7	W.-D. Marsch, ed., *Diskussion über die "Theologie der Hoffnung" von Jürgen Moltmann* (Munich, 1967); M. Welker, ed., *Diskussion über Jürgen Moltmanns Buch "Der gekreuzigte Gott"* (Munich, 1979).

8	추가적인 논의는 다음을 참조하라. Geiko Müller-Fahrenholz, *The Kingdom and the Power: The Theology of Jürgen Moltmann* (Minneapolis: Fortress Press, 2001), 100-106; Richard Bauckham, *Moltmann: Messianic Theology in the Making* (Hants, UK: Marshall Pickering, 1987), 114-39.

는 이를 "누락된 부분"이라고 평가한다.[9] 어떤 면에서는 다음의 저작들 또한 같은 양상을 띤다. 『생명의 영: 총체적 성령론』(*The Spirit of Life: A Universal Affirmation*, 1991/1992. 대한기독교서회 역간), 정도는 덜 하지만 『오시는 하나님: 그리스도교적 종말론』(*The Coming of God: Christian Eschatology*, 1995/1996. 대한기독교서회 역간)과 『신학에서의 경험들』(Experiences in Theology, 1999/2000), 초기 저작인 『삼위일체와 하나님 나라: 삼위일체론적 신론을 위하여』(*The Trinity and the Kingdom of God: The Doctrine of God*, 1980/1981. 대한기독교서회 역간). 교회에 관한 세세한 서술이 필요한 지점들이 있었음에도 불구하고 몰트만은 교회론을 더 이상 전개하지 않았다.

수년간 독자들은 그의 다른 에세이들과 글들, 저널 논문들, 설교집과 묵상집들, 책의 장들(chapters), 단문들, 편집자로 참여한 글들, 다른 저자들과의 대화들을 통해 그의 교회에 관한 논의를 기다렸으나 허탕치기 일쑤였다.[10] 그는 정말 많은 저작들을 내놓았지만 교회론에는 관심을 다시 두지 않

....

9   Müller-Fahrenholz, *The Kingdom and the Power*, 171.

10   『성령의 능력 안에 있는 교회』가 출판되었던 그즈음 같은 생각을 다룬 다음의 저서는 예외다. *The Passion for Life: A Messianic Lifestyle* trans. M. Douglas Meeks (Philadelphia: Fortress Press, 1978). 다음의 본래의 독일어판 저서 제목이 그 중심주제를 더욱 잘 드러내 주는데 그것은 "새로운 삶의 양식. 공동체를 향한 발걸음"이다. *Neuer Lebensstil. Schritte zur Gemeinde* (Munich: Kaiser, 1977). 나아가 이 저서가 "모라비아 형제회와의 우정의 상징"으로 모라비안 신학교에 헌정되었다는 사실은 흥미롭다. 비록 이 저서는 그의 신학적 통찰을 발견하는 데 도움을 주지만, 저서 내 연구들의 대부분은 교회보다 기독교적 삶의 양식을 더욱 많이 다루고 있다. 오직 마지막 장인 "'아래로부터의' 회중"만이 교회 개혁에 관한 논의들을 다루고 있을 뿐이다.

잘 알려진 다른 저서들은 다음과 같다. *The Experiment Hope*, trans. and ed. M. Douglas Meeks (Philadelphia: Fortress Press, 1975); *The Future of Creation: Collected Essays*, trans. Margaret Kohl (Philadelphia: Fortress Press, 1979); *Experiences of God, trans.* Margaret Kohl (Philadelphia: Fortress Press, 1980); *On Human Dignity: Political Theology and Ethics*, trans. M. Douglas Meeks (Philadelphia: Fortress Press, 1984); *History and the Triune God: Contributions to Trinitarian Theology* (New York: Crossroad, 1991); *God for a Secular Society:*

왔다. 지나가는 말로 교회에 관해 몇 차례 얘기는 했으나, 다음과 같은 다른 주제들과 연관해서만 언급했을 뿐이다. 에큐메니칼 교회, 교회의 선교, 교회의 정치적 본성, 인권과 관련된 교회의 책임, 영성과 기도, 신학교육의 변화하는 본성 등. 마치 교회론의 전통적인 주제들과 질문들에는 직접적인 관심이 없는 것처럼 비춰졌다.

그의 저작들에서 교회론이 부재한다고 판단되는 이유는 그가 **교회**라는 단어를 기술적인 차원에서 사용하지 않기 때문일 수도 있다. 그는 다소 모호하게 **회중, 공동체, 공동체 안에서의 삶, 남성과 여성의 새로운 공동체, 관계 안에 있는 인간의 삶, 기독교적 교제, 기독교, 제자도, 기독교적 삶** 같은 용어들을 교회라는 용어와 같은 의미로 사용한다. 그에게 있어 삼위일

....

The Public Relevance of Theology (Minneapolis: Fortress Press, 1999). 다른 저작들은 거의 교회에 관한 논의들을 깊이 있게 다루지 않는다.

또한 그의 교회론에 관한 연구 또한 많지 않은데, 가장 도움이 될 만한 연구는 다음과 같다. Arne Rasmusson, The Church as Polis: From Political Theology to Theological Politics as Exemplified by Jürgen Moltmann and Stanley Hauerwas (Lund: Lund University Press, 1994). 라스무손은 M. L. 브링크의 미출간된 논문 "The Ecclesiological Dimensions of Jürgen Moltmann's Theology: Vision of a Future Church?"(Fordham University, 1990)을 언급하면서 그녀가 바르트, 재세례파, 메노파뿐만 아니라 몰트만도 모두 루터파로 묘사한다는 것을 보여주고, 몰트만에 대한 그녀의 비판 대부분이 "다소 터무니없다"고 결론짓는다 (Rasmusson, The Church as Polis, 22, 88).

몰트만의 60번째와 70번째 생일에 헌정된 두 저서들 또한 그의 교회론을 다루고 있지 않다. 다음의 저서는 당시까지 출판된 그의 주 저서들의 흐름을 따르면서 "성령의 능력 안에 있는 교회"라는 주제 아래 9개의 에세이들을 포함하고 있을 뿐이다. 그러나 이 에세이들의 대부분은 몰트만의 사상을 다루고 있다기보다 몰트만의 저작으로부터 도출된 주제들에 관한 저자들 각자의 생각과 주장을 다루고 있다. Gottes Zukunft - Zukunft der Welt, ed. H. Deuser, G. M. Martin, K. Stock, and M. Welker (Munich: Kaiser, 1986). 다음의 저서는 신학의 미래를 주로 다룬다. Miroslav Volf, Carmen Krieg, and Thomas Kucharz, eds., The Future of Theology: Essays in Honor of Jürgen Moltmann (Grand Rapids, Mich.: Eerdmans, 1996). 이 가운데 오직 221-32에 수록된 볼프하르트 판넨베르크의 "The Teaching Office and the Unity of the Church"라는 글만이 교회론적인 주제를 다루지만 몰트만을 언급하거나 그의 생각을 다루는 것은 아니다.

체 하나님의 역사 안에서 드러나는 하나님에 관한 변혁적인 이해는 변혁적이고 새로우며 지속적으로 개혁되는 변혁적인 형태의 인간 공동체를 요청한다. 그리고 이러한 새로운 형태의 공동체, 연대, 교제, 공동체적 삶을 표현하기 위해서는 전통적인 방식의 **교회**라는 표현이 적절하지 않다. 왜냐하면 교회라는 용어가 전통적으로 및 일상적으로 이해된 맥락은 극복되어야 할 가부장적 단일신론의 구조였기 때문이다. 그가 개혁전통과 특별히 그의 선생이었던 오토 베버(Otto Weber)의 렌즈를 통해 발견하게 된 **회중**이라는 표현은 그가 생각하는 그리스도인들로 구성된 공동체를 묘사하는 데 더욱 적절한 것이었다.[11]

게다가 삼위일체 하나님의 역사에 의해 부름을 받은 형태의 공동체들은 종종 전통적인 교회와 회중이라는 울타리 너머의 성격을 지니고 있었기 때문에 **교회**라는 용어를 사용하기에는 더욱 부적절해보였다. 물론 이 일군의 용어들은 자체적인 질문들과 이슈들을 생산하면서, 다른 질문들과 이슈들을 배경으로 물러나 있도록 만들었다. 이것이 아마도 몰트만의 신학에서 **교회**와 연관된 전통적인 신학적 질문들과 이슈들이 왜 다루어지지 않는지를 잘 설명할 것이다.

남아프리카공화국 사람의 관점에서 보자면, 그의 기획연구를 바탕으

---

11   이는 회중과 공동체에 관한 몰트만 자신의 이해에 관한 중요하고 흥미로운 질문들을 제기한다. 뮐러-파렌홀츠는 몰트만의 "공동체 원칙은⋯개혁교회 회중 전통에 명백하게 근거하고 있다"고 주장한다. 나아가 그는 몰트만의 글들에서 "거의 항상 개혁신학자들이 인용되고 있다"고 지적한다. (Müller-Fahrenholz, *The Kingdom and the Power*, 104, 253). 그러나 아르네 라스무손은 몰트만의 회중 중심의 교회론이 급진적인 개혁전통(Radical Reformation)에 근거하고 있다고 주장한다. 그는 몰트만의 주요 문구들을 인용하면서 반복적으로 이를 주장한다. 나아가 "베버의 1949년 *Versammelte Gemeinde*는 급진적인 개혁전통의 성격을 지니고 있는데, 1975년 몰트만이 쓴 서론을 덧붙여 재출판되었다"며 근거를 제시한다(Rasmusson, *The Church as Polis*, 23).

로 출판된 세 권의 저서들에, 특별히『성령의 능력 안에 있는 교회』에 나타
난 몰트만의 **교회**에 관한 관점들은 이미 도전적이고, 유익하며, 나아가 도
움을 주는 것들이다. 후기 저작들에 녹아져 있는 그의 교회에 관한 견해들
또한 그러하다.[12] 아파르트헤이트(apartheid)에 저항하면서, 그리고 그러한
저항을 정당화하는 신학을 전개하는 데 있어 그의 신학은 유익하면서도 도
움이 되는 역할을 감당했다.[13] 그 당시 남아프리카공화국 내 모든 개신교 교
단을 포함해,[14] 모든 기독교 전통과 공동체 사이에 중요했던 교회의 일치를
위해 노력하는 데 있어서 또한 그의 사상은 직접적인 적절성을 지녔다.

　　이러한 적절성은 특별한 차원에서 개혁전통과 공동체에 더욱 그러했

....
12　예를 들어, 그의 교회에 관한 회중적인 형태의 강조가 초래한 지역적인 영향은 매우 흥미롭
　　다. 남아프리카공화국 개혁교회들에서 회중에 대한 강조는 아파르트헤이트가 종식된 후 사
　　회와 교회, 특히 백인 네덜란드 개혁교회 내에서 널리 퍼져 있었고 매우 대중적이었다. 매
　　우 영향력 있는 교회 지도자이자 신학자인 현재 DRC 총회장 C. W. 버거는 회중의 성격
　　과 역할에 대해 매우 획기적인 몇 권의 책을 출판했다. 가장 최근의 종합적 형태의 저작은
　　Gemeentes in die kragveld van die Gees(성령의 능력의 장 안에 있는 회중)(Wellington: Lux
　　Verbi, 1999)로서 몰트만의 업적에 헌정된 것이다. 이러한 발전의 주목할 만한 측면은 몰트
　　만의 전형적인 비중앙집권적 언어가 오늘날 남아프리카공화국의 이러한 교회들에서도 지
　　역 회중 모임을 강조하는 방식으로 사용되고 있다는 사실이다.
13　특히 희망의 신학에 관한 초기 연구가 여기서 중요한 역할을 했다. 몇 명의 남아프리카공화
　　국 신학생들이 1970년대 튀빙겐에서 공부하면서 그의 강의를 들었다. 대니엘 로우(Daniël
　　J. Louw)는 블로흐와 몰트만에 대한 박사 학위 논문(*Toekoms tussen hoop en angs*)을 썼고, 나
　　중에 스텔렌보스 신학부의 교수이자 학장이 되었다. 널리 존경받는 웨스턴 케이프 대학교의
　　조직 신학자인 J. J. F. 뒤랑드(J. J. F. Durand)는 몰트만의 연구를 자세히 다루면서 고통받는
　　신에 대한 강연을 했다. 뒤랑드와 욘커(Jonker)는 몰트만을 진지한 대화 파트너로 인식되게
　　한 현대신학과 기독교 교리 관련 매우 영향력 있는 저서를 출판했다. 몰트만 또한 인종차별,
　　인간 존엄성, 인권, 아파르트헤이트 반대 투쟁, 평화와 비폭력의 어려운 문제, 사회적 불의와
　　억압의 문제 등과 같은 남아프리카공화국의 이슈에 대해 지속적인 관심을 가졌다. 그는 에
　　큐메니칼 운동과 독일 학계의 맥락에서 이러한 이슈들을 다루는 논문들을 출판했다.
14　남아프리카공화국 역사 안에서 서로 다른 교회들의 역할에 관해서는 다음 문헌들을 보라.
　　Richard Elphick and Rodney Davenport, eds., *Christianity in South Africa: A Political, Social
　　and Cultural History* (Cape Town: David Philip, 1997); John W. de Gruchy, *The Church
　　Struggle in South Africa*, 25th anniversary ed. (Minneapolis: Fortress Press, 2005).

다. 왜냐하면 아파르트헤이트가 실상 개혁교회와 예배 중심으로부터 발생했던 것으로 이해될 수 있었기 때문이며, 그의 사상은 (인종, 국가, 국민, 문화, 언어, 그리고 혈연을 바탕으로 한 분열에 저항하여) 교회의 일치를 위해 노력했던 교회들과 그러한 노력을 오늘날에도 전개하는 교회들에 매우 필요하며 중요했기 때문이다."[15] 많은 개혁교회 그리스도인들, 신학자들, 남아프리카공화국의 교회 지도자들은 그리스도교 교회가 처한 상황과 도전들, 공동체로 하여금 올바른 길로 가지 못하게 했던 유혹들, 실제적인 이슈들, 일치를 추구하는 데 결부되어 있는 요청들에 관해 몰트만이 전통적인 개혁교회적 접근을 통해 그려낸 방식과 즉시 연관시킬 수 있었다.

　　지역 회중과 공동체로서의 교회 안에서 그의 출발점, 교회에 관한 그의 삼위일체적 이해, 교회에 대한 그의 에큐메니컬한 비전, 교회의 소명과 선교에 대한 그의 강조와 개인적·경제적·정치적 성화를 포함하는 교회의 지속적인 쇄신과 성화, 고통받는 자 및 소외된 자와의 연대에 대한 강조, 제자도·그리스도인의 삶·윤리·열정적인 헌신에 대한 그의 지속적인 관심, 교회의 진리는 가시적인 구체화를 요청한다는 그의 확신―이러한 요소들

15　　교회와 신학 안에서 아파르트헤이트 관련 논의들은 다음 문헌들을 보라. J. C. Adonis, *Die afgebreekte skeidsmuur weer opgebou* (Amsterdam: Rodopi, 1982); Allan A. Boesak, *Black and Reformed: Apartheid, Liberation, and the Calvinist Tradition* (Maryknoll, N.Y.: Orbis, 1984); H. R. Botman, "'Black' and Reformed and 'Dutch' and Reformed in South Africa," in *Keeping the Faith*, ed. R. Wells, 85-105 (Grand Rapids, Mich.: Eerdmans, 1997); J. Cochrane, *Servants of Power: The Role of the English-speaking Churches 1903-1930* (Johannesburg: Ravan, 1987); Charles Villa-Vicencio, *Trapped in Apartheid: A Socio-Theological History of the English-Speaking Churches* (Maryknoll, N.Y.: Orbis, 1988); J. Kinghorn, *Die Ned. Geref. Kerk en apartheid* (Johannesburg: Macmillan, 1986); C. J. A. Loff, *Bevryding tot eenwording* (Kampen: Theologische Universiteit, 1997); Takatso Alfred Mofokeng, *The Crucified among the Crossbearers: Towards a Black Christology* (Kampen: Kok, 1983); Lebakeng Ramotshabai Lekula Ntoane, *A Cry for Life: An Interpretation of "Calvinism" and Calvin* (Kampen: Kok, 1983).

이 바로 개혁전통을 바탕으로 하는 그의 신학과 교회론에서 강조된 부분들이다. 이러한 요소들은 그 즉시 남아프리카공화국에서 투쟁하고 있는 교회들과 신학자들, 개혁교회 그리스도인들에게 설득력 있게 다가왔고, 우리는 그 목소리를 경청했다.

『성령의 능력 안에 있는 교회』(남아프리카공화국에서는 1977년 번역됨) 내 교회의 표지들에 관한 문단들을 1975년에 읽는 것은 남아프리카공화국 내 교회들, 특히 개혁교회들이 처한 상황을 주의 깊게 읽는 것과 유사했다. 그리고 그것은 우리 회중들과 교단들 안에서 당시 일어나고 있었던 상황에 대한 주석과 해석을 듣는 것이었다. 돌아보면, 30년 전 몰트만의 교회론을 오늘날 주의 깊게 읽고, 분석하며, 그 당시 우리의 사회역사적 상황과 경험들을 향해 그가 우리에게 들려주었던 그 말들을 다시금 숙고함으로써 우리는 많은 종류의 질문들과 이슈들과 도전들에 대해 다시금 생각해보고, 재구성할 수 있게 된다. 우리 중 다수에게 그의 말들은 실로 우리와 동시대인이자 친구의 목소리였다.[16]

자유 안에서의 일치? 몰트만의 일치의 표지

몰트만의 **교회의 네 가지 표지들**에 관한 논의들은 주의 깊게 읽는 것이 좋다. 왜냐하면 그 논의들은 남아프리카공화국의 상황과 경험에 직접적인 적절성을 가지고 있기 때문이다. 그러나 동시에 연합의 **표지**에 관한 그의 논

....

16   우정은 물론 그의 전체 저작을 관통한 중요 개념이다. 나아가 이는 공동체와 회중 모임으로서 교회를 이해하는 데 있어서도 중요한 개념이다. *The Church in the Power of the Spirit*에서 그는 그리스도의 세 가지 직분에 관한 개혁전통 이해를 다루면서 76-114쪽과 114-21쪽에서 네 번째 직분으로서 그리스도의 친구됨을 제안하면서, 이는 오늘날 앞선 세 가지 직분보다 더욱 중요하다고 지적한다.

의는 그 당시에 특별한 적절성을 보여줬던 것이라는 주장 또한 타당하다. 몰트만에 따르면 교회의 일치는 **자유 안에서의 일치**다. 그리고 그는 이 생각을 세 가지 차원에서 발전시킨다. 그는 모인 회중 안에서 **자유 안에서의 일치**, 회중들 사이에서 **자유 안에서의 일치**, 그리고 세계를 향한 증언으로서 **자유 안에서의 일치**로 구분해서 논의한다.

모인 회중 안에서 자유 안에서의 일치

첫 번째로 교회의 일치는 모인 회중 안에서 경험된다. 회중은 선포와 부르심을 통해 모인다. 그들은 하나의 세례(엡 4:5; 고전 12:13)와 공동의 성찬(고전 12:13; 10:17)을 위해 모인다. 그들은 서로를 용납함(롬 15:7)의 정신 안에서 생동하며, "평안의 매는 줄"(엡 4:3)을 통해 성령의 일치를 유지한다. 서로 다른 사회적, 종교적, 문화적 배경을 가진 사람들은 교회에서 "사랑 안에서 서로를 용납하는"(엡 4:2) 친구들이 되며, 서로를 판단하지 않으며, 특별히 그들 중 약한 자를 위하면서 서로를 옹호한다. 모인 회중 안에서 일치는 서로 다른 사람들 간의 교제 안에서 가시화되고 경험된다. 그것은 선포와 성례를 거행함으로부터 얻어진 우연한 결과가 아니다. 그것은 선포와 성례와 함께 그것 자체로 하나의 희망의 표징이다. 유대인이나 이방인이나, 헬라인이나 야만인이나, 주인이나 노예나, 남자나 여자나 그들 모두 그들 자신의 특권을 내려놓고, 그렇게 함으로써 그들 스스로 압제에서 벗어나 새로운 하나님의 사람들의 모임으로서 메시아적 시대의 시작과 하나님 나라의 성례가 된다.[17]

....

17   Moltmann, *Church in the Power*, 342.

이 문단을 보면 몰트만 신학과 교회론의 특징적인 요소들을 발견할 수 있다. 나아가 아파르트헤이트 관련 신학과 교회론이 씨름했던 여러 주제들 또한 포함하고 있는 것을 발견할 수 있다.

교회의 일치는 "모인 회중 안에서 첫 번째로 경험된다." 이러한 설정은 아마도 몰트만이 따르고 있는 개혁전통과 신학적 선호 및 그의 배경을 드러내는 것으로 보인다. 동시에 이러한 설정은 남아프리카공화국 교회들, 특별히 개혁교회들이 경험하고 있었던 위기였다. 지역교회 회중들과 그들의 예배, 성찬, 회중들의 지역 활동들 안에서도 계급과 인종차별이 일어났고, 이미 회중 사이에서 아파르트헤이트가 실행되고 이데올로기적으로 유지되고 있었다. 아이러니하게도 교회 안의 분열은 회중 사이에서 첫 번째로 경험되었다. 그 이유로 인해 우리의 노력은 지역적이거나 국가적 차원의 총회들과 상위구조들 사이의 연합뿐만 아니라 하부구조들과 지역 내 예배 공동체들 사이에서 진정한 의미의 살아있는 일치를 실현하기 위한 노력이었다.

두 번째로 몰트만이 지적한 하나의 세례와 성찬 및 예를 들어 서로를 용납할 것, 서로 다른 자들과 함께 살아갈 것, 성령 안에서 평화와 사랑을 실천하는 친구들이 될 것, 특별히 약자들을 위해 함께 설 것 등에 대한 성경의 언급들은 당시 상황에서 몸부림치고 있었던 우리의 설교와 가르침, 경건과 영성, 신학과 공적인 토론들에 영감을 주고 힘을 주었다.[18]

....

18   남아프리카공화국 개혁교회 그리스도인들에게 성경적 근거와 주장은 매우 중요하다. 그러나 이는 몰트만 본인도 중요하게 생각하는 부분이다. 그의 학술서적과 설교집, 명상집들 가운데 많은 부분에서 그는 아파르트헤이트 관련 논쟁들에서 중요한 역할을 했던 성경의 구절들을 심도 있게 다룬다. 대표적인 예로 다음을 참조하라. "Community with Others," in *The Passion of Life: A Messianic Lifestyle* (Philadelphia: Fortress Press, 1978), 27–36. 몰트만은 이곳에서 롬 15:7, "그리스도께서 우리를 받으신 것 같이 너희도 서로 받으라"는 구절을 다

세 번째로 몰트만이 굳게 믿고 있었던 모인 회중이 "서로 다른 사람들"의 교제 안에서 "가시화되고 경험된다"는 신념은 특별히 베이어스 나우데 (Beyers Naudé), 벤 마라이스(Ben Marais), 윌리 욘커(Willie Jonker), 자압 두란드(Jaap Durand), 아드리오 쾨니히(Adrio König), 알란 뵈삭(Allan Boesak), 크리스 로프(Chris Loff), 단 클로이트(Daan Cloete), 러셀 보트만(Russel Botman) 같은 다음 세대의 남아프리카공화국 개혁신학자들과 교회 지도자들에게 신학적인 비전을 제공하는 것이었다. 소위 교회의 가시적인 일치냐 비가시적인 일치냐에 관한 정서적으로 깊은 논의들은 수십 년간 이뤄진 투쟁 한가운데 자리 잡고 있었고, 일치는 가시적이면서 경험되어야만 한다는 신념은 칼뱅으로부터 시작되어 개혁전통의 핵심적 주장이 되었으며, 이후 아파르트헤이트에 반대하는 데 있어 큰 영향을 끼쳤던 「바르멘 신학 선언」 안에서도 힘 있게 표현되었다. 실로, "서로 다른 사회적, 종교적, 문화적 기원들"로부터 생겨난 차이점들과 타자성이 신자들을 분리된 아파르트헤이트 교회들로 흩어버려서는 안 되었다. 자압 두란드와 세계 개혁교회 연맹의 말을 빌려 표현하자면 그것이 "엄격한 테스트"(acid test)였다.[19]

마지막으로, 몰트만은 이 회중적인 일치가 희망의 징표가 될 것이라고 이야기했다. 회중은 하나님 나라의 성례가 될 것이며 다양한 배경의 사람들이 자신들의 특권들을 내려놓음으로써 자유로워질 때마다 메시아적 시대가 시작된다는 몰트만의 선언은 우주적-종말론적 징표와 대안적 공동체로서 살아있고, 실제적인 일치를 실천하는 교회에 관해 이야기해왔던 데이

<hr />

룬다.

19 참조. J. J. F. Durand, "Church Unity and the Reformed Churches in Southern Africa," in *Farewell to Apartheid? Church Relations in South Africa: The WARC Consultation in South Africa*, ed. P. Réamonn, 60-66 (Geneva: WARC, 1994).

비드 보쉬(David Bosh), 플립 테론(Flip Theron)과 여러 다른 남아프리카공화국 신학자들의 말들을 상기시키는 것이었다.[20]

그러나 회중 안에서의 가시화되고 경험되는 일치에 대한 몰트만의 강조는 그 즉시 그러한 일치는 "자유 안에서의" 일치가 되어야 함을 요청했다.

회중 안에서의 일치는 자유 안에서의 일치다. 그것은 생각, 느낌, 혹은 도덕성에 있어 전원의 동의나 이의 없음과 같은 획일성으로 혼동되어서는 안 된다. 누구도 교회 내 작동하는 강압이나 억압에 의해 획일적으로 일치에 참여되어서는 안 된다. 모든 사람은 그/그녀 각자의 은사들과 책무들, 약점들과 핸디캡들을 있는 그대로 포함해 용납되어야 한다. 이 일치는 복음적인 일치이지 법적인 일치가 아니다. 은사적인 회중은 모두에게 그들 자신만의 방법과 결정으로 다른 사람들과 관계 맺을 수 있는 자유의 공간을 마련해주어야 한다. 회중을 모으시는 분은 그리스도이시고, 회중에 생명을 주시는 분은 새로운 창조를 수행하시는 성령이시기 때문에 하나님 나라와 개별인간들의 자유를 위해 일하는 그 어떤 것도 억제되어서는 안 된다. 회중 안에서의 일치는 다양성과 자유 안에 있는 일치다.[21]

....

20 특별히 『예수 그리스도의 길』(*The Way of Jesus Christ*)과 그 이후 저작에서 몰트만은 교회를 "대조적인 사회", "대안적인 공동체", "위대한 대안", "공적인 대안", "하나님 나라의 도구"로 묘사한다. 예를 들어 Rasmusson, T*he Church as Polis*, 76-78을 보라. 잘 알려진 남아프리카공화국의 선교학자 데이비드 보쉬, 개혁신학자 P. F. 테론은 이러한 맥락에서 아파르트헤이트 사회 내 교회의 연합에 관해 신학적으로 중요한 기여를 했다. 예를 들어 Theron, *Die kerk as kosmies-eskatologiese teken-Die eenheid van die kerk as "profesie" van die eskatologiese vrede*(Pretoria: NGKU, 1978)를 보라.

21 Moltmann, *Church in the Power*, 343.

이러한 신념들은 아파르트헤이트 신학에 저항했던 교회 투쟁의 중심에 있었다. 하나의 억압이 또 다른 종류의 억압으로 대체되어서는 안 된다. 신자들은 자유로워야 하며, 그러한 자유를 느낄 수 있어야 한다. 생동하고, 가시화된 실제적인 일치는 자유의 결과여야 한다. 교회 안에서의 일치는 법이나 율법주의, 압력과 억압의 산물이어서는 안 된다. 교회 일치는 불변하는 획일성 등으로 오해되어서는 안 된다. 신자들을 부르는 그리스도와 그들에게 생명을 부여하는 성령을 통해 다양한 은사들과 직무들, 심지어는 고통을 수반하는 약함과 장애들 모두 하나의 교회 안에서 서로 간의 사귐과 풍성함을 가능케 하는 기회들이 된다.[22] 아파르트헤이트 신학을 거부하는 목적은 창조, 인류, 문화, 언어 및 그 배경을 부정하고자 함이 절대 아니다, 오히려 이러한 모든 풍성함이 하나의 교회 안에서 생명의 증여자인 하나님으로부터 왔으며, 은혜를 통해 생명을 증진할 수 있는 기회들로 그것들을 수용하고, 감사하고, 기념하고자 함이다.

그러나 몰트만은 동시에 이러한 다양성 안에 숨어 있을 수 있는 유혹을 지적하고, 실제적인 일치를 해치거나 방해할 수 있는 다양성에 대해 경고한다.

그러나 회중 안에서의 일치는 또한 일치 안에 있는 다양성과 자유다. 오래된 원한이 불타오르는 곳, 사람들이 자기 자신의 방법만을 고집하고 그들의 생각과 경험을 다른 사람들에게 법으로 적용하는 곳에서는 사람들 사이 교제가 위

----

22 흥미롭게도 **약함**이라는 단어는 교회의 연합에 관한 남아프리카공화국 교회들의 논쟁 가운데 부가적인 의미가 있는 단어였다. 교회와 사회를 아파르트헤이트로 이끈 1857년 네덜란드 개혁교회 공의회의 유명한 결정은 "약한 자"를 용납할 것에 기초하고 있었는데, 이는 사악하게도 자신의 계급이나 인종 혹은 사회적-경제적 지위와 맞지 않은 사람들과 성찬을 함께 나누기를 꺼리는 것을 의미했다.

협받을 뿐만 아니라 하나님과의 교제 또한 (깊은 차원에서) 위협받는다. 이러한 종류의 억압과 분열 안에서는 그리스도가 나누어진다(고전 1:13). 누구든지 자유를 위해 자유를 파괴하는 것은 자유와 발맞추어 행동하는 것이 아니다. 자유가 무자비한 다원주의에 의해 소멸될 수 있는 것처럼, 획일성에 대한 열광을 통해서도 자유는 파괴될 수 있다. 이러한 위험성들 안에서도 헌신된 회중들에게 중요한 것은 다양성 안에서 그들의 일치의 근본으로 돌아가는 것이며, 주님의 성찬 안에서 그리스도와의 열린 교제를 경험하는 것이다. 왜냐하면 헌신된 회중은 **그분의** 사람들이며, 일치와 다양성은 오직 그분의 성령 안에서만 서로를 파괴하지 않고 결합되기 때문이다.[23]

그의 말들은 거의 직접적으로 아파르트헤이트와 교회 안에서 그것의 영향을 언급하며 경고하는 것처럼 들린다. 오래된 원한이 불타오르는 곳, 사람들이 자기 자신의 방법만을 고집하는 곳, 사람들이 자기 자신의 생각과 경험을 하나의 법으로 삼고 다른 사람들에게 들이대는 곳에서는 사람들 사이의 교제뿐만 아니라 하나님과의 교제 또한 위협받는다. 억압과 분열을 조장하는 것은 그리스도를 분열케 하는 것이다. 실로, 자유가 다른 이들의 자유를 억압하는 쪽으로 사용될 수 있다. "획일성에 대한 열광"이 자유를 파괴할 수 있는 것처럼, "무자비한 다원주의" 또한 복음이 제공하는 것에 속하고자 하는 자유, 그것을 사랑하고 섬기고자 하는 자유를 파괴할 수 있다. 아파르트헤이트는 "무자비한 다원주의"의 한 형태였다.

그러면 어떻게 해야 할까? 몰트만에 따르면 헌신된 회중은 다양성 안에 있는 그들 안에서의 일치의 근본으로 돌아가 그리스도의 성찬 안에서

....
23 Moltmann, *Church in the Power*, 343.

그의 열린 교제를 다시금 경험할 필요가 있다. 왜냐하면 오직 그리스도의 영을 통해서만 일치와 다양성은 서로를 파괴하지 않을 것이기 때문이다. 그러나 그러한 방식의 돌아감은 쉽지 않았다. 구체적으로 당시 교회들에게 그리스도의 성찬 안에서, 그리고 삼위일체 하나님을 함께 예배하는 것 안에서 그의 열린 교제를 경험하고 그곳으로 돌아가는 것은 불가능해 보였다. 만약 성찬을 기념하는 의식 자체가 열려있지 않고 바로 그곳에서부터 역사적인 분열들이 발생한다면 신자들은 어떻게 그리스도의 성찬 안에서 그의 열린 교제를 경험할 수 있을까?[24]

회중들 사이에서 자유 안에서의 일치

그러나 몰트만은 교회의 일치가 단순히 모인 회중 안에서만 이루어지는 것이 아니라 그것을 넘어서도 확장될 수 있다고 생각한다. 그러한 맥락에서 그는 두 번째 차원의 일치, 곧 회중들 사이에서의 **자유 안에서의 일치**를 말한다. 그의 후기 저작 안에서 그의 교회론은 이 부분의 구체적이고 실천적인 부분에 대해 다루지 않는 것처럼 보인다. 그것은 마치 이 종파적이고 제도적이며 에큐메니컬한 이슈들이 그의 사상과 저작 안에서 배경으로 물러나고 있는 것처럼 보였다. 그러나 이 시기에도 그는 여전히 개혁전통을 따르는 많은 그리스도인들 사이에서 회자되던 **교회연맹, 연맹,** 지역 회중들 사이의 관계의 중요성을 탐구하고 있었다.

....

24   참조. Dirk J. Smit, "Spirituality, Worship, Confession, and Church Unity: A Story from South Africa," in *Ecumenical Theology in Worship, Doctrine, and Life*, ed. David S. Cunningham et al., 271–81 (New York: Oxford University Press, 1999).

한 장소에서 함께 모인 회중은 다른 지역들과 시대들에 모인 다른 회중들과도 그리스도 안에서 하나다. 다른 공동체들의 고통과 증언에 귀 기울이지 않는 공동체는 모든 공간과 시간 안에서 함께 고통받으시고, 일하시는 하나이신 그리스도를 분열케 한다. 공간과 시간 안에서 구분되어 있는 공동체들은 그리스도와 성령 안에서의 그들 자신의 정체성을 통해 서로를 알아본다. 그러므로 그들은 서로 간에 이뤄지는 교제와 우정을 통해 그들 모두의 공통된 정체성을 경험하고, 그것을 가시화한다. 그들은 서로를 그리스도 안에 있는 한 교회의 지체들로 확인한다. "만일 한 지체가 고통을 받으면 모든 지체가 함께 고통을 받고 한 지체가 영광을 얻으면 모든 지체가 함께 즐거워하느니라"(고전 12:26). 이 구절은 자기 자신이 속해있는 공동체의 경계를 넘어서는 연대를 요청하고, 박해의 순간들에 그러한 하나 됨이 증명된다고 말한다. 한 그리스도인이나 한 공동체가 세계 안에서 경험하는 모든 억압은 모든 그리스도인과 전체 교회에 영향을 미친다. 고통받는 지체들과의 살아있는 연대와 일치를 통해서만 교회는 "나누고 억압하는" 압제자들의 책략에 저항할 수 있다.[25]

비록 몰트만이 명확히 표현하지 않았지만 이러한 관계는 유명한 세계교회협의회(WCC)의 뉴델리 성명서(1961)에서 논의된 교회의 보편적이고, 전-지구적인 차원을 포함하는 "모든 장소와 시대 안에 있는 모든 그리스도인과의 교제(와 일치)"를 의미하고 있는 듯하다. 그러나 그의 글과 뉴델리 성명서 사이의 차이점들은 주목할 만하다. WCC 성명서에서 일치는 "하나님이 그의 사람들을 부르셔서 이루고자 하는 책무들을 위해 모든 그리스도인이 함께 이야기하고 실천할 수 있는, 그래서 모든 그리스도인에 의해 수용

....
25   Moltmann, *Church in the Power*, 343-44.

될 수 있는 지혜" 안에 존재한다. 몰트만에게 있어 일치는 고통과 연대 안에 존재한다. 흥미로운 방식으로 몰트만은 이러한 표현들을 계속해서 반복적으로 사용하는데, 이를 통해 그는 궁극적으로 회중 모임들을 하나 되게 하는 계기들이 다음과 같다고 말하는 것이다. 다른 공동체들의 고통과 증언을 자기들의 것으로 여기는 것, 모든 공간과 시간에서 함께 고통받는 하나인 그리스도를 보는 것, 교제와 우정을 통해 공동의 정체성을 인식하고 그것을 가시화하는 것, 다른 이들과 함께 고통받는 것, 자기 자신의 공동체를 넘어서는 연대를 실천하는 것, 박해의 순간에도 하나 됨을 보이는 것, 박해받는 자들과의 살아있는 연대와 일치를 실천하는 것, 압제자들의 분열시키고 억압하는 책략에 저항하는 것. 간단히 말해, 몰트만에 따르면, 회중들 사이 살아있는 일치는 다른 이들과 함께 자유 안에서 고통받는 것, 박해의 상황에서 연대를 경험하는 것, 억압에 저항하는 것에 있다.

남아프리카공화국의 개혁교회들에 심각한 신학 논쟁을 일으켰던 매우 중요한 쟁점들은 몰트만이 다룬 이 짧은 문단들 속의 내용들과 연관되어 있었다.

첫째, 회중들 사이의 일치는 진짜 중요한지, 회중들 사이의 가시적이고 실제적인 일치가 교회의 본성과 본래 모습에 속하는 것인지, 일치는 덜 중요하고 임의적인지, 일치라는 것이 때로는 유익하고 건전하지만 때로는 불필요하고 불편하며 비생산적인 것인지에 대한 질문들이 제기되고 논의되었다. 민족적, 인종적, 문화적 근거들을 바탕으로 분리된 교회들을 정당화하기 위해 아파르트헤이트 신학은 회중들 사이의 일치는 교회의 본질이 아닌 행복과 연관되는 것이라고 주장했다. 그렇게 주장함으로써 그들은 만약 민족적, 인종적, 문화적 장벽을 뛰어넘는 일치가 교회 안의 긴장과 갈등을 야기한다면 교회가 나아가야 할 바른 방향은 가시적이고 현실적인 일치의 형태나 실현을 추구하는 것이 아니라 신자들과 회중들을 그들의 자연적 또는 문화적 분열과 대립에 따라 구분되고 분리된 채로 놔두는 것이라 말하고 싶었던 것이다. 교회에 대한 이러한 종류의 신학에 반대하여 몸부리치던 신자들은 (몰트만의 신학이 말하는) 삼위일체 하나님의 교회와 그것의 본질과 정체성으로서의 회중들 간 일치의 중요성에 동조했다.

둘째, 몰트만의 생각에 동의하면서 남아프리카공화국의 개혁교회 교인들은 다른 이들의 고통을 목도하고, 그들의 고통을 받아들이면서 함께 고통받으며, 박해받고 도움이 필요한 이들과 함께하고, 압제하는 자들의 분열시키고 억압하는 책략에 저항하는 것 모두가 하나 됨으로 부르심을 입은 교회의 본질과 소명이라는 생각에 깊이 동감했다. 그들은 비록 **일치, 화해, 정의**와 같은 다양한 용어들을 사용했지만, 회중들 사이 필수적이고 살아있는 일치가 "연대, 교제, 우정"을 포함해야 함을 또한 공통적으로 주장했다. 그들에게 교회가 회중들 사이에서 자유 안에서의 일치를 실천하도록 부르심을 입었다는 주장은 단순히 제도적이고 구조적이며 기관적인 방식의 일치로는 삼위일체 하나님의 교회로서의 회중들이 하나라는 사실을 증언하기에는 역부족이라는 사실을 드러냈다.

셋째, 그러나 **우정**이라는 용어를 사용하는 것은 남아프리카공화국의 관점에서 이 부분의 중요성을 드러내기에는 너무 약할 수 있다는 인식이 있었다. 비록 몰트만은 **우정**이라는 용어를 **형제들과 자매들**이라는 용어를 대체할 목적으로 매우 유의 깊게 사용하면서 개인의 자유로운 선택 부분을 강조하고자 했지만 말이다. 남아프리카공화국 그리스도인들에게 그들의 형제와 자매를 선택할 수 없음은 그 형제, 자매들이 삼위일체 하나님이 각 그리스도인에게 허락한 선물임을 인식하는 것과 긴밀히 연결되어 있었다. 이러한 신념은 대주교 투투(Tutu)가 자주 공적인 자리에서 표현했던 것으로서 아파르트헤이트 신학과 교회론을 거부하는 중심에 서 있었던 것이다. 아파르트헤이트가 사라진 이후 남아프리카공화국 교회들 사이에서 우정이라는 개념과 회중들과 교회들을 자유롭게 선택하는 것에 대한 사고가 널리 퍼지게 된 것은 그리 놀랍지만은 않다. 그러나 이러한 방식의 변화가 그리 달가워 보이지는 않는다. 왜냐하면 그러한 변화들은 아파르트헤이트에 반대하며 투쟁했던 교회들 내 살아있었던 일치에 대한 이해를 잘 드러내지 **못하기** 때문이다.[26]

넷째, 남아프리카공화국 개혁교회 그리스도인들이 실제로 바랐던 것은 몰트만이 관심을 가졌던 것이나 주장하고자 했던 것보다 더한 것이었다. 그들은 다소 모호하고 비가시적인 연대를 실천하는 것뿐만 아니라, 제도적이고 구조적이며 기관적인 차원의 회중들 사이의 일치를 실행하는 것 또한 매우 중요하게 생각했다. 남아프리카공화국 교회들 사이에 이루어진 신학 논쟁과 교회적 차원의 노력들은 살아있는 일치, 연대, 화해, 정의를 실천할 수 있기 위해 (회중들, 교파들,) 교회들이 재결합할 필요가 있다는 요청을 따랐던 것이고, 그 노력은 현재까지도 요구되고 있다. 그러한 맥락에서 개혁교회들은 WCC가 요청한 가시적인 일치와 몰트만이 강조한 연대와 우정 외에 다른 대안을 염두에 두지 않았다. 그들은 그 둘 모두를 확인하고 실천하고자 노력했다.

몰트만이 회중들 사이의 (그리고 교파들 사이의) 구조적인 형태의 일치에 관심을 가지지 않은 것이 그 자신의 특수한 전통, 곧 개신교 교회들이 마땅히 따라야 할 부분을 생각하다 보니 구조적인 일치를 의도적으로 말하지

....

26 몰트만이 우정을 이러한 방식으로 사용하는 것과 관련해서는 다음을 참조하라. Rasmusson, *The Church as Polis*, 82-83. "형제애는 선택에 기반하지 않은 관계를 상정하지만 우정은 자발성을 기반으로 한다."

않은 것인지, 아니면 급진적 형태의 교회개혁을 위해 주의 깊이 증대되는 요구들과 조금은 더 실제적인 신학적 관심에 주의를 기울이다 보니 그렇게 된 것인지는 분명치 않다. 다음에 이어지는 그의 회중들 간 자유 안에서의 연합 관련 글은 이러한 모호함을 더욱 가중시킨다.

> 그것이 바로 넓은 지역을 관할하는 조직으로서 개별 공동체들로 구성된 단체가 그 자체만으로는 충분치 않은 이유다. 넓은 차원의 교회 단위들로 구성되고 여러 지역을 행정적으로 관할하는 상하 수직적 체계는 그것이 만약 "일반 대중들"과의 접촉점을 잃어버리게 된다면 공상적으로 변질될 것이다. 재정의 문제들, 학교들, 정부 부서들과의 업무들 같은 많은 공동체적 직무가 교회적 차원의 상위 단체들에 의해 지역적으로 혹은 관할적으로 처리될 수 있다는 것은 사실이다. 그러나 그 상위 단체는 지역 공동체의 선포, 선교, 구제 사역, 친교 같은 구체적인 직무들에는 도움을 줄 수 없다. 개별 공동체들은 그들 자신의 **구체적인** 직무들과 책임을 상위 단체들에 위임할 수 없다. 그들이 만약 그렇게 한다면 그들의 사역은 빈약하게 될 것이고, "일반 대중들"과의 접촉 또한 감소하게 될 것이다. 지역 차원의 모든 종류의 교제는 그 공동체만의 구체적인 직무들 중 하나다. 그것은 해당 공동체에 의해서만 수행될 수 있으며, 그 직무는 위임될 수 없다.[27]

몰트만의 이 글은 무엇을 의미하는가? 그가 말하고자 하는 요점은 무엇인가? 그의 주장은 정확히 어떠한 종류의 실천들을 반대하고 있는가? 남아프리카공화국의 상황에서 이러한 질문들은 답하기 쉽지 않다. 그는 회중들

....

27   Moltmann, *Church in the Power*, 344.

사이의 제도적인 일치가 필수적이지만, 그것만으로는 충분치 않다는 것을 지적하고 있는지도 모르겠다. 다음과 같은 몇몇 표현들은 이러한 판단의 근거가 된다. "충분하지 않다", "만약 접촉점을 잃게 되면 공상적으로 변질될 것이다", "그것은 사실이지만." 만약 그렇다면 그는 지역 회중들과 공동체들이 자신들의 책임이나 교회적 소명을 상위 단체에 위임해서는 안되며, 지역 공동체로서의 부르심을 성실히 실천할 것을 주장하고 있는 것 같다.

그렇게 본다면, 그의 주장은 지역 회중을 온전한 교회의 형태로 보는 개혁교회 전통을 반영하고 있는 것이다. 그의 주장은 또한 뉴델리 성명서에서 강조된 교회 일치의 중요한 측면을 반영하고 있다. 그것은 이후 에큐메니즘(혹은 교회의 일치)은 "실제적이기 위해서 반드시 지역적이어야 한다"는 표현으로 유명해졌다. 뉴델리 성명서는 구체적으로 "하나님의 뜻과 교회에 주신 은사로서 일치는 예수 그리스도의 이름으로 세례를 받고, 그를 주님과 구원자로 고백하는 **곳곳에 흩어진 모든 사람이** 성령에 의해 하나의 헌신되고 온전한 교제를 가지고, 하나의 사도적 신앙을 견지하며, 하나의 복음을 선포하고, 하나의 떡을 떼며, 공동의 기도에 참여하고, 모든 곳에 증인 된 섬김의 삶을 가지게 될 때 가시화된다"고 말한다.

이러한 맥락에서 몰트만 또한 아파르트헤이트 교회론을 거부하며 견지하고자 했던 남아프리카공화국 개혁교회들의 신념을 동일하게 표현하고 있다고 보아야 한다. 다양한 교회와 교파로부터 온 교회지도자들이 세계 어느 곳에서 며칠 동안 만나고 돌아와, 정작 그들 자신이 속한 공동체에서는 서로 문안하지 않고, 삶을 나누지 않으며, 어떠한 종류의 **코이노니아**(혹은 공동체)도 실천하지 않는다면 에큐메니즘(혹은 교회의 일치)은 무의미한 것이고, 실상 불필요한 것이다. 진정으로 몰트만이 이야기한 것처럼 교회의 살아있는 일치는 "대중적"이어야 하며 이는 그 당시 상당수 남아프리카공화국 교회들 또한 말했던 것이다. 일치가 실제가 되기 위해서는 반드시 지역적이어야 한다.

그런데 그것이 몰트만이 이야기한 전부인가, 아니면 그는 근본적으로 교회 구조들 자체에 비판적이었던 것인가? 그는 전통적인 교회의 구조들에서 벗어난 전혀 새로운 형태의 교회, 공동체, 회중, 연대, 자유를 말했던 것일까? 혹시 그는 전통적인 형태의 교회에 대해 깊은 회의감을 가지고 있었던 것은 아닐까? 이러한 회의감으로 인해 전통적인 형태의 교회론 관련 질문들에 그가 무관심했던 것은 아닐까? 그는 당시 남아프리카공화국 개혁교회 그리스도인들이 생각하지 못했을 새로운 대안을 보거나 구성하고 있었던 것은 아닐까? 그가 특별히 관심을 가지고 기술했던 회중들 간 일치의 본성과 보다 상위구조 형태의 교회 구조에 대한 이어지는 글들에서도 이러한 질문들의 해답을 찾기는 쉽지 않다.

공동체는 그들의 상호 교제와 연관된 특별한 책임들을 이양할 수 있다. 사도들이 초기 기독교 교회들 내에서 이 책임을 지고 있었다. 이후 이는 감독들에게 이양되었다. 국교회 체계 안에서는 이러한 책임은 국교회 권력체계로 넘겨질 수 있었다. 반면 지역적이고 토착적인 형태의 회의들(synods) 또한 커지기 시작하면서 이들 또한 회중들 사이 일치 혹은 단체적 성격을 대표하고 표현했다. 감독제 교회조직이 현실적 차원의 회중들을 흡수하면서 독일의 주교회(*Landeskirchen*, 특정한 연방 혹은 주에 소속된 교회들)라는 하나의 구조적 장치 안으로 그것들을 편입시켰을 때 교회조직은 위태로워졌고, 지역적 교회조직(the synodal organization)은 감독제 교회조직에 반대하면서 자신을 유일한 형태의 회중들의 대표적 구조로 내세우기 시작하면서 위태로워졌다. 두 경우 모두에서 보듯이 지역적 차원의 상위에 있는 조직들에서 "헌신된 회중"의 성격은 지켜지기 어려웠다. 상위구조들과 회의들은 자신들을 회중들을 지탱해 주는 단체 혹은 협의회 등으로 인식하고, "회중들"과 비교하여 자신들을 "교회"로 인지했다. 그러므로 가장 중요한 것은 위로부터가 아닌 아래로부터 지역 교회들 사이의 연합을 이해하고 조직하는 것이다. 교회 중앙조직과 회의들은 그들 자신을 회중들 "상위"에 위치시킬 수 없고, 그것들은 오직 말씀과 성례를 바탕으로 모여진 차원에서만 회중이 될 수 있다.[28]

여기서 그의 독일교회 배경이 잘 드러난다. 그리고 그가 얼마나 지역 회중들을 위태롭게 하고 약화시키는 경향들에 대해 신학적으로 비판적이고 회의적인지 또한 잘 드러난다. 물론 이런 비판은 교회에 관한 그의 다른 저작들에서 전개한 **회중주의**의 맥락에서 보면 상당히 설득력이 있다. 그는 분명 교회의 미래를 조직화되고 구조화된 형태가 아닌 지역 회중들(그리고 그 회중들 사이 실제적인 연대)의 차원에서 발견한다. 오늘날 다양한 상황에 있는 많은 신자와 신학자는 그의 생각에 강한 공감을 나타낼 것이다. 그러나 그는 어디까지 자신의 생각을 전개할 것인가? 그는 미래에 대한 실제적인 대안을 발견했는가? 실제적인 차원에 있어 그의 비전은 무엇을 제시하는가? 그는 계속해서 무엇인가 말하지만, 여전히 불분명한 측면이 있다.

회중들 사이의 일치는 회중들이 행하는 것에 의존한다. 교제들의 교제는 교제로 살아져야 한다. 모인 회중 안에서 경험되고 살아지는 예수의 열린 우정과 "평안의 매는 줄 안에 있는 성령의 일치"를 넘어설 만한 것은 없다. 회중들 사이에서의 일치는 자유 안에서의 일치와 일치 안에서의 자유가 경험될 수 있는

....
28   Ibid., 344-45.

회중이 실현될 때에야만 비로소 가능하다. 그러므로 모든 회중 사이의 단체들과 기관들에게 말씀과 성례 안에서의 일치는 필수적이며, 행정적으로 처리되어야 할 것들과 정리되어야 할 사안들은 반드시 성령과의 교제 안에서 이뤄져야만 한다.[29]

예를 들어 교회의 분열 속에서 일치를 위해 몸부림치는 남아프리카공화국 교회 상황에서 "교제들의 교제는 교제로 살아져야 한다"는 말, "회중들 사이의 일치"는 "회중이 실현될 때에야만 비로소 가능하다"는 말, "모든 회중 사이의…연합은…말씀과 성례 안에서의 일치"가 필수적이라는 말은 구체적으로 무엇을 의미하는가? 교회의 다른 형태들—에큐메니컬하고 교파적이며 구조적이고 기관적인 형태들—은 어떻게 **회중**으로서의 **일치**로서 실제적 차원에서 이해될 수 있을까?

요약하자면 몰트만이 회중들 사이에서의 **자유 안에서의 일치**의 중요성을 인정했다는 점에서 그가 분명 아파르트헤이트 개혁교회 그리스도인들이 공유하고 있었던 강한 신념들에 대해 동의할 것이라는 해석은 설득력이 있다. 그가 회중들 간 일치의 중요성을 이야기할 때 고통을 함께 나누고 연대하며 압제에 저항하는 방식의 일치를 말했다는 것은 남아프리카공화국 상황에서 깊이 공유되고 있었던 정서에 그 또한 공감할 수 있다는 점을 보여준다. 그러나 그가 교회 됨의 가시적인 형태들과 구조들에 대해 무관심했던 것은 남아프리카공화국 교회가 직면한 민족적, 인종적, 계급적 분열을 구조적이고 조직적인 차원에서 해결하는 데 도움이 되지 못했다. 나아가 그의 구조적 차원에 대한 관심의 부재는 남아프리카공화국 교회들이 어

....

29   Ibid., 345.

려움 속에서 실제로 다뤄야만 했고, 현재도 씨름하고 있는 중요한 구조적이고 조직적인 이슈들에 관심을 기울이는 데 도움이 되지 못한다.

세계를 향한 증언으로서 자유 안에서의 일치

몰트만은 교회의 일치가 교회의 선교적 측면에서 중요함을 알고 있었다. 그리고 그는 일치가 교회를 세우는 복음의 신뢰성, 온 세상이 믿을 수 있도록 제자들이 하나 되어야 한다는 예수의 기도(요 17:21), 모든 에큐메니컬 비전들과 계획들과 함께 이루어지는 증인 됨과 분리될 수 없음 또한 인지하고 있었다. 그렇기 때문에 그는 세 번째 부분에서 세계를 향한 증언으로서 **자유 안에서의 일치**를 길게 다뤘는데, 이는 남아프리카공화국 그리스도인들이 가지고 있었던 생각들과 상당히 일치했다.

> 자유 안에서의 일치는 그리스도의 교회의 표지일 뿐만 아니라, 그것은 또한 분열되고 소외된 세계 안에 있는 교회가 "세계로 하여금 믿음을 가질 수 있도록"(요 17:21) 하는 고백적인 표지이며 신조로서의 상징이다. 말씀과 성례는 교회 안의 교제와 자유를 가능케 하며, (교회를 통해) 온 세계 모든 사람 사이의 교제와 자유 또한 가능케 한다.[30]

진정으로, 자유 안에서의 일치는 나뉘고 소외된 세계 안에서의 고백적인 표지이고, 상징이며, 세계를 믿음으로 이끄는 가시화된 실재다. 이러한 맥락에서 그가 말씀뿐만 아니라 성례를 언급하고 있다는 것은 그의 신학적

....
30   Ibid.

이해에서 중요한 부분이다. 말씀뿐만 아니라 성례 또한 교회 "안에서의" "교제와 자유" 모두를 가능케 하는 능력을 가진다. 나아가 교회를 "통해" 말씀과 성례는 세계 안에서도 동일한 능력을 지닌다. 그러므로 말씀과 성례는 함께 모인 회중들 사이, 그리고 그 안에 존재하는 교회의 전통적인 형태들 안에서 교제와 자유의 경험들과 형식들을 생산하며, 나아가 사람들 사이 분열과 소외로 점철된 온 세계 안에서 또한 그러한 교제와 자유를 가능케 한다. 인종, 민족, 문화 등을 바탕으로 하는 분열의 모든 조직적이고 구조적인 힘들은 말씀과 성례의 능력에 의해 극복되며, 이를 통해 말씀과 능력은 하나의 상징으로 나타난다. 그에게 있어 교회 울타리를 넘어서는 연합을 강조하는 것은 중요하다. 왜냐하면 그것이야말로 진정한 의미의 일치, 곧 그리스도의 일치이기 때문이다.

> 일치하는 힘으로서 교회는 그리스도의 메시아적 사람들이다. 왜냐하면 일치는 단순히 교회의 한 본성일 뿐만 아니라 세계 안에서 교회가 부여받은 임무이기도 하기 때문이다. 만약 모인 교회가 고백하는 교회라면, 그것은 그리스도와 성령 안에 있는 일치를 나타낼 것이다. 그리고 이 일치는 교회가 처해 있는 사회적·정치적 갈등상황 속에서도 모든 것을 새롭게 하는 능력을 발휘할 것이다. 그것이 바로 성례들의 일치하는 힘이 사회적·정치적 정의를 구현하는 책무, 힘들과 분리될 수 없는 이유이다. 분리될 수 없는 그리스도의 일치는 그의 제자들과 신자들과의 일치일 뿐만 아니라, 그를 바탕으로 억눌리고 수치를 당하며 버려진 자들과의 일치와 교제이기도 하다.[31]

....
31   Ibid.

그러므로 일치는 교회의 한 특성일 뿐만 아니라 교회 됨을 고백하는 것으로서 세계 안의 사회적·정치적 갈등의 한가운데서 일치를 가능케 하는 힘이요 소명이다. 왜 그런가? 교회의 섬김의 목적인 일치는 "그리스도와 성령 안에서의 일치" 혹은 "그리스도의 일치"인데, 이는 단순히 교회의 자체적인 일치나 회중들 사이의 일치를 넘어서기 때문이다. 여기서 주의 깊은 독자라면 그의 의도들, 곧 수년 동안 전개해온 그의 신학연구 프로젝트의 맥락에서 전개되는 그의 의도들을 오해해서는 안 된다. 교회가 세계 안에서 가시화해야 하는 일치는 조화, 동의, 객관성만을 기초로 하는, 그래서 어떤 편도 들지 않는 중립적 선택에 기초한 순결하고 객관적인 연합이 절대 아니다. 교회가 추구하는 일치는 그리스도가 압제당하고 수치를 당하며 버려진 자들과 연합했던 것을 따라 행하는, 그리스도의 일치의 한 방편이자 표징이 되어야 한다. 그는 이 부분을 분명하게 기술했다.

> 가난한 자와 신자들의 교제, 아픈 자와 희망을 가진 자의 교제, 억눌린 자와 사랑하는 자의 교제가 없다면 교회는 그리스도를 온전히 증거하는 것이 아닐 것이다. 억압받는 자의 해방, 권리들이 박탈된 자들을 위한 정의, 사회적 갈등상황에서의 평화를 이루지 못한다면 교회의 일치는 더 이상 "구원의 날을 선포"하지 못할 것이다. 그것은 교회만을 위한 "일치"가 아니다. 도래하는 하나님 나라 안에서 분열된 인류의 평화를 위한 일치다. 이러한 맥락에서 "자유 안에서의 일치"와 "일치 안에서의 자유"가 특별히 중요한 것이다.[32]

가난한 이들과 교제하는 것, 병든 이들에게 희망을 전하는 것, 억압받는 이

....
32   Ibid., 345-46.

들에게 사랑을 전하고, 억압받는 이들을 위해 해방을 실천하며, 권리가 없는 이들을 위해 정의를 구현하고, 사회적 갈등과 분열 속에서 평화에 기여하는 것—만약 일치가 참으로 "그리스도와 성령의 일치"에 의한 것이라면 이러한 행동들이 교회가 가시화하는 일치 안에서 발견될 것이다.

몰트만에 따르면 왜 **자유 안에서의 일치**와 **일치 안에서의 자유**가 이 점에서 특별히 중요한가? 교회가 먼저 자신의 삶과 실존 안에 지니고 있는 분열, 불의, 갈등, 절망의 현실로부터 해방되어야 하기 때문에 그것들은 중요하다. 메시아적 진리와 능력의 표징과 도구가 되기 위해서는 교회 스스로가 먼저 자유로워지고 해방되어야 하며, **이러한** 형태의 자유 안에서 일치를 체험하고 실천해야 한다. 그러나 그것의 실천은 쉬운 것이 전혀 아니다.

교회는 자신이 속한 사회 안에서 작동하는 지배하고자 하는 욕구로부터 해방을 경험하고 살아갈 때 실제적인 일치를 실현하게 된다. 이렇게 해방된 교회만이 그 일치를 드러낸다. 그러나 이것은 또한 경험이 보여주듯이 이러한 종류의 욕망에 대한 저항 때문에 교회가 고통 받을 때만이 어느 정도 선에서 그리스도 안에서의 일치를 확신하게 됨 또한 의미한다. 교회는 사회 정치적 갈등 속에서 해방을 통한 일치, 정의를 통한 평화를 위해 일할 수 있는 모든 기회를 잡아야 할 것이다. 권리를 박탈당하고 무력하게 불의를 겪어야 하는 사람들의 해방을 위해 일하는 것이 바로 그 기회를 잡는 것이다. 적의와 멸시를 받아야 하는 사람들에게 공개적인 우정을 제공할 때 교회는 또한 그 기회를 잡는다. 가난하고 억눌리고 거절당한 자들에게 이러한 교제를 제공하고, 그들로 하여금 이러한 친교를 발견하도록 도울 때 교회는 십자가에 못 박히신 그리스

도의 교제를 증언한다.[33]

남아프리카공화국 교회의 투쟁에서 이러한 신념은 중요한 것이었다. 교회는 참으로 자신이 설교하는 것을 실천해야 한다. 교회는 자신의 고백을 구현해야 한다. 교회는 자신의 진리대로 살아야 한다. 교회의 구조와 질서, 생활과 실천은 교회 자신의 고백과 선포, 진리의 증언과 주장과 모순되거나 그것을 부정해서는 안 된다.

다시 말하지만 이러한 신념은 사실 근본적으로 개혁주의 신앙과 전통에 속한다. 남아프리카공화국 교회들의 이러한 입장 이면에는 칼뱅 이후 발생한 개혁주의 전통 내 많은 목소리가 있었다. 나아가 바르트와 그의 제자들, 본회퍼와 볼프강 후버 같은 그의 생각을 따르는 자들, 그리고 「바르멘 신학 선언」의 전통을 포함하는 독일교회 투쟁의 목소리도 있었다. 이러한 목소리들은, 예를 들어 잘 알려진 바이어스 나우데 같은 남아프리카공화국 교회들의 많은 신자, 교회 지도자 및 신학자에게 영감을 주었다.

따라서 교회 스스로가 사회의 현실을 그대로 모방하는 상황으로부터 **이러한** 해방과 일치를 경험해야 한다. 그러나 그 과정은 쉽지 않다. 왜냐하면 남아프리카공화국 그리스도인들이 이미 확실히 경험했듯 이에 대한 저항은 교회의 연합과 해방을 좌절시키려고 하기 때문이다. 몰트만은 다시 한번 중요한 통찰을 제공한다. 그것은 이러한 저항이 자유 안에서 메시아적인 형태의 연합에 대해 증언하고 있는 교회의 외부, 곧 사회의 권력과 현실로부터만 오는 것이 아니라고 지적하고 있기 때문이다. 그에 따르면 저항은 때로 내부에서 더욱 강력하게 일어난다. 그리스도와 성령의 일치를

....
33   Ibid., 346.

따라 행하는 것은 교회 **안에** 새로운 형태의 갈등을 야기하고, 이는 몰트만이 인지하고 강조하는 것처럼 극적이고 새로운 방식의 문제를 일으킨다.

> 그러나 교회가 사회의 현실적인 갈등들 밑에서, 그것들과 함께, 그리고 그것들 안에서조차 연합을 믿고 희망하고 실천할 때 교회는 새로운 갈등들을 스스로 짊어지게 되는 것이다. 일치를 향한 교회 스스로의 내부적 노력은 일치를 위해 이뤄지는 이러한 정치적 흐름들로부터 동떨어지게 된다면 추상적인 것으로 남게 되고 교회의 메시아적 사명으로부터 멀어질 것이다.[34]

다시 말해 현재 교회 자체 내에서 발생하는 이러한 갈등은 실제로 그리스도 안에서 세상 내 고통받는 사람들과 연합하는 것을 반대하는 교회 내 사람들과 그래도 (계속적인) 일치를 추구할 것인지, 아니면 오히려 (소위) 교회라고 불리는 사람들과의 일치보다 교회 밖의 고통받고 희망 없이 살아가는 자들과의 일치를 먼저 추구할 것인지에 대한 선택의 문제를 야기한다. 이 지점에서 우리는 몰트만의 주장을 생각해봐야 한다. 다시 한번 말하지만 적어도 그 당시 대다수 남아프리카공화국 개혁교회와 신자는 몰트만을, 거짓말로 호도하는 사람은 아닐지라도, 매우 불필요한 대안을 제시하는 사람으로 생각했다. 그들에게 몰트만은 "말씀과 성례 안에서의 교제"가 아닌 하나의 운동, 하나의 새로운 에큐메니즘, 나아가 하나의 새로운 교회를 이야기하고 있는 것처럼 비춰졌다.

> 분리된 교회들 사이의 에큐메니칼 운동은 교리 부분에서 큰 진전을 이루었

....
34   Ibid.

고 세례, 성만찬, 사역에 관한 전형적인 갈등들을 극복하게 할 수 있었다. 그러나 수년 동안 메시아적 활동의 사회적, 정치적 책무에 대한 인식이 커지면서 연합과 교제를 위한 교회의 이러한 노력들에 새로운 갈등이 생겨났다. 더 이상 "교리는 분열시키지만 섬김은 일치하게 한다"는 말은 사실이 아니다. 이제는 "교리는 일치하게 하지만 정치는 갈라서게 한다"는 말이 맞다. 이 지점에서 어떤 종류의 연합이 우선되어야 하는가 하는 문제가 특별히 어렵다. 사람으로 하여금 자신의 정치적 원수와 결합하도록 만드는 것은 말씀과 성례를 통한 교제인가, 아니면 가난한 사람과 그들과 함께 연대하는 사람들과의 교제인가?[35]

만약 그의 질문이 단순히 수사학적인 차원이 아니라 현실적인 차원의 것이라면 그것은 참으로 핵심을 찌르는 동시에 도전적이다. 남아프리카공화국에 있는 우리에게 이러한 종류의 질문들과 도전들은 수사학적이라기보다 지나치게 현실적이고 실제적인 것이었다. 신자들을 그들의 정치적 원수들과 연합하게 하는 말씀과 성례 안에서의 교제가 있었는가? 아니면 다른 신자들로부터 구분되게 만들어 주는 가난한 사람들과의 교제와 변호만이 있었는가? 이러한 질문들은 현실적이고 구체적이며 일상적인 것들이었다. 그 질문들은 새롭고 매우 실제적이면서도 극적인 방식으로 교회의 진정한 연합에 대해 의문을 제기했다. 그런데 이 대안은 진짜였는가, 아니면 거짓이었는가?

신조의 문제가 될 만큼 정치 상황이 급박해지는 것은 언제인가? 기독교의 교제는 교수형 집행인과 그것에 희생당하는 사람들 사이에 존재하는가? 그리스

....
35   Ibid.

도인들은 교수형을 집행하는 사람과 그로 인해 희생당하는 사람들 모두와 동시에 교제할 수 있는가? 교회는 이러한 갈등을 내부에서 어디까지 해결할 수 있으며, 기독교적 교제는 어느 때 그 문제들에 함몰되는가? 우리는 진리에 관한 문제에 있어 대립하고 갈등하면서도 하나 될 수 있는가? 하나의 단체로서 교회는 말씀과 성례에만 집중하면서 논쟁에 참여하지 않고, 그리스도인 개인들이 다양한 갈등 상황들에서 서로 다르고 반대되는 입장들을 가지도록 내버려둘 것인가? 정치적으로 적대적인 사람들이 "복음 아래 하나가 될 수 있는가?" 얼마나 오래 그 하나 됨을 유지할 수 있는가? 그리고 그들의 갈등은 무엇을 의미하는가? 이것이 "복음"을 추상적이고 무기력한 것으로 만드는 것은 아닌가? 이 질문들은 오늘날 교회와 많은 그리스도인들이 직면하고 있는 실제적인 질문들이다.[36]

남아프리카공화국의 정치 상황은 실제로 너무 급박하여 신조 또는 고백의 문제가 되었다. 세계루터교연맹과 세계개혁교회연합에 따라 **"신앙고백"**이 선포되었다. 이 선언을 하게 된 **이유**와 복음이 추상적이고 무기력한 것이 아니라는 것을 설명하기 **위해** 새로운 고백 문서인 「벨하 신앙고백서」(*Confession of Belhar*, 1982, 1986)가 작성됐다.[37] 그러나 이 고백서는 몰트만이 대안으로 생각하고 있었던 부분을 누락하고 있는데, 몰트만의 다음과 같은 서술을 보면 알 수 있다. "만약 우리가 교회의 내적인 일치만을 생각한다면 이러한 질문들은 윤리의 영역에서만 다루면 될 것이다. 만약 우리가 메시

....

36 Ibid., 346-47.
37 내용과 역사적 상황에 관해서는 다음을 참조하라. G. D. Cloete and J. Smit, eds., *A Moment of Truth: The Confession of the Dutch Reformed Mission Church* ['n Oomblik van waarheid] (Grand Rapids Mich: Eerdmans, 1984).

아적인 일치를 말하는 것이라면 그 질문들은 신앙적인 차원에서 또한 다뤄져야 할 것이다."[38]

남아프리카공화국의 그리스도인들에 따르면 현실 교회의 "내적"인 일치를 다루는 데 있어 사회적 차원에서 제기되는 도전들을 **염두에 두지 않고** 단순히 윤리적인 문제들로 취급하는 것은 과거에도 가능했고 지금도 가능하다. 현실 교회의 일치를 진지하게 다루는 것은 과거에도 가능했고 현재도 그러하다. 이는 **바로** 우리가 그리스도와 성령의 메시아적 일치에 의해 부름을 받았고 그 부르심에 헌신하기 때문이며, **바로** 현실 교회가 그리스도와 성령의 일치의 표징과 도구가 되도록 부름을 받았기 때문이고, **바로** 이 세상에서의 증언이 단지 윤리학의 문제가 아니라 참으로 믿음의 문제이기 때문이다. 현실 교회의 약함과 실패, 분열과 불의, 교회 자체의 취약성과 배도에도 불구하고 현실 교회를 삼위일체 하나님의 역사의 분리될 수 없는 일부로서 이해하는 것은 과거에도 가능했고, 지금도 가능하다. 현실 교회에 대한 우리의 실망 때문에 현실 교회와 새로운, 그렇지만 여전히 모호하고 보이지 않으며 비역사적이고 메시아적인 공동체 사이에서 하나를 선택하거나, 그러한 공동체를 대안으로 이해해야 할 필요는 **없다.** 현실 교회 안에서 교회와 함께 그리고 교회를 통해 우리가 가시화하도록 부름받은 것(곧 몰트만이 삼위일체 하나님의 역사라는 그의 전체적인 신학 기획을 통해 감동적으로 말해온 것)을 이루고자 몸부림치는 것—아마도 그러한 몸부림 자체—을 소명으로 이해하는 것은 가능할 것이다. 왜냐하면 현실 교회의 슬프고 비극적이며 수치스러운 이야기(남아프리카공화국에서 우리가 직접적으로 너무나 잘 알고 있는 우리의 이야기)가 바로 삼위일체 하나님과 세계 역사의 일부분이기

....

38   Moltmann, *Church in the Power*, 347.

때문이다.

몰트만의 교회론이 궁극적으로 앞서 이야기한 현실 교회와 대안적 공동체 사이의 선택을 부추기고 있다고 의심하는 것은 올바른가? 그것이 그가 전통적인 교회론적 주제와 이슈에 거의 주의를 기울이지 않는 이유이며, 그것이 바로 그의 교회론이 그의 다른 저작보다 덜 회자되고 반응을 얻지 못한 이유일까? 그것은 확실하지 않다. 몰트만 본인도 이에 대해 이야기하지 않는다. 그의 결론조차 끝내 이 문제를 다루지 않는다.

자유가 고려되지 않은 연합만 바라보면, 교제를 위한 화해는 해법 없이 갈등만을 예방하고자 하는 유화책이 된다. 반대로 연합을 고려하지 않은 채 자유만 바라보면 해방과 평화를 위한 수단으로서 갈등이 요구하는 돌이킬 수 없는 희생을 간과하기 쉽다. 일치 그 자체도, 갈등 그 자체도 창조적인 것은 아니다. 유일하게 창조적인 것은 갈등을 수용하면서 자유 안에서의 일치, 일치 안에서의 자유를 추구하는 힘이다. 이러한 갈등의 실제적이고 개인적인 문제에 있어 가장 중요한 문제는 교회와의 교제가 더 중요한가 아니면 억압받고 박해받는 사람들과의 교제가 더 중요한가와 같은 것이 아니다. 정말로 중요한 것은 확실하고 일관된 **그리스도의 교제**가 어디에서 발견되는가 하는 것이다. 이것이야말로 그리스도인 형제들과, 지극히 작은 자들과 맺는 우리의 교제의 기초이기 때문이다. 그러므로 그것은 또한 교회적 교제와 정치적 교제의 척도가 된다. 일치와 분열, 갈등과 화해, 대립과 협력이 그리스도의 십자가에 의해 검증되어야 한다; 왜냐하면 그의 십자가야말로 하나 된 하나님 나라의 처음이자 마지막 표징이기 때문이다.[39]

....
39   Ibid.

따라서 가장 중요한 문제는 "교회와의 교제"와 "핍박받는 자와 압제받는 자들과의 교제" 사이에서 어떤 것을 선택해야 하는가에 있는 것이 **아니라**, "그리스도의 교제가 어디에서" 발견되는가에 있다. 실로 "그리스도의 교제"는 어디에 있는가? "그리스도의 교제"는 "교회"와 "억압받는 자" 사이에서 어떤 것을 선택하라고 제시하는가, 아니면 그의 십자가가 참으로 "하나님 나라의 처음이자 마지막 표징"이기 **때문에**, 하나로 연합되고 연합시키는 것이 교회이기 **때문에** 박해받고 억눌린 자들과의 연합을 찾는 것은 가능한 것인가?[40]

....

40   이러한 선택에 관한 논의는 그의 저작 전반에 걸쳐 다양한 상황 아래에서 반복적으로 나타난다. 예를 들어 *The Experiment Hope*, 116-18쪽에서 몰트만은 "옛 문장"에 따르면 참된 교회는 그리스도께서 계신 곳에 존재한다(*ubi Christus, ibi Ecclesia*)고 이야기한다. 그러나 그리스도는 어디에 계시는가? 이어서 그는 신약성경이 그리스도의 현존에 관해 두 가지 단서를 제공하는데, 바로 말씀과 성례 그리고 믿는 자들과 형제들이 모인 공동체(마 25장) 안에 그리스도가 현존한다고 말한다. 여기서 그는 이 두 번째 형태의 현존이 사회윤리와 연관된 것이 아니라 교회론과 연관되는 것이라고 지적한다. 그에 따르면, 이 말씀은 "그리스도의 이중적 차원의 형제 됨(double brotherhood of Christ)인데 첫 번째는 신자들의 형제애로부터, 두 번째는 가난한 자와의 형제애로부터 나타난다"고 증언한다. 사실 이러한 상황에서 그의 주장의 핵심은 그리스도의 임재와 교회 됨의 두 번째 형태를 선택하는 방향에 있다. "인종, 계급, 지위, 국가 교회는 구조에 있어 이단처럼 보인다." 이는 아파르트헤이트 정책에 맞서 싸우고 있던 남아프리카공화국 신자들이 가지고 있던 정서다. 그런 다음 그는 "거짓 교회"에 속한 것처럼 보이는 사람들과의 "관계를 끊을 것을 구체적으로" 요구하는데, 이는 큰 설득력이 있거나 좋지 않은 대안이었다. 라스무손은 몰트만이 그리스도의 삼중적 형태의 현존을 염두에 두고 있었고, 그 가운데 세 번째 형태로서의 재림 안에서의 현존을 이야기했다고 주장한다(*The Church as Polis*, 76-78). "몰트만은 다음과 같이 결론짓는다. 중요한 질문은 교회 외부에 있는 사람들이 자신들을 교회와 어떻게 연관시킬 수 있는지가 아니라, 교회가 어떻게 가난한 사람들 가운데 계신 그리스도와 자신을 연관시킬 수 있는지라는 것이다. 그는 나중에 예수가 어떻게 복음을 선포했는지에 대해 다룰 때도 동일한 생각을 내비쳤다. 가난한 사람들에게 복음은 무조건적으로 선포된다. 그들은 하나님 나라로 부르심을 입지 않았다. 이미 그들에게 하나님 나라는 주어지고 있었다. 이는 그들의 삶에 참된 존엄성을 주는 진리였다. 그러나 부자에게 해방의 메시지는 반대로 회심과 제자로서의 부르심을 요구한다. 이러한 사실로부터 새로운 메시아적 공동체는 회심한 사람들과 가난한 사람들로 구성된다는 것이 알려진다. 교회의 삶과 선교의 실질적인 결과는 다음과 같다. "선교는 사람들을 다시 교회로 데려오거나 교회를 사람들에게 데려가는 것이 아니라 오히려 사람들의 교회(the

믿음, 소망, 그리고 행동에 관한 진술들 - 남아프리카공화국적 수용

몰트만은 교회의 네 가지 **표지**에 대한 그의 논의를 소개하면서 삼위일체 하나님에 대한 고백의 통합된 구성요소로서 그것들이 믿음, 소망, 행동에 관한 진술들로 이해되어야 한다고 설명한다.

　이러한 **표지**들은 교회가 그리스도의 행위의 특성들로 소유하고 있는 것이라기보다 믿음에 바탕을 둔 진술들이다. 일치성, 거룩성, 보편성, 사도성은 모두 그리스도가 교회 안에서, 교회와 함께, 교회를 통해 하고 있는 일에 관한 신앙적 진술이다. 그것들은 동시에 "그리스도의 메시아적 사명과 성령의 종말론적 은사"에 대한 진술이며, 따라서 "도래하는 하나님 나라의 관점에서 교회가 자신의 존재와 증언을 통해 어떻게 메시아적인 사역을 드러낼 수 있을지에 대한 진술"이다. 교회의 일치성, 거룩성, 보편성, 사도성은 소유에 대한 진술이라기보다 희망에 관한 진술이다. 그러므로 그것들은 행동에 관한 진술이기도 하다. (그리스도의 사역에 대한) 믿음과 (도래하는 하나

----

church of people)를 발견하게 하고 '가장 작은 자'와의 형제애 안에 있는 예수의 형제애를 살아내는 것이다." 라스무손은 "이것이 실제적인 차원에서 어떻게 이해될 수 있는지 아는 것은 쉬운 일이 아니다"라고 지적한다. 왜냐하면 몰트만이 이야기하는 이러한 "뚜렷한 대비"는 "그가 말하고자 하는 바를 실제적인 용어로 풀어내는 것을 매우 어렵게 만들기 때문이다."

　그것은 아마도 미하엘 벨커가 그의 "Gottes freie Gnade ausrichten an alles Volk"(모든 사람에게 하나님의 자유로운 은혜를 전하라), *epd-Dokumentation*, No. 29, 6(July 2004)에서 비판한 그의 교회론 내 동일한 극명한 대안, 똑같은 뚜렷한 대비일 것이다. 1984년 「바르멘 신학 선언」 기념일 동안 몰트만은 그의 "Zum Abschluss"(결론적으로)에서 여섯 번째 테제 안에 "모든 사람에게"라는 문구를 신약성경의 오클로스*(ochlos)*의 의미로, 따라서 가난한 자, 소외된 자, 고통받는 자의 의미로 해석했다("Zum Abschluss", in *Bekennende Kirche wagen*, ed. Jürgen Moltmann, 260-61 [Munich: Kaiser, 1984]). 복음은 그들을 위한 것이며 그들이 진정한 교회다. 벨커는 이러한 해석을 비판하면서 이러한 관점이 잘못된 대안을 제시하고, 나아가 교회가 실상 교회가 아니라 (모호하고 불분명한 방식으로) 교회가 되어야 함을 이야기한다고 지적한다.

님 나라에 대한) 소망의 진술들로서 그것들은 교회를 하나의 거룩하고 보편적이며 사도적인 교회가 **되게 한다.** 따라서 이러한 방식으로 결합된 **표지**들은 교회의 가시성, 현존 및 실제 생활을 매우 중요하게 만든다.

> 교회의 본질적인 본성은 그 특성 안에서 주어지고, 약속되며, 그 위에 놓인다. 믿음, 소망, 행동은 일치성, 거룩성, 보편성, 사도성 안에서 교회의 형태로 세상에 가시화된다. 그렇기 때문에 신학은 "보이지 않는 교회", "미래의 교회", "순수한 차원의 교회"만을 이야기할 수 없는 것이다. 교회는 믿음과 희망과 행동을 통해 그리스도의 하나 되고, 거룩하며, 보편적이고, 사도적인 통치 안에서 생동한다.[41]

몰트만의 이 인용문은 우리로 하여금 교회를 이해하는 데 매우 큰 도움을 준다. 우리가 무엇을 믿고, 무엇을 희망하며, 무엇으로 부름을 받았는지 진술하는 이 내용들은 현실 교회, 우리가 실제 모습 및 우리가 살아가는 방식과 비판적인 긴장을 조성한다.

정상적인 상황에서 이러한 긴장은 몰트만 자신이 자주 인용하는 표현인 개혁주의 모토인 "개혁된 교회는 항상 개혁한다(*ecclesia reformata semper reformanda*)"는 정신으로 자기 비판적 성찰과 지속적인 분별과 쇄신을 요구한다.

비정상적인 상황에서는 우리가 누구인지, 우리가 무엇을 믿고 희망하며 부름을 받았는지에 관한 심각한 긴장이 발생하며, 급진적인 변화, 완전한 쇄신, 회심 및 헌신이 요구되는 것처럼 느껴질 수 있다. 이는 몰트만이

....
41   Moltmann, *Church in the Power*, 340.

지적했듯 우리로 하여금 신앙의 문제들을 직면하게 만든다. 이러한 긴장은 외부적 저항을 불러올 수도 있지만, 내부로부터의 저항도 불러올 수 있다. 그것은 사회 자체의 분열, 불의, 갈등에 교회가 개입함으로써 발생할 수 있기 때문에, 정치적 상황이 심각하여 신조의 문제가 되는 지점이 언제인가라는 질문을 제기하게 만든다. 그러한 순간들은 고통스러울 것이다. 그러나 적어도 아파르트헤이트 시대의 많은 남아프리카공화국 개혁교회에 따르면 그 순간들은 우리로 하여금 제도적 교회를 벗어나 어떤 형태의 사회적 운동에서 그 대안을 찾는 것이 불가능함을 보여준다. 사실 그 순간들은 우리로 하여금 교회 안에서 이 특수한 역사적 순간과 관련된 새로운 고백을 내놓도록 도전하고, 삼위일체 하나님의 복음 안에 있는 능력과 진리를 세계에 증언하는 계기로 삼도록, 교회의 직제와 실천, 실제적 삶 안에서 그 고백을 가시화하도록 추동한다. 이 교회들에게 현실 교회의 자유 안에서 생동하는 일치를 가시적으로 실현하는 것은 삼위일체 하나님의 역사에 대한 기독교적 고백에 있어 필수적인 것이었으며, 현재도 마찬가지다.

아파르트헤이트에 맞서 남아프리카공화국의 「벨하 신앙고백서」가 교회의 일치와 관련해 이러한 믿음, 희망, 행동에 대한 헌신을 이야기했을 때, 그 고백문은 몰트만의 저작으로부터 문구들을 차용하면서 일치가 반드시 자유 안에 있는 일치가 되어야 한다고 강조했다.[42]

....

42 「벨하 신앙고백서」는 서론 및 결론과 함께 살아있는 일치, 진정한 화해, 자비로운 정의를 다루는 세 부분으로 구성되어 있다. 이는 당시 네덜란드 개혁선교교회의 아파르트헤이트 신학에 의해 위태롭게 된 궁극적으로 중요한 세 가지 기독교적 신념이었다. 교회의 일치에 관한 부분은 다음과 같이 기록한다. "우리는 하나의 거룩하고 보편적인 기독교 교회, 즉 온 인류 가족으로부터 부름 받은 성도들의 친교를 믿습니다. 우리는 그리스도의 화해 사역이 하나님과, 그리고 이웃 간의 화해를 경험한 신자들의 공동체로서 교회에 나타남을 믿습니다. 그러므로 연합은 예수 그리스도의 교회에게 주어진 선물이자 의무라는 것을 믿습니다. 성령의 일하심을 통해 연합이 하나 되게 하는 힘을 가지며, 동시에 우리가 열렬히 추구해야 하는 실

남아프리카공화국 상황에서 이는 교회의 가시적인 일치가 아파르트헤이트의 무자비한 다원주의나 교회 내 획일성을 확립하려는 어떤 시도에 의해서 달성되는 것이 아님을 의미했다. 하나님이 주는 은사의 놀라운 풍성

....

재임을 믿습니다. 이는 하나님의 백성이 성취하기 위해 끊임없이 세워야 할 것임을 또한 믿습니다. 이 연합은 세계로 하여금 하나님을 믿게 하기 위하여 반드시 가시화되어야 하며, 사람들과 집단 사이의 분리, 적대감, 증오는 그리스도께서 이미 정복하신 죄인 것과, 따라서 이 연합을 위협하는 모든 것은 교회에서 설 자리가 없다는 것과 교회는 이에 저항해야 한다는 것을 믿습니다. 하나님 백성의 이 연합은 우리가 서로 사랑하는 것 안에서 다양한 방법으로 실현되고 추구되어야 한다는 것을 믿습니다. 우리는 서로를 공동체로서 경험하고, 이를 실천하며 추구해야 함을 믿습니다. 우리는 서로에게 유익하고, 축복이 되도록 기꺼이 자신을 희생할 의무가 있음 또한 믿습니다. 우리는 하나의 믿음을 공유하고, 하나의 소명을 가지며, 한 영혼과 한 뜻을 가지고 있음을 믿습니다. 한 하나님 아버지가 계시고 한 성령으로 충만하고 한 세례로 세례를 받고 한 떡을 먹고 한 잔을 마시며 한 이름을 고백하고 한 주님께 순종하며 한 대업을 위해 일하고 한 소망을 나누고 있음을 믿습니다. 같이 그리스도의 사랑의 높이와 너비와 깊이를 알게 되고, 같이 그리스도를 닮아감에 있어 새로운 인간 됨에까지 세워지고, 같이 서로의 짐들을 짊어짐으로 그리스도의 법을 성취하며, 서로를 권면하고 위로함으로써 우리가 서로를 필요로 하고 서로를 세워주게 되고, 우리가 의를 위해 함께 고난을 당하고, 함께 기도하고, 이 세상에서 같이 하나님을 섬기고, 이 하나 됨을 위협하거나 방해하는 모든 것에 대항하여 같이 싸울 것을 믿습니다. 이 하나 됨은 강압적으로가 아니라 오직 자유 안에서만 수립될 수 있다는 것, 다양한 영적인 은사들, 기회들, 배경들, 확신들, 또한 다양한 언어들과 문화들은 그리스도 안에서 이루어진 화해로 인해 서로를 섬기기 위한 기회들이며 하나님의 가시적 백성 안에서 풍요로움이 될 줄 또한 믿습니다. 예수 그리스도에 대한 참된 믿음만이 이 교회의 지체가 될 수 있는 유일한 조건임을 믿습니다."

"그러므로 우리는 자연적 다양성을 절대화하거나, 사람들을 나누는 죄악된 분리를 절대화하는 가르침들을 배격합니다. 이러한 절대화는 교회의 가시적이고 활동적인 하나 됨을 방해하거나 깨뜨리며 심지어 분리된 교회를 만들어 정당화하는 길로 인도합니다. 한편으로는 동일한 고백을 하는 신자들이 실제로는 다양성이라는 미명 아래 서로에게서 소원(疏遠)하게 되어 더 이상 화해할 수 없는 지경에 있으면서도 말로는 이러한 영적 하나 됨은 평화의 결속 안에서만 진정으로 유지된다고 고백하는 그 어떠한 가르침도 우리는 배격합니다. 값으로 매길 수 없는 이러한 가시적 하나 됨을 열렬하게 추구하기를 거절하는 것이 죄라고 말하는 것을 부인하는 그 어떠한 가르침도 우리는 배격합니다. 혈통적 요소나 그 어떠한 인간적 혹은 사회적 요소가 교회의 지체 됨을 결정하는 데 고려사항이 되어야 한다고 명시적으로든지 암시적으로든지 주장하는 어떠한 가르침도 우리는 배격합니다." (교회 연합에 관한 「벨하 신앙고백서」 번역은 다음을 참조해서 수정했음을 밝힌다. 위키피디아, "벨하 신앙고백서",https://ko.wikipedia.org/wiki/%EB%B2%A8%ED%95%98_%EC%8B%A0%EC%95%99%EA%B3%A0%EB%B0%B1%EC%84%9C 2022년 1월 15일 접속-역자 주)

함은 그 당시 심하게 분열된 사회 안에서 세계를 향해 증인 되고 하나 된 생동하는 교회를 통해 선포되어야만 했다. 사실 많은 다른 신학자, 신학 전통, 심지어 교회 문서가 「벨하 신앙고백서」에 주요한 방식으로 영향을 미쳤음에도 불구하고, 해당 신앙고백서는 유일하게 몰트만의 문구만을 직접 인용했다.

이 문구를 직접 인용했다고 해서 「벨하 신앙고백서」가 몰트만 신학이 다뤘던 상황들 모두를 상정하거나, 그의 교회론 전체를 수용했다는 것은 분명 아니다.[43] 다만 그 고백서가 이 문구들을 차용한 것은 멀리 떨어져 있음에도 불구하고 남아프리카공화국 교회들이 처한 위협과 도전에 대해 깊은 관심을 보였던 동시대 신학자요 친구를 향한 감사의 표현이었다.

....

43 　「벨하 신앙고백서」가 "자유"라는 개념을 다룰 때는 몰트만이 자신의 신학에서 발전시킨 기술적인 의미로 해당 개념을 단순 차용하고 있지 않음은 분명하다. 몰트만에게 있어 자유라는 개념은 그의 모든 저작과 조직신학적 체계 안에서 중심적인 역할을 하는 중요한 개념이다. 개론적인 이해를 위해서는 Rasmusson, *Church as Polis*, 90-99을 보라. 「벨하 신앙고백서」에서 자유라는 개념이 사용될 때는 몰트만의 용례와 같이 기술적이고 철학적인 의미가 아닌 실용적인 차원에서만 사용되었다. 다시 말해 교회의 연합이 획일성과 동일시되거나, 실제적인 차원에서 신자에게 강요되는 어떤 것, 곧 그들의 다양성과 타자성 그리고 교회에게 주어진 풍요로운 은사를 부정하는 것으로 오해되어서는 안 된다는 의미로 사용되었다.

8장

성령의 길을 예비하라

♛

하비 G. 콕스 주니어

나는 생명의 주님이자 수여자인 성령을 믿습니다.

기원후 12세기 말엽 피오레의 요아힘(Joachim of Floris)이라는 이탈리아 시토회 수도원장이 성 삼위일체에 대한 독창적인 교리를 제시했다. 이 덕망 있는 수도승은 삼위일체의 세 위격이 비록 영원한 상호 관계성 속에서 살지만 역사에서는 순차적인 방식으로 자신을 나타낸다고 많은 글을 통해 제안했다. 이러한 맥락에서 그는 구약 시대는 **성부의 시대**라고 추측했다. 나아가 교회 역사의 첫 번째 천 년은 **성자의 시대**였으며, 그가 살았던 시대는 이제 삼위일체 가운데 세 번째 위격인 성령의 시대에 접어들고 있다고 가르쳤다. 따라서 역사는 **성령의 시대** 여명기에 다가가고 있는 것이었다.

요아킴은 이제 막 탄생하는 이 새로운 시대에는 하나님의 영의 찬란한 임재가 모든 사람과 모든 피조물에 충만할 것이기 때문에 교회 내 계층(hierarchy)이 더 이상 필요하지 않을 것이라고 말했다. 물론 이 생각은 교황과 주교들로부터 즉각적인 호평을 받지 못했다. 하지만 그보다 더한 것이 있었다. 요아킴은 이 **성령의 시대**에는 그리스도인을 불신자들과 갈라놓았던 분쟁과 적대감이 사라질 것이고, 모든 사람과 민족이 하나의 조화로운 몸으로 결합할 것이라 주장했다. 이 조화로운 삶에 대한 생각 또한 많은 이들에게 보편적으로 수용될 수 없었는데, 특히 팔레스타인과 시리아의 이교도들을 향해 유혈이 낭자하면서도 경제적 이익을 창출해주었던 십자군을 옹호하는 사람들로부터 특히 그러했다. 요아킴의 독창적인 가르침은 특별히 영적인 프란치스코회 수도사들 사이에서 1-2세기 동안 짧은 인기를 얻었다. 그들 중 일부는 성 프란치스코(St. Francis)를 새로운 **성령의 시대**를 소개한 인물로 보았다. 결국 교회 당국은 요아킴의 가르침을 이단으로 선언하고 일부 영적 프란치스코회 수도사들을 화형에 처했다.

20세기 들어, 특히 지난 몇십 년 동안 이뤄진 세계 기독교의 발전은 요아킴이 예견했지만 자신의 시대에는 도래하지 않았던 **성령의 시대**가 뒤늦게 도래하고 있는 것은 아닌지 우리로 하여금 질문을 던지게 했다. 우리는 비슷한 시기에 일부 신학자들이 선언한 **하나님의 죽음** 대신 성령에 대한 재조명 또는 프로이트의 말로 표현하자면 기독교에서 "억압되었던 것의 회귀"[1]를 경험하고 있다. 그러나 현재 여명이 밝아오는 **영(혹은 영들)의 시대**가 요아킴이 예언한 무조건적인 축복과 조화의 시대는 아닐 수도 있음을 주의해야 한다.

"억압되었던 것의 회귀"라는 표현은 적절해 보인다. 왜냐하면 신약성경을 주의 깊게 읽는 독자라면 누구나 알 수 있듯이 성령의 제약 없는 임재에 대한 믿음은 분명히 존재했고, 이로 인한 초기 기독교 내 갈등과 우려들 또한 존재했었기 때문이다. 바울 서신은 성령에 관한 이러한 갈등이 있었음을 아주 분명하게 보여준다. 그 후 수 세기에 걸쳐 신학적인 이유보다 종종 정치적이고 제도적인 이유들로 성령의 자유에 대한 믿음은, 완전히 소멸되지는 않았지만, 제약받고 금지되기까지 했다. 그럼에도 성령 또한 성부, 성자 하나님과 동등한 하나님이라는 기독교의 삼위일체 교리는 여전히 보존되고 있다. 21세기가 시작되면서 억압되었던 성령의 귀환은 종교적 차원의 현실이자 신학적인 이슈가 되었다.

나는 오랫동안 민족학과 심리학 및 다른 과학의 관점에서 종교를 연구하는 사람들과 다른 한편으로 신학의 관점에서 그것을 연구하는 사람들 사이의 간극이 너무 넓고 큰 것으로 비춰지고 있는 것은 아닌지 염려했다. 그러나 신학적 교리는 때때로 실생활과 동떨어져 보이지만 모든 지적인 작업들이 공유하는 근본 문화가 이슈들을 구성하고, 그것을 인식하도록 만드는

<hr />

1 Sigmund Frued, *Moses and Monotheism* (Hogarth Press and the Institute of Psycho-Analysis, 1939), 197.

방법에 지대한 영향을 끼쳐왔다.

이 장은 두 가지 점을 논할 것이다. 첫째, 새로운 종교 운동은 서구 기독교와 같이 제도화됨으로써 한계를 가지게 된 성령 신학과 기존 교회를 위협하는 것처럼 보인다. 그러나 이러한 오해는 두 가지 원인으로부터 기인하는데, 하나는 성령에 대한 교리가 수 세기 동안 논의되지 않았기 때문이며 다른 하나는 서방 교회 특유의 경향성, 곧 위험해 보이는 모든 계기(예컨대 성령)를 통제하고, 독점하고, 중재하고자 안전장치들과 수단들을 세우려는 경향성으로부터 기인한다.

나의 두 번째 논제는 비록 그들이 종종 편협하고 이기적인 방식으로 그렇게 해왔지만, 성령의 에너지를 전달하려고 노력한 사람들로서 그들도 그들 나름의 충분한 이유가 있었기 때문에 그랬다는 것이다. 그들은 영이 유익할 수도 있지만 유해할 수도 있음을 알고 있었다. 이러한 맥락에서 그들은 일종의 규범을 도입하려고 시도했는데, 이러한 시도는 현재도 필요하다. 그들의 이러한 시도는 성령을 드러내는 대신 소멸시키거나 억제하는가? 우리는 오늘날 새로운 종류의 규범을 필요로 하는가?

아마도 먼저 그리스도인들이 애초에 왜 영의 신성 혹은 전통적 용어로 성령의 신성을 믿게 되었는지 물어보는 것이 유용할 것이다. 답은 명확하지 않다. 숫자 3에 본질적이거나 마법 같은 요소는 없다. 하나님의 세 위격이 아닌 네 위격이나 일곱 위격을 믿지 않는 이유는 무엇인가? 하나님의 위격의 수는 다를 수도 있었다. 어쨌든 초기 그리스도인들은 이스라엘 사람들을 부르고 해방한 창조주 하나님을 믿었다. 그들은 팔레스타인에서 살다가 죽은 예수 그리스도, 나아가 부활한 그리스도도 믿었다. 그런데 그들은 왜 하나님의 세 번째 현현도 이야기했는가?

이에 대한 유일한 대답은 이후 하나님을 삼위일체라고 부를 수밖에 없는 일련의 경험, 곧 다양한 방법으로 삼위일체 하나님을 만난 부인할 수 없는 경험이 있었기 때문일 것이다. 그들은 창조주 하나님과 그리스도로 소급될 수 없는 방식의 거룩한 하나님에 대한 경험을 가지게 되었고, 이 경험은 성부와 성자와 동일한 완전한 하나님에 대한 새로운 경험이었다. 이는 가장 중요한 통찰이었다. 초기 기독교가 영지주의라는 환경에서 성장했던 것을 생각해보면, 그들은 이 세 번째 통찰을 덜 중요하거나 파생적인 것으로 만들 수도 있었다. 그러나 그들은 그렇게 하지 않았다. 그들은 성령을 유사 신으로 말하기를 거부했다. 그들은 성령도 완전한 하나님이라고 주장했다.

그렇다면 어떻게 그리고 왜 성령에 대한 기독교적 이해는 억압되기 시작했는가? 우리가 보았듯이 바울의 몇몇 서신, 특히 고린도전후서는 성령의 자유로움이 기독교 초기 수십 년 동안 교회 지도자들에게 이미 문제로 인식되고 있었음을 시사한다. 서기 325년 새로 개종한 콘스탄티누스 1세 황제가 소집한 니케아 공의회에서도 같은 질문이 제기되었다. 그곳에서 교회 지도자들은 우리가 지금 니케아 신조라고 부르는 것을 처음으로 작성하고 공포했다. 그 신조를 통해 교부들은 "우리는 아버지 하나님을 믿습니다", "그의 독생자 예수 그리스도를 믿습니다"라고 고백했다. 이러한 신조 조항과 함께 이를 설명하는 단락도 첨부했다. 그러나 설명이 없는 거의 부록에 가까운 내용으로 그들은 "**그리고** 우리는 성령을 믿습니다"라는 문구를 덧붙였다. 그 문구가 그들이 말한 전부였고, 그 이상은 없었다. 그들은 왜 그 이상의 설명을 덧붙이지 않았을까?

아마도 자세한 설명이 부재하다는 것은 그 당시 성령에 대한 논쟁이 그리 많지 않았음을 반증하는 것 같다. 왜냐하면 신조는 논쟁에 대응하기 위한 것이기 때문이다. 그러나 이후 관련 논쟁이 빠르게 일어났고, 불과 50

년 후인 콘스탄티노플 공의회 때 성령에 대한 부분을 크게 확대하면서 교부들은 "생명의 주님이자 수여자"라는 문구와 "(성령은) 아버지로부터 발출했고, 아버지와 아들과 함께 영광을 받는 한 분 하나님…"이라는 문구를 추가했다.

현재 서방 교회 신조들에서 우리에게 친숙한 "아버지**와 아들로부터** 발출하시고"라는 구절은 콘스탄티노플 버전의 니케아 신조 원문에는 포함되지 않았었다. 사실 그 부분은 수백 년 동안이나 포함되지 않고 있었다. 이후 그 부분이 추가되었던 과정에 대한 이야기는 꽤 길다.

기원후 약 800년에서 1000년 사이 서방 교회는 에큐메니칼 공의회나 동방 교회의 승인 같은 정당한 신학적 절차 없이 일방적으로 신조에 **필리오케**(*filioque*, ~와 아들로부터)라는 문구를 **추가했다**. 결과적으로, 동방 교회는 오늘날까지 절차적·신학적 근거를 바탕으로 신조의 이 구절을 받아들이지 않고 있다. 따라서 유서 깊은 이 **필리오케** 논쟁은 아직 끝나지 않았다. 그것은 러시아 정교회와 그리스 정교회 그리스도인들의 마음속에 아직 생생하게 살아있다. 왜 그런 곤란하고 분열을 조장하는 문구가 추가되었을까?

무수히 많은 이론과 문헌이 이 점에 대해 논의해왔다. 우리는 샤를마뉴(Charlemagne)가 **필리오케** 조항의 옹호자였다는 것을 안다. 새로 즉위한 황제로서 샤를마뉴는 (삼위일체의 제2위격인) 그리스도를 (제3위격인) 성령보다 승격시키려는 것을 거부했던 아리우스파 그리스도인들에 대한 자신의 통치를 공고히 하고자 했다. 우리는 또한 여러 교황이 이러한 문구 삽입에 저항했다는 것과 그렇지만 결국 다양한 압력에 직면하여 이를 인정하고 신조에 포함시킬 수밖에 없었다는 것도 안다. 우리는 또한 이러한 수정이 처음부터 동방 교회의 저항을 받았고, 1054년 두 기독교 분파 사이 분열을 초래한 논쟁이 되었다는 것을 알고 있다. 그러나 우리는 또한 실상 그 분열이 신학적인 원인뿐만 아니라 정치적인 원인에 의해서 촉발되었던 것과 십자 군이 콘스탄티노플을 약탈하기 위해 예루살렘을 출발했을 때 이미 돌이킬 수 없게 되었던 것을 안다.

그런데 **필리오케**라는 문구는 실제로 무엇을 의미하는가? 서방 교회들 (로마 가톨릭과 대부분의 개신교 교회들)이 고백하는 것처럼 성령이 성부와 성 자 두 분 모두로부터 "발출한다"는 것은 하나님의 영의 임재가 어떤 식으로 든 예수 그리스도 아래 포섭되고 있음을 암시한다. 이 견해는 일반적으로 예수 그리스도에 대한 분명한 고백이 있는 경우에만 성령이 임한다는 것을 의미해왔다. 나아가 이는 요한복음 3:8의 "바람이 원하는 데로 부는 것처 럼"이 증언하는 자유로운 하나님의 영이 이제는 자신을 제한하고, 교회가 승인하는 방식을 따라서만 역사하는 존재로 이해됨을 시사한다. 서방 교회 에서 성령의 자유는 이처럼 제한된 방식으로 이해되어 온 반면에 동방 교 회와 기독교 신비주의 전통에서는 성령 하나님에 대한 체험을 바탕으로 적 어도 성령에 대한 이해는 더 넓고, 덜 정제되고, 덜 통제된 방식으로 이어져 내려왔다. 몇 년 전 일부 미국 성공회와 영국 성공회 교회는 신조에서 **필리 오케** 문구를 삭제하기로 결정했다. 결과적으로 그 교회들이 사용하는 신조 에는 그 문구가 포함되어 있지 않다.

필리오케 삽입의 역사를 살펴볼 때 그 신학적 목적을 간과하지 않는 것이 중요하다. 필연적으로 다음과 같은 질문들이 제기되기 시작했다. 어떻 게 우리는 이러저러한 종류의 종교적 혹은 영적인 경험이 정말 하나님에게 서 온 것인지 확신할 수 있는가? 어떻게 우리는 "영들을 시험"(요일 4:1) 할 수 있을까? **필리오케**는 일종의 리트머스 시험지였다. 그러나 역사는 그것 이 종교 운동에 대해 어떤 규범을 제시하는 데 있어 매우 서툴렀고 부적절 했음을 보여준다. 그렇다면 현재 **필리오케** 논쟁은 어떻게 생각될까?

    1991년 호주 캔버라에서 열린 세계교회협의회 총회에서 대표자들은 "오소서 성령이여, 만물을 새롭게 하소서"라는 표어 아래 모였다. 세계교회협의회는 교회 전통에서 가장 오래된 기도 중 하나인 "*Veni Creator Spiritus*"(오소서, 창조주 성령이여)에 기초한 총회 소집을 통해 처음으로 성령에 대한 암시를 사용했다. 그것은 적절하고 심지어 무해한 것처럼 보였지만, 총회를 통해 이 문제가 예상했던 것보다 훨씬 더 폭발적이고 분열적이라는 것을 발견하게 되었다. 그 문제를 다루는 것은 깊은 적의를 불러일으켰고 소위 오래된 교회와 젊은 교회를 분열시켰으며 동서 교회를 분열시켰다. 이 중요한 문제에 대한 합의에 도달하지 못한 것은 그리스 정교회 신학자 니콜라스 니시오티스(Nicholas Nissiotis)가 총회가 소집되기 오래전에 동방 교회나 서방 교회 모두 성령에 대한 충분한 교리를 가지고 있지 않다고 말한 것이 옳았음을 증명했다.[2]

    분명 미래에 우리는 성령 신학에 훨씬 더 많은 관심을 기울일 것이다. 위르겐 몰트만은 이 새로운 시도의 선구자 중 한 명이다. 나는 이러한 시도가 앞서 지적한 신학과 종교학 사이의 간극을 메워줄 공통의 기반을 발견하도록 도울 수 있다고 믿는다. 어떻게 그런 일이 일어날 수 있을까?

    피오레의 요아힘은 **성령의 새 시대**를 예견했다. 그 시대는 아직 오지 않았고 아마 앞으로도 오지 않을지 모르겠다. 그의 생각이 어떻게 취급되었던가를 기억해보면 성령의 자유로운 활동이 서구 기독교의 교리와 제도에 얼마나 쉽게 갇히고, 제한될 수 있는지를 보여준다. 그러나 영이 영원히 갇혀있을 수만은 없다. 요아힘의 예언이 있은 지 8세기가 지난 지금, 우리는 대부분의 세속화 이론을 헛된 것으로 만들어버리고, 1960년대 "하나님

....

2   저자와 1964년 나눴던 사적 대화.

의 죽음"을 이야기했던 신학자들의 생각을 뒤엎는 종교적 에너지의 세계적 폭발을 목격하고 있다.

우리는 지그문트 프로이트가 "억압되었던 것의 회귀"라고 불렀던 것을 목도하고 있다. 그러나 우리는 이 원시적인 영적 에너지가 한때 기독교 신앙의 중심에 있었으나 자주 억압되어왔고 수 세기 동안 거부되어왔다는 사실을 쉽게 망각한다. 이제 그것은 다시 그 중심으로 돌아왔다. 첫째, 종교 다원주의의 범세계적 확장은 기독교로 하여금 예수 그리스도를 명시적으로 고백하지 않는 믿음들 안에서 하나님의 은혜를 발견하도록 추동한다. 그러한 도전은 꽤나 진지하고 현실적이다. 나는 대부분의 기독교 신학 메커니즘이 이 은혜로 가득한 하나님의 현존을 확증하기에는 부적절하다고 생각한다. 따라서 이 종교 전통 안에서 "하나님의 예기적인 임재", "그리스도의 숨겨진 현존" 혹은 "익명의 그리스도인들"을 이야기하는 것은 이제 맞지 않아 보인다. 그렇다고 해서 신학적 상대주의나 신학적 승리주의를 옹호할 생각도 없다. 만약 그렇다면 기독교 전통 안에 있는 그리스도인들이 어떻게 다른 종교 전통 안에서 나타나는 하나님의 임재를 확인할 수 있을까?

그 열쇠는 바로 성령에 관한 고대 교리에 있다. 위대한 신학자 아타나시오스(Athanasius)는 그 교리를 이렇게 설명했는데, 성령은 아버지의 모든 것이요 아들의 모든 것이지만 아버지도 아니고 아들도 아니라는 것이다.[3] 이 진술은 수수께끼처럼 들릴 수 있다. 그러나 그것은 성령이 온전하고 완전하게 하나님임을 드러낸다. 그 고백은 "바람이 원하는 데로 부는 것처

....
3   다음을 보라. Athanasius, *Ep. ad Serapionem* I; J. N. D. Kelly, *Early Christian Doctrines* (New York: Harper & Row, 1978), 255-58에 수록된 논의.

럼"(요 3:8) 자유롭게 역사하는 성령의 완전한 신성을 확증한다. 그러나 동시에 제기되는 또 다른 문제는 어떻게 성령이 기독교나 비-기독교 전통 같은 특정 종교의 고백 안에 현존하지 **않는다**는 주장을 정당화할 수 있겠는가 하는 것이다.

억압되었던 영이 우리 시대에 돌아왔다는 두 번째 증거는 성직자, 목회자, 신학자 같은 종교 리더십들에 여성들의 참여가 눈에 띄게 증가한 사실이다. 이 변화는 우리 모두에게 하나님의 성(gender)에 관한 예상치 못한 질문들을 제기하게 했고, 하나님에게 내재된 여성적 특성들을 발견하고 그 특성들을 예배, 예전, 찬송, 찬양과 기도를 통해 고백하도록 만들었다. 이러한 변화는 피오레의 요아힘조차도 놀라게 할 수 있는 새로운 사건이다. 우리는 현재 수천 년 동안 이어진 유대 전통과 성공회 제도 안에서 최초의 여성 랍비와 최초의 여성 사제와 주교를 얻게 되었다. 이것은 교회 역사에 있어 획기적인 변화다. 나는 미국 성공회 최초 여주교이자 전 세계 성공회 전통에서도 최초의 여주교가 된 바바라 해리스(Barbara Harris) 사제의 축성식이 거행되던 보스턴 현지 그 자리에 있었다. 그것은 감동적이고 중요한 사건이었는데, 왜냐하면 그 전통에 있는 수백만 명의 사람들은 사제가 하나님의 속성을 어느 정도 상징화한다고 믿어왔기 때문이다.

기독교 교회에서 이러한 여성들의 출현은 "억압되었던 영의 귀환"을 나타내는 신호이다. 로즈메리 류터(Rosemary Reuter)를 비롯한 기독교 페미니스트들은 하나님을 성령으로 부를 것을 강조하며, 성령의 사역을 생명의 네트워크를 형성하고 그 네트워크를 유지하는 여성들의 지속적인 헌신과 연결한다. 나는 이 지점에서 그리스도인들이 유대교를 포함한 다른 종교 전통에서 배울 것이 많다고 생각한다. 종종 유대교는 하나님의 가부장적 측면, 즉 성부의 측면만을 지나치게 강조하는 전통으로 오해되고 비난받는다. 유대교를 이렇게 비난하는 사람들은 유대교 신학에서 수 세기 동안 주목해온 하나님의 여성적 측면으로서의 **쉐키나**(*Shekinah*, "하나님의 영광")에 대한 관심을 간과하고 있다. 하나님의 여성적 측면을 드러내는 **쉐키나**는 적어도 몇몇 유대 전통들을 통해 전 세계로 퍼졌고, 촛불을 밝히고 매주 찾아오는 안식일의 여왕으로서 남성적인 하나님 이미지와 상징적으로 연합한다.

성령 하나님은 분명 성별을 초월한다. 그러므로 그리스도인들이 노래와 기도, 그들의 신학에서 하나님을 고백할 때 여성형을 사용하지 말아야 할 이유가 없다. 다양한 언어(예컨대 라틴어, 스페인어, 이탈리아어, 독일어 등)에서 영(Spirit)이라는 단어는 남성, 여성 또는 중성으로 표현된다. 창세기부터 요한계시록에 이르기까지 성경의 구절들은 하나님을 여성적 특질을 가진 분으로 이야기한다. 따라서 예배에서 하나님을 여성적 이미지를 사용해 표현하는 것은 가능할 뿐만 아니라, 그렇게 해야만 하는 것이다.

셋째, 오늘날 세계에서 가장 빠르게 성장하는 기독교 운동은 확실히 오순절주의다. 몰트만 교수 또한 이러한 성장을 중요한 흐름으로 평가해왔다. 미국, 남아메리카, 제 3세계에서 일반적으로 크고 작은 교단들이 치유의 은사 또는 "알지 못하는 방언을 말하는 것"과 함께 임하는 하나님의 영에 대한 즉각적인 체험을 중심으로 모이고 있다. 이 운동은 특히 기성 교회에 대해 불편함을 느끼거나 소외감을 느끼는 가난하고 소외된 사람들을 중심으로 빠르게 성장하고 있다. 창조주 하나님과 그리스도에 대한 성령의 상호 관계성과 성령의 자유를 온전히 인식하기 위해 어떻게 하면 이 운동을 올바로 이해하고, 필요한 경우 비판하며 적절한 경우 환영할 수 있을까?

마지막으로, 만약 성령이 생물학적 생명과 영적 생명 **모두**의 근원이라면 성령에 대해 깊이 묵상하는 신학은 우리로 하여금 **생태** 윤리를 발전시키도록 추동한다. 1991년 세계교회협의회 총회의 예비 문서는 다음과 같이 기록하고 있다.

> 우리가 모든 피조물을 보존하기 위해 성령께 기도할 때 우리는 하나님이 생물학적이고 영적인 생명 모두의 근원임을 인정하고, 하나님의 뜻에 따라 창조된 모든 피조물이 본래는 선하다는 것을 고백한다. 성령의 끊임없는 활동은 창조의 원천이다. 이 생명은 인간의 생존과 생계를 창조세계의 완성과 결합하는 하나로 이어진 전체다. 그렇다. 우리는 생명이라는 선물을 더욱 고통스럽게 만들고, 이로부터 발생한 극도의 위험한 순간을 살고 있다. 역사상 처음으로 지구의 주요 생명 유지 시스템은 인간에 의해 파괴되고 있다. 인류가 지구 전체의 생태적 생존을 이렇게 위협한 적은 없었다.[4]

수 세기에 걸친 속박으로부터 해방된 성령은 오랫동안 서구 사회를 지배해온 역사와 역사 만들기에 대한 집착으로부터 벗어나도록 우리를 도울 것이다. 나아가 성령은 우리로 하여금 흙과 별, 동물과 식물, 인간, 하나님의 모든 피조물을 포괄하는 종교적 윤리를 상상하도록 만들 것이다.

이 모든 사건과 상황은 교회적으로 억압되었던 성령이 다시 돌아왔음을 증언하고, 성령이 이제는 교회적인 제약에서 벗어나 정식으로 인정된 통로 밖에서도 자신을 표현하고 있음을 드러낸다. 그러나 같은 사건들과 상황들은 동시에 억압받아온 것의 귀환이 몇 가지 심각한 문제도 초래하고 있다는 점을 분명히 보여준다. 모든 영적 운동이 생명을 주거나 생명을 증

....

4   Michael Kinnamon, ed., Signs of the Spirit: Official Report, Seventh Assembly, Canberra, Australia, 7-20 February 1991 (Geneva: WCC Publications; Grand Rapids, Mich.: Eerdmans, 1991).

진하는 것은 아니다. 모든 종교적 운동, 곧 새로운 것이나 오래된 것, 제도적인 것이나 대중적인 것 모두가 건강한 것도 아니다. 우리는 "생명의 근원"으로부터 나와서 정의와 인간의 행복을 실현하는 하나님의 영의 사역들과 그렇지 않은, 파괴적이고 불완전하며 유해한 운동들을 어떻게 분별할 수 있을까?

일천 년 전 **필리오케** 문구를 삽입한 사람들이 그들이 초래한 피해와 가졌던 몽상에도 불구하고 뭔가 오늘날 우리에게 줄 교훈이 있지는 않을까? 그들은 아마도 그 당시 신학자들과 우리 시대 사회과학자들에게 대중 운동을 포함한 종교적인 운동은 명확한 규범 없이 분석할 수 없다는 점을 상기시키고 있는 것 같다. 우리는 가치 중립적인 척할 수 없다. 종교 운동은 개인들과 사회 및 문화에 강력한 영향을 미친다. 그것들은 생명을 주기도 하고 생명을 앗아가기도 하는 엄청난 결과들을 초래할 수 있다. 우리 인간은 소위 객관적인 묘사만으로 만족하지 않는다.

그렇다면 어떤 것이 규준이 될 수 있을까? 상당히 모호하긴 하지만 **필리오케** 교리로부터 우리는 실마리를 찾을 수 있다. 이 교리는 예수 안에서 성육신하고 그가 체현하며 선포한 하나님의 통치 가치들과 일치하지 않는 영적 운동들은 의심의 눈초리로 바라봐야 한다고 말한다. 예수는 가난한 이들과 자신의 운명을 함께했다. 그의 이러한 모습을 기준으로 삼아 부유하고 안락한 사람들에게만 집중하는 운동에 우리는 의문을 제기해야 한다 (일부 뉴에이지 운동이 이러한 경향을 보인다). 예수는 폭군들의 종교적 주장들을 불법한 것으로 판단했다. 그러므로 우리는 억압에 성스러운 권위를 부여하는 영적 운동과 종교 단체에 대해서도 의문을 제기해야 한다. 예수의 가르침과 실천은 자신의 종교적 직분을 남용하면서 당대의 배우지 못하고 학대받으며 소외되었던 사람들의 삶을 더 어렵게 했던 종교 지도자들에게 타격을 가했다. 오늘날 종교적인 위계와 영적 운동은 이러한 종교적 권력의 남용을 계속하고 있다. 사회의 가장 약하고 취약한 구성원을 위협하는 영적 운동을 판단하지 않고 단순히 연구, 분석, 정리만 하는 것은 결코 좋은 학문함이 될 수 없다. 그것은 분명 나쁜 신학이다.

바로 여기에서 신학과 종교학이 다시 서로를 필요로 하는 지점을 찾을 수 있다. 사회과학이 잘못된 객관성과 사이비 중립성을 추구한 잘못을 범했다면, 신학은 종종 그것이 비판하는 것에 별로 공감하지 않으면서 강박적으로 규범적이고자 했다. 사회과학은 그것이 기반하고 있는 가치들과, 그 가치들을 어떻게 발견하고 옹호하는지에 대해 더욱 명확히 할 필요가 있다. 신학자들은 공감을 바탕으로 하는 관찰과 주의 깊은 묘사의 기술을 발전시킬 필요가 있다.

인간의 죄와 유한함이 지속되는 한 우리는 결코 순수하고 때 묻지 않은 성령의 시대를 보지 못할 것이다. 우리는 요한1서 4:1이 이야기하듯이 "영들이 하나님께 속했나 분별"할 필요가 있다. 우리는 이 분별함에 있어 잠정적일 수는 있지만 **기준이 되는 무언가**가 반드시 필요하다. 기독교 신학은 예수의 삶이 그러한 시금석을 제공한다고 이야기하는데, **필리오케** 문구의 삽입자들이 바로 이러한 통찰을 가지고 있었던 것이다. 역사는 이미 예수의 이름으로 악행도 자행될 수 있음을 보여주었다. 그러므로 우리는 예수의 삶과 그가 추구한 가치의 기준이 예수의 이름으로 일어나고 있지 않은 운동들에 엄격하게 적용되고 있는 것처럼, 그의 이름을 바탕으로 하는 운동에도 동일하게 적용되어야 한다고 주장해야만 한다. 성령은 "그가 원하는 데로 분다"(요 3:8). 아무도 그 움직임을 통제할 수 없다. 그러나 그 영은 생명의 주님이며 수여자이지 죽음을 주는 존재가 아니다. 우리는 그 차이를 구별하는 법을 배워야 한다.

9장

삼위일체와 종교신학

♛

다니엘 L. 밀리오리

기독교 신앙과 다른 종교 사이의 관계를 재고하는 것은 21세기에 교회와 신학이 직면한 가장 중요한 과제 중 하나다. 경제, 과학, 정보통신, 문화의 영역에서 세계화가 가차 없이 진전되고 있고, 9·11 이후 세계의 국내적·국제적 긴장과 갈등에서 종교적 요인이 점점 더 많이 인식되고 있는 상황에서 기독교 신학이 종교신학의 과제에 관심을 두어야 할 필요는 실제적이고도 긴급하다.[1]

예수 그리스도 안에서 알려진 하나님의 목적 안에서 세계 종교의 다원성이 차지하는 위치에 관해 질문하는 것이 기독교 종교신학의 특수한 과제다. 이런 다원성이 절대적으로 부정적으로 여겨져야 하는가 아니면 그것에 긍정적인 의미도 있는가? 최근에 많은 신학자가 기독교의 삼위일체로서의 하나님 이해가 종교신학에 대해 지니는 의미를 특별히 강조하면서 이 질문을 다루어왔다.[2] 이 장에서 나는 먼저 오랫동안 표준적인 유형의 종교신학들을 구성하는 것으로 받아들여진 입장들이 어떻게 삼위일체 교리의 중요성을 대체로 간과해왔는지를 지적할 것이다. 그다음에 나는 자크 뒤퓌 (Jacques Dupuis)와 마크 하임(Mark Heim)의 저작을 간략하게 살펴볼 것이다. 그들의 명시적인 삼위일체 종교신학 전개는 전통적인 유형론을 넘어서는

....

1 세계의 종교들에게 차이를 존중하고 세계적 갈등과 폭력 문제의 일원이 아니라 해결의 일원이 되라고 요청하는 설득력 있는 호소에 관해서는 Jonathan Sacks, *The Dignity of Difference*(London: Continuum, 2003, 『차이의 존중』, 말글빛냄 역간)를 보라.

2 다음 문헌들을 보라. Gavin D'Costa, *The Meeting of the Religions and the Trinity* (Maryknoll, N.Y.: Orbis, 2000); Jacques Dupuis, *Toward a Christian Theology of Religious Pluralism* (Maryknoll, N.Y.: Orbis, 1997); Stanley J. Grenz, "Toward an Evangelical Theology of the Religions," *Journal of Ecumenical Studies* 31, no. 2 (1994): 49-65; Mark Heim, *The Depths of the Riches: A Trinitarian Theology of Religious Ends* (Grand Rapids, Mich.: Eerdmans, 2001); Veli-Matti Kärkkäinen, *Trinity and Religious Pluralism* (Burlington, Vt.: Ashgate, 2004); Kevin J. Vanhoozer, *The Trinity in a Pluralistic Age: Theological Essays on Culture and Religion* (Grand Rapids, Mich.: Eerdmans, 1997).

가장 인상적인 노력 두 가지를 제공한다. 나는 이를 배경으로 삼아 위르겐 몰트만의 저작들이 이런 새로운 삼위일체 신학 분야에 어떻게 기여할 수 있는지를 탐구할 것이다.

표준적인 유형론

기독교와 타종교들 사이의 관계에 관한 많은 개관 연구는 배타주의 (exclusivism), 포괄주의(inclusivism), 다원주의(pluralism)라는 친숙한 유형론 (typology)을 사용한다. 이 유형론에 따르면 **배타주의**는 예수 그리스도에 대한 명시적인 믿고서는 구원이 있을 수 없다고 주장하는 견해다. 배타주의 유형 중에서 좀 더 온건한 입장들은 타 종교들이 하나님의 진리에 대한 일부 지식을 소유할 수는 있지만 구원의 길은 아니라고 주장한다. **포괄주의**는 예수 그리스도가 하나님의 확정적 계시이고 예수 그리스도 안에서 성취된 구원은 모든 사람을 포괄하며, 구원이 어떻게든 모든 사람에게 주어질 수 있다고 가르친다. **다원주의**는 모든 종교가 부분적인 지식이기는 하지만 하나님의 신비에 관한 참된 지식을 전달하며 모든 종교가 구원에 이르는 동등하게 타당한 길이라고 주장한다.

이렇게 널리 사용되는 종교신학의 유형론이 단순성으로 인해 매력적이기는 하지만 그 유형론에는 심각한 한계가 있다. 한 가지 분명한 약점은 외관상 같은 유형에 속하는 것으로 보이는 신학자들 사이에 존재하는 중요한 차이들이 모호해진다는 것이다. 더 중요한 약점에 주목하는 크리스토프 슈뵈벨(Christoph Schwöbel)은 포괄주의 범주가 가장 규정하기 힘들기 때문에 표준적 유형론이 그 논의를 배타주의와 다원주의로 양극화하는 경향이 있다고 주장한다. 포괄주의를 비판하는 보수주의자들이 보기에 포괄주의의 미심쩍은 보편주의적 성향들은 포괄주의가 단지 은밀한 형태의 다원주의일 뿐임을 보여준다. 포괄주의를 비판하는 진보주의자들이 보기에 포괄주의의 그리스도 중심적인 헌신은 포괄주의가 단지 위장된 형태의 배타주의일 뿐임을 암시한다. 슈뵈벨은 이에 따른 배타주의와 다원주의 사이의 양극화는 하나님의 은혜의 특수성과 보편성 모두에 대한 기독교 신앙의 관심, 즉 교회의 삼위일체 교리에서 현저하게 표현되는 관심을 진지하게 고려하지 못한다고 올바로 주장한다.[3]

폴 니터(Paul Knitter)는 최근 저작에서 여러 입장의 범위와 복잡성을 좀더 적절하게 묘사하려고 시도하는 종교신학의 더 넓은 유형론을 제안한다.[4] 그는 타 종교들의 전적인 또는 부분적인 대체로서의 기독교(복음주의적 모형), 타 종교들의 성취로서의 기독교(제2차 바티칸 공의회의 로마 가톨릭 모형), 종교들의 상호성(자유주의 개신교 및 자유주의 로마 가톨릭 모형), 종교들의 축소할 수 없는 특수성과 공약 불가능성의 수용(포스트 자유주의 모형)이라는 네 개의 모형을 적시한다. 니터의 세심하고 박식한 연구는 분명히 전통적인 세 가지 유형론보다 진전했다.

이 논문의 관점에서 볼 때 니터의 저작이 지닌 장점 가운데 하나는 그가 개빈 드코스타(Gavin D'Costa), 자크 뒤피, 마크 하임이 제시한 삼위일체 종교신학의 제안들에 주의를 기울인다는 점이다. 예를 들어 니터는 뒤피가 종교신학에 대한 새로운 접근법을 제시한다는 것을 인정한다. 뒤피의 종교신학에 따르면 삼위일체 하나님의 성령이 타 종교에서 행하는 활동은 예

....

3 Christoph Schwöbel, "Particularity, Universality, and the Religions: Toward a Christian Theology of the Religions," in *Christian Uniqueness Reconsidered*, ed. Gavin D'Costa, 30–46 (Maryknoll, N.Y.: Orbis, 1990).

4 Paul Knitter, *Introducing Theologies of Religion* (Maryknoll, N.Y.: Orbis, 2002).

수 안에서의 하나님의 말씀과 구별되고 심지어 다르게 보일 수도 있지만, 그 말씀과 모순되지 않는다. 종교신학에 대한 좀 더 새로운 삼위일체적 접근법들에 대한 니터의 간결한 요약은 표준적 유형론이나 심지어 니터 자신의 더욱 정교한 유형론에서 이 주제에 대해 통상적으로 기울인 것보다 더 큰 관심이 필요하다는 점을 강조한다. 몇 년 전에 칼 브라튼(Carl Braaten)이 "세계 종교들에 관한 기독교 신학에서 삼위일체 교리가 차지하는 중요성은 대체로 발전되지 않은 상태에 머물고 있다"[5]고 쓴 판단은 여전히 유효하다. 특히 종교 다원주의의 문제를 다룰 때 성령의 사역은 종종 소홀히 여겨진다. 혹은 포함된다고 하더라도 성령의 사역과 그리스도의 사역 사이의 관계가 불분명하다. 우리는 여전히 종교 다원주의에 관한 삼위일체적 관점을 전개하는 데 새롭게 관심을 기울이는 초기 단계에 머물러 있다. 그 결과들은 다양하고 불규칙하며 해야 할 일이 많이 남아있다.

삼위일체적 종교신학을 향하여

영향력이 큰 최근의 두 연구에서 자크 뒤피와 마크 하임은 종교신학에 대해 독특한 삼위일체적인 접근법을 제시한다.[6] 로마 가톨릭 신자인 뒤피와 개신교 신자인 하임은 둘 다 예수 그리스도 안에서의 하나님의 구원 사역이 지닌 독특성과 중심성에 헌신적이다. 동시에 그들은 타 종교들이 하나님의 섭리 안에서 긍정적인 위치를 차지하고 있다는 확신을 공유한다. 두 사람은 모든 종교 전통이 각자의 독특성과 구체성 안에서 고려되어야 한다

5   Carl Braaten, *No Other Gospel! Christianity among the World Religions* (Minneapolis: Fortress Press, 1992), 7.

6   Dupuis, *Toward a Christian Theology of Religious Pluralism*; Heim, *The Depth of the Riches*.

고 주장한다. 이런 강조점들과 일관되게 이 두 사람은 모두 삼위일체적 하나님 이해가 기독교 종교신학의 교리적 중심 항목이 되어야 한다고 믿는다.

카를 라너(Karl Rahner)의 영향을 받은 뒤퓌는 타 종교 전통에 들어있는 진리와 은혜의 요소들을 전례가 없을 정도로 인정한 제2차 바티칸 공의회의 성취에 기반을 둔다. 1442년에 피렌체 공의회는 가톨릭 교회 밖에 있는 모든 사람이—이교도이든, 유대인이든, 불신자이든—죽기 전에 교회를 신봉하지 않는다면 영원한 불에 넘겨질 것이라고 선언했지만, 제2차 바티칸 공의회는 타 종교들 안에 있는 진리의 광선들과 하나님의 은밀한 현존을 인정했다. 그러나 제2차 바티칸 공의회는 예수 그리스도가 세계 종교들에 있는 참되고 선한 모든 것의 성취 또는 확정적 완성이라는 점도 긍정했다.

제2차 바티칸 공의회 이후 몇몇 로마 가톨릭 신학자는 구원이 비그리스도인들에게 그들 각자의 종교 전통에도 불구하고가 아니라 그 전통을 통해 매개될 수 있는지를 질문해왔다. 뒤퓌는 타 종교들이 하나님의 전체적인 구원 계획에서 어떤 위치를 차지하는지를 물음으로써 이 질문을 한층 더 깊게 다룬다. 이 질문에 응답하면서 뒤퓌는 "주류 기독교에 의해 전통적으로 이해된 예수 그리스도에 대한 신앙을 확고하게 붙드는 것"과 동시에 타 종교 전통들에 "인류를 향한 하나님의 전체적인 계획이 구원사를 통해 전개될 때 그 계획에서의 긍정적 역할과 의미"를 부여하는 것을 목표로 삼는다.[7]

뒤퓌는 이처럼 한편으로는 예수 그리스도 안에서 단번에 일어났던 일의 구성적·보편적 중요성을 강조하고 다른 한편으로는 성육신한 말씀과

....
7   Dupuis, *Toward a Christian Theology of Religious Pluralism*, 1.

하나님의 영이 사람들과 문화와 종교 안에 보편적으로 현존한다는 점을 강조한다. 뒤피에 따르면 성령의 행동은 "제한되지 않는다."[8] 성령의 사역은 "전 세계에 퍼지며 만물에 생명을 부여한다."[9] 뒤피는 하나님의 영이 교회와 그 지체들 안에서 특별한 방식으로 사역하고 있음을 인정하지만 같은 성령이 보편적으로 현존하고 활동하고 있다고 강조한다. 성령은 예수 그리스도의 사건을 준비하고, 신자들이 그의 구원 사역에 참여할 수 있도록 해 주며, 교회의 경계 안과 그 너머 모두에서 활동하고 있다. 뒤피는 예수 그리스도 안에서 일어난 하나님의 말씀의 성육신이 구원에 결정적이라는 주장을 고수하면서도 이런 주장이 "말씀과 성령의 보편적 현존과 활동"에 전혀 모순되지 않는다고 주장한다.[10]

뒤피는 그의 입장을 그리스도와 분리된 성령을 중심으로 하는 하나님의 구원의 은혜 교리로부터 힘주어 구별한다. 성령의 사역의 보편성은 성령이 그리스도의 사역에 선행하고 그것과 동행하고 그것을 뒤따르는 것으로 이해된다. 기독교 신앙에서 "성령의 행동과 예수 그리스도의 행동은 구별되면서도 보완적이며 불가분적이다."[11] 고대 때부터 삼위일체 교리는 말씀과 성령에 의한 하나님의 이 이중적 활동을 인정해왔다. 하나님의 독생자로서 그리스도의 사역은 모든 인류를 위한 구성적 구원의 의미를 지닌다. 이 진리를 조금이라도 감소시키기를 원하지 않는 뒤피는 영원한 로고스와 속박되지 않은 성령이 성육신 전과 후에 모두 활동하기 때문에 그리

....

8   Ibid., 321.
9   Ibid., 243.
10   Ibid., 387.
11   Ibid., 197.

스도 사건이 하나님의 구원의 능력을 "고갈"시키지 않는다고 주장한다.[12]

뒤퓌에 따르면 우리는 추상적 **성령 중심주의**(pneumatocentrism)와 추상적 **그리스도 일원론**(Christomonism)을 모두 피해야 한다. 전자는 성령의 사역을 그리스도로부터 분리하고 후자는 그리스도의 사역을 성령으로부터 분리한다. 우리가 두 개의 독립적인 혹은 팽행하는 구원의 경륜이 있다고 생각해서는 안 된다. 그와 반대로 그리스도의 사역과 성령의 사역은 한 삼위일체 하나님의 하나의 구원 경륜의 분리될 수 없고 보완적인 두 측면이다. 뒤퓌는 이레나이우스가 말한 그리스도와 성령은 삼위일체 하나님의 "두 손"이라는 이미지를 선호한다.[13]

뒤퓌는 성경의 증언에 따르면 하나님이 인류와 맺은 언약들이 하나로 통합되어 있지만 여러 역사적 형태를 취한다는 점에 주목함으로써 자신의 주장을 뒷받침한다. 뒤퓌는 이레나이우스(Irenaeus)의 교리, 즉 하나님의 네 언약(아담, 노아, 아브라함과 모세, 예수 그리스도 안에서 맺은 언약)의 교리에 호소하며, 하나님이 노아와 맺은 언약을 특별히 강조한다. 뒤퓌에 따르면 그 언약은 "'성경 밖' 전통에 속한 사람들의 종교 전통들에 관한 신학에 대해 광범위한 의미"를 지닌다.[14] 더 나아가 뒤퓌는 하나님이 인류와 맺은 언약 역사의 모든 단계에서 그가 "삼위일체적 리듬"이라고 부르는 것을 발견한다. "하나님이 인류와 맺는 모든 언약은 하나님, 그의 말씀, 그의 영의 활발한 현존을 필연적으로 포함한다."[15] 그러므로 우리는 개별 인간들의 종교 생활과 성경 전통 밖의 종교 전통에서 삼위일체의 흔적들(*vestigia trinitatis*)을 탐

....

12   Ibid., 298.
13   Ibid., 195, 300, 321.
14   Ibid., 226.
15   Ibid., 227.

색할 수 있다.

뒤퓌에게 있어서 종교 다원주의의 현실성과 정당성은 단지 한 분 하나님 안에 복수의 위격들이 존재한다는 사실에만 근거하지 않으며 창조된 실재 자체의 다원적인 특성에 근거하지도 않는다. 대신에 그것은 "인류에 대한 하나님의 자기 현현의 엄청난 풍부함과 다양성에 근거한다.…[그것은] 사랑이신 하나님의 광대함에 근거한다."[16] 하나님의 섭리 안에서 그리고 다양한 종교 전통을 통해 모든 인간은 삼위일체 하나님과의 연합이라는 궁극적 목적을 지향하는 경향이 있다.[17] 그리스도는 구원의 경륜의 절정이지만, 종교들의 역사에 하나님의 은혜와 심판도 존재한다. 특히 성령의 사역은 신자들을 그리스도의 풍성함으로 안내하는 데뿐만 아니라 세상을 그리스도 안에서의 궁극적인 목적으로 인도하는 데에도 불가결하다.[18] 따라서 뒤퓌는 예수 그리스도 안에서 드러난 하나님의 은혜가 모든 사람의 구원에 "구성적"이라는 것과 다른 종교 전통들과 그 실천들이 "예수 그리스도 안에서 하나님에 의해 제공된 은혜를 은밀하게 매개할 수 있으며 그리스도 안에 있는 하나님의 은혜의 선물에 대한 인간의 응답을 표현할 수 있다"는 것을 둘 다 긍정하는 것 사이에 아무런 모순이 없다고 본다.[19]

뒤퓌의 제안은 많은 질문을 촉발한다. 질문 중 하나는 뒤퓌의 입장이 라너의 **익명의 기독교**(anonymous Christianity) 이론과 많은 유사점이 있는지에 관한 것이다. 비록 뒤퓌가 라너의 이론에 대한 중대한 비판들을 인식하고 있지만 말이다. 이와 연관된 질문으로서 삼위일체적 종교신학의 기획이

....

16   Ibid., 387.
17   Ibid., 313.
18   Ibid., 300.
19   Ibid., 283, 303.

적어도 몇몇 형태의 삼위일체의 흔적(*vestigia trinitatis*)을 많이 지니는 교리와 좀 더 예리하게 구별되지 말아야 하는지에 관한 질문이 있다. 아마도 뒤피가 하나님의 "두 손"이라는 이레나이우스의 이미지를 사용한 것과 나지안주스의 그레고리오스(Gregory of Nazianzus)의 삼위일체 신학을 사용하여 하나님의 자기소통의 "삼위일체적 리듬"을 묘사한 것은 좀 더 유망할 것이다. 그러나 뒤피는 감질나게도 이런 아이디어들을 충분히 설명하지 않는다.

뒤피의 연구를 통해 제기된 질문들은 기준들에 관한 문제로 수렴된다. 그리스도인들은 어떤 기준을 통해 타 종교들에 있는 하나님의 은밀한 은혜를 분별할 수 있는가? 뒤피는 예수 그리스도의 영과의 일치와 성령의 은사들의 존재가 가장 중요한 기준이어야 한다는 한스 큉(Hans Küng)의 의견에 동의한다.[20] 뒤피는 의심할 나위 없이 큉이 십자가의 메시지를 포함하기 위해 예수 그리스도의 영을 언급한 것을 이해할 것이다. 그러나 놀랍게도 하나님의 정체성에 대한 기독교적 이해를 분명히 함에 있어서 이 주제의 중요성은 사실 기독교와 타 종교의 대화를 위한 구체적인 기독교적 기준들에 관한 뒤피의 논의에서 충분히 전개되지 않는다.

뒤피처럼 하임도 구원에 대한 예수 그리스도의 보편적·구성적 의미를 지지하는 한편 종교 전통들의 특수성에 관심을 기울이고 종교 전통들 안에 나타난 하나님의 사역을 긍정하는 데 대한 신학적 근거를 제시하고자 한다. 또한 뒤피처럼 하임도 삼위일체를 기독교 종교신학의 열쇠로 여긴다. 하임은 삼위일체적 포괄주의가 한편으로는 협소한 배타주의와 다른 한편으로는 상대주의적 다원주의에 대한 최선의 대안이라고 주장하면서 "삼위

....
20   Ibid., 322.

일체는 기독교의 '다원적 신학'"이라고 말한다.[21] 하임은 더 나아가 이것이 어느 정도는 기독교 신학 전통에서 항상 유지되어왔다고 주장한다. 창조세계를 통한 일반계시 관점에서든(성부에 초점을 맞춤), 하나님의 보편적 현존과 활동 관점에서든(성령에 초점을 맞춤), 혹은 예수 안에서 성육신한 영원한 말씀의 은밀한 활동 관점에서든(성자에 초점을 맞춤) 삼위일체 교리는 적어도 암묵적으로 타 종교들에 관해 생각하기 위한 더 큰 틀을 항상 제공해왔다. 삼위일체 종교신학은 이 세 가지 접근법 모두의 타당성을 인정할 것이다.[22]

그러나 하임의 삼위일체 종교신학은 독특하다. 그것은 삼위일체의 삶 안에 있는 위격들의 복수성 및 연합 안에서의 위격들의 일치에 초점을 맞춘다. 하임에 따르면 **구원**은 인간의 성취에 관한 독특한 기독교적 이해다. 삼위일체 하나님의 삶은 연합 안에 있다. 그리고 **구원**은 "하나님, 다른 인간들 그리고 나머지 창조세계와의"[23] 연합에 대한 삼차원의 관계다. 기독교의 구원 이해의 독특성에 대한 자신의 강조와 일관되게 하임은 타 종교 전통들 역시 자신의 독특한 종교적 목적이 있으며 기독교의 관점에서 볼 때 타 종교 전통들도 삼위일체적 삶의 풍성함에 뿌리를 두는 것으로 이해될 수 있다고 주장한다. 삼위일체적 연합 안의 다름 안에 인격적인 친교가 있기 때문에 기독교 외의 종교들은 그것들이 구원을 삼위일체적 친교의 삶에 참여하는 것으로 보는 독특한 기독교적 이해를 제공하지 않는다고 하더라도 하나님의 삼위일체적 실재의 특수한 차원을 실현하는 방법을 제공해줄 수 있다. 하임은 "각각의 종교의 목적은 삼위일체적인 신적 삶의 특정한 측면

....
21   Heim, *The Depths of the Riches*, 133.
22   Ibid., 136.
23   Ibid., 75.

과의 관계를 포함한다"고 말한다.[24]

따라서 하임은 삼위일체 하나님의 무궁무진한 풍성함—삼위일체적 삶의 (바울이 말하는 것처럼) "부요의 깊이"—이 종교 다원주의 신학의 기초라고 주장한다.

하임의 삼위일체 종교신학의 원리들을 요약하자면 삼위일체적 삶 안에서의 풍부하고 다양한 관계, 하나님의 보편적인 구원 의지, 구원자로서 그리스도의 구성적 위치, 사람들이 신성의 차원들을 자신의 관점에서 평가하고 각자 원하는 대로 인간의 목적을 선택할 수 있는 자유가 그 원리들에 포함될 것이다. 하임은 종교들을 이렇게 특정한 삼위일체의 틀 안에서 살펴봄으로써 종교들의 다원성이 하나님의 섭리적인 뜻에 속한다고 결론지을 수 있었다. 종교들은 신적 생명의 부요의 깊이에 어울리며 사람들이 성취를 추구할 자유를 존중하는 종교적 목적들의 영원한 다원성을 제공한다. 동시에 기독교 신앙의 관점에서 볼 때 타 종교 전통들은 삼위일체 하나님과의 친교라는 독특한 기독교적 의미에서 구원으로 나아가는 두 번째로 궁극적인 길을 구성한다.

하임의 논증은 다른 종교 전통들의 가치와 온전성을 존중하며 그 전통들의 본질적인 특성들에 대한 "심층 묘사"의 필요성도 존중한다. 하임의 논증은 "내부의 기독교적 삶"에 대한 타 종교의 증언의 중요성도 강조한다.[25] 하임은 더 나아가 자신의 접근법이 기독교의 선교와 전도를 손상하기는커녕 그리스도인으로 하여금 그리스도 안에 있는 구원의 복음의 독특한 특성에 관해 더욱 분명하게 이해하도록 격려하며 복음을 다른 이들과 나누려는

....

24   Ibid., 268.
25   Ibid., 291.

동기를 강화한다고 주장한다.

하임의 연구를 통해 제기된 핵심적인 질문들은 종교적 목적들의 영원한 다원주의라는 개념이 삼위일체적 삶의 단일성과 일치하는지, 구원하려는 하나님의 의지의 포괄성(딤전 2:4)이 위험에 처하거나 적어도 모호해지는지, 인류와 그 운명의 일치가 충분하게 인정되는지에 관한 것이다. 게다가 종교 다원주의에 대한 하임의 주장은 인간의 자율성과 선택의 자유에 다소 크게 의존한다("하나님은 우리 각자가 자신이 되기를 원하는 존재가 되도록 허용한다").[26] 이 강조는 창조, 계시, 구속에 나타난 하나님의 은혜의 자유에 일관되게 우선성을 부여하는 성경의 증언과 어느 정도 긴장 관계에 있다. 또 다른 질문은 하나님의 삼위일체적 삶 안에서의 차이들에 호소함으로써 종교 다원주의를 정당화하려는 하임의 시도가 과도하게 추상적인지에 관한 것이다. 이미 지적했듯이 뒤퓌에게 삼위일체 종교신학은 신적 삶의 풍성함 자체에 직접 근거하지 않고 신적 경륜의 부요, 즉 하나님이 세계와 맺는 언약 관계의 풍요로움에 근거한다.

마지막으로 기준들에 관한 질문이 크게 부각된다. 하임의 종교 다원주의 신학은 기독교의 관계성과 친교를 기독교의 자기 정의 및 다른 종교적 목적들에 대한 기독교의 평가를 위한 중요한 기준으로 들어 올린다. 유감스럽게도 하임은 이런 기준들을 예수 그리스도의 사역, 십자가 처형, 부활에 집중된 구원의 경륜에 충분히 근거시키지 않는다. 그 경우 삼위일체적 삶 안에서의 관계성과 친교에 관한 논의가 예수 안에서 그리고 하나님의 영의 부어짐 안에서 드러난, 하나님의 자신을 소통하는 사랑의 특수성에서 벗어나 자유로이 떠다닐 수 있다는 위험이 있다.

....
26   Ibid., 263.

뒤퓌와 하임의 종교신학에 대한 삼위일체적 접근법 제안은 아직 발전 중이다. 내가 제기한 질문들에도 불구하고 나는 이들의 노력이 신학적 연구의 아직 대체로 탐구되지 않은 영역에서 탐구를 위한 중요한 길을 제시해준다고 생각한다. 그들은 모두 모호하고 형태가 없는 신중심주의를 피하고자 하는 것과 마찬가지로 하나님의 삼위일체적 실재를 대체로 무시하는 그리스도 일원론 부류도 피하고자 한다. 그들은 모두 구원에 있어서 예수 그리스도의 특별한 인격과 사역의 구성적 의미를 고수하려고 시도하는 한편 존중과 열린 태도로 타 종교 전통들과 관계를 맺기 위한 확고한 삼위일체적 토대들을 추구한다. 그들의 선구적인 노력을 배경으로 삼아 나는 아래에서 위르겐 몰트만의 삼위일체 신학이 삼위일체 종교신학의 발전에 기여할 수도 있는 공헌에 관해 간략히 성찰하고자 한다.

삼위일체, 십자가, 종교

몰트만의 신학적 여정은 "많은 놀람과 많은 굴곡이 있는" 긴 여로를 지나왔다.[27] 그럼에도 다음과 같은 특정한 주제들은 이 여정에서 계속 다뤄져 왔다. 첫째, 선택된 이스라엘 백성에게 주어진 하나님의 약속에 근거하고 십자가 처형을 당한 예수의 부활에서 세상에 승인된, 도래하는 하나님의 통치에 대한 소망의 중심성. 둘째, 기독교 신앙과 삶의 중심적 기준으로서 십자가 신학. 셋째, 그리스도 안에서 가난한 자들 및 억눌린 자들과 함께하는 하나님의 연대. 넷째, 하나님의 정체성과 목적을 규정하고 그리스도인의 신앙과 삶의 토대와 규범을 제공하는 삼위일체 하나님의 자신을 내어주는 사

....

27   Jürgen Moltmann, *The Coming of God* (Minneapolis: Fortress Press, 1996), xii.

랑에 대한 성경 이야기. 다섯째, 생명을 수여하고 공동체를 창조하며 미래를 열어가는 하나님의 능력인 성령의 보편적 사역.

누군가가 몰트만의 저작들에서 충분히 발전된 종교신학을 찾고자 한다면 실망할 것이다. 몰트만은 어느 곳에서도 자신의 신학의 주요 주제들을 종합하여 전면적인 종교 다원주의 신학을 구성하지 않는다. 따라서 그의 저작을 뒤피와 하임의 저작들 같은 최근의 종교신학들과 직접 대화하게 만들기는 쉽지 않다. 그렇지만 몰트만의 신학의 특징적인 주제들은 기독교 종교신학에 중요한 함의를 지닌다. 그것들을 함께 종합한다면 종교 다원주의의 실재에 대해, 그리고 종교들 사이의 대화의 어려움과 전망에 대해 식별할 수 있는 접근법이 된다.

몰트만의 신학적 방법은 변증적이다. 그는 성경의 증언에 뿌리를 둔 명시적인 기독교 신앙의 관점에서 글을 쓴다. 동시에 그는 다양한 문화와 인간 경험의 여러 분야에서 나오는 통찰에 놀라울 정도로 열려 있다. 그는 성경에서 증언되는 하나님의 계시와 사람들의 구체적인 삶의 경험이 서로 배타적이라기보다 오히려 상호 연관되어 있다고 이해한다.[28] 기독교와 타 종교들이라는 주제에 관한 몰트만의 저작들은 기본적으로 기독교의 정체성과 상황상의 적실성 모두에 대한 그의 독특한 이중의 관심을 드러낸다. 한편으로 그는 종교적 **타자**를 포함하여 **타자**에 대한 폐쇄적이고 위압적인 태도들을 거부한다. 다른 한편으로 그는 종교들 사이의 대화를 위한 토대로서 종교의 공통적인 본질을 찾는 데는 아무런 관심이 없다. 그는 타 종교 전통들에 대해 진지하게 경청하고 그 전통들과 진지하게 대화할 것을 요청하지만 동시에 문화적 혹은 정치적 이데올로기의 압력 아래 기독교 복음의

....

28　Jürgen Moltmann, *Experiences in Theology*(Minneapolis: Fortress Press, 2000)를 보라.

독특성을 희생시키거나 무시할 위험에 대해 경고한다.

　몰트만에게 있어서 기독교 신앙과 신학의 더 이상 줄일 수 없는 특수성은 다음과 같이 표현된다. 첫째, 십자가 처형을 당하고 부활한 주님으로서의 예수 그리스도의 선포에서 표현된다. 둘째, 세상과 함께하는 그의 역사가 성경과 특히 복음 이야기에서 서술되는, 영원한 사랑의 친교로서 하나님에 대한 삼위일체적 이해에서 표현된다. 셋째, 교회가 이스라엘의 메시아 전통과 공유하는, 민족들의 화해와 온 창조세계의 구속을 위한 열정적이고 예언적인 소망에서 표현된다.

　몰트만의 삼위일체 신학에서 기본적인 점은 이 신학이 십자가 신학과 분리될 수 없다는 것이다. 『십자가에 달리신 하나님』에서 유창하게 진술된 것처럼 복음 내러티브 및 그리스도의 십자가 처형과 부활에서의 그 절정은 성부, 성자, 성령의 자기를 내어주는 사랑의 역사로서의 하나님에 대한 삼위일체적 이해로 거침없이 나아가게 한다. 몰트만의 표현에 따르면 십자가 사건에서 최고로 표현된 하나님의 사랑은 삼위일체 교리의 중심 내용이며, 삼위일체 교리는 십자가 사건을 이해하기 위한 형식 또는 종합적인 틀이다.[29] 삼위일체 하나님은 살아 계신 하나님이며, 그의 자기를 내어주는 사랑의 역사는 신음하고 갈망하는 창조세계 전체를 포용하고, 죄와 사망의 권세들에 대항하여 싸우며, 하나님과 타자들의 친교 안에 있는 삶의 충만으로 나아가는 길을 연다.

　몰트만에게 그리스도의 사역 및 십자가 처형과 부활에 중심을 둔 하나님의 삼위일체적 역사는 기독교가 타 종교와 관계를 맺는 데 대한 그의 이

....

29　Jürgen Moltmann, *The Crucified God: The Cross of Christ as the Foundation and Criterion of Christian Theology* (New York: Harper & Row, 1974), 246.

해의 배경을 형성하고 그 방향을 결정한다. 삼위일체 하나님의 역사가 십자가의 형태이고 삶을 긍정하는 것이라면 그리스도인들은 세계의 종교들 역시 이 역사에 어떻게든 포함되는 것으로 인정해야 한다. 몰트만에게 하나님의 삼위일체적 역사의 보편적 범위는 그리스도 사건의 독특성을 결코 감소시키지 않는다. 그는 하나님과 구원에 대한 기독교의 독특한 이해가 그리스도와 그의 십자가에 대한 수치스러운 특수성에 의존함을 반복해서 강조한다. 다원주의의 이데올로기나 무기력한 관용 교리에 일치시키기 위해 기독교 종교신학에서 이 추문이 경시되어서는 안 된다. 종교들 사이의 참된 대화는 최소의 공통분모를 발견하는 것에 기초하지 않는다. 오히려 그것은 대화 상대들의 특수성과 온전성에 대한 인정과 존중에 의존한다. 몰트만은 다음과 같이 질문한다. "십자가가 없는 기독교가 있을 수 있는가? 샤리아가 없는 이슬람이 있을 수 있는가? 성지가 없는 유대교가 있을 수 있는가?"[30] 다원주의가 환원주의의 형태가 되고 이데올로기에 치우쳐 종교들의 특수성을 무시하게 될 때 이런 다원주의는 정직한 대화를 위한 진정한 시작이 아니라 그것을 실패로 돌아가게 만들기 때문에 몰트만은 이런 다원주의를 거부한다.

기독교와 타 종교들 사이의 관계에 대한 삼위일체적 십자가 신학의 함의는 아마도 『성령의 권능 안에 있는 교회』에 가장 분명하게 진술되어 있을 것이다. 거기서 몰트만은 "피상적인 의사소통 규칙에 따라 대화를 진행하는 것이 아니라 하나님에 대한 이해의 심연으로부터 대화 안으로 들어가는 것이 옳다"고 주장한다.[31] 기독교 신앙에 있어서 하나님의 "심연"은 십자가

....

30   Jürgen Moltmann, "Is 'Pluralist Theology' Useful for the Dialogue of World Religions? in
      Christian Uniqueness Reconsidered, ed. Gavin D'Costa, 152 (Maryknoll, N.Y.: Orbis, 1990).
31   Jürgen Moltmann, *The Church in the Power of the Spirit* (New York: Harper & Row, 1977),

사건 안에서, 하나님의 아들의 자기를 내어주는 사랑 안에서, 아들을 내어주는 성부의 사랑 안에서, 그리고 성부로부터 나와서 성자에 의해 보내진 성령의 생명을 주는 사랑 안에서 결정적으로 계시된다. 삼위일체 하나님이 세상을 새로워지게 하려고 자신을 내어주는 사랑의 삼위일체적 역사 안에서 이해될 경우 하나님은 불변하고 무관심하고 폭군적인 신이 아니라 "자기 아들의 무력함을 통해 세상에서 힘을 얻는데, 그의 아들은 자신을 내어줌으로써 세상을 자유롭게 하며 그의 힘은 약함 가운데서 강력하다."[32]

몰트만에 따르면 그리스도인들이 타 종교를 신봉하는 사람들을 만날 때의 태도에 그들이 고백하는 삼위일체 하나님의 개방성과 상처를 받을 가능성이 반영되어야 한다. 오만, 무관심, 두려움은 그리스도인들이 타 종교 신자들이나 불신자들과 관계를 맺을 때 그리스도인들의 삶과 증언에 들어설 자리가 없다. 그리스도인들이 성령의 권능에 의해 예수 그리스도 안에서 알려진 삼위일체 하나님의 정체성에 충실하다면 그들은 처음에는 위협적이고 다르고 낯설게 경험되는 것에 대한 개방성과 상처를 받을 가능성을 표현할 것이다. 그리스도인들은 방어적이거나 그들의 마음을 굳어지게 하지 않으면서 다른 사람들의 타자성을 기꺼이 감당할 것이다. "그런 방식으로 우리는 타자에 대한 우리의 생생한 관심을 통해 하나님의 열정을 드러낸다. 그런 방식으로 우리는 우리의 사랑의 상처를 받을 가능성 안에서, 그리고 변화를 위한 우리의 준비성 안에서 하나님이 상처를 받을 가능성을 나타낸다."[33]

몰트만이 종교 간 만남에서 타인의 타자성 존중의 중요성을 강조한 것

....
161. 『성령의 권능 안에 있는 교회』(대한기독교서회 역간).
32   Ibid.
33   Ibid.

은 현대의 관용 교리나 동일성과 차이성에 대한 추상적인 변증법 또는 삼위일체적 삶의 단일성과 다양성의 공존에 관한 사변에 근거하지 않는다. 대신에 그것은 예수의 전체 사역에서 표현되었고 특히 그의 십자가 처형과 부활에서 최고로 표현된 타자들—죄인들과 잃어버린 자들—에 대한 삼위일체 하나님의 철저한 개방성과 그들의 포용에 근거한다. 그러므로 몰트만에게 십자가의 메시지는 종교 영역을 포함하여 인간의 삶의 모든 영역에 존재하는 능력과 지배 사이의 혼동에 직면해야 하는, 모든 삼위일체적 종교신학의 본질적인 측면이다. 실제로 종교 전통들은 낯선 자에 대한 태도 및 타자에 대한 폭력의 관행에 관하여 충격적으로 애매한 역사를 갖고 있다.

삼위일체, 하나님의 통치, 종교

몰트만의 삼위일체 신학은 십자가의 신학일 뿐만 아니라 메시아적이고 종말론적인 신학이기도 하다. 몰트만이 사용하는 **메시아적**(Messianic)이라는 용어는 "구약에 기록된 메시아에 대한 약속과 히브리 성경에 근거한 유대교의 희망"을 가리킨다.[34] 온 창조세계에 도래하는 하나님의 자유, 정의, 평화의 통치에 대한 기독교의 소망은 이스라엘의 메시아적 희망의 후계자다. 몰트만에게 메시아적 희망과 삼위일체적인 하나님 이해는 서로 연결되어 있다. 삼위일체 하나님은 "창조, 해방, 영화(glorification)의 역사에서" 하나님의 자녀의 자유와 온 창조세계의 자유를 향해 나아가는 "자신의 영광의 나라를 실현한다."[35] 예수 그리스도 안에서 하나님은 세상과 화해했고 새

34   Jürgen Moltmann, "Jesus between Jews and Christians," in *ARC: The Journal of the Faculty of Religious Studies, McGill University* 24 (1996): 63.
35   Jürgen Moltmann, *The Trinity and the Kingdom* (San Francisco: Harper and Row, 1981),

창조의 첫 열매로서 생명을 주는 자신의 성령을 보냈지만, 삼위일체 하나님의 역사는 창조세계가 최종적으로 구속되고 완성되어야 목표 지점에 도달할 것이다. 그리스도인들은 과거의 하나님의 활동을 기억하고 성령의 능력에 의해 지금 여기서 삶의 현존과 갱신의 순간들을 기념하도록 요청받지만, 일차적으로 미래를 지향한다. 그들은 이스라엘의 백성과 맺은 하나님의 약속에 뿌리를 두었고, 예수의 선포·십자가 처형·부활에서 결정적으로 승인되었으며, 세계를 새롭게 하며 미래를 여는 생명의 성령의 현존과 활동에서 재확인된 희망의 지평 안에서 산다.

하나님의 삼위일체적 역사에 관한 몰트만의 신학이 지닌 독특한 특징은 교회의 희망과 이스라엘의 희망이 함께 묶여 있다는 점이다. 교회는 이스라엘 안에서 "자신의 영속적인 기원, 역사에서의 자신의 협력자, 희망 안에서의 자신의 형제"를 인식해야 한다.[36] 물론 이스라엘의 희망과 교회의 희망 사이에는 중요한 차이들이 있다. 교회는 십자가에 처형되고 부활한 메시아인 예수가 영광 중에 다시 오기를 희망한다. 이스라엘은 여전히 구속되지 못한 세계를 구속할 메시아가 오기를 희망한다. 이런 차이들에도 불구하고 이스라엘의 희망과 교회의 희망은 상반되지 않는다. 이 둘은 중요한 방식으로 서로를 필요로 한다. "영원한 나라에서만 이스라엘의 희망과 교회의 희망이 성취될 것이다. 구약의 넘치는 약속은 그리스도의 도래와 성령의 도래를 넘어 확장되며 둘 다 하나님의 미래로 나아간다."[37]

몰트만의 견해에 따르면 종말의 이쪽 편에서는 교회와 이스라엘 사이

....

218.

36　Moltmann, *Church in the Power*, 136.
37　Jürgen Moltmann, Nicholas Wolterstorff, and Ellen T. Charry, *A Passion for God's Reign* (Grand Rapids, Mich.: Eerdmans, 1998), 57.

의 차이들이 해소될 수 없다. 그럼에도 교회와 이스라엘은 모두 자신의 독특한 사명의 필수성을 인정할 수 있고 신학과 실천 모두에서의 협력으로 나아갈 수 있다. 하나님이 이스라엘과 맺은 언약은 열방에게 준 위대한 약속을 포함한다. 예수 그리스도의 복음은 이 약속을 모든 사람에게 개방한다. 몰트만에 따르면 이스라엘과 교회는 도래하는 하나님의 통치를 함께 증언한다. "완전한 범위와 깊이에서의 하나님 나라 신학은 유대인들과 그리스도인들 사이 그리고 교회와 이스라엘 사이의 생산적 협력 안에서만 전개될 수 있다."[38] 몰트만은 더 나아가 "이 과정에서 그리스도인이나 유대인 중 아무도 서로의 지속적인 차이들을 평균화하지 않을 것이고 오히려 그것들을 충분히 창조적으로 사용할 것이다. 양쪽이 똑같은 것을 말한다면 하나는 불필요할 것이다"라고 말한다.[39]

교회와 이스라엘의 관계에 관해 몰트만이 말하는 내용은 기독교와 타 종교의 관계에 관한 그의 이해와 중요한 관련이 있다. 몰트만은 두 번 이상 교회와 이스라엘의 불가분의 관계를 고려함으로써 교회와 타 종교의 관계에 관한 논의를 시작한다. 몰트만은 교회가 이스라엘과 맺는 관계는 독특하지만 기독교와 타 종교의 관계에 중요한 빛을 비춰준다는 뒤퓌의 견해에 동의할 것이다. 교회의 사명이 민족들에게 줄 메시아적 희망의 담지자가 될 이스라엘의 책임을 포함한다면 이 책임은 광범위한 교회적·선교적 함의를 지닌다.

교회론적 함의 중 하나는 국가나 교회 어느 것도 기독교의 희망의 대상으로 여겨지지 말아야 한다는 점이다. 교회나 국가 어느 것도 세상을 구

<hr>

38 Ibid.
39 Ibid., 57.

속하는 도구가 아니다. 오히려 기독교의 희망은 예수 그리스도의 사역, 죽음, 부활에서 시작된 하나님의 통치를 중심으로 한다. 하나님의 통치는 성령의 권능을 통한 생명의 새로운 시작 안에서 지금 여기서 잠정적이고 예기적으로 실현된다. 생명을 주는 성령의 사역은 교회 안에 갇히지 않는다. 그러나 이렇게 말한다고 해서 하나님의 통치에 대한 몰트만의 삼위일체 신학이 반교회적인 것은 아니다. 교회는 자신의 부름에 충실할 때 도래하는 하나님의 통치의 구체적인 증인이자 예기적인 현존이 된다. 이 증언은 복음 선포, 믿음 안에서의 교제, 곤궁한 자들과의 연대와 그들에 대한 사랑의 섬김, 도래하는 하나님의 통치에 대한 희망의 씨앗 뿌리기 같은 형태를 취한다. 기독교 신학은 도래하는 하나님의 통치의 신학이지 단지 교회의 신학만은 아니므로 신학은 공적 신학이어야 하며 오로지 교회의 신학이기만 해서는 안 된다.

몰트만의 삼위일체 하나님의 통치의 도래 신학은 종교 간 대화에서 이스라엘에게 기독교의 일차적 대화 상대가 되도록 특권을 주지만, 그에게는 이 특권이 타 종교 공동체들에 대한 적대감은 말할 것도 없고 무관심을 함의하지 않는다. 요점은 교회가 다른 세계종교들과 맺는 관계를 자신이 이스라엘과 맺는 관계에 비추어 항상 검토해야 한다는 것이다. "교회가 이스라엘 안에서의 교회의 영속적인 기원, 이스라엘의 희망에 대한 교회의 영원한 지향, 그 결과 역사 안에서 도래하는 하나님 나라의 길을 준비해야 할 기독교의 특별한 소명─이 모든 것이 세계 종교들과의 대화에 교회의 흔적을 남길 것이다."[40]

몰트만에게 이스라엘과 교회는 둘 다 각각 자신의 사명에 충실할 때

....
40   Moltmann, *Church in the Power*, 150.

세상 안에서의 하나님의 통치에 대한 구체적이지만 잠정적인 표지들이 된다. 몰트만은 타 종교들 역시 하나님의 통치에 대한 잠정적인 표지들이라고 보는가? 내가 판단하기에 이 질문에 대한 답은 긍정적이다. 세속 사회에서의 정의와 평화를 위한 운동들뿐만 아니라 타 종교 공동체들도 하나님의 통치에 대한 예기적인 표지들 혹은 비유들이 될 수 있다는 점은 몰트만의 도래하는 하나님의 통치 신학과 일치한다. 타 종교 공동체들은 예수 그리스도의 복음 안에서 결정적으로 알려진 삶의 충만성의 측면들을 증진하는 정도까지, 그리고 세상에서 정의와 평화에 대한 헌신과 폭력과 사망의 세력들에 대한 저항을 포함하여 생명의 성령의 은사들을 드러내는 정도까지 하나님의 통치에 대한 표지들 혹은 비유들이다.

삼위일체, 생명의 성령, 종교

몰트만의 신학이 복음 이야기에 뿌리를 둔 그리스도의 십자가의 삼위일체 신학이자 창조세계 전체에서 의와 평화의 하나님의 통치의 미래를 지향하는 삼위일체 신학이라면 그의 삼위일체 신학이 특징적으로 성령의 자유로운 활동과 여러 은사를 특별히 강조한다는 점이 추가되어야 한다. 잘 알려진 바와 같이 몰트만은 서방 교회의 신학 전통에서 성령의 위격과 사역을 종속시키는 경향을 비판한다. 이 비판의 중요한 부분은 그가 서방 교회의 고전적인 **필리오케**(*filioque*) 교리, 즉 성령이 성부 "및 성자로부터" 나온다는 교리를 거부한다는 점이다. 몰트만은 이 고대의 논쟁과 관련하여 대체로 동방 정교회의 입장에 서지만 그는 동방 교회들과 서방 교회들 모두 "성령은 성자를 통하여 성부로부터 나온다" 같은 대안적 공식 또는 몇몇 유사한 중재적 입장에 합의할 수 있어야 한다고 생각한다.

여기서 몰트만의 기본적인 관심은 교회가 비변증법적으로 성자를 성령에 우선시하는 아이디어에서 자유로워져야 한다는 것이다. 오히려 말씀(성자)과 성령은 완전한 신성을 성부와 공유하며 서로 상호 관계를 맺고 있다. 몰트만은 성경의 증언이 이 상호성에 대한 풍부한 증거를 제공한다고 해석한다. 한편으로 성령은 그리스도의 사명에 선행하며 그것을 이행할 수 있도록 힘을 준다(눅 4:18-21). 다른 한편으로 그리스도는 성령을 보내 자신을 증언하고 자신의 사역을 완성하게 한다(요 20:21-22).

몰트만의 성령 신학은 철저하게 삼위일체적인 성령론이다. 성령은 삼위일체 하나님의 영원한 생명을 세상에 개방한다. 삼위일체가 **열린 삼위일체**(open Trinity)라는 것은 신적 생명이 넘치는 사랑을 지니고 있어서 피조물에게 생명을 주고 그것들이 삼위일체적 사랑의 삶과 세상에서의 하나님의 선교에 적극적으로 참여할 수 있도록 해준다는 것을 의미한다.[41] 특히 『생명의 영』(The Spirit of Life)에서 몰트만은 성령을 보편적인 생명의 수여자인 동시에 그리스도의 구속 사역의 완성자로 보는 이해를 되찾으려고 시도한다. 몰트만에 따르면 건전한 삼위일체적 성령론은 신적인 생명의 에너지로서의 성령에 대한 보편적 경험과 성육신한 말씀을 중심으로 하는 구속사에서의 성령의 사역 모두에 적절한 관심을 기울일 것을 요청한다. 성령의 어떤 경륜도 그리스도의 사역과 독립적이지 않다. 말씀의 어떤 경륜도 성령의 활동과 독립적이지 않다.

성령이 구속의 영으로만 이해될 경우 성령론의 위치는 엄격하게 교회 안으로 제한된다. 몰트만의 견해에 따르면 이 위치는 비참하게도 성령을 가두는 결과를 초래한다. 성경의 증언에 따르면 하나님의 영은 자유롭

....

41   Moltmann, *Experiences in Theology*, 323.

다. 성령은 만물의 새 창조에서 보편적으로 현존하고 적극적으로 활동한다. 더욱이 성령은 단순히 많은 현대 신학에서 성령론에 부여된 일차적 역할인 계시 사건의 주관적인 측면 이상이다. "성령은 결코 단지 계시의 문제만은 아니다. 성령은 생명 및 그 기원과 관계가 있다."[42] 하나님의 영은 모든 피조물의 여러 고통과 개인·공동체·우주의 변혁에 대한 모든 피조물의 소망 안에 현존한다.

세상과 함께하는 하나님의 삼위일체적 역사에서 성령은 생명, 평화, 희망의 수여자다. 성령은 새로운 생명을 창조하고 생명을 번성하게 해주며, 절망의 한가운데서 희망을 일으키며, 분열·불의·원한의 한가운데서 평화·정의·조화를 확립한다. 몰트만은 사도적 축복을 주석하면서 "'은혜'가 성자의 본질과 특정한 행동을 결정하고 '사랑'이 성부의 본질과 효능을 결정하는 것처럼 '공동체'는 성령과 그의 창조적 에너지의 특수한 본질인 것처럼 보인다"고 쓴다.[43]

몰트만에게 삼위일체는 친교 안에서의 신적인 삶이다. 성부, 성자, 성령은 구별하기도 하고 연합하기도 하는 독특하고 서로에게 침투하는 사랑 안에서 상호 내주하는 연합 안에 머무르고 그 연합 안에서 활동한다. 삼위일체의 상호 내주하는 친교는 관계성과 공동체 안에서 사는 인간의 삶의 토대이자 목표다. 우리는 친교를 위해 창조되고 구속되며, 관계성 안에 있는 우리의 삶은 어느 정도 하나님의 삼위일체적 삶의 친교에 상응하고 그것에 참여할 때에만 충분히 인간적인 것이 된다. 몰트만은 사회적 삼위일체 유비를 주로 관계성 안에 있는 인간의 다양한 형태의 삶에 적용했고 특

....

42   Jürgen Moltmann, *The Spirit of Life: A Universal Affirmation* (Minneapolis: Fortress Press, 1992), 7.

43   Moltmann, *Experiences in Theology*, 326.

히 교회의 공동체적 삶에 적용했다. 내가 알기로 몰트만은 하나님의 삼위일체적 삶 자체를 종교적 다원성을 위한 근거로 사용하지도 않았고, 종교 간 대화의 모형으로 삼위일체적 삶에 호소하지도 않았다. 우리는 여기서 몰트만이 자신의 삼위일체 신학에서 삼위일체 하나님의 상호 내주하는 연합으로부터 너무 직접적으로 종교 간 대화의 복잡한 논의로 나아가는 것에 대해 어느 정도 유보하고 있음을 느낄 수 있다.

몰트만의 삼위일체적 성령론은 그의 십자가 신학 및 메시아적 종말론과 마찬가지로 종교신학에 대한 함의를 지닌다. 간단히 말하면 몰트만은 기독교와 타종교들의 관계의 문제를 강력한 삼위일체적·기독론적·성령론적 맥락 안에 두기를 원한다. 그의 견해에 따르면 종교의 다원성을 이해하기 위한 적절한 신학적 위치는 원죄론도 아니고(전통적으로는 원죄론에 위치했다) 계시론도 아니다(많은 현대 신학자가 이 문제를 계시론에서 다루었다). 몰트만에게 적절한 위치는 "**성령론**이며, 성령론 안에서는 **은사들의 다양성**(multiplicity of charismata)의 교리"다.[44] 몰트만은 다음과 같이 설명한다.

> 은사는 내가 회중을 세우는 봉사에 사용할 수 있는 모든 것이며 하나님 나라를 위해 사용할 수 있는 모든 것이다.…교회 자체가 아니라 하나님 나라가 목표라면 하나님의 의와 생명에 부합하는 것은 어떤 것이든 이 여정에서 사용될 수 있다. 그러므로 우리는 타 종교들에서 하나님 나라, 영생, 새 땅에 관한 관점들을 발견할 수 있는데 이 모든 것은 그런 타 종교들에 중요한 것과 마찬가지로 기독교에도 중요하다.[45]

....

44   Moltmann et al., *A Passion for God's Reign*, 62.
45   Ibid., 63-64.

그렇다면 몰트만에게 종교의 다원성에 의해 제기된 진정한 질문은 타 종교들이 구원의 길이 될 수 있는가도 아니고 카를 라너가 제안했듯이 우리가 타 종교 공동체들 안에서 **익명의 기독교**를 발견할 수 있는가도 아니다. 타 종교들에서 생명의 성령의 현존이 분간될 수 있는가가 중요한 질문이다. **"하나님의 선교**(*Missio Dei*)는 모든 종교인들과 비종교인들을 생명으로 초대하고 생명의 긍정과 보호로 초대하는 것을 의미한다. 타 종교들과 타 문화들에서 이런 의미로 생명에 기여하는 것은 무엇이든 선하며, '생명의 문화' 안으로 전유되어야 한다. 생명을 방해하거나 파괴하거나 희생하는 것은 무엇이든 나쁘며, '죽음의 야만'으로서 극복되어야 한다. 여기서 생명을 주는 하나님의 영은 거기서 구속을 이루어가는 하나님 나라의 시작이다."[46]

종교 간 대화의 조건들

몰트만은 뒤퓌와 하임처럼 종교들의 특수성을 강조한다. 세 사람 모두 종교들은 중요한 측면들에서 비교 불가능하다는 점에 동의한다. 우리가 니터의 유형론을 사용한다면 세 사람 모두를 **수용**(acceptance) 모형의 대표자들로 이해하는 것이 아마도 최선일 것이다. 그러나 몰트만은 틀림없이 **수용**이라는 용어가 관용이라는 근대적 이상에 가까운 것은 아닌지 걱정할 것이다. 관용은 결코 충분하지 않다.

    세 사람이 모두 삼위일체적이지만 몰트만의 신학은 뒤퓌나 하임의 신학에 비해 세상에서의 하나님의 활동에 관한 기술에서 십자가의 중심성, 교회와 이스라엘의 밀접한 관계성, 교회와 이스라엘이 공유하는 도래하는

----

46   Ibid., 62.

하나님의 통치에 대한 메시아적 기대, 생명을 주는 하나님의 영의 보편적 활동을 강조한다. 이러한 강조 사항들은 종교신학에 대한 몰트만의 접근법에 독특성을 부여한다. 하임과는 달리 몰트만은 하나님의 삼위일체적 삶의 풍성함 자체를 종교의 목적들의 궁극적인 분기(divergence)에 대한 토대 및 정당화로 제안하는 것에는 어떤 관심도 보이지 않았다. 그런 아이디어는 몰트만의 **보편주의**(universalist) 사유방식과 도래하는 하나님의 통치가 만물의 변혁과 갱신을 가져올 것이라는 그의 주장에 적합하지 않을 것이다. 여기서 몰트만의 사유는 뒤퓌의 사유와 더 가까운 것처럼 보인다. 뒤퓌 역시 도래하는 하나님의 통치가 온 창조세계에 대해 지니는 중요성을 강조하고 영원한 삼위일체적 사랑의 삶에 참여하는 것을 모든 인류의 궁극적 목적으로 여긴다. 게다가 몰트만은 이스라엘과 교회 사이의 관계가 기독교와 타 종교들 사이의 관계에 대한 전형적인 의미를 지닌다는 견해를 뒤퓌와 공유한다. 몰트만은 뒤퓌와 하임 모두와 함께 강한 실천적 지향을 공유한다. 세 사람 모두 해방신학의 실천적 방법으로부터 어느 정도 배웠고 종교신학이 추상적으로 생성되어서는 안 된다는 점에 동의할 것이다. 종교신학은 종교들 사이에서의 구체적인 상호작용과 대화에서 형성되어야 한다.

또한 몰트만은 뒤퓌와 하임처럼 대화에 헌신적이다. 그는 많은 종교 간 대화에 참여했고 유대인과 그리스도인의 관계에 관해 많이 썼으며, 불교도와의 대화에도 참여했고, 기독교와 이슬람에 관한 책을 한스 큉과 공동 편집했다.[47] 몰트만의 판단에 따르면, "우리는 타자와의 대화를 통해서

---

47 다음 문헌들을 보라. Jürgen Moltmann, "God Is Unselfish Love," in *The Emptying God: A Buddhist-Christian Conversation*, ed. John B. Cobb Jr. and Christopher Ives, 116–24 (Maryknoll, N.Y.: Orbis, 1991); Hans Küng and Jürgen Moltmann, eds., *Islam: A Challenge for Christianity* (Maryknoll, N.Y.: Orbis, 1994).

만 진리에 다가갈 수 있다."⁴⁸ 그러나 그는 대화라는 말이 지니는 다양한 의미와 형태 때문에 대화에 대한 자신의 헌신을 위한 조건들을 제시한다. 그의 관찰에 따르면 현대의 종교 간 대화 프로그램은 자주 근본적으로 보수적인 상호 긍정 프로그램이었기 때문에 포이어바흐(Feuerbach), 마르크스(Marx), 프로이트(Freud) 같은 사상가들에게서 발견되는 중요한 종교 비평에 관한 관심이 결여되어 있다.⁴⁹ 몰트만은 대화에 대한 무비판적인 이해와 대조적으로 결실이 있는 종교 간 대화는 단지 상호 긍정에만 관심을 가지는 것이 아니라 종교들의 개혁에도 관심을 가질 것이라고 주장한다.

기독교와 타 종교가 생명 보호와 증진에 기여하는지에 관심을 기울임으로써 종교들 사이의 관계에 관한 몰트만의 견해는 실천을 적어도 교리만큼 강조한다. 그는 교리상의 차이들에 관한 **직접적인 대화**가 불가능하지는 않더라도 어려운 곳에서조차 **간접적인 대화**는 (핵무기, 환경 파괴, 가난한 자들과 억눌린 자들에 대한 무시 같은) 인류의 미래에 대한 공통의 위협들을 인식하고 협력할 방법들을 마련하는 것을 시도할 수 있다고 설명한다. 여기서 다음과 같은 질문들이 제기된다. "이런 [치명적인] 위험들을 피하기 위해 이 종교들은 어떤 에너지들을 동원할 수 있는가? 세계 종교들은 어떻게 세계를 파괴해왔으며, 세계를 구하기 위해 무엇을 할 수 있는가? 우리가 이 종교들 안의 어디에서 생명을 부정하고 세계를 파괴하는 힘들을 발견하는가? 그리고 어떻게 이것들을 생명을 긍정하고 세계를 보존하는 힘으로 변화시킬 수 있는가?"⁵⁰ 종교들이 외부 세계를 비난하면서 거기서 비참, 폭력, 죽

....

48   Moltmann, "Jesus between Jews and Christians," 61.
49   Jürgen Moltmann, "Dialog oder Mission?" in *Bekenntnis zu dem einen Gott? hg.* Rudolf Weth,
      36–49(Neukirchen-Vluyn: Neukirchener Verlag, 2000)을 보라.
50   Moltmann, *The Passion for God's Reign*, 59.

음의 근원을 보는 것은 위선적인 일이다. "종교 공동체들은 세계 평화에 무언가를 공헌할 수 있기 전에 그들 자신이 평화의 종교가 되어야 하며 자신들의 전통 안에서 증오를 부추기고 원수들을 부정하는 것을 극복해야 한다."[51]

몰트만이 보기에 몇 가지 조건들이 의미 있는 종교 간 대화를 만들어낼 것이다. 첫째, "생명을 위협하는 갈등이 있을 수밖에 없지만 대화는 그것에 대한 해결의 희망을 제공한다."[52] 그는 우리 시대의 생명을 위협하는 실재들이 명백히 존재한다고 생각한다. "핵 위협, 생태 위기, 세계의 경제적 곤경 같은 공통의 위험이 세계 종교들로 하여금 대화에 나서도록 강제한다. 나는 이전의 자유주의적인 다원주의 신학이 히로시마 이전 세계의 낙관주의에 근거하고 있다고 우려한다. 오늘날 세계의 일치를 가져오는 것은 형이상학적 질문이 아니라 모든 인류를 위한 정치적 질문이다."[53] 몰트만에게 있어서 오늘날 종교 간 대화의 긴급성은 폭력과 죽음의 악순환으로 특징지어지는 우리의 현 세계의 위기로부터 나온다.

몰트만의 두 번째 조건은 "모든 참여자가 자신의 신앙 또는 세계관의 맥락 내부로부터 대화에 관여해야 하고" 그들이 대변하는 공동체들의 책임 있는 대표자들이 되어야 한다는 것이다.[54] 결실 있는 대화는 최소의 공통분모를 찾지 않고 대화 참여자들 사이의 실제적인 차이들과 특수성들을 인정할 것이다. 앞에서 지적했듯이 그리스도인과 유대인의 만남에 관해 말하면

....

51   Jürgen Moltmann, "Friedenstiften und Drachentöten im Christentum)," in *Evangelische Theologie* 64 (2004): 285.

52   Moltmann, "Is 'Pluralist Theology' Useful for the Dialogue of World Religions?" 154.

53   Ibid., 155.

54   Ibid., 154.

서 몰트만은 "양쪽이 똑같은 것을 말한다면 하나는 불필요할 것이다"라고 진술한다. 기독교 신앙 전통의 특수성과 관련하여 그는 "십자가 없이 기독교가 존재할 수 있는가?"라고 질문한다.

세 번째 조건은 종교 간 대화가 단순히 그것 자체를 위해서가 아니라 생명에 이바지하는 진리를 위해 이루어져야 한다는 것이다. 대화의 동기는 생명을 위협하는 상황들을 변화시키는 것이어야 한다. 대화는 실제적인 결과들을 목표로 삼아야 한다. 몰트만이 주요한 참가자였던 1960년대 기독교-마르크스주의 대화 동안 마르크스주의 철학자 로제 가로디(Roger Garaudy)가 말했듯이 대화의 목표는 "저주에서 대화로, 대화에서 공존으로, 공존에서 협력으로" 이동하는 것이다.[55]

몰트만은 대화를 주고받는 과정으로 생각한다. 우리는 대화의 주된 질문들이 무엇일지 또는 대화로부터 무엇을 받을 수 있을지 예상할 수 없다. 몰트만은 종교신학의 상당한 정도가 대화 과정 자체에 참여함으로써 형성되어야 한다고 생각한다. 그러나 몰트만은 단순한 실용주의자가 아니다. 그에게는 생명을 긍정하고 증진하는 실천적인 문제가 항상 중요하지만 그는 비판적으로 참여하는 과제가 대화의 불가결한 부분이라고 생각한다. 진리에 관한 질문은 항상 적실성이 있다. 물론 양쪽 모두 우정, 겸손, 개방성, 수용성의 정신으로 상대방에게 다가가야 한다. 그러나 기독교 신학자들은 기독교 신앙의 핵심적인 확언들과 이 확언들에 근거한 특수한 형태의 삶과 제자도의 방식에 관해 침묵해서는 안 된다. 그리스도인들은 자신들의 교리와 실천이 타 종교 공동체들에 의해 기꺼이 점검되도록 해야 하며 동시에 복음에 비추어 타 종교 공동체들을 점검하는 일에 참여해야 할 것이다. 종

----

55   Ibid.

교 간 대화에 참여하는 기독교 신학자는 다음과 같은 중요한 질문들을 제기해야 한다. 십자가에 처형당하고 부활한 예수 그리스도의 복음 이야기와 양립 가능한 것은 무엇이고 양립 불가능한 것은 무엇인가? 교회로 하여금 복음 이야기에서 그동안 잊혔거나 전에 인식되지 않았던 차원을 회복하도록 도전할 수도 있는 것은 무엇인가? 도래하는 하나님의 통치의 완성에 대한 기독교의 희망을 심화시키는 데 도움이 되는 것은 무엇인가? 생명을 보호하고 번성하도록 돕는 것은 무엇인가? 삼위일체 하나님의 도래하는 영광스러운 통치에 관한 비유 또는 예기들을 제공하는 평화롭고 정의로운 인간 공동체의 새로운 가능성을 열어주는 것은 무엇인가?

몰트만은 대화의 의미를 재고할 것을 강조하는 한편 선교의 의미를 재고할 것도 강조한다. 그는 대화와 선교 사이에서 선택하는 것을 거부한다. 그는 둘 모두를 더 잘 이해할 것을 요청한다. 몰트만에게 있어서 올바로 이해된 선교의 목표는 기독교를 제국적인 종교로 재확립하는 것이 아니고, 교회의 보편적 통치도 아니며, 하나님의 위협적인 심판과 다가오는 세상의 파괴로부터 영혼들을 구원하는 것도 아니다. 오히려 선교는 "생명으로의 초대"이며 "하나님의 미래로의 초대"다.[56] 이 초대는 다른 사람들의 종교들과 문화들을 거칠게 다루지 않는다. 오히려 선교는 모든 종교의 사람들에게 그리스도인들이 하나님의 통치, 영원한 생명, 하늘과 땅의 새로운 창조 같은 상징들로 이야기하는 생명을 함께 누리도록 초대한다.

몰트만은 기독교 선교를 생명으로의 초대로 이해하는 자신의 견해를 다음과 같이 요약한다.

....
56   Moltmann, "Dialog oder Mission?" 44-46.

세상이 변하려면 인간이 변해야 한다. 우리가 지상에서 평화를 원한다면 우리 자신이 평화로운 인간이 되어야 한다. 우리가 우리의 자녀들과 자녀들의 자녀들을 위한 미래를 원한다면 우리가 우리의 타성과 이기주의를 정복해야 하며 미래에 대한 살아 있는 소망으로 새로 태어나야 한다. 생명이 생존하고 치명적인 위험이 극복되려면 우리와 다른 사람들 안에서 믿음, 곧 "산을 움직이는 믿음"이 깨어나야 한다. 우리 안에서 심지어 "잉여적"이라고 가정되는 사람들에 대해서도 생명에 대한 조건 없는 사랑이 일깨워져야 한다. 소망이 없이는 어떤 미래도 없다. 사랑이 없이는 어떤 생명도 없다. 믿음이 없이는 어떤 확실성도 없다. 살아 계신 그리스도를 선포하고 생명의 성령을 일깨우는 것이 복음 전도의 과제이며 기독교적 삶의 증언이다.[57]

몰트만의 요약에서 한 가지 수정이 필요한 사항은 인간뿐만 아니라 정치와 제도들도 변해야 한다는 점이다. 모든 종교가 자신을 갱신과 개혁에 개방해야 할 필요도 똑같이 절박하다. 종교는 분명하게 생명을 대변해야 한다. 조너선 색스(Jonathan Sachs)는 "종교가 갈등을 정당화하는 수단으로 사용될 때 종교계가 이에 항의해야 한다. 종교가 폭력과 유혈의 은폐물로서 추구될 때 우리는 신성함의 옷을 보류해야 한다"고 말한다.[58]

....
57   Ibid., 49.
58   Sacks, *The Dignity of Difference*, 9.

10장

배타주의와 절대주의를 넘어서

삼위일체적 십자가 신학

♛

로널드 F. 씨먼

십자가는 삼위일체의 중심에 있다.
…어린양 없이, 사랑의 희생 없이, 십자가 처형을 당한 성자 없이
어떤 삼위일체도 생각될 수 없다.
『삼위일체와 하나님의 나라: 삼위일체적 신론을 위하여』

우리가 삼위일체를 예수의 고통과 죽음 안에서 나타난
사랑의 사건으로 이해한다면―그리고 신앙은 그렇게 해야 한다―
삼위일체는 천상의 자족적인 집단이 아니라
지상의 [모든] 존재들에게 열린 종말론적 과정이다.
이 과정은 그리스도의 십자가에서 유래한다.
『십자가에 달리신 하나님:
그리스도교적 신학의 토대와 비판으로서의 예수의 십자가』

위르겐 몰트만이 현대 신학에 남긴 지속적인 공헌 중 하나는 십자가의 신학(*theologia crucis*)을 하나님에 관한 삼위일체적 성찰 안으로 철저하게 통합한 것이다. 기독교 신학의 모든 측면을 그리스도의 십자가에 나타난 하나님의 고통의 관점에서 생각하고자 하는 대담하고 논란이 많은 이 노력에 대해 열렬한 지지자들뿐만 아니라 경멸적인 비판자들도 생겨났다. 우리가 몰트만의 삼위일체적 십자가 신학을 대담하게 혁신적이라고 여기든 위험하게 사변적이라고 여기든 간에 그의 십자가 신학은 진지하게 살펴볼 가치가 있다. 몰트만은 홀로코스트와 히로시마의 여파로 십자가 중심의 삼위일체적 사유를 전개했지만, 9·11 사태의 여파로 더욱 취약해진 세상에서 고통을 기독교 신학의 사유의 중심에 두고자 한 그의 관심이 새롭게 중요해졌다.

몰트만의 저작은 삼위일체에 관한 신학적 사유의 풍성한 전통에 의존하지만 그의 신학은 마르틴 루터와 칼 바르트의 그리스도 중심적인 신학들과 특히 밀접한 관계가 있다. 개혁신학 전통의 선조들처럼 몰트만은 일관되게 예수 그리스도의 죽음과 부활에서 드러난 하나님의 화해 사역에 기독론적·구원론적 초점을 맞춤으로써 기독교의 신학적 성찰을 개혁하고자 한다. 그는 또한 이런 기독론적이고 십자가 중심적인 초점을 사용하여 현대 사회에 대해 강력한 정치적 비판을 가한다. 정치적·교권적 유일신론과 이에 수반되는 여러 형태의 전체주의에 대한 그의 철저한 비판은 기독론과 십자가론에 초점을 맞추는 그의 신학에서 직접 나온다. 생태 파괴에 대한 그의 비판도 마찬가지다.

몰트만의 가장 강력한 비판자들은 신의 전능성에 대한 그의 급진적인 재해석이나 **성부수난설**(patripassionism)을 기꺼이 받아들이는 것처럼 보이는 그의 입장을 다루지만, 그의 신학은 배타주의적이고 절대주의적인 그리스도 중심주의로 인해서도 쉽게 비판받을 수 있다. 혹자는 기독교 전통의 가장 특수한 측면들에 의존하는 기독론적이고 십자가 중심적인 신학이 다원적인 다종교의 세상에서 계속 적실성을 지니는지 질문할 수 있다. 삼위일체적 십자가 신학이 종교 다원주의 및 문화적 다양성과 비판적으로 만나기 위한 자원을 제공해줄 수 있는가? 그런 신학은 기독교적 배타주의와 절대주의에 암묵적으로 헌신하기 때문에 본래 의심스러운가? 삼위일체적 십자가 신학은 자신의 기독교적 특수주의를 보존하는 동시에 타 종교들의 진리 주장에 대한 개방성을 포함하여 그들의 증언에 진심으로 개방적일 수 있는가?

이번 장에서 나는 삼위일체적 십자가 신학과 기독교적 종교신학 사이의 관계를 탐구하고 기독교가 진리라는 주장이 기독교 전통을 그 전통이 지닌 배타주의 및 절대주의의 경향들로부터 거리를 두게 하는 방식으로 해석될 수 있는지에 관한 구체적인 문제를 다룬다. 삼위일체적 십자가 신학은 기독교의 특수한 헌신을 보존하는 동시에 서로 다르고 심지어 충돌하는 타 종교 전통들의 진리 주장에 여전히 개방적인 기독교적 종교신학을 위한 자원들을 지니는가? 이런 성찰에서 내가 몰트만의 신학 기획을 발전시키거나 비판하지는 않겠지만 나 자신의 사유는 십자가 신학을 삼위일체 신학의 중심 안으로 통합시키려는 그의 용감하고 혁신적인 분투에 여전히 빚지고 있다. 내가 이해하기로 삼위일체적 십자가 신학의 자원으로부터 기독교 종교신학을 전개하려는 내 시도는 몰트만의 신학의 가장 깊은 확신들 가운데 많은 부분과 양립할 수 있다.

진리와 정당화: 배타주의와 절대주의에 반대함

계시에 관한 기독교 교리들에 반대하는 일반적인 비난 중 하나는 그 교리들은 기독교 신앙을 고백하는 사람들만 진리에 접근할 수 있다고 규정하고 그럼으로써 그리스도의 이름을 고백하지 않는 모든 사람이 진리에 접근할 수 있음을 부인한다는 점이다. 이런 비난들은 여러 형태의 기독교 근본주의에 대해 가장 자주 제기되지만, 바르트와 몰트만이 주창한 신학들처럼 그리스도 중심적인 형태의 신학에도 똑같이 적용되는 것처럼 보인다.

> 바르트는 예수 그리스도 안에서 알려진 것 이외의 하나님의 계시에 관한 문제를 다룰 때는 심하게 더듬거린다.…"예수 그리스도가 하나님의 유일한 말씀이라는 사실은 더 나아가 그의 진리와 예언이 어떤 다른 것과 결합할 수 없으며, 예수 그리스도와 그의 진리 및 예언 모두보다 우월한 체계 안에 있는 다른 말들로 둘러싸일 수 없음을 의미한다."(CD IV/3, 100-101)…사실 모든 다른 말들은 참된 말씀이 그 말들 안에 거한다는 사실로부터만 그 말들의 진리를 끌어낸다.…바르트의 분석에서 하나님은 최종적으로 자유롭지 않다.…하나님은 세상의 한 시점과 한 곳에서 생겨난 한 전통에 자신의 자유가 제한되어 있다.[1]

이번 장에서 탐구할 질문은 삼위일체적 십자가 신학이 **배타주의와 절대주**

....

1   Joseph Hough, "Christian Revelation and Religious Pluralism," *Union Seminary Quarterly Review* 56, no. 3-4 (2002): 70-71. 나는 Hough, "Toward a Christian Theology of Religions: Some Philosophical and Theological Reflections," *USQR* 56, no. 3-4 (2002): 157-66에 대한 답변에서 이 주제에 관한 내 생각의 윤곽을 처음으로 제시했다.

의에 희생되지 않는 기독교 종교신학을 만들어낼 수 있는지 여부다.

확실히 이 노력이 직면하는 첫 번째 과제는 **배타주의**와 **절대주의**라는 두 용어를 정의하는 것이다. 이 용어들은 기독교와 세계 종교들을 다루는 문헌에서 종종 다양하고 다소 느슨하게 사용되기 때문에 이 용어들에 정확한 의미를 고착시키기 어려울 때가 있다. 배타주의의 반대자 중 어떤 이는 다음과 같이 주장한다.

> 배타주의는 자기들의 종교가 유일한 "참된" 종교라고 말하는 일부 그리스도인들의 배타적인 주장에 의존한, 기독교에 대한 왜곡이다.…이런 종류의 배타주의적 주장이 그리스도인들 사이의 종교전쟁, 이슬람교도에 맞서는 십자군전쟁, 유대인들에 대한 계속된 박해 같은 유감스러운 기독교 역사의 많은 부분의 중심에 존재해왔다.…불행하게도 기독교의 한 가지 특수한 시각이 하나의 "참된" 기독교와 동일시될 수 있다는 믿음이 미국 기독교 안에 깊이 새겨졌다.…오늘날 미국 그리스도인들의 대다수는 여전히 예수 그리스도에 대한 믿음으로만 "구원"을 받을 수 있다고 믿을 가능성이 크다. 그리고 대다수 배타주의자에게는 예수 그리스도에 대한 한 가지 특수한 형태의 신앙만이 구원을 가능하게 한다.[2]

확실히 기독교 배타주의에 관한 이 진술에는 다른 많은 주장이 내재되어 있다. 인용된 구절에 따르면 **배타주의**는 적어도 다음과 같은 주장들을 포함하는 것처럼 보인다. 배타주의는 기독교가 유일한 참된 종교라고 주장한다. 배타주의는 종교전쟁, 십자군, 박해로 이어진다. 배타주의자들은 참된

....

2   Hough, "Christian Revelation and Religious Pluralism," 65-66.

기독교를 "기독교의 하나의 특수한 시각"과 동일시한다. 배타주의자들은 구원이 예수 그리스도에 대한 믿음으로만 가능하다고 믿는다. 배타주의자들은 "예수 그리스도에 대한 하나의 특수한 형태의 신앙만이" 구원을 가능하게 한다고 적시한다.

　　우리가 기독교 **배타주의**의 의미와 기능을 평가하기 전에 좀 더 명료하게 정리해야 할 필요가 있다. **배타주의**가 전쟁, 십자군, 박해 같은 결과들을 초래하는지는 우리가 그 현상을 정확하게 규정한 후에야 결정될 수 있다. **배타주의**를 정확하게 정의하고 나면 우리는 배타주의가 그런 끔찍하고 비참한 결과들을 초래하는 이유 혹은 그런 결과를 초래하는지 여부를 알 수 있을 것이다. 진리 주장들은 필연적으로 특수하므로, 즉 구체적인 믿음들과 그 믿음의 대상에 관하여 필연적으로 특수하므로 **특수성**에 관한 주장들은 특이해 보인다. 틀림없이 **배타주의**의 문제들로 이어지는 **특수성**의 몇몇 특별한 측면이 있을 것이다. 구원이 예수 그리스도에 대한 믿음으로만 가능하다는 단언은 확실히 기독교의 핵심 주장이다(**오직 믿음으로**[*sola fide*]는 종교개혁 기독교의 근본 원리들 중 하나다). 그러나 확실히 **오직**이라는 용어에는 다른 해석들의 여지가 있을 수 있다. 따라서 이 주장에 대해 우리가 추가로 관심을 기울일 가치가 있다. 참으로 **특이성**(singularity)에 대한 주장들과 **오직**이라는 용어의 사용은 **배타주의**의 가장 곤란한 측면들을 규정하는 것처럼 보인다. 그리스도인들이 **그리스도만**을 그들의 구원과 화해의 근원으로 주장한다면 그 단언은 본질적으로 배타주의적인가?

　　몇몇 비평가는 자신의 공동체에 대한 특이성 주장은 필연적으로 다른 공동체들의 진리 주장 배제를 수반한다고 제안한다. 실제로 이런 비평가들은 종종 종교 다원주의가 종교에서의 진리 주장 개념 자체를 약화시킨다고 주장한다. 물론 진리 주장은 본질적으로 배타주의적인 모험이다. 무언가가 참되다고 말하는 것은 그것과 충돌하는 다른 모든 것이 정의상 거짓임을 의미한다. 그것이 **참되다**의 의미다. 또는 그 문제를 달리 표현하면 다음과 같다. 내가 어떤 믿음이 참되다고 주장한다면 그렇게 함으로써 나는 나 자신의 믿음과 직접적으로 충돌하는 믿음들의 진리를 부정하는 데 헌신하는 것이다. 진리와 충돌하는 것은 정의상 **거짓**이다. 그렇다면 바로 제한적이고 공식적인 이 의미에서 진리는 절대적이고 배타적인 개념이다.[3]

누군가가 나처럼 종교에서 진리를 주장하는 것의 입지를 유지하기를 원한다면 종교 전통들의 지지자들이 하는 몇 가지 주장들은 이 주장들과 명시적으로 모순되는 다른 모든 문장과 불가피하게 충돌할 것이다. 확실히 종교에서의 진리를 주장한다는 단순한 사실이 배타주의일 수 없으며 적어도 전쟁, 십자군, 박해로 이어지는 종류의 배타주의일 수 없다. 내가 판단하기에 기독교 배타주의의 문제는 그것이 배타적인 진리 개념을 가지고 기능한다는 점이 아니라 진리 개념을 부정확하게 **적용한다**는 점이다. 무엇보다도 진리는 명제, 믿음, 주장의 속성이다.[4] 무언가가 "참되다"고 말하는 것은 어떤 명제의 내용에 대한 헌신을 표현하는 것이다. 엘리 위젤(Elie Wiesel)이 유대인 박해라는 악에 관하여 말하는 것은 참이다. 그러나 무언가가 **참이 다**(true)라고 말하는 것은 "유대인 박해가 악하다는 점이 **참이다**(it is the case

....

3　신학에서의 진리 주장에 관한 가장 철저한 논의는 Bruce Marshall, *Trinity and Truth* (Cambridge: Cambridge University Press, 2000), 234이다: "도널드 데이비드슨은 우리의 언어에서 모든 문장에 대해 진리의 개념을 안정적으로 이해한다고 주장한다. 그 언어가 영어라고 가정하면 예를 들어 '잔디는 녹색이다'(Grass is green)라는 문장에 적용되는 '참되다'의 개념에 대한 우리의 이해는 '잔디가 녹색이다'라는 문장은 잔디가 녹색일 경우, 그리고 오직 녹색일 경우에만 참되다는 데 대한 우리의 문제 없는 동의로 표현된다.…즉 *p*인 경우 그리고 오직 *p*인 경우에만 *L*에서 *s*가 참이다"

4　나는 이 문제에 대한 이해에서 Jeffrey Stout, *Democracy and Tradition*(Princeton: Princeton University Press, 2004)에서 큰 도움을 받았다.

that)"라고 주장하는 것이다. "S인 경우 그리고 오직 S인 경우 S가 참이다"는 **참이다**라는 단어의 이 두 번째 의미를 표현하는 하나의 표준적인 방식이다. 그렇다면 진리는 바로 명제들이 "사실인 것"(what is the case)을 올바르게 진술할 때 명제들의 속성이다. "사실인 것"을 진술함에 있어서 참된 명제들은 참된 진술들과 직접적으로 충돌하는 명제들을 반박하거나 거짓으로 결정한다. "유대인 박해가 악하다"라는 문장이 참이라고 말하는 것은 **필연적으로** "유대인 박해가 선하다"라는 문장이 거짓이라고 주장하는 것이다. 그런 의미에서 진리는 항상 거짓인 것을 배제한다. 그렇지 않다면 우리의 도덕적 언어는 기능할 수 없을 것이다. 무분별하고 자멸적인 형태의 상대주의에 빠지지 않으려면 우리는 실로 참된 명제들이 거짓 명제들 및 그것들과 연관된 상태들을 배제한다는 점을 인정해야 한다. 그러나 배타주의자들은 명제들 및 그 명제들과 연관된 상태들에 속하는 진리 개념을 취해서 그 개념을 전체 개념적 틀, 세계관 또는 종교들에 적용하기 때문에 틀렸고 위험스러울 정도로 틀렸다. 하나의 세계관 안의 모든 명제를 모아서 그 안에 들어있는 모든 명제가 예외 없이 참(또는 거짓)임을 보여주는 것은 불가능할 것이다. 그러나 그 접근법은 **진리** 개념을 종교 또는 포괄적인 체계, 즉 그 개념적 틀 안에 포함된 명제들의 전체 집합에 적용할 수 있는, 이해 가능한 유일한 방식이다. 많은 배타주의자의 문제는 그들이 **참이다**라는 용어를 자기들의 전체 틀에 적용하고 이어서 자기들이 모든 다른 틀을 거짓으로 일축할 수 있는 정당성을 갖고 있다고 믿는다는 것이다. 바로 이 이중적인 지적·도덕적 실수가 너무도 쉽게 광신으로 이어진다.[5]

....

5   도널드 데이비드슨은 체계(scheme)와 내용 사이의 구별 자체, 즉 틀 개념이 전제하는 구별이 논리적으로 결함이 있다고 주장했다. Donald Davidson, "On the Very Idea of a Conceptual Scheme," *Inquiries into Truth and Interpretation* (Oxford: Clarendon, 1984),

모든 기독교 종교신학에 대해 똑같이 중요한 또 다른 문제는 **절대주의**다. **배타주의**가 광신이 진리와 관련하여 취하는 형태라면 **절대주의**는 광신이 정당화와 관련하여 취하는 형태다. 내가 여기서 사용하는 의미로서의 **정당화**(justification)는 우리가 우리의 믿음을 지지하고자 논증하는 방식과 우리의 헌신을 찬성하는 이유를 제시하는 방식을 가리킨다. 절대주의자들은 자신들의 종교적 신앙의 진술에 대해 의심할 여지가 없는 근거가 있다고 믿는다. 종종 그들은 의심할 여지가 없다는 자신들의 주장을 지지하기 위해 계시나 영감, 무오성 또는 무오류성의 교리에 호소한다. 바로 기독교 신앙의 무오류성에 대한 이 확신이 오늘날 너무도 많은 그리스도인을 특징짓는 오만과 경멸의 태도를 낳는다. 나는 이전의 저작들에서 철학적 근거와 신학적 근거를 바탕으로 이 **인식론적 토대주의**(epistemological foundationalism) 개념에 반대하는 주장을 펼쳤다.[6] **토대주의**, 특히 기독교 신학의 형태를 지닌 토대주의는 종교 다원주의와 양립할 수 없으며 거의 불가피하게 우리가 혹평해야 마땅한 배타주의로 이어진다.

우리는 **절대주의**를 반대하는 논증에서 정확성을 기하기 위해 다시 한번 주의해야 한다. 절대주의의 주장들은 자명하고 계시적인 근거들을 제시하며 그 주장들이 의심할 나위가 없다고 단언한다. 어떤 문장들은 그 주장의 근거들이 신적 계시의 자명성으로부터 나오기 때문에 의심할 여지가 없

183-98.

6   다음 문헌들을 보라. *Revelation and Theology: The Gospel as Narrated Promise* (Notre Dame: University of Notre Dame Press, 1985); *Religion in American Public Life: A Dilemma for Democracy* (Georgetown: Century Fund/Georgetown University Press, 1996).

276   2부 삼위일체와 종교 전통

다고 한다.[7] 절대주의를 반대할 때 우리가 계시에 대한 주장이나[8] 강력하게 유지되는 견고한 진리 주장들을 반대할 필요가 없다.[9] 토대주의적 인식론에 근거한 절대주의는 궁극적으로 [자명한 것으로] 주어진 자기 일관적인 진술일 수 없다. 토대주의자들은 자명하고 수정 불가능한(incorrigible) 근거들에 호소해서 참된 주장들이 정당화되어야 한다고 주장하지만 토대주의의 논지 자체에 대해서는 그런 근거들을 제시하지 못한다. 합리적으로 정당화된 모든 믿음은 궁극적으로 자명하고 수정 불가능한 증거에 기반해야 한다는 주장은 그 주장 자체가 그런 증거에 의해 정당화되지 못한다. 그러므로 합리적 정당화에 대한 자신의 설명에 따르면 토대주의적 주장은 무언가 부족하다. 윌프레드 셀러스(Wilfred Sellars)는 이 문제를 "소여의 신화"(the myth of the given)로 적시하고, 모순된 삼단법(inconsistent triad)을 전개해서 토대주의 입장에 대해 자기 일관적인 진술이 주어질 수 없음을 보여준다.[10] 도

....

7   토대주의에 관한 많은 설명 중에서 브루스 마샬의 설명(*Truth and Trinity*, 54)이 가장 간결하다. "내가 의미하는 '토대주의'는 그 주장의 지지자들에 의해 긴밀하게 연결되는 세 가지 주장의 집합이다. (F1) 우리가 참이라고 주장하는 문장들 중 적어도 몇몇 문장과 관련하여 우리는 이 문장들이 참인 상태, 사건 또는 경험들에 대해 직접 또는 즉각적으로 접근한다. (F2) 이런 직접적인 접근은 이 문장들이 참임을 보증하며, 따라서 우리가 그것들을 참이라고 주장하는 것을 정당화하거나 그 주장들을 참이라고 여기는 궁극적인 증거로 기능한다. (F3) 우리의 믿음들 중 나머지는 세상과 직접적으로 연관된 것들과의 적절한 연결이 보장되게 함으로써 정당화되어야 한다(그리고 그럼으로써 나머지를 위한 정당화의 '토대들'로 기능한다)."

8   나는 *Revelation and Theology*에서 계시에 대한 비토대주의적 이해를 전개하고자 한다.

9   브루스 마샬은 토대주의에 대한 나의 비판을 공유하지만 "교회의 핵심적 믿음들"의 "수정할 수 없음"을 긍정한다. "그러나 기독교 전통은 교회의 핵심적인 믿음들이 확실하고 수정할 수 없다고 일반적으로 여겨왔지만, 그런 믿음들이 자명하고 경험적으로 분명하거나 심지어 매우 널리 받아들여진다는 점을 명시적으로 부인한다.…그러므로 이런 믿음들을 주장하는 우리는 그것들을 확실하고 수정할 수 없는 것으로, 즉 거짓으로 판명될 수 없는 것으로 여겨야 한다." *Trinity and Truth*, 168–69.

10   Wilfrid Sellars, "Empiricism and the Philosophy of Mind," *Science, Perception, and Reality* (London: Routledge & Kegan Paul, 1963), 127–96.

널드 데이비드슨(Donald Davidson)은 이런 아이디어들을 더 발전시켜서 체계와 내용 사이의 인식상의 분리 자체가 지탱될 수 없다고 주장한다.[11] 그렇게 강력한 반토대주의 주장들에 비추어 신학과 철학 분야에서 대체로 토대주의 인식론에 근거한 절대주의 주장들이 지탱될 수 없다는 합의가 형성되었다. 그럼에도 실제로는 많은 그리스도인과 기독교 공동체들이 자신들의 계시론에 대해 계속 토대주의적·절대주의적 이해를 채택한다. 많은 사람이 의심할 여지가 없는 토대들에 대한 그런 주장들 없이는 진리에 대한 기독교의 주장들이 하나님의 계시에 기반한다는 점이 결여된다고 믿는다. 따라서 계시에 대한 토대주의적인 설명은 철학적·신학적 비판에 직면하여 놀라운 탄력성을 보여왔다.

하지만 혹자가 반토대주의적 비판에 설득된다면 진리에 대한 기독교의 주장은 어떻게 되는가? 절대주의에 대한 토대주의적인 기초가 일소되고 나면 기독교 신봉자들에게 단언할 무엇이 남는가? 절대주의의 몰락은 상대주의의 수용을 요구하는가? 기독교의 신학적 주장들은 이제 회의주의와 심지어 허무주의도 기독교 주장들의 진리의 지위를 위협하는 영역에 속하는가? 그런 염려들은 리처드 번스타인(Richard Bernstein)이 **데카르트적 불안**(the Cartesian anxiety)이라고 명명한 것, 즉 "거대하고 유혹적인 양자택일"(grand and seductive Either/Or)을 보여주는데, 이것의 의미는 다음과 같다. "우리의 지식을 위한 몇몇 고정된 토대가 **있거나 또는** 우리가 광기와 지적·도덕적 혼돈으로 우리를 둘러싸고 있는 암흑의 세력으로부터 벗어날 수 없다."[12] 토대주의 및 그것과 연관된 괴물들인 배타주의와 절대주의의

....

11   Donald Davidson, "On the Very Idea of a Conceptual Scheme," *Inquiries into Truth and Interpretation* (Oxford: Oxford University Press, 1984), 183-98.
12   Richard Bernstein, *Beyond Objectivism and Relativism: Science, Hermeneutics, and Praxis*

소멸은 결코 신학에서 강건한 진리 주장의 종말을 수반하지 않는다. 그러나 비배타주의적이고 비절대주의적인(그러나 또한 비상대주의적인) 진리 주장들이 종교적으로 다원적인 상황에서 어떻게 유지될 수 있는지를 보여줄 도전은 여전히 남아있다.

삼위일체적 십자가 신학과 종교 다원주의

여기서 자신의 전통 안에 있는 진리 주장에 대한 깊이 있고 지속적인 헌신과 또 다른 전통의 주장들에 대한 개방성 및 존중이 양립할 수 있는지가 문제가 된다. 이번 장의 나머지 부분에서 나는 진리 주장들과 종교 다원주의의 수용이 모순되지 않는다고 주장한다. 니콜라스 레셔(Nicolas Rescher)는 이 문제를 매우 설득력 있게 진술했다.

> 다원주의는 다른 사람들이 자기의 입장과 다른 입장들을 유지할 수 있다는 점이 합리적으로 이해될 수 있고 수용될 수 있다고 주장한다. 그러나 다원주의는 특정 개인이 여러 입장을 지지할 필요가 있다고 주장하지 않는다. 즉 다른 이들이 특정한 입장을 주장하고 있다는 사실이 자기도 아무튼 그렇게 해야 하는 이유가 된다고 주장하지 않는다.…다원주의는 전체 집단의 특징이다. 다원주의는 경험이 다르면 견해가 달라진다는 사실에 근거한다. 그러나 개인의 관점에서는 이것은 아무런 소용이 없다. 우리에게는 접근할 수 있는 것을 토대로 최선을 다하는 것 외에 다른 대안이 없다. 다른 사람들이 우리에게 동의한다는 사실이 올바름의 증거가 아니며, 다른 사람들이 우리에게 동의하지 않는

....
(Philadelphia: University of Pennsylvania Press, 1983), 18.

다는 사실이 오류의 표지가 아니다.[13]

우리의 입장이 진리임을 확립하기 위한 자명하고 수정 불가능한 수단이 우리에게 전혀 없다는 확신이 다원주의의 수용에 매우 중요하다. 따라서 우리로 하여금 토대주의적 절대주의를 거부하도록 만드는 동일한 근거들이 우리가 다원주의도 수용할 수 있게 한다. 그렇다고 해서 우리의 주장들이 진리임을 확립할 길이 전혀 없지는 않다. 그러나 우리가 임의로 접근할 수 있는 수단들이 우리가 동의하지 않는 사람들을 반드시 확신시키지는 않을 것이다. 따라서 우리는 우리에게 동의하지 않는 사람들이 합리적으로 동의하지 않을 가능성을 열어두어야 한다. 이 입장은 상대주의나 진리에 대한 무관심을 암시하지 않으며 단지 다른 사람들에게 우리가 믿는 것을 믿도록 강제할 수 없음을 암시할 뿐이다. 우리는 우리가 그렇게 믿는 이유들을 제시할 수 있지만 이런 이유들은 설령 우리의 주장들을 지지하기에 충분하다고 할지라도 다른 사람들에게 우리의 믿음을 받아들이도록 강제하지 않을 것이다. 그러므로 이제 우리는 "그렇게 믿는 이유들"을 고려해보고 그런 믿음들이 배타주의와 절대주의라는 쌍둥이 위험을 피하도록 구성될 수 있는지를 평가할 필요가 있다.

　　루트비히 비트겐슈타인(Ludwig Wittgenstein)은 우리에게 "한 단어의 의미는 그 언어에서의 용법이다"라고 가르쳐줬다.[14] 단어의 의미를 파악하기를 원한다면 그것이 어떻게 사용되는지를 살펴보라. 당신이 믿음들―이 경우에는 진리에 관한 기독교의 주장들―의 의미를 파악하기 원한다면 당신

──────────

13　　Nicolas Rescher, *Pluralism: Against the Demand for Consensus* (Oxford: Clarendon, 1993), 89.

14　　Ludwig Wittgenstein, *Philosophical Investigations*, vol. 1, no. 43 (Oxford: Basil Blackwell, 1958), 20.

은 그런 믿음들이 기독교의 실천의 맥락에서 어떻게 사용되는지를 살펴볼 필요가 있다. 나는 조지 린드벡(George Lindbeck)의 다음과 같은 주장에 동의한다.

> 기독교의 존재론적 진리 주장들은 개인들과 공동체들을 그리스도와 일치되도록 만들어주는 경배, 선포, 순종, 약속 경청과 약속 이행의 활동으로 [이루어진다].…일상적인 종교 언어가 기도, 찬양, 훈계를 통해 사람들의 삶을 형성하는 데 사용될 때 진리와 허위는 일상적인 종교 언어의 특징이 된다. 오직 이 수준에서만 인간은 자신의 진리 또는 허위, 즉 자신이 궁극적 신비에 일치하는지 또는 일치하지 않는지를 언어적으로 드러낸다.[15]

기독교의 진리 주장들은 기독교 공동체를 구성하는 믿음과 실천의 복잡한 망 안에 위치한다. 기독교의 정체성은 기독교 공동체의 삶에 믿음으로 참여함으로써 형성되고 육성된다. 진리 주장들은 기독교의 믿음의 망 전체에 걸쳐 발견될 수 있지만, 기독교의 정체성에 있어서 몇몇 믿음들과 실천들은 확실히 다른 믿음들과 실천들보다 더 중요하다. 기독교 공동체의 정체성 형성과 유지에 결정적인 믿음들은 **근본적인 믿음들**(fundamental beliefs)이라고 불릴 수도 있을 것이다.[16] 근본적인 믿음들이 폐기되거나 철저히 바

....

15   George Lindbeck, *The Nature of Doctrine* (Philadelphia: Westminster, 1984), 68.
16   *Revelation and Theology*에서 나는 이런 믿음들이 기본적(basic)이라고 말했다. 그러나 나는 이제 이 용어가 공동체가 그런 믿음들을 바꿔야 한다는 것에 대해 가지는 강한 저항을 충분히 표현하지 못한다고 생각한다. 브루스 마셜은 *Trinity and Truth*에서 그런 믿음들을 본질적(essential)이라는 단어로 표현하고, 이런 믿음 중 일부는 수정할 수 없다고 주장한다. 나는 후자의 주장을 하고 싶지 않기 때문에 근본적(fundamental)이라는 덜 본질적인 언어를 선호한다.

꿨다면 이런 믿음들은 그 공동체의 정체성을 근본적으로 변화시킬 것이기에 그 공동체는 더 이상 기독교 공동체로 인식되지 않을 것이다. 또는 달리 표현하자면 근본적인 믿음들은 공동체가 반대나 역경에 직면해서도 결코 폐기하려고 하지 않을 믿음들이다. 그것들이 폐기된다면 그 공동체가 역사적인 기독교 전통과 유의미한 연속성 안에 있는지 불분명할 것이기 때문이다.

브루스 마셜(Bruce Marshall)은 **인식상의 우선성**(epistemic primacy)이라는 유용한 언어를 도입해서 상충하거나 양립 불가능한 믿음들에 직면할 때 근본적인 믿음들의 기능을 적시했다.

> 믿음 A와 믿음 B가 충돌할 때 공동체가 A를 참이라고 계속 주장하고 B를 거부하거나 수정할 경우 그리고 오직 그런 경우에만 [한] 공동체는 믿음 A를 믿음 B와 관련하여 핵심적이라고 간주한다. 그러나 이것은 단지 공동체가 믿음 A를 믿음 B가 참인지에 관한 결정 기준으로 여긴다고 말할 뿐이다. 두 믿음의 양립 불가능성—즉 논리적 모순에 속하는 불일치—에 직면해서 그 공동체는 믿음 A가 참이라는 입장을 유지하고 따라서 믿음 B가 거짓이라는 입장을 유지해야 함을 알게 된다. 우리는 이 공동체가 믿음 A가 믿음 B와 관련하여 **인식적으로 우선하는** 것으로 여긴다고 말할 수 있다.[17]

기독교 공동체가 인식적으로 우선하는 것으로 여기는 믿음들은 위르겐 몰트만이 십자가가 삼위일체의 핵심이라는 주장을 통해 기독교의 시각의 핵심을 형성하는 것으로서 아주 강력하게 옹호했던 기독론적 믿음들과 삼위

....

17   Marshall, *Trinity and Truth*, 45.

일체적 믿음들을 포함한다. 실로 예수 그리스도의 죽음과 부활에서 삼위일체 하나님과 우주의 관계에 관한 진리가 계시되었다는 주장은 기독교 신앙의 가장 핵심적이고 근본적인 주장이다.[18] 그렇게 근본적이고, 정체성을 형성하며, 인식적으로 우선적인 믿음들이 종교 다원주의와 양립할 수 있는가? 삼위일체적 십자가 신학이 배타주의와 절대주의의 위험을 피할 수 있는 방식으로 전개될 수 있는가? 삼위일체적 십자가 신학에 초점을 맞추는 기독교 종교신학은 어떻게 보일 수 있는가? 우리는 이제 그런 질문을 다룰 것이다.

나는 기독교 종교신학의 적절한 목표는 종교들을 그것들 자체로 이해하는 것과 주의를 기울여 그 종교들에 경청함으로써 나올 수도 있는 진리의 증언에 열려 있기 위해 기독교 신학 자체 안에서 그 근거들을 설명하는 것이라고 믿는다. 타 종교들을 존중하는 주의 깊은 경청은 그들의 주장에 대한 진정한 개방성, 즉 그런 주장들이 기독교의 증언을 긍정하는지, 기독교의 주장들과 모순되는지 또는 그것들과 다를 뿐인지를 미리 판단하지 않는 개방성을 요구한다. 종교적 타자에 대한 진정한 존중은 그리스도인들에게 진정한 종교 간 대화와 상호 검토를 통해 나올 수도 있는 다양한 가능성에 마음을 열도록 요구한다. 모든 종교가 거짓이라는 일반화가 타당성이 없듯이 모든 종교가 참이라는 일반화도 타당성이 없는 것처럼 보인다. 나는 종교적 타자에 대한 진정한 존중은 타자의 주장들이 참이거나 거짓이

....

18   마셜은 이 믿음과 실로 모든 근본적인 기독교 믿음들에 대해 "무제한적인 인식상의 우선성"을 주장한다. "기독교의 핵심적인 믿음들이 무제한적인 인식상의 우선성을 지닌다는 말은 그것들과 모순되는 모든 가능한 믿음이 틀림없이 거짓임을 의미한다. 더욱이 이런 특정한 믿음들에 참으로 무제한적인 우선성을 돌리는 것은 그 범주의 적용을 선점한다. 어떤 다른 믿음들도 이런 논리적 지위를 누리지 못할 것이다. 이 점으로부터 어떤 참된 믿음도 예수와 삼위일체를 적시하는 내러티브에 모순될 수 없다는 결론이 도출된다." Ibid., 120.

고, 적실성이 있거나 적실성이 없고, 지혜롭거나 어리석을 수 있을 가능성을 열어두라고 요구한다고 생각한다. 종교적 타자가 거짓이라는 공허한 일반화들이 존중하는 자세가 아니듯이 타자 안에 필연적으로 진리가 존재한다는 공허한 일반화들도 (상당히 덜 위험할지라도) 존중하는 자세가 아니다.[19]

기독교 신학은 기독교 신앙 안에서 타자가 필연적으로 진리를 소유하고 있다거나 일자(The One) 또는 그 길을 필연적으로 수용했다는 근거들을 찾기보다는 우리가 다른 종교들의 증언에서 진리 주장들을 만날 경우 우리에게 그것들을 알려줄 수도 있는, 타자를 존중하는 경청을 위한 근거들을 기독교 신앙 안에서 제공해야 한다. 나는 이런 개방성에 대한 근거들이 기독교의 삼위일체 교리와 기독론 교리의 핵심에서 발견된다고 믿는다. 그러므로 기독교 종교신학은 비록 그것이 온건한 입장이라고 하더라도[20] 그리스도의 인격과 사역 안에서 계시된 삼위일체 하나님에 대한 기독교의 증언의 핵심 자체로부터 나와야 한다.

....

19 종교 전통들은 거의 확실히 서로 다른 그리고 아마도 양립 불가능한 근본적인 인식상의 우선성을 지닐 것이다. 나는 종교적인 대화는 정체성을 형성하는 근본적인 인식상의 우선성들 사이의 이런 차이들을 해소하려는 시도를 목표로 삼아서는 안 된다고 생각한다. 오히려 대화는 다양한 공동체가 보유한 복잡한 신념 체계들 안에서 이런 전통들이 해결할 수 있는 불일치를 지니는 많은 자리를 찾기 위해 노력해야 한다. 칭의 교리에 관한 로마 가톨릭교회와 루터교 사이의 최근의 이해의 진전은 기독교 내의 에큐메니컬 논의에서 대화에 대한 그런 접근법이 작동하고 있음을 보여주는 풍부한 증거를 제시한다. 유대인들의 선택과 모든 형태의 대체주의 교리들의 거부에 관한 기독교의 믿음들에서의 근본적인 변화들은 매우 중요한 대화 활동의 또 다른 예를 제시한다. 로마 가톨릭 신자들, 루터교 신자들, 그리스도인들, 유대인들이 몇몇 근본적인 인식상의 우선성을 공유하는 이점을 지니고 있지만 그들의 차이들은 신학적으로 심원하다. 대화에 대한 이런 접근법은 또한 근본적인 인식상의 우선성이나 공통의 역사를 공유하지 않는 종교 전통들 사이에서의 논의를 위한 모형으로도 기능할 수 있다.

20 내가 여기서 제시하는 종류의 종교신학은 우선 모든 종교가 동일한 목적을 갖는다거나 공통의 경험을 공유한다고 주장하는 포괄적인 종교신학을 제공하려는 시도를 피한다는 의미에서 온건하다.

마르틴 루터는 **십자가의 신학**(*theologia crucis*)에 대한 고전적인 진술을 제공했다.

> **고통과 십자가를 통해 드러난 하나님의 가시적이고 분명한 것들을 이해하는 사람은…신학자라고 불릴 자격이 있다.** 하나님의 "등"과 가시적인 것들은 비가시적인 것들, 즉 그의 인성, 연약함, 어리석음과 반대편에 위치한다.…이제 누군가가 십자가의 굴욕와 수치 안에 존재하는 하나님을 인식하지 않는 한 그의 영광과 위엄 안에 존재하는 하나님을 인식하는 것은 충분하지 않고 그 사람에게 아무런 유익도 없다.…이 이유로 하나님에 관한 참된 신학과 인식은 십자가에서 처형된 그리스도 안에 존재한다.…그리스도를 알지 못하는 사람은 고통 안에 숨어 있는 하나님을 알지 못한다.…하나님은 오직 고통과 십자가 안에서만 발견될 수 있다.[21]

하나님의 삼위일체적 실재에 관한 기독교 교리들은 전통적으로 하나님의 계시의 부정신학 측면과 긍정신학 측면 사이의 변증법적 관계를 주장해왔다. 일부 신학자들은 하나님의 심중에 있는 신비를 강조하고 다른 신학자들은 하나님의 계시가 인간에게 진정으로 알려질 수 있음을 강조하는데, 그런 모든 교리는 하나님의 은닉성과 계시 사이의 복잡한 관계를 주장한다. 위대한 개신교 계시 신학자인 칼 바르트조차도 하나님의 불가피한 은닉성을 강조한다. 바르트에게 하나님은 근본적으로 "자유 안에서 사랑하는 존재"로 정의된다.[22] 바르트에게 하나님의 자유는 결코 **절대적 자유**가 아니

....
21   Martin Luther, "Heidelberg Disputation," *Luther's Works* 31 (Philadelphia: Fortress Press, 1957), 52-53.

22   Karl Barth, *Church Dogmatics* (Edinburgh: T&T Clark, 1957), II/1:257-321.

라 신적 자기 결정의 자유다. 하나님이 자신의 제한받지 않는 자기 결정을 사용해서 예수 그리스도의 인격을 통해 하나님 자신을 인간에게 영원히 구속시킨다는 사실은 경이로운 은혜다. 하나님이 자유 의사로 자신을 구속하기로 결정했기 때문에 이 구속 행위는 하나님의 자유를 제한하지 않는다. 조셉 허프(Joseph Hough)가 이번 장의 앞부분에서 인용된 바르트에 대한 비판에서 주장하듯이 **절대적 자유** 또는 **절대적 주권**이라는 일반적인 개념들이 행동하는 자신의 존재 자체를 예수 그리스도 안에서 창조된 세상에 속박하기로 한 하나님의 자유로운 자기 결정보다 우월하다고 제안하는 것은 기독교 복음의 핵심 자체를 공격하는 처사다. 나는 하나님의 자유를 하나님이 그리스도 안에서 자신을 인간의 상태와 동일시하는 자기 결정으로 이해하는 것은 하나님의 자유에 대한 부인이 아니라 오히려 **십자가의 신학**의 조건들하에서 하나님의 자유에 대한 긍정이라고 주장하고자 한다.

십자가 신학자들의 전통에 서 있는 바르트는 하나님이 하나님 자신을 예수 그리스도 안에서 영원히 속박했고, 그럼으로써 우리에게 알려질 수 있도록 했으며, 항상 모든 곳에서 하나님 자신의 자기 계시를 통제하는 주권적인 주님으로 남아 있다고 주장한다. 마지막으로, 하나님의 자기 계시는 우리 가운데 있는 하나님의 현존, 임마누엘, 인간의 육체를 입은 신적 존재의 현존 이상도 이하도 아니다. 그러나 하나님의 계시와의 만남은 항상 그것 자체로 "사건"인데, 이는 그 안에서 하나님이 여전히 자신의 자기 공개를 통제하고 있는 행동이다. 그러므로 우리는 하나님이 예수 그리스도 안에서 우리를 위해 참으로 현존한다는 것을 확신하지만, 하나님의 현존은 언제나 우리가 알거나 파악할 수도 있는 우리 자신의 어떤 능력보다 뛰어나다는 것을 인정해야 한다. 하나님의 신비는 모든 점에서 예수 그리스도 안에서 하나님이 자기를 내어줌의 한 부분이며 하나님의 자기 계시도 마찬가지다. 따라서 우리가 안다고 주장하는 것에 관한 진정한 겸손은 우리가 예수 그리스도의 인격 안에서 하나님을 진정으로 안다는 적절한 확신과 결합해야 한다. 겸손보다 확신을 더 주장한다는 것이 바르트의 특징이지만, 둘 다 그의 신론의 본질적인 부분이다.

그럼에도 우리는 바르트의 신론 같은 신론의 맥락 안에서 작업할 수 있고, 하나님의 자기를 내어줌의 계속적인 위엄, 곧 언제나 그리고 오로지 하나님의 자기 결정에만 근거하고 결코 이해하려는 우리의 약한 시도에 근거하지 않는 위엄을 단언할 충분한 근거를 갖고 있다. 하나님 자신의 무제한적인 자기 결정의 범위만이 하나님의 자기 계시의 범위와 접근 가능성을 제한한다.

좀 더 기독론적인 다른 근거들은 기독교가 타 종교 안에 있는 진리에 대한 증언에 개방적임을 단언한다.

전능한 존재가 약하고 무력한 존재의 형태로, 영원한 존재가 일시적이고 사라지는 존재의 형태로, 존귀한 존재가 극심한 굴욕을 당하는 모습으로 여기에 존재하고 행동하며 말한다. 거룩한 존재는 다른 죄인들과 함께 죄인의 자리에, 그리고 죄인이라는 고소를 당한 모습으로 서 있다. 영광스러운 존재가 수치로 덮여 있다. 영원히 사는 존재가 죽음의 희생물이 되었다. 창조주는 창조주가 아닌 것의 공격을 받고 있고 그 공격에 압도된다. 간단히 말해서 주님은 종, 노예다.[23]

복음 내러티브들의 중심에 예수 그리스도의 정체성에 관한 논쟁이 놓여 있

....
23   Ibid., IV/1:185.

다. 공관복음서에서 예수에게 가장 가까이 있는 자들이 으레 그를 오인한다. 이전의 내 저작에서 나는 마태복음이 어떻게 **제자들**(*mathētēs*)과 **따르는 자들**(*akolouthein*과 그 변형들) 사이의 구별을 중심으로 구성되었는지를 보여 주었다.[24] 제자들은 물리적으로 예수와 가까이 있지만 예수의 말씀과 행동을 종종 오해한다. 내러티브에서 많은 경우에 예수가 제자들에 관하여 사용한 별칭은 "믿음이 적은 자들"(*oligopistoi*)이다. 그 이야기들에서 예수의 참된 정체성을 가장 자주 인식한 사람들은 명백히 조연들—나병 환자, 로마의 백부장, 가다라(거라사)의 귀신 들린 사람, 중풍 환자, 혈루증을 앓는 여인, 시각장애인 두 명, 가나안 여인, 십자가 아래의 백부장—이다. 수난 내러티브 자체 안에서 참된 추종자들, 즉 예수의 사명과 사역이 십자가 처형으로 가는 길을 따라야 한다는 것을 인식한 이들은 아리마대 요셉과—가장 중요한 자들로서—예수를 따르는 여인들뿐이었다. 따라서 복음서들 자체가 예수 자신의 정체성이 경계선상, 경계선 너머, 주변부에 사는 사람들에 의해 가장 잘 인식될 가능성이 높다는 사실을 증언한다. 이런 이야기들은 **내부자들**이 복음서들의 진리를 독특하고 수정할 수 없을 정도로 파악한다고 주장하는 사람들을 전혀 지지하지 않는다. 반대로 명백한 **외부자들**이 예수의 정체성을 인식하고 그럼으로써 진리를 증언한다.[25] 필요한 변경을 가해 표현하자면 우리 자신의 시대에 진리에 대한 진정한 증언이 명백한 기독교 안의 내부자들로부터가 아니라 종교적 타자들로부터 나온다고 하

....

24   Ronald F. Thiemann, *Revelation and Theology: The Gospel as Narrated Promise*, 112-40; "The Unnamed Woman at Bethany: A Model for Discipleship," *Constructing a Public Theology: The Church in a Pluralistic Culture* (Louisville, Ky.: Westminster John Knox, 1991), 63-74.

25   내러티브 해석에서 내부자와 외부자 사이의 관계에 관한 논의는 Thiemann, "Radiance and Obscurity in Biblical Narratives)," *Constructing a Public Theology*, 45-62을 보라.

더라도 우리는 놀라지 말아야 한다. 그들은 너무도 자주 진리의 경계 너머에 있는 것으로 여겨져 왔지만 사실은 진리의 운반자들이 될 수도 있다.[26]

마지막으로 기독교 이야기의 핵심에 있는 근본적인 드라마는 타 종교 전통들의 진리 증언에 대한 기독교의 개방성을 위한 가장 강력한 근거를 제공한다. 기독교는 기본적으로 하나님과 세상에 관한 진리가 로마인들의 손에 정치범이 처형당하는 이야기에서 발견될 수 있다고 주장한다. 그럼에도 그리스도인들은 이제 국가에 의해 십자가형을 당한 이 순회 설교자가 자애로운 하나님의 존재를 계시한다고 선포한다. 더욱이 그리스도인들은 더 나아가 십자가에 달린 이 사람이 이제 하나님의 부활의 능력을 통해 살아 있다고, 즉 십자가 처형으로 죽은 자가 이제 존귀한 우주의 주님으로서 살아 있다고 주장한다. 좀 더 급진적인 기독론적 전통에서는 기독교가 하나님이 예수 그리스도의 죽음에서 놀라운 교환에 참여했다고 주장한다. 즉 우리가 하나님처럼 의롭게 되도록 하나님이 예수의 죽음에서 우리를 위해 저주를 받았다고 주장한다.[27] 훨씬 더 놀랍게도 그리스도인들은 이 이례적인 교환 행위를 통해 하나님이 우리의 운명, 즉 죽음의 운명을 취하고 그것을 하나님 자신의 현존 안에서 영원한 생명 안으로 변혁시킨다고 계속 주장한다.

만일 일련의 반(反)직관적이고 어떤 이들이 역설적이라고 말할 수도

....

26   나는 여기서 기독교가 아닌 종교의 신자들의 정체성이 외부자라고 주장하려고 하지 않는다. 나는 기독교 신자가 아닌 타자를 종종 주변화시켜왔던 그리스도인들에게 복음서 내러티브에서 소위 외부자들은 진리의 담지자들이라는 점을 상기시키려고 이 용어를 역설적으로 사용하고 있다. 비그리스도인들도 그런 진리의 담지자들이라면 그리스도인들에 의한 그들의 주변화는 더 이상 지탱될 수 없다.

27   특히 Martin Luther, *Lectures on Galatians 1535, Luther's Works* 26 (St. Louis: Concordia, 1963), 248-90을 보라. Eberhard Jüngel, *God as the Mystery of the World*(Grand Rapids, Mich.: Eerdmanns, 1986)도 보라.

있는 주장들에 기반한 종교가 있다면 그것은 분명히 기독교다. 어떤 단순한 이성적인 행동도 기독교 신자들로 하여금 십자가 처형을 당한 예수가 지금 살아 있으며 우리 역시 예수 안에서 살 것이라는 믿음에 헌신하게 할 수는 없다. 그런 헌신은 죽음의 최종성에 관한 일상의 경험에 반대되는 신앙의 행동을 수반한다. 그런 까닭에 그리스도인들은 히브리서의 표현으로 "믿음은 바라는 것들의 실상이요 보이지 않는 것들의 증거"(히 11:1)라고 고백한다. 그런 까닭에 그리스도인들은 사도 바울과 함께 "우리가 지금은 거울로 보는 것같이 희미하며"(고전 13:12) 제자도의 길이 그것의 약속된 끝으로 이어진다는 것을 절대적으로 확실하게 알 수 없다고 고백한다. 그러나 신자들은 소망 안에서 계속 따라가며 "얼굴과 얼굴을 대하여 볼"(고전 13:12) 날을 기다린다. 그러나 지금은 그리스도인들에게 오직 믿음, 제자도의 요구, 그리고 우리에게 와서 따르라고 부르는 존재의 손짓하는 현존이 있을 뿐이다. 어떤 이들에게는 그 믿음, 그런 요구, 그 현존으로 충분하다.

믿음, 소망, 사랑 안에서 그렇게 따라가는 것은 겸손, 겸허, 감사의 태도를 주입해야 한다. 십자가를 따르는 자들은 진리를 붙들고 기독교 계시의 충분성과 최종성을 격찬하기는 고사하고 루터의 표현대로 하나님이 항상 그 자신을 정반대로(sub contrario) 계시한다는 것을 인식한다. 기독교 복음에 대한 믿음은 하나님의 자애로운 자기 결정이 하나님 자신을 알려지도록 하는 곳 어디서든지 하나님의 계시의 진리를 추구하는 십자가의 신학(theologia crucis)을 낳는다. 기독교 제자도의 길은 소망하면서 따르는 길이다. 기독교 제자도의 삶은 곤궁한 이웃에게 사랑으로 헌신하는 삶이다. 따라서 믿음, 소망, 사랑이라는 신학적 덕목들은 하나님의 영광스럽고 은혜로운 자기 계시의 다양한 원천에 대한 그리스도인들의 인식을 촉진해야 한다. 우리처럼 예수 그리스도 안에서 하나님을 아는 그리스도인들은 가장 먼저 하나님의 자기 계시가 참으로 몇몇 놀라운 곳에서 나타난다는 것을 인정하는 사람들이어야 한다.

기독교 복음은 다른 시대와 장소에 있는 사람들에 대한 하나님의 자기 계시 가능성을 결코 선험적으로 부정하지 않을 뿐만 아니라 그리스도인들에게 하나님의 계시가 우리가 거의 기대하지 않는 곳에서 나타날 가능성이 계속 존재한다고 환기해준다. 그런 순간들을 인식하기 위해 우리는 종교적 타자에게 신중하고 겸손하게 경청해야 한다. 종교적 타자가 영원한 벌에 처해진다고 주장하지 않아야 하고, 신중한 검토 없이 그들이 길 또는 진리를 발견했음을 주장하지도 않아야 한다. 신중하게 경청하는 것과 진리와 허위에 관해 겸손하고 조심스럽고 사려 깊은 판단을 하는 것은 기독교 복음에 충실하고 종교적 타자의 자유와 온전성을 존중하는 최선의 길이다. 그 과정을 통해 마침내 진정한 기독교 종교신학이 등장할 수도 있을 것이다.

3부 삼위일체와 신론

11장

삼위일체와 젠더에 대한 재고

♛

사라 A. 코클리

젠더의 범주에 위르겐 몰트만이 부여한 의미는 인류학적 영역에서뿐만 아니라 신론과 관련해서도 조직신학자로서 그의 사상 가운데 덜 기념된 차원 중 하나다.[1] 혹자가 예상할 수도 있는 바와 같이 몰트만이 젠더라는 주제를 독특하게 다룬 것은 다양한 여성 신학자의 관심을 받아왔다.[2] 그러나 그의

....

[1] 위르겐 몰트만과 엘리자베트 몰트만 벤델이 신학과 젠더에 관해 쓴 자료들 중 내가 이 논문을 위해 특별히 참조하는 자료는 다음과 같다(영어를 사용하는 이 논문집을 위해 나는 관련된 영어 번역본을 활용했다). Jürgen Moltmann, "The Motherly Father: Is Trinitarian Patripassianism Replacing Theological Patriarchalism?" in *God as Father?* ed. J.-B. Metz and E. Schillebeeckx, 51-56 (Edinburgh: T & T Clark, 1981); Jürgen Moltmann, *The Trinity and the Kingdom: The Doctrine of God* (London: SCM, 1981); Elisabeth Moltmann-Wendel and Jürgen Moltmann, *Humanity in God* (New York: Pilgrim, 1983); Elisabeth Moltmann-Wendel and Jürgen Moltmann, *God—His and Hers* (New York: Crossroad, 1991); Jürgen Moltmann, *History and the Triune God: Contributions to Trinitarian Theology* (London: SCM, 1991); Elisabeth Moltmann-Wendel, *Autobiography* (London: SCM, 1997); Jürgen Moltmann, *The Source of Life: The Holy Spirit and the Theology of Life* (London: SCM, 1997); Jürgen Moltmann, *Experiences in Theology: Ways and Forms of Christian Theology* (Minneapolis: Fortress Press, 2000). 내가 이 자료들을 모으도록 도와주고 여러 유익한 논의를 해준 나의 박사과정 학생 페이 보들리 단젤로(Faye Bodley-Dangelo)에게 고마움을 전한다.

[2] Dorothee Soelle, *Suffering* (Philadelphia: Fortress Press, 1975), 26-27의 가장 악명 높은 신학적 "가학증"이라는 비난을 보라. 몰트만은 이 비판에 대해 명확하게 응답했다. 예를 들어 다음 문헌들을 보라. *Experiences in Theology*, 375-76; Mary Louise Bringle, "Leaving the Cocoon: Moltmann's Anthropology and Feminist Theology," *Andover Newton Quarterly* 20 (1980): 153-61; Catherine Mowry LaCugna, "The Baptismal Formula, Feminist Objections, and Trinitarian Theology," *Journal of Ecumenical Studies* 26 (1989): 235-50; Elizabeth A. Johnson, "The Incomprehensibility of God and the Image of God Male and Female," *Theological Studies* 45 (1984): 441-65; Rebecca S. Chopp, *The Praxis of Suffering* (New York: Orbis, 1986), 6장; Elizabeth A. Johnson, *She Who Is: The Mystery of God in Feminist Theological Discourse* (New York: Crossroad, 1992), 특히 207-37; Catherine Keller, *Apocalypse Now and Then: A Feminist Guide to the End of the World* (Boston: Beacon, 1996), 7장; Catherine Keller, "Pneumatic Nudges: The Theology of Moltmann, Feminism, and the Future," in *The Future of Theology: Essays in Honor of Jürgen Moltmann*, ed. M. Volf, C. Krieg, and T. Kucharz 142-53 (Grand Rapids, Mich.: Eerdmans, 1996); Darby K. Ray, *Deceiving the Devil: Atonement, Abuse, and Ransom* (Cleveland: Pilgrim, 1998), 5장; J. A. McDougall, "The Return of Trinitarian Praxis? Moltmann on the Trinity and the Christian Life," *Journal of Religion* 83 (2003): 177-203.

저작에 관해 논평하는 다른 (주류) 신학자들이 그의 사상 안에 있는 이런 요소들을 충분히 진지하게 받아들였는지는 의심스럽다. 이런 의미에서 그의 여러 추종자보다 상당히 더 전향적인 몰트만은 (아마도 특히 독일의 상황에서) 감히 그를 모방하거나 모방하기를 원하는 사람이 거의 없는 선구자였다. 정직과 겸손을 특징으로 하는 몰트만 자신은 이 분야에서의 자신의 통찰이 자신의 아내 엘리자베트 몰트만 벤델(Elisabeth Moltmann-Wendel)의 매우 중요한 영향이 없이는 나올 수 없었다고 주장한다.[3] 실제로 특히 그의 유명한 삼위일체 신학에 엮여 있는 젠더 주제들은 그녀와의 협력 작업의 직접적인 결과임이 거의 확실하다.[4] 그러므로 이 점에서 그의 선구적인 작업을 칭찬하는 것은 두 사람 모두를 칭찬하는 것이다. 이들의 공동 노력이 없었다면 우리는 조직신학의 과제에 본질적인 문제로서 젠더라는 주제를 단순히 주변적인 것으로 취급하지 않고 그것에 근본적인 중요성을 부여한 세계 최고 수준의 신학적 노력의 예를 볼 수 없었을 것이다. 우리는 두 사람이 함께 젠더라는 주제를 새로운 교리의 **신학적 주제**(*locus*)로 만들었다고 말할 수 있을 것이다.

그러므로 나는 몰트만 부부에게 칭송(*Laudatio*)을 드리면서 우선 이런 예언적 작업에 대해 그들에게 감사하고 싶다. 그러나 이 작업은 (아쉽지만 지금도) 조직신학의 기획에 영구적인 흔적을 남겼다고 여겨질 수 없다. 그래서 나는 (내가 이해한 대로) 위르겐 몰트만이 젠더 주제가 내부의 삼위일체 관계에서 일종의 전형적인 위치를 지닌다고 보는 주된 요점들을 간략하고 간결하게 정리하기를 원한다. 나는 여기서 특히 몰트만이 (소위) "남성성"

....

3   이 점에 관해 특히 Moltmann, "Feminist Theology for Men," in *Experiences in Theology*, 5장을 보라.
4   특히 그들의 공동 작업인 Moltmann and Moltmann-Wendel, *Humanity in God*, 6장을 보라.

과 "여성성"이 "삼위"의 **위격적**(hypostatic) 존재와 그들 사이의 **상호내주적** (perichoretic) 상호작용 안에 암호화되어 있다고 말한 점을 강조할 것이다. 그러나 나는 이런 젠더 귀속들이 몰트만 부부가 다른 곳에서 젠더 고정관 념화와 그것의 문화적 위험에 관해 쓴 내용과 어느 정도로 충분히 양립 가 능한지를 질문할 것이다. (이 과제는 필연적으로 신에 관한 담론이—유비적으로든 은유적으로든—우리의 다른 인간적 형태의 언어적 상호작용과 어떻게 관련될 수 있는 가라는 아주 오래된 질문에 대한 몇몇 간결한 성찰을 포함할 것이다.) 마지막으로, 나 는 나 자신의 조직신학적 제안으로 이동할 것이다. 그 제안은 하나님 안의 젠더에 관해 몰트만 부부가 제안했던 것과는 다른 근거를 제시할 것이다. 여기서 나는 지금까지 여성 신학이 젠더에 관한 세속이론들에 과도하게 영 향을 받아왔다고 주장할 것이다. 그런 이론들은 기독교 전통에 비판적으로 사용되었거나 모종의 형태로 기독교 교리 체계 안으로 숨어들어왔다(또는 두 가지 현상이 모두 일어났다). 이런 이중적 책략은 확실히 이해를 돕는 결과 들을 가져왔으며 몰트만 부부의 저작에도 분명하게 드러난다. 그러나 나는 이와 대조적으로 하나의 대안적이고 더 철저한 해결책을 제안할 것이다. 즉 "젠더"를 처음부터 **신학적으로** 그리고 바로 삼위일체적·성육신적 사상 의 자원들로부터 해석하는 해결책을 제안할 것이다. 나는 그런 접근법이 "젠더"를 궁극적으로 유동적이거나 좀 더 근본적인 범주—신적 "욕망"(그 러나 여기서 "욕망"은 결여의 욕망이 아니라 사랑의 풍성함의 욕망이다)의 범주—에 빠지기 쉬운 것으로 드러낸다고 제안할 것이다. 그러나 자신을 철저하게 그런 욕망하에 둔다는 것은 젠더에 대한 세상의 기대들의 심오한 파열을 포함한다. 나는 이것을 몰트만 부부가 지금까지 제안했던 것보다 더 심오 한 파열이라고 주장할 것이다. 나는 내 제안이 몰트만 부부가 제안한 특별 한 형태의 젠더 귀속과는 다르다고 하더라도 그들의 신학적 목표들과 어디서 여전히 연결되는지를 더 정확하게 드러냄으로써 이 글을 마무리할 것이다. 나는 하나님과 젠더라는 주제와 관련한 몰트만 부부의 해석에 대한 이 비판과 확장이 그들 자신의 비판적 검토와 응답을 위해 그들 모두에게 (진심을 담은 인사 및 존경과 함께) 제시된다는 점이 명확하리라고 믿는다.

하나님 안에서 젠더는 어디에 있는가?

부주의한 사람들에게는 위의 질문에 잠정적 위험과 함정이 많이 존재하는데 위르겐 몰트만은 이 점을 충분히 알고 있다.[5] 하나님이 **하나님으로서**(qua God) 몸이 없다는 점을 고려할 때 우리가 하나님과 관련하여 "젠더"를 어떻게 말해야 하는가? 실제로 이 질문은 순전히 유신론적 관점에서 적절한가? 삼위일체의 두 번째 위격인 말씀과 **위격상으로** 결합되어 있는 예수의 인간 (남성)의 몸이 하나님 안에서의 젠더에 관한 질문과 어떻게 관련되는가? 또는 어떻게 그 질문에 실체를 부여하는가? 타락한 세상에서의 젠더 고정관념과 하나님 안에 있는 모종의 완벽한 형태로 잠정적으로 해석될 수 있는 "젠더" 사이의 차이를 우리가 어떻게 논의해야 하는가? 더 근본적으로는, 애초에 우리가 특히 "생물학적 성"(sex)의 생리학적 또는 염색체적 차이와 관련하여 또는 그 차이와 구별하여 "젠더"를 어떻게 정의하거나 생각해야 하는가?

　이 마지막이자 기본적인 질문은 처음에 직면해야 할 핵심적인 질문이

5　예를 들어 Moltmann, *History and the Triune God*, xiii-xvi을 보라. 이 책은 내가 이 글에서 새롭게 제기하는 중요한 논점 중 일부를 예상하기도 한다. 그러나 나는 아래에서 내가 대략적으로 설명하는 입장은 몰트만이 여기서 논의하는 더 이른 시기의 여성 신학적 사상의 "단계들" 중 어딘가에 쉽게 포함될 수 있는 것이 아니라고 생각한다.

다. 그것은 또한 최근에 특히 미국에서 젠더 이론의 연이은 물결이 전면에 등장하여 논의를 지배함에 따라 유행의 주목할 만한 변화를 겪었던 질문이다.[6] 더 나아가 (미국과 유럽이라는 두 문화에서 오랫동안 살아온 내가 너무도 잘 아는 것처럼) "젠더"(gender), "생물학적 성"(sex), "성 정체성"(sexuality), "여성성"(femininity), "남성성"(masculinity) 같은 단어들의 문화적 색채는 독일어, 프랑스어, 이탈리아어에서는 말할 것도 없고 영국 영어와 미국 영어에서조차 동일하지 않다. 의미론적으로 이 용어들의 뜻을 비교문화적으로(cross-culturally) 명확히 하는 것은 그 용어들이 서로에 대해 지니는 적절한 관계에 관한 이론(또는 이데올로기)에 관한 암묵적인 질문들과 불가분하게 얽혀 있기에 어느 정도 미묘한 과제다. 이처럼 섞여 있는 문제에 (모종의 의미에서 존재론적으로든 단순히 언어상의 귀속을 통해서든 간에) "젠더"가 하나님과 어떻게 관련되는가라는 특별히 **신학적인** 질문을 추가하면 문제는 다층적으로 복잡해진다. 이런 문제들을 다루고 명확하게 하는 것이 조직신학자의 과제다.

나는 이 글을 시작하는 서두에서 위르겐 몰트만이 문제가 많은 이 이론적 매듭을 만족스럽게 풀었는지 확신하지 못한다는 점을 밝혀두고자 한다. 내가 아는 한 그는 결코 "젠더", "생물학적 성" 또는 "성 정체성" 같은 용어들의 관계에 관해 정확하게 분석하는 설명을 제시하지 않았다. 그리고 그는 때때로 "여성적"/"여성성"과 "남성적"/"남성성" 같은 용어들을 마치

....

6   좀 더 오래되었으나 여전히 유용한 다음과 같은 교과서들에서 유형을 제공하려는 유익한 노력들이 연이어 시도되었다. Alison M. Jaggar, *Feminist Politics and Human Nature* (Totowa, N.J.: Rowman and Littlefield, 1988); Rosemarie Tong, *Feminist Thought: A Comprehensive Introduction* (Boulder, Colo.: Westview, 1989). 그 이후로 특히 주디스 버틀러의 저작은 1970년대 후반과 1980년대에 이론적 논의의 특징이었던 "생물학적 성"(sex)과 젠더의 범주들 사이의 자신 있는 구분에 의문을 품었다. 그런 구분을 문제시하는 것의 고전적인 예는 Judith Butler, *Gender Trouble*(New York: Routledge, 1990)을 보라.

그것들이 전혀 문제가 없는 자연적 또는 분명한 문화적 연관성을 지니는 것처럼 사용한다.[7] 동시에 그는 **해로운** 젠더 고정관념들의 부담이 여성에게뿐만 아니라 남성에게도 초래하는 문화적·심리적으로 심오한 문제들에 관해 똑같이 자주 상세하게 설명한다.[8] 한편으로 우리는 그의 저작에서 인간학적 수준에서 왜곡 가능성, 즉 우리가 "타락한" 젠더 규정들이라고 명명할 수 있는 것에 대한 날카로운 비판을 발견한다. 그러나 또한 (차별화된 관계성의 양태로서)[9] "젠더"에는 그것이 올바르게 해석되고 정의·상호성·온전성으로 이어지는 한 본질적으로 문제가 있지는 않은 "여성성"과 "남성성"의 이진법으로 정제되는 의미가 여전히 남아 있다.[10] (실제로 그런 균형이 일어나기 위해 수용되어야 하는 "여성적 원리"에 대한 긍정적인 언급과 더불어 젠더들의 보완성에 관한 언급이 몰트만의 저작 목록에 없는 것은 아니다.)[11] 마지막으로 하나님

....

7   예를 들어 우리가 "여성성"과 "남성성"이라는 개념이 마치 그것들의 기술적인(descriptive) 사용이 아무런 문제가 없는 것처럼 사용되는 그의 이전 논문 "The Motherly Father"와 "소위 여성성"(275)과 "여성적이라고 주장되는"(276)과 같이 좀 더 신중한 구절들이 사용되는 가장 최근의 책 *Experiences in Theology* 5장("Feminist Theology for Men")을 비교하면 이런 긴장이 특히 분명해진다. 그러나 5장에서조차 여전히 다음과 같이 권면이 나타난다. 여성과 남성은 "그들의 성적인 차이와 서로의 공동체 안에서 [하나님의] 형상이기" 때문에 "그들의 다른 여성적 혹은 남성적 정체성에 도달할" 필요가 있다(285).

8   예를 들어 Moltmann, *Experiences in Theology*, 274-78.

9   이것은 나 자신이 선호하는 "젠더"에 대한 정의다. 이 정의는 단지 두 "젠더"가 있는지 혹은 있을 수 있는지를 미리 결정하지 않기 때문이다. 이 정의는 또한 풍성하게 신학적인 표현에 열려있다. 양성(intersexuality) 또는 성전환 같은 (다소 다른) 현상들은 모두 단순한 젠더 이진법이 오해의 소지가 있음을 암시한다. 그러나 자신이 실제로 속하지 않는 성으로 잘못 분류되었다는 성전환자의 확신을 우리가 정당하게 대하고자 한다면 "생물학적 성"(sex)과 젠더 사이의 모종의 구별은 여전히 유지되어야 한다. 이런 쟁점들에 관한 가장 최근의 저작은 Judith Butler, *Undoing Gender*(New York: Routledge, 2004)를 보라.

10   이것은 몰트만이 강조하는 필요사항들(*desiderata*)이다. Moltmann, *Experiences in Theology*, 5장. (몰트만의 저작에서 젠더에 관한 계몽주의적·낭만주의적 견해들이 결합한 지적 유산에 관한 나의 논평은 아래의 각주 34를 보라.)

11   "보완성"에 관해서는 예를 들어 *The Source of Life*, 116을 보라. 그곳에서 몰트만은 어떻

과 젠더에 관한 형이상학적 질문을 다룰 때 몰트만은 모성을 하나님의 형상 안으로 (포이어바흐 식으로) 투사하는 것, 즉 가부장제의 병리를 전면적으로 전복하기만 하면 된다고 말하는 순진한 여성주의의 주장에 반대하여 올바르게 충고한다.

> 남성들이 정체성을 발견할 수 있도록 하나님을 "아버지"라고 부르고 이제 여성들이 종교적인 관점에서 자신들을 발견하기 위해 하나님을 "어머니"라고 부른다면 나귀들은 하나님을 무엇이라고 부를 것인가? "당신은 어떻게 생각하는가?"라는 구호와 함께 하나님은 모든 가능한 투사를 위한 스크린일 뿐인가? 기독교 신앙은 종교의 슈퍼마켓인가?[12]

그러나 나는 몰트만이 이 영역에서의 자신의 비판에 대해 어느 정도까지 완전히 방어했는지 궁금할 것이라고 주장한다. 나는 이제 젠더가 그의 원숙한 삼위일체론에 등장하는 중요한 두 곳을 가리킴으로써 설명할 것이다.

몰트만의 삼위일체 신학 전체에서 핵심은 "삼위일체는 우리의 사회적 프로그램이다"라는 아이디어다.[13] 왜냐하면 ("공동체" 안에서의 완전한 신적 관

....
게 "말씀과 성령이 서로 보완하는지를" 논의한다. "말씀은 구체화하고 차별화한다. 성령은 결합하고 조화를 형성한다." (그러나 흥미롭게도 몰트만은 Moltmann and Moltmann-Wendel, *His and Hers*, 33에서 자기 아내의 주장[ibid., 10]에 답하면서 "여성성"에 대한 단지 "보완적인" 견해가 불충분함을 인정하기도 한다.) "여성적 원리"에 대한 몰트만의 낭만적인 언급에 관해서는 예를 들어 Moltmann, *The Trinity and the Kingdom*, 57을 보라: "사랑의 신학은 쉐키나의 신학, 성령의 신학이다. 이것은 사랑의 신학이 가부장적이지 않고 오히려 여성적임을 의미한다. 쉐키나와 성령은 '신성의 여성적 원리'이기 때문이다." 다음 문헌들도 참조하라. Moltmann, *Humanity in God*, 101; Moltmann and Moltmann-Wendel, *God—His and Hers*, 9.

12   Moltmann and Moltmann-Wendel, *God—His and Hers*, 35.
13   이처럼 뚜렷하게 몰트만적인 주제에 관한 논의에 관해서는 예를 들어 Moltmann, *Humanity*

계성으로 적절하게 이해되는)[14] 삼위일체론은 몰트만에 따르면 "로마의" 사상에서 나와서 특히 서방 교회의 삼위일체론에 피해를 끼친 왜곡인 "가부장적 유일신론"을 극복하는 수단으로 여겨지기 때문이다.[15] 그렇다면 젠더는 삼위일체의 삶 안으로 어떻게 들어가는가? (또는 더 잘 표현하자면 어떻게 삼위일체의 삶의 영원한 실재의 일부를 형성하는가?) 몰트만에 따르면 이는 두 가지 방식으로 이루어지는 것처럼 보인다.

첫째, 신적 수준에서 소위 "여성적 원리"는 무엇보다도 (신적 "어머니"로서) 성령의 인격의 형태로 수용된다. 실제로 몰트만은 심지어 한 지점에서 "여성성"/"성령의 모성"이 인정될 **때에만** 삼위일체의 "사회적" 본질이 이해될 수 있다고 말하기까지 한다.

성령의 모성에 대한 발견은 하나님의 형상에 대한 사회적 이해로 이어진다.

....

in God, 104-6을 보라.

14 그리스어 **코이노니아**(*koinonia*)를 "공동체"(community)로 번역하는 것은 "친교"(communion)가 더 적절한 표현이지 않은지에 관한 질문을 제기한다. 많은 이들은 몰트만의 삼위일체론에서 삼신론적 강조점에 대해 그를 비판했다. 그리고 신적 "위격들"을 구별된 자의식의 중심들로 해석하는 것에 관해 (우상숭배의 새로운 문제들을 제기하는) 위험스러운 신인동형론의 경향이 있다고 몰트만을 비판했다. 나는 이런 염려들을 공유하지만, 이 기념 논문집의 이 장에서 구체적인 관점을 전개하지는 않을 것이다. 이 쟁점과 관련하여 몰트만에 대한 몇몇 예리한 비판은 K. Kilby, "Perichoresis and Projection: Problems with Social Doctrines of the Trinity," *New Blackfriars* 81 (2000): 432-45을 보라.

15 신성에 관한 소위 "로마의" 가부장적 견해들에 대한 비판에 관해서는 다음 문헌들을 보라. Moltmann, *God—His and Hers*, 33; Moltmann, *The Source of Life*, 35. 삼위일체에 관한 "서방 교회의" 견해들과 구체적으로 아우구스티누스적 견해들이 그런 병폐를 초래한다는 좀 더 일반적인 비판에 관해서는 다음 문헌들을 보라. Moltmann, *Humanity in God*, 100-106, 특히 100-101; Moltmann, *The Trinity and the Kingdom*, x. 내가 보기에는 삼위일체에 관한 소위 "서방 교회의" 견해 대 (몰트만의 경우에 선호되는) "동방 교회의" 견해에 관한 주장들은 현재 비판적 재평가가 필요하며, 드 레뇽에 의해 시작된 오도된 교리 역사기술로 거슬러 올라가는 것처럼 보인다. 다른 저자들 중에서는 M. R. Barnes, "De Régnon Reconsidered," *Augustinian Studies* 26 (1995): 51-79을 보라.

그것을 반대로 표현하자면 성령의 여성적 특성이 인정될 때에만 하나님의 형상에 대한 진정한 사회적 이해에 도달할 수 있을 것이다. 이것은 단순히 비유들을 바꾸는 문제가 아니다. 그것은 훨씬 더 많은 것, 즉 하나님의 형상의 존엄한 여성성을 회복하는 것과 관련된다. 오직 그럴 때만 하나님의 형상의 원래의 존엄한 실제 남성성이 보일 것이다. 그리고 이 남성성이 더 이상 지배라는 왜곡된 특성을 가진 것으로 나타나지 않을 것이다.[16]

여기서 인간의 젠더와 그 안에 심어진 하나님의 형상(imago dei)에 대한 창세기 1:26-27의 의미에 관한 몰트만의 해석이 매우 중요하다. 그는 인간이 하나님 앞에서 충분히 "동등하지만" 동시에 차이가 있는 두 사람으로 존재할 때만(27절) 하나님의 영광을 반영한다고 해석한다.[17] 이 의미에서 젠더 이진법은 실제로 하나님 됨의 현시다. 그래서 그는 우리가 하나님 자신 안에서도 "남성성"과 "여성성"을 모두 발견할 것으로 기대한다고 주장한다. 그러므로 (친첸도르프[Zinzendorf] 백작과 모라비아 형제단에 의해 회복되었고 몰트만도 끊임없이 언급하는 시리아 교부들의 전통에서) 성령을 "어머니"로 말하는 것은[18] 노골적으로 "가모장제"를 받아들이는 것이 아니고, (포이어바흐처럼) 단지 수용할 수 있는 투사들의 잡동사니에 새로운 비유를 바르는 것도 아니다. 그것은 오히려 "자유롭고" "동등한" 사람들의 새로운 "메시아적 공동체"를 가져오는 존재로서의 하나님의 실재에 대해 **참되게** 말하는 것이다.[19]

....

16 Moltmann, *Humanity in God*, 103.
17 가장 최근의 이런 해석은 Moltmann, *Experiences in Theology*, 285을 보라.
18 예를 들어 다음 문헌들을 보라. Moltmann, *Humanity in God*, 103; Moltmann and Moltmann-Wendel, *God—His and Hers*, 8-9, 36-37; Moltmann, *The History of the Triune God*, 64-65; Moltmann, *The Source of Life*, 36.
19 Moltmann and Moltmann-Wendel, *God—His and Hers*, 33-38, 특히 37을 보라. 참조.

비록 이것이 젠더 이진법의 극복 또는 말소를 암시할 수 있다고 하더라도 몰트만은 마치 하나님 안에 있는 "남성적" 차원과 "여성적" 차원이 **위격적으로** 서로 균형을 잡아주는 것처럼 말할 것이다. 그리고 이 주제를 자신의 저작의 한 지점에서 포함시킨 그의 아내 엘리자베트와는 달리[20] 몰트만은 성자도 어떤 의미에서 "여성적"이라고 묘사하려고 하지 않으며, 오히려 말씀과 성령이 서로 "보완적"이라고 말한다.[21]

그렇다면 몰트만에 따르면 성령의 모성은 확실히 "여성성"이 삼위일체 안으로 수용되는 주요 지점이다. 두 번째 위치는 그리스도의 인격 자체에 있지 않고 성부와 성자 사이의 **관계**에 있다. 여기서 우리는 몰트만이 『십자가에 달리신 하나님』에서 최초로 개관했고 이후에 젠더라는 특별한 광택으로 보완한 특징적이고 논쟁적인 십자가의 삼위일체론의 중심에 서 있다. 『십자가에 달리신 하나님』에서 "상호 복종"의 관계로 묘사되거나, "동일한 방식으로는 아니더라도" 포기 안에서 "자신들을 복종시키는" 성부와 성자의 관계로 묘사된 것이 이후의 중요한 논문에서는 성부의 "어머니 같음"의 관점으로 표현된다.[22] 몰트만에 따르면 "낳고" "출산하는" 성부가 있는데 그의 전능은 "군주적" 권위의 능력이 아니라 "고통받는 사랑"의 능력이다.[23] 다른 곳에서 몰트만은—이제 분명히 성부를 어머니로 부르는 것이

....

Moltmann, *The Source of Life*, 27.

20 Moltmann and Moltmann-Wendel, *God—His and Hers*, 10을 보라. 여기서 엘리자베트 몰트만 벤델은 몇몇 여성이 "전통보다는 자신들의 환상을 더 신뢰하기를" 원하며 예수를 "자매"로 말하기를 원한다고 주장한다. 그녀는 또한 여기서 단순히 현존하는 "남성성"을 "보완하는" "여성성"이라는 어떤 견해도 비판한다(참조. 위의 각주 11).

21 Moltmann, *The Source of Life*, 116과 위의 각주 11을 보라.

22 Jürgen Moltmann, *The Crucified God* (London: SCM, 1974), 243. Moltmann, "The Motherly Father," 52-53과 비교하라.

23 Ibid., 53-54.

단순히 모성을 가부장제 안으로 **영입하는 것으로** 보일 수 있음을 알고 있다—성부가 "어머니 같은 아버지"인 것처럼 "아버지 같은 어머니"라고 말한다.[24] 따라서 몰트만이 보기에 성자는 "성부의 자궁으로부터 나왔다"는 톨레도 공의회(675년)의 놀라운 모순어법적인 구절은 바로 젠더가 어떻게 모종의 중요한 방식으로 삼위일체 안에서 그리고 삼위일체를 통해서 재구성되는지에 대한 표현이다. 그는 하나님이 "양성(bisexual)이거나 성을 초월한다(transsexual)"고 말한다.[25]

이 접근법의 밑바탕에 삼위일체가 하나님의 능력에 대한 기독교 이전의 또는 철학적인 개념을 완전히 재구성한다는 바르트의 강한 확신(그렇지만 젠더에 관한 바르트 자신의 성경적 관점으로부터는 동떨어져 있다)이 깔려 있다.

> 성부 하나님에 대한 믿음은 하나님의 전능성과 창조로부터 나오지 않는 성자를 인정하는 데서 시작한다.…삼위일체 교리를 통해 하나님의 이름인 "성부"는 성자 예수와 불가분하게 연결된다. 삼위일체 교리는 성부를 성자의 삶의 이야기 안으로 끌어당기기 때문에 그리스도를 신격화하는(deify) 것이 아니라 하나님을 "그리스도화"한다(christify).[26]

따라서 몰트만에 따르면 우리가 **삼위일체적** "부성"에 관하여 "문자적"으로 말해도 무방하다. 그것은 성령 안에서 그리고 성령을 통한 어머니 같은—자애롭고 동정심이 있고 연민을 지닌—성자의 부성인 참된 신적 부성을 적

....

24 Moltmann, *The Trinity and the Kingdom*, 164을 보라. Moltmann, "The Motherly Father"와 비교하라. 여기서는 오직 "어머니 같은 성부"와 "아버지 같은 성부"라는 표현들만 사용된다.
25 Moltmann, "The Motherly Father," 53; 참조. Moltmann, *History and the Triune God*, 22-23.
26 Moltmann, "The Motherly Father," 53.

절하게 묘사하기 때문이다.[27] (참으로 "낳기" 때문에) "부성"을 이렇게 "문자적으로"[28] 귀속하는 것은 동일한 칭호를 단지 "은유적으로" 표현하는 것과 대조될 수 있다. 몰트만의 이해에 따르면 후자는 기껏해야 "친절한 통치"에 관한 것이지만, "가부장제"의 밑바탕에 있는 모든 "군주적" 가정을 지닌다.[29]

이처럼 우리는 하나님 안에 존재하는 젠더에 관한 몰트만의 이해가 어떻게 세상에서 이야기되는 젠더와 적어도 세 가지 방식에서 **구별된다**고 알려졌는지를 살펴보았다. 첫째, 그리고 가장 중요한 점으로서 삼위일체 하나님 안에서 발견되는 젠더는 가부장제의 억압적인 구조를 허용하지 않을 것이다(그렇게 주장된다). 그것은 틀림없이 긍휼, 상호성, 평등을 보장하는 젠더관이다. 둘째, 그것은 종교적 언어의 특정한 견해, 즉 참되고 신적인 부성이 모성적이라는 견해에 의해 뒷받침되는 젠더관이다. 우리는 이것을 "문자적"으로 여길 수 있다(몰트만에게 "문자적"이라는 말은—토마스 아퀴나스[Thomas Aquinas]식으로—다른 인간적인 부성의 귀속들과 같은 뜻이기라기보다 참되거나 적절하다는 의미임이 분명하다). 이와 대조적으로 하나님에 관한 "은유적인" 표현은 포이어바흐가 말한 의미에서 투사적으로 보이며 따라서 본질적으로 우상숭배의 경향이 있다.[30] 셋째, (비록 이것은 젠더에 관해 몰트만이 충분히 전개한

....

27   Ibid., 52-55. Moltmann, *Humanity in God*, 103도 참조하라.

28   Moltmann, "The Motherly Father," 51. 물론 여기서 "낳음"은 신체적 의미가 아니라 근본적으로 창조주께 의존한다는 존재론적 의미로 사용된다. Ibid., 53도 보라. "하나님은 오직 자신의 아들과의 관계성 안에서만 **문자적으로** '성부'라고 불릴 수 있다"(강조는 덧붙인 것임).

29   Ibid., 51, 52.

30   Ibid., 51-52도 보라. 몰트만은 여기서 문자적(literal)이라는 용어를 하나님께 적합하다는 의미로 사용하는 신학의 역사를 상세하게 설명하지 않는다. 하나님을 성부로 명명하는 것과 연관하여 토마스 아퀴나스가 "문자적"/유비적과 "은유적"을 구별한 것의 중요성에 대한 논의는 J. A. DiNoia, "Knowing and Naming the Triune God: The Grammar of Trinitarian

논증들 안에서 사소하고 덜 발전된 요소이기는 하지만) 하나님 안에 존재하는 젠더는 단지 인간 젠더의 이진법을 **다시 예시하는** 것이 아니라 모종의 방식으로 그것을 초월한다. 하나님 자신 안에 있는 하나님은 "양성"이거나 "성을 초월한다."

　이제 이 논증의 마지막 노선이 더 전개되고 분명해지면 내가 제시하고자 하는 비판의 힘이 약해질 수 있을 것이다. 그러나 이 글의 시작 부분에서 암시된 것처럼 내가 염려하는 것은 젠더에 관한 몰트만의 견해들이 정반대로 주장됨에도 주로 애초에 세속적 자료로부터 나오고, 하나님 안에서 발견되는 그런 세속적 견해들에 대한 철저한 문제 제기나 그런 견해들을 분쇄하는 데서 나오지 않는다는 점이다. 성부에 대한 삼위일체적("모성적") 이해가 조잡하게 유일신론적인 "가부장적" 하나님에 대한 비판을 제공하고, 따라서 가부장적 이해가 우상숭배임을 드러낸다는 것은 사실이다. 이런 의미에서 몰트만이 주장하는 젠더 이론은 실제로 가부장제에 의해 변색되고 격하되어온 기독교 전통을 비판하기 위해 활용된다. 그렇다면 "긍휼", "연민" 그리고 (특히) "영원한 고통"을 이런 신적 어머니다움에 귀속시키는 것이 특정한 낭만주의 유산(어떤 대목에서 몰트만은 이 특정한 낭만적 유산이 친첸

Confession," in *Speaking the Christian God*, ed. Alvin F. Kimel, 162-87(Grand Rapids, Mich., Eerdmans, 1992)을 보라. 하나님에 관한 "문자적"이라는 말의 개념에 관한 전적으로 다른 해석(하나님께 적합하다기보다는 일상적 용법과 같은 의미)에 대해서는 Richard Swinburne, *Revelation: From Metaphor to Analogy*(Oxford: Oxford Universtity Press, 1990)를 보라. 그 글은 하나님에 대한 용어들의 "은유적" 사용, "유비적" 사용, "문자적" 사용이 시간이 흐름에 따라 유동적임을 설득력 있게 주장한다. 몰트만은 동일한 용어의 사용이 통시적으로 하나의 범주로부터 또 다른 범주로 변할 수 있는 가능성을 고려하지 않는다. 그리고 그는 은유들이 원칙적으로—그리고 정확하게는 그것들의 주제에 부적합하기 때문에—우상숭배로 빠지지 않으면서 하나님에 관해 확고하게 실제적인 주장을 할 수 있다는 입장에 관해서도 성찰하지 않는다(이 입장은 Janet Martin Soskice, *Metaphor and Religious Language*[Oxford: Clarendon, 1985]에서 설득력 있게 논증되었다).

도르프 백작이 마카리오스의 설교들에서 모성적 성령을 재발견하는 데 영감을 주었다고 인정한다)의 젠더 고정관념을 단순히 **다시 쓰는 것이** 아닌지는 덜 명확하다.[31] 간단히 말해서 내가 이해하기로 몰트만의 삼위일체적 젠더 전략은 한편으로 하나님 안으로 "남성성"과 "여성성"이라는 미리 정해진 이진법의 개념들 사이의 "보완성"을 끌어들여 이해하는 것(이 견해는 독일 낭만주의에 뿌리를 두지만, 융[Jung], 노이만[Neumann], 1970년대와 1980년대의 "양성적" 여성주의에 나타난 다른 형태의 내세관을 취한다)과[32] 다른 한편으로 삼위일체가 그런 이진법을 완전히 뒤집거나 초월한다고 주장하는 것 사이에 긴장이 있다. (이런 긴장은 몰트만이 때때로 남성들이 어머니의 힘에 대해 해결되지 않은 연관성을 지니는 것에 대한 심리적 위험을 강조할 수 있지만 그가 성령 안에서의 신적 "모성"을 열정적으로 말할 때 모성의 동일한 애매한 특징을 모르는 것처럼 보인다는 점을 우리가 고려할 때 특히 분명하다.)[33] 더욱이 몰트만이 삼위일체가 기존의 젠더 이진법을 어떻게든 넘어선다는 견해를 표현할 때 "양성"과 "성의 초월"이라는 용어들은 마치 그 용어들이 동등한 것처럼 하나님에 대해 사용된다. 이 문제는 적어도 강력하게 논쟁할 만한 것이며 젠더 이진법이 본질적으로 하나님이 부

....

31 Moltmann, *The Source of Life*, 36을 보라. "친첸도르프는…대단한 부드러움이라는 낭만적인 용어로 영혼에 대한 성령의 영향을 묘사한다."

32 이 연관성에 대한 역사와 1970년대 후반과 1980년대 페미니스트 이론에 대한 현대적 적용은 각각 다음의 책에서 잘 설명된다. Sara Friedrichsmeyer, *The Androgyne in Early German Romanticism* (Bern: Peter Lang, 1983), 그리고 Mary Vetterling-Braggin, ed., *Femininity, Masculinity, and Androgyny: A Modern Philosophical Discussion* (Totowa, N.J.: Littlefield, Adams, 1982).

33 이 긴장은 Moltmann, "Feminist Theology for Men," in *Experiences in Theology*에서 특히 분명하다. 한편으로 "분열된 남성적 자아"는 어머니에 대한 문제 있는 견해를 만들어낸다. 그래서 "보살피기"는 "지배하기"만큼 포스트가부장적 사회에서 "중단되어야 한다"(289). 다른 한편으로 "여성적 전통들"은 회복되어야 한다(278). 그래야 우리는 "어머니의 팔에 안긴 아이처럼" 느낄 수 있다(291).

여한 것인지에 관한 질문을 다시 제기하는 것처럼 보인다. 물론 몰트만의 삼위일체론에서 세속적 젠더 견해들에 관한 은밀한 자기해석이 존재한다면 그가 하나님에 대한 "문자적인"(참된) 언어의 귀속과 "은유적인"(투사적) 언어의 귀속 사이를 깔끔하게 분리한 것 역시 의문시될 것이다.

아마도 이제 내가 이 논문을 시작할 때 현대의 많은 여성 신학에서 나타나며—우리가 이제 알 수 있는 바와 같이—몰트만에게서도 나타나는, 현대의 젠더 이론과 신 담론에 관한 "이중 전략"을 비판한 이유가 이해될 것이다. 한편으로 현재의 지배적인 젠더 고정관념들을 교정하는 것이 얼마나 중요한지를 개관할 때 몰트만은 젠더에 관한 계몽주의 견해와 낭만주의 견해 모두—평등 및 구별 안에서의 상호성에 관한 입장들—에 명시적으로 호소할 수 있다. 여기서 몰트만은 남성을 "지배" 또는 "남자다움"과 연결하고 여성을 "감성" 또는 "감정"과 연결하는 분리적인 고정관념들이 남성과 여성 모두를 격하하고 양성 모두에게 억압적이며, 세속 문화에 못지않게 교회의 전통에도 깊이 영향을 끼쳤다고 주장할 것이다.[34] (이런 면에서 몰트만은 젠더에 관한 세속 이론들을 사용해서 부패한 문화와 교회에 맞서는 비판적 무기로 사용한다.) 다른 한편으로 몰트만이 어떻게 삼위일체 신관만이 신적이고 신학적인 관점에서(소위 하향식으로, 따라서 "은유적으로"보다는 "문자적으로") 이런 경향들을 교정할 수 있는지를 지적할 때 우리가 이미 살펴본 대로 젠더에 관한 특정한 세속적 견해들이 여전히 규범적으로 작동하고 있다는 강한 의심이 남는다. 더욱이 몰트만 자신이 때때로 인정하듯이 단순히 (소위 "동방" 교회의 것이든 "서방" 교회의 것이든) 정통 삼위일체론을 주장하는 것 **자체로는**

....

34 고정 관념적인 젠더 분리에 관한 논의는 ibid., 특히 273, 275을 보라. 이 글에서 몰트만이 계몽주의의 목표인 자유 및 평등한 권리와 낭만주의의 차이 개념을 동일하게 찬양하고 "유사성과 차이 사이에 균형"이 있어야 한다고 주장한다(ibid., 287)는 점에 주목하라.

하나님에 관한 비가부장적 또는 비위계적 시각에 대한 보장이 되지 않는다. 심지어 삼위일체론도 부패할 수 있다.[35]

그렇다면 조직신학의 관점에서 대안적인 입장은 무엇인가? 몰트만의 사상이 지닌 그런 차원들, 특히 성령의 특수한 의미에 관한 호소에서 젠더 이진법에 관한 세속적인 또는 세상의 견해를 넘어서는 것처럼 보이는 차원들을 우리가 어떻게 구조하고 확장할 수 있는가? "어머니 같은 성부"와 "여성적인 원리"로서의 성령에 관한 몰트만의 삼위일체론이 젠더에 관한 낭만주의의 "보완적인" 견해들의 지배로부터 우리를 충분히 구출하지 못한다면(몰트만 부부가 인식하듯이 그런 견해들 자체가 해로운 젠더 고정관념에 연루되어 있다) 삼위일체와 그 관계들에 대한 어떤 시각이 우리를 구출할 것인가?

젠더와 하나님: 세상의 젠더의 이진법을 넘어서는가?

이 논문의 마지막 부분에서 나는 하나님 안에서의 "성의 초월"에 관한 몰트만의 간결하고 설명되지 않은 논의를 더 깊이 탐구하고자 한다. 그러나 나는 또한 젠더의 문제는 세속적 해결이 아니라 신학적 해결을 찾아야 한다는 그의 주장을 가까이 따르기를 원한다(그 자신의 경우에는 부분적으로만 수행했지만 말이다). 특히 나는 몰트만이 삼위일체의 출원들(processions)의 "성만찬적" 순서라고 명명하는 것에서 성령을 "일차적"으로 여기는, 성령에 대한 그 자신의 독특한 재강조가 이런 과제에서 지도적인 원리가 되어야 한

....

35 예를 들어 *Humanity in God*, 94을 보라. 그곳에서 몰트만은 삼위일체에 관한 동방 교회와 서방 교회의 견해 모두 "초능력의 통치로서 하나님의 주권을" 드러내기 위해 활용되어왔음을 인정한다. 그러나 ibid., 100-106에서는 "삼위일체 하나님의 비밀"(100)이 하나님에 대한 비가부장적인 견해를 거침없이 전달함을 암시하는 것으로 이해될 수 있다.

다고 제안하고 싶다.[36] 이상하게도 그는 다음과 같은 질문들을 명시적으로 제기하지 않는다. 하나님이 **셋**이라는 점이 젠더 문제에 어떤 "차이"를 만드는가? 그리고 성육신에서 성자가 궁극적이고 존재론적인 이진법적 "차이"—하나님과 인간 사이, 창조주와 피조물 사이의 차이—를 넘어간다는 (우리는 **위반한다**고 말할 수 있을 것이다) 점이 젠더에 어떤 차이를 만드는가?

북아메리카라는 나 자신의 상황에서 현재 지배적인 세속적 젠더 이론이 1980년대에 독일에서 기독교 가부장주의의 젠더에 관한 관점을 비판했던 몰트만과 엘리자베트 몰트만 벤델의 입장과는 상당히 다른 방향으로 기울어져 있음을 나는 잘 알고 있다. 특히 주디스 버틀러(Judith Butler)의 저작은 그것 자체로 잠재적으로 억압적이고 "규범적으로 동성애 차별적인" "젠더 이진법"에 관한 질문들을 현재 미국에서 벌어지고 있는 동성애, 자유, 개인적 권리에 관한 논쟁의 중심으로 만들었다.[37] 그렇다면 나 역시 내가 방금 몰트만에게 가한 것과 동일한 반격을 받을 수 있으며, 신학적으로 변장하고 있지만 단지 현재의 세속적 젠더 방식의 공급자일 뿐이라는 비난을 받을 수 있다.

물론 내가 이런 현재의 "관심사들"을 신학적 토론으로 들여오지만 나는 젠더에 관한 우리의 세상적인 사유를 재형성하고 방향을 재설정하는 성령의 능력에 철저하게 의존함으로써 도움을 구할 수 있는 기독교의 영적 **실천**에 호소하기를 원한다. 바로 기도 가운데 조용히 성령의 음성을 경청

....

36   이것은 Moltmann, *The Church in the Power of the Spirit* (London: SCM, 1977) 이후로 몰트만의 저작에서 특징적인 주제가 되었다. 그러나 특히 이 점에 관해서는 *History and the Triune God*, 68-69을 보라.

37   다시 다음 문헌들을 보라. Butler, *Gender Trouble*; *Bodies that Matter* (New York: Routledge, 1993); *Excitable Speech* (New York: Routledge, 1997); *The Psychic Life of Power* (Stanford, Calif.: Stanford University Press, 1997); *Undoing Gender*.

하고 성경을 묵상하는 것을 정기적으로 훈련함으로써, 바로 떡과 포도주에 "강림하는" 성령의 능력을 간구함으로써, 바로 나의 세계를 통제하고 명령하고 범주화하려는 나의 **인간적** 욕망을 이양함으로써—이런 성령론적인 상호작용 안에서—나는 이미 하나님 안의 "제3의" 존재에게 나의 이진법적 사고의 지배를 깨뜨리도록 초청하고 있다.[38] 그렇다면 이런 관점에서 볼 때 성령은 더 이상—중세 서방 교회의 많은 삼위일체 도상학에서처럼—완전히 남성적인 구원 논의에 덧붙여 가볍게 던져진 "여성적" 부가물로 여겨지지 않고 젠더에 관한 변혁된 이해의 원천과 힘 자체, 우리 안에 나타나는 **신적** 욕망의 작용을 책임지는 존재가 된다. 나는 더 이상 "남성"과 "여성"이라는 이진법의 구성요소들로 시작하지 않는다. 대신 나는 기도하는 가운데 주로 나의 일반적 형태의 젠더관을 필연적으로 초월하고 심지어 그것을 분쇄하기까지 하는 형태의 사랑에 복종함으로써 시작한다. 확실히 이렇게 대담하게 말하는 것은 "경험"에 대한 단순한 주관적 호소가 아니다(그렇게 반복적인 기도 활동이 "경험"으로 불릴 수 있다고 하더라도 기도는 최고로 역설적인 경험, 즉 인식적 확실성을 지워버리는 종류의 경험이기 때문이다). 그러나 그것은 로마서 8장 본문에서 바울의 권위를 받아들이는 것과 매우 밀접하게 연결되어 있다. 여기서 바울은 기도가 "말할 수 없는 깊은 탄식으로"(롬 8:26) 성령에 의해 **우리 안에서** 신적으로 이루어지는 것이라고 말하는 동시에 기도가 우리를—알지 못함과 통제 상실이라는 고통스러운 과정을 통해—그리스도의 형상 자체, 즉 "하나님의 자녀들의 영광의 자유"(롬 8:21)로 이끈다고 말

....

38   뒤에 나오는 내용은 젠더와 삼위일체론에 관한 논증의 매우 축약된 형태이며, 내 책 *God, Sexuality and the Self: An Essay "On the Trinity"* (Cambridge, Cambridge University Press, 2013), 특히 1장에서 좀 더 자세하게 설명된다.

한다.[39] (이 점에서 몰트만의 견해와 다소 다르게) 내가 바울을 이해한 바로는 갈라디아서 3:28의 "남자나 여자나 **다**"라는 유명한 구절의 의미도 마찬가지다. 내가 이해하기로 바울이 상상하는 것에 의해 남성 됨과 여성 됨이 현재 또는 종말에 필연적으로 **제거되는** 것은 아니다. 오히려 남성 됨과 여성 됨은 성령의 활동과 우리가 그리스도의 몸 안으로 변화되는 것에 직면하여 영적으로 무의미해지거나, 아니면 (우리가 현재 표현할 수 있는 방식으로 제시하자면) 그것들의 가능성에서 비이진법이 되는 것이다.[40]

우리가 삼위일체를 (알려진) 젠더 이진법이 정화된 형태로 어떻게든 일련의 완벽한 상호관계들 안에 끼워 넣어진 것으로 생각하는 것이 아니라 둘 사이의 단순한 상호성을 항상 **거부하는** 환원 불가능한 셋으로 생각한다면, 우리는 바로 몰트만이 항상 촉구했던 것처럼 성령의 중요성을 재강조하지만 젠더에 대해 상당히 다른 신학적 결과를 가져올 것이다. 여기서 우리는 "남성 됨"과 "여성 됨"의 이진법을 다른 "위격들"에 혹은 심지어 그들의 관계에도 할당하지 않는다. 대신에 우리는 필연적으로 우리의 이해와 범주화를 넘어서지만 차츰 우리를 "아들"의 "형상"으로 이끌어가고 있는 신적 욕구의 원(우리를 "성부"에게로 이끌어가는 사랑의 풍성함이라는 성령의 은

....
39   나는 다음 문헌에서 롬 8장의 기도에 근거한 포함적 논리의 중요성을 (성령의 일차적 의미를 보호하기 위한 삼위일체의 유일하게 확실한 모형으로) 주장했다. Sarah Coakley, "Why Three? Some Further Reflections on the Doctrine of the Trinity," in *The Making and Remaking of Christian Doctrine*, ed. S. Coakley and D. A. Pailin, 29-56 (Oxford: Oxford University Press, 1993).

40   예를 들어 몰트만이 *The Trinity and the Kingdom*, 165에서 갈 3:28에 관해 말한 것을 비교하라. 그는 이 구절을 취하여 남성과 여성 사이의 성적 종속을 뛰어넘는 친교를 가리킨다. 나는 성적 이진법을 완전히 무의미하게 여기는 것을 더 강조한다(그러나 몸을 지닌 존재라는 점이나 개인적 "차이"/독특성을 제거하지는 않는다). Moltmann, *History and the Triune God*, xiv-xv도 참조하라. 몰트만의 입장과 나의 입장 모두를 완전히 몸을 초월하거나 "양성적" 인격을 제안하려는 욕구와 구별하는 것이 중요하다.

사를 나타내는 "말할 수 없는 깊은 탄식") 안으로 발을 들여놓는다. 그리고 성자 자신이 성육신의 행동에서 신성과 인성이라는 **근본적인** 형이상학적 이진법 사이의 차이를 넘었기 때문에 우리가 성육신이 기본적인 이진법을 불안정하게 만들었다고 이해해도 무방하다. 실제로 에베소서(엡 5:21-33)의 저자가 명시적으로 이 이진법을 생성해서 그리스도를 ("여성인") 교회의 신랑 또는 남편으로, 교회를 그 **자신의** 몸으로 표현할 때 그는 다시—내가 제안하는 해석에서—필연적으로 젠더에 관한 기존의 가부장적 또는 종속적 견해를 단순히 재예시하는 것이 아니라(비록 그렇게 **보이기는** 하더라도!) 대신에 그런 견해에 대해 매혹적으로 의문시하기 시작하는 것이다.[41] 그리스도와 그 안에서 우리가 공유하는 생명은—훗날 니사의 그레고리오스가 말했듯이—바로 신성과 인성의 "혼합", 명백히 그것들의 교차점에서 정리된 역할들과 지위들의 **에로스적** 변혁이다.[42] 자신의 글 「인간의 창조」(*de opificio hominis*)에서 창세기 1:26-27이 고정되거나 영구적이지 않고 (처음에는) 타

....

41 엡 5장에 관한 몰트만의 논문("The Motherly Father," 52)을 참조하라. 그 글에서 그는 23절을 위계적 질서, 따라서 "가부장적 형태"로 올바로 해석한다. 그러나 나의 요점은 그리스도의 머리와 몸이 함께 그리고 불가분하게 교회를 형성한다는 유비를 우리가 강조할 때 이 질서가 동일한 본문에서 암묵적으로 그것 자체를 무효화하는 것처럼 보인다는 점이다. 달리 표현하자면 제2바울서신의 이 본문이 여성들에게 자신의 남편에게 복종하라는 신약의 명령을 제시한다는 점을 우리가 부인하지 못하지만, 이 본문은 바로 그런 견해를 약화시키는 논증의 잠재성을 포함한다.

42 그리스도 안에 존재하는 신성과 인성의 연합에 대해 니사의 그레고리오스가 선호한 "혼합"이라는 말은 때때로 은밀한 아폴리나리오스주의로 해석되어왔다. 나는 곧 발표될 논문 "Desire and 'Mingling' in Gregory of Nyssa: A New Appraisal of His Anti-Apollinarian Christology"에서 그런 해석에 반대하며 그레고리오스가 이 은유에서 철학적 암시들뿐만 아니라 에로스적 암시들을 사용하고 있음을 지적한다. 내가 그레고리오스를 해석한 바로는 "혼합"이라는 기독론적 은유의 요점은 그리스도 안에서 인성이 신성 안에서 철저하게 변혁되었음을 강조하는 것이다. 그가 이 성육신의 아이디어를 성적 관계의 혼합에 유비적으로 적용할 때(*In Cant.* 1.16), 그것은 여성에 관한 종속론적 견해를 지지하는 것으로 해석될 수 없고 오히려 여성에게 남성과 똑같이 철저한 변혁의 기회가 있는 것으로 해석될 수 있다.

락으로 가는 도중에 있지만 이후 하나님에 대한 강렬한 열망의 도가니 안에서 금욕적 전복과 끊임없는 변혁의 가능성을 지닌 남성성과 여성성을 암시한다고 본 니사의 그레고리오스의 해석은 유명하다.[43] 니사의 그레고리오스에게, 또한 훨씬 나중에 서방의 십자가의 요한(John of the Cross)에게 (내가 앞에서 "젠더"를 정의한 내용인) 우리 인간의 "차별화된 관계성"의 시금석은 바로 하나님의 욕구 안에서 우리의 욕구를 정화하는 것이다. 이런 의미에서 인간의 "젠더"는 좀 더 근본적인 요소, 즉 성령이라는 "세 번째 위격"의 능력과 활동을 통해 우리 안에서 일어나는 신적 욕구의 활동에 대해 가변적이고 유동적인데, 이것은 엄밀히 말하자면 인간의 말로 표현할 수 없는 변혁이다. 십자가의 요한은 『영적 찬가』(*The Spiritual Canticle*)에서 연합의 절정에 관하여 다음과 같이 말한다.

자신의 신적인 숨과 같은 호흡을 통하여 성령은 영혼을 숭고하게 고양하고, 성부가 성자 안에서 호흡하고 성자가 성부 안에서 호흡하는 동일한 사랑의 호흡을 영혼에게 알려주며 영혼이 그 호흡을 할 수 있게 해준다. 이 사랑의 호흡은 성령 자신으로서, 이 변혁에서 성령은 영혼을 자신에게 연합시키기 위해 성부와 성자 안에서 영혼에게 숨을 내쉰다. 영혼이 성 삼위일체의 세 위격 안에서 공개적이고 분명하게 변혁되지 않는다면 참되고 전적인 변혁은 없을 것

....

43   Gregory of Nyssa, *de opificio hominis* 16.7-18을 보라. 이 흥미로운 구절에 대한 해석은 최근에 많은 논란거리가 되었다. 우리가 니사의 그레고리오스가 이곳의 논증으로 몸과 젠더를 대수롭지 않게 여긴다고 해석하는 이전의 영향력 있는 여성주의적 평가에 오도되지 말아야 한다고 말하는 것으로 충분하다. (이 견해에 대해서는 Rosemary Radford Ruether, "Virginal Feminism in the Fathers of the Church," in *Religion and Sexism*, ed. Rosemary Radford Ruether, 150-83[New York: Simon and Schuster, 1974]을 보라.) 젠더와 관련하여 니사의 그레고리오스를 다르게 평가하고 최근의 문헌을 검토하는 문헌은 Sarah Coakley, ed., *Re-Thinking Gregory of Nyssa* (Oxford: Blackwell, 2003), 특히 1장과 5장을 보라.

이다.

　　그리고 영혼 안에서 일어나는 성령의 이런 종류의 호흡—하나님은 그것을 통해 하나님 자신 안에서 영혼을 변혁시킨다—은 매우 숭고하고 우아하고 심오한 기쁨이어서 인간의 혀로 형언할 수 없고 인간의 지성으로 결코 파악할 수 없다.…이것은 세 위격 안에서 능력과 지혜와 사랑 안에서 이루어지는 변혁이며 따라서 영혼은 이 변혁을 통해 하나님을 닮는다. 하나님은 영혼이 그런 닮음에 도달하도록 영혼을 자신의 형상과 모양대로 창조했다.[44]

결론

간략한 이 마지막 몇 단락에서 나는 젠더관을 간단하게 개관하고자 했는데, 나는 이 개관이 신학적 인간학과 관련하여 몰트만 부부의 감탄할 만한 **바람들** 중에서 많은 것을 충족시켜줄 것이고 그들의 신학처럼 삼위일체 신학에 동일하게 토대를 두고 있다고 생각한다. 나의 조직신학 전략이 그들의 전략과 근본적으로 다른 부분은 내가 성령의 변혁적 개입에 의해 세상의 젠더 이진법이 **파열된다**는 것과 그 개입이 우리를 하나님의 삼위성 안으로 궁극적으로 결합시킨다는 것을 훨씬 더 많이 이해한다는 점이다. 십자가의 요한이 옳다면 그런 파열은 감각적 암흑뿐만 아니라 영적 암흑과도 관련이 있다. 즉 자신의 일상적 버팀목, 곧 세계를 명령하거나 통제한다고 알려진 버팀목들이 하나씩 무너진다. 따라서 나는 아우구스티누스처럼 그

<hr>

44　John of the Cross, "The Spiritual Canticle," Stanza 39.3-4, in *The Collected Works of St. John of the Cross*, ed. K. Kavanaugh and O. Rodriguez (Washington, D.C.: I.C.S. Publications, 1991), 623.

리고 나지안주스의 그레고리오스와는 달리 삼위일체를 인간 가족의 세 개
한 벌—자녀가 있는 부모—로 상징하는 것(위르겐 몰트만은 한 번 이상 그렇게
권했다)이 권할만한지에 대해 의문을 제기한다.[45] 나는 이 상징이 삼위일체
를 길들이며 기존의 성적 고정관념들의 힘을 회복하는 경향이 있다고 믿는
다. 이 상징이 그 고정관념들을 정화하거나 변화시키려고 시도하는 때에도
말이다. 오히려 나는 삼위일체 생명 안으로의 "통합"을 아주 다르게 보는
(동방 교회와 서방 교회 모두에서의) 금욕적이고 수도원적인 문헌을 간단히 지
적했다. 그런 문헌들에서 성령에 의한 **철저한** 개입이 "젠더"에 관해 이진법
적으로 고정된 견해들을 의문시하고 삼위일체적 "욕구"의 흐름을 그리스
도적인 삶 안에서 공유하는 궁극적인 수단으로 만들며, 그것 자체가 세속
적인 젠더 특성화에 저항한다.

　　위르겐 몰트만과 엘리자베트 몰트만 벤델에게 치하하는 이 짧은 장에
서 조직신학에서 삼위일체와 젠더에 관한 그들의 선구적 연구가 20세기 말
에 이 주제에 관한 가장 의미 있는 연구들 중 하나—혹자는 가장 많은 관련
연구를 만들어내는 연구라고 말할 것이다!—라는 점이 분명해질 것이다.
내가 여기서 제시한 그들의 견해에 관한 논의와 비판에서 이 분야에서의
우리의 평가에서 얼마나 많은 것이 성경의 권위, 주석적 성찰, (다양한 모든)
교리 전통의 검토, 영적·금욕적 실천의 교훈, 현대의 삶의 특수한 도전들의
아주 미묘한 관계 문제에 달려 있는지도 동일하게 분명해질 것이다. 젠더
의 영역에서 몰트만 부부의 사상의 급진성을 그들보다 여기서 조금 더 밀

....

45　몰트만 부부가 삼위일체에 대한 나지안주스의 그레고리오스의 가족 유비(아버지, 어머니,
　　자녀[이에 대해 아우구스티누스는 이의를 제기했다])를 지지한 것에 관해서는 다음 문헌들
　　을 보라. Moltmann, *Humanity in God*, 100-101; Moltmann and Moltmann-Wendel, *God—
　　His and Hers*, 8-9, 36-37.

고 나가기로 작정한 나는 삼위일체의 생명과의 진지한 만남은 필연적으로 "하나님의 영을 통한 **만물**의 새 창조"[46]와 관련이 있다는 그들의 원리를 따라가고 있을 뿐임을 깊은 고마움과 감사의 마음을 담아 진실하게 말할 수 있다.

---

46 Moltmann, *History and the Triune God*, 70-79을 보라. 77에 등장하는 구절이다(강조는 덧붙인 것임).

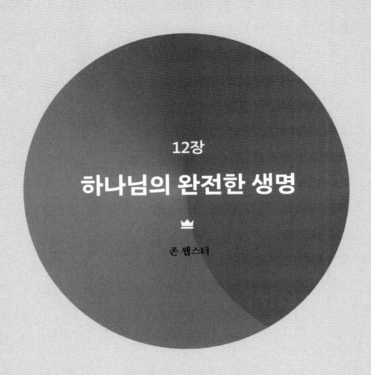

12장

하나님의 완전한 생명

♛

존 웹스터

하나님의 완전성에 관해 말하는 것은 그가 그의 모습 그대로 존재하고 행동하는 것의 충만성에 관해 말하는 것이다. 하나님의 완전성은 무엇보다도 하나님 됨 안에서의 제한이나 충만의 부재를 지칭하는 부정적인 개념이 아니다. 이런 함의들이 따라올 수 있지만 완전성은 주로 하나님의 존재의 순전히 긍정적인 풍부함을 가리킨다. 더 나아가 스스로 존재하는(*a se*) 또는 자기를 원인으로 하는(*causa sui*) 하나님이라는 매우 유사한 개념들처럼 신적 완전성 개념은 일차적으로 형식적 개념이 아니라 실질적 개념이다. 아퀴나스(Aquinas)는 "우리는 그 완전성의 양식에 결핍이 없는 것을 완전이라고 부른다"라고 말한다.[1] 그러므로 신적 완전성의 신학의 주요 과제는 하나님에게 고유한 특정한 완전성의 양식(*modus perfectionis*)을 구체화하는 것이다. 자기를 원인으로 하는 완전한 하나님은 자신의 존재를 자신 이외의 어떤 다른 실재에 의존하지 않는다. 하나님의 존재는 스스로 발생하고 스스로 운동하며 스스로 해석하고 스스로 충족한다. 그러나 하나님이 자기를 원인으로 해서 발생시키고 움직이며 해석하고 충족하는 대상은 자기 **자신**이다. 완전한 하나님은 자기를 원인으로 한다. 완전성은 하나님의 무제한적이고 온전히 실현된 정체성을 가리킨다. 완전성은 하나님이 최고 수준으로 예시하는 특질을 말하는 것이 아니라 자신을 "내가 처음"(사 41:4)이라고 선언하는 존재의 정체성을 가리키는 표현이다.

완전성 개념이 이런 방식으로 하나님의 정체성의 표지이기 때문에 이 개념은 비교 설명의 과정을 통해 채워질 수 없다. 즉 우리는 피조물의 결핍으로 여겨지는 것을 하나님에 관해 부정하거나 위대함의 속성들이라고 여겨지는 것을 확대함으로써 신적 완전성에 대해 충분히 확고하고 신학적으

----

1   *Summa Theologiae* 1a.q4.a1 corpus.

로 확정적인 이해에 도달하지 못한다.[2] 그런 활동들이 아마도 하나님의 완전성의 방향을 가리킬 수는 있을 것이다. 그러나 그런 활동이 신론에서 모든 것을 결정하도록 맡겨두면 그것들은 흔히 다음의 두 가지 잘못된 길 중하나로 벗어난다. 첫째, 형식적 수준에서 볼 경우 그런 활동들은 하나님에 관한 기독교 신학의 담론이 분석적 진술이 아니라 종합적 진술이라는 잘못된 개념을 촉진할 수 있다. 그러나 피조물인 실재들에 관한 관찰로부터 종합된 완전성 개념은 신적 완전성의 개념이 아니다. 즉 다른 실재들에 관해 말하는 것을 기초로 또는 그 결과로 하나님에 관해 말하는 것은 하나님에 관해 말하는 것이 아니다. 하나님의 완전성은 그의 유일하고, 비교할 수없고, 전적으로 파생되지 않은 정체성이며 따라서 구성의 문제라기보다 고백의 문제다. 하나님의 완전성에 관한 기독교 신학의 관심은 하나님의 특이성(singularity)이다. 이것은 바르트가 "하나님 자신, 그의 하나의 단순한 자신의 본질(*Gott selber, sein eines, einfaches, eigenes Wesen*)"[3]이라고 명명한 것이다. 그리고 더 일찍이 도르너(Dorner)가 하나님의 "통일성, 독특성, 단순성(*Einheit, Einzigheit, und Einfachheit*)"[4]이라고 명명한 것이다. 둘째, 좀 더 실질적인 수준에서 볼 경우 비교를 통해 하나님의 완전성 개념에 도달하려는 시도는 하나님의 불가해한 낯섦에 대한 무시로 이어진다. "너희가 나를 누구

....

2   아퀴나스(*Summa Theologiae* 1a.q4.a2 corpus)의 다음 주장과 반대된다: "효과 안에 어떤 완전성이 존재하든 그것은 효과적 원인 안에서 발견되어야 한다.…그러므로 하나님은 만물의 최초의 효과적 원인이므로 만물의 완전성은 하나님 안에서 더 탁월한 방식으로 선재함이 틀림없다." 아퀴나스의 신학적 주장과 몇몇 종교의 **완전한 존재** 철학에 의해 채택된 절차 사이의 동반자 가능성이 과장되어서는 안 된다. K. A. Rogers, *Perfect Being Theology*(Edinburgh: Edinburgh University Press, 2000)를 보라.

3   Karl Barth, *Die Kirchliche Dogmatik* (Zurich: EVZ, 1946), II/1:362.

4   Isaak A. Dorner, *A System of Christian Doctrine* (Edinburgh: T&T Clark, 1880), 1:230을 보라.

에게 비기며 누구와 짝하며 누구와 비교하여 서로 같다 하겠느냐?"(사 46:5)라는 예언자의 질문은 하나님을 친숙하게 표현하는 그런 비교들만 금지하는 것이 아니라 모든 비교를 금지하는 것이다. 하나님은 절대적으로 다르기 때문에 하나님의 완전성을 표현하기 위한 적절하며 신뢰할 만한 유일한 기초는 "하나님은 하나님이다"라는 동어 반복이다.

이런 잘못된 길들을 피하고 하나님의 특별한 존재의 법칙이 신학적 사고를 안내하게 하려면 하나님의 완전성에 관한 설명은 거기서 구체적인 금지가 나오는 특정한 명령하에서 작업을 수행해야 한다. 그 명령은 하나님이 자신의 완전한 존재를 규정하고 선언하는 곳들—장엄한 겸손 안에서 드러난 성 삼위일체의 자유롭고 자발적인 현존—에 신학이 관심을 기울여야 한다는 것이다. (마음이 부패했고 타락한 본성은 진리의 자기현시에 관심을 기울이지 않을 것이기 때문에 이것은 명령이다.) 여기에 상응하는 금지는 우리가 다른 곳을 보지 말아야 한다는 것이다. 하나님 자신의 정체성을 적합하게 알려주는 하나님의 완전성 개념은 신학적 이성이 존경하는 마음으로 이런 **명령**에 주의를 기울이고 덜 좁은 문으로 들어가려는 갈망을 거부하는 데 많이 의존할 것이기 때문이다. 이 시점에서 신학적 이성의 실천들에 관해 우리가 상당히 많은 내용을 말할 수 있지만, 개념들이 우리의 이해로부터 달아나고 버려짐에 따라 적어도 신적 자기현시에 유념하는 신적 완전성의 신학을 표현하고자 하는 사람들은 어느 정도 고생하게 될 것이라는 점을 우리가 반드시 언급해야 한다. 우리는 이런 방식으로만 신학적 섬김의 즐거움 안으로 들어갈 수 있다.

하나님의 완전성에 관한 피조물의 지식은 하나님에게서 나온다. 그것은 계시된 지식으로서 그 기원과 실현은 우리의 손을 벗어난다. 완전한 하나님은 계시자로서 자기의 모습 그대로 피조물에게 자신을 나타낸다. 신학적 이성이 하나님의 자기현시의 이런 움직임을 적절하게 따르려면 두 가지를 염두에 두어야 한다. 첫째, 그 경륜에서 하나님이 자신을 계시하는 근거는 하나님이 자신 안에 성부·성자·성령으로 존재하는, 자유롭게 선행하는 완전성이다. 하나님이 자신을 피조물들에게 현시할 때 비로소 자신이 되는 것이 아니다. 하나님의 내재적 존재는 단순한 잠재력, 즉 하나님의 외부(*ad extra*) 활동의 경륜에서 현실화하는 "계시를 향한 존재"(being-towards-revelation)가 아니다. 계시에서 하나님은 영원 전부터 자신에게 현존하고, 자신에 의해 알려지는 모습대로만 자신을 피조물에게 현존하게 하며, 피조물에게 알려지게 한다. 계시가 하나님을 완전하게 만드는 것이 아니다. 오히려 계시는 하나님 자신 안에서의(*in se*) 완전성을 창조된 시공간에서 반복한다. (현대 삼위일체 신학에서 많이 무시된) 이 첫 번째 진술에 모든 것이 의존한다. 이 진술이 없다면 하나님의 활동들은 하나님 자신으로부터 표류하며 근거 없는 활동이 된다. 성육신 신학에서 육신이 **되는** 말씀의 영원한 신성에 관한 단언의 경우와 마찬가지로, 이 대목의 의도는 하나님의 활동으로부터 분리된 어떤 추상적인 신성을 제안하려는 것이 아니라 하나님의 활동이 참으로 하나님의 활동임을 단호하게 진술하려는 것이다.

둘째, 계시에서 하나님은 자신의 외부를 향하는 활동들(*opera exeuntia*) 안에서 자신의 완전한 존재를 반복하고 재현한다. 하나님은 자신의 내재적인 완전성을 근거로 그리고 그 주권적 힘으로 자신의 창조물들과의 교제를 원하고 지탱하고 완성한다. 하나님은 만물의 창조주(*auctor*)로서 위엄 있는 권능과 진정성을 지니고 권위 있게 자신을 완전한 자로 현시한다. 이런 존재인 하나님이 창조물들을 향하며, 자신을 자기에게 제시할 뿐만 아니라 그것들에게도 제시한다. 더욱이 이 신적 현존은 말없이 객관적인 것, 즉 관찰되어야 할 단순한 형세가 아니다. 신적 현존은 하나님의 실재에 상응하는 피조물의 지식을 가져오는 소환, 말씀, 사랑이며 그것 자체가 믿음, 소망, 사랑처럼 활동적이다. 하나님의 완전성의 이런 전환이나 반복이 어디서 어떻게 일어나는가? 삼위일체의 외적 활동들(*operationes trinitatis externae*), 즉 우리와 함께하는 하나님의 숨이 멎을 만큼 놀라운 역사 안에서 성부 하나님은 하나님이 아닌 것들과 교제하기로 작정하고 무로부터 창조물을 결정하고 형성하여 자신의 자녀로 존재하게 한다. 성자 하나님은 무엇보다도 파멸된 창조물의 위치로 들어와 창조물이 성부로부터 소외된 것을 담당하고 창조주와 그의 사랑의 대상들 사이에 벌어진 치명적인 틈을 고침으로써 이 교제를 지탱한다. 성령 하나님은 창조물을 그리스도가 성부와 맺는 아들로서의 관계 안으로 끌어들이고 구속받은 자들의 하늘의 교제 안에서 창조물이 완전해질 것이라고 약속함으로써 이 교제를 완성하고 현재에 실현한다.

하나님의 완전성의 측면들

지금까지 살펴본 하나님의 완전성은 하나님이 그것을 통해 하나님이 되는 탁월성이다. 그것은 정체성의 충만이라는 의미에서 온전한 완전성(*perfectio integralis*)이다. 이 완전성은 내부적으로(*in se*)와 외부적으로(*ad extra*) 모두 그렇다. 또는 더 정확하게 표현하자면 하나님의 온전한 완전성은 자신의 완전한 존재가 사랑의 활동 안에서 창조물을 향하는 운동을 배제하지 않고 오히려 그것을 포함한다. 하나님의 탁월성은 그 자체로 완전한데, 그 자체로 빛나고 자기 전달적이고 자기 부여적이다. 완전한 존재로서 하나님은 자신을 널리 내준다. 하나님의 완전성은 무한한 관대함을 포함하는(그러나 그것으로 말미암아 소진되지 않는) 제지받지 않는 자기 소유이자 자기 향유다.

그렇다면 이 문제에 대한 성공적인 신학적 제시는 무엇보다도 **내재적**

완전성과 **경륜적** 완전성에 대한 충분히 온전하면서도 적절하게 정돈된 설명에 의존할 것이다. 이 지점에서 신학은 두 가지 위험에 노출되어 있는데 그중 하나는 하나님의 완전성이 지닌 하나의 측면 또는 양식이 우위를 점하도록 허용하는 것이고 다른 하나는 하나님의 존재와 활동에 고유한 주어진 질서와 순서에 상응하지 못하는 방식으로 그 측면들을 관련짓는 것이다. 최근의 신학에서 하나님의 대외적 완전성을 하나님의 내재적 존재 안으로 함몰시키려는 유혹은 대체로 쇠퇴하고 있는 것처럼 보인다. 이런 노선을 따르는 실질적으로 중요한 마지막 설명은 아마도 골비처(Gollwitzer)의 『신앙으로 고백된 하나님의 존재』(*The Existence of God as Confessed by Faith*)였을 것이다.[5] 독일 개신교의 실존주의에서 보이는 놀라운 객관성 결여가 골비처에게 동기를 부여했지만(그의 주요 비판 대상은 헤르베르트 브라운[Herbert Braun]이었다), 골비처가 하나님 자체와 하나님 스스로라는 개념에 호소한 것은 그 개념이 극복하고자 했던 것의 거울상을 만들어내는 경향이 있었다.[6] 이제 하나님의 내재적 완전성을 무시하려는 유혹이 훨씬 더 절박하다. 이 유혹은 최근의 삼위일체 신학을 상당히 오염시켰는데 아마도 가장 놀라운 예는 로버트 젠슨(Robert Jenson)의 『조직신학』(*Systematic Theology*)일 것이다.[7] "하나님의 자기 정체성은 극적인 일관성에 놓여 있다"[8]는 주장은—그 주장은 바로 하나님 자신 안에 관해 말하는 데 저항하기 때문에—하나님과

....

5   H. Gollwitzer, *The Existence of God as Confessed by Faith* (London: SCM, 1965).
6   이 문제에 관한 가장 좋은 설명은 여전히 Eberhard Jüngel, *God's Being Is in Becoming: The Trinitarian Being of God in the Theology of Karl Barth: A Paraphrase*(Edinburgh: T&T Clark, 2001)다.
7   Robert W. Jenson, *Systematic Theology*, 2 vols. (Oxford: Oxford University Press, 1997-99), 1:63-161.
8   Ibid., 1:64.

창조물 사이의 교제(*koinonia*)를 다루는 유력한 신학과 결합해서 하나님 자신 안에서의 완전성의 어떤 의미도 무색하게 만드는 결과를 가져올 수 있다. 하나님 자신 안에서의 완전성 개념은 하나님의 탁월성이 창조주 하나님으로서의 그의 활동에 선행하는 안정성 및 휴식과 동일시되는 형이상학과 구제 불능일 정도로 결부된 것처럼 보이기 때문이다.

하나님의 **내재적** 완전성과 **경륜적** 완전성 사이의 관계에 대한 정연한 설명이 요청된다. 여기서 정연하다는 말은 성경이 증언하는 하나님의 존재의 특별한 특성에 부합한다는 의미다. 그런 설명을 구성하려고 노력할 때 **내재적**이라는 용어와 **경륜적**이라는 용어가 단지 잠정적인 중요성만을 지닐 수 있음을 주목할 가치가 있다. 많은 신학 개념들처럼 이 용어들은 좀 더 일차적인 신학적 기술들을 압축하거나 요약하는 추상 관념으로 기능한다. 이는 부분적으로는 명료성과 규칙성을 위한 것이고 또 부분적으로는 기독교의 가르침의 여러 측면 사이의 체계적인 관계들을 드러내기 위함이다. 따라서 이 용어들은 필수적이다. 그러나 신학에서 이 문제나 다른 문제들에 대한 설명의 설득력은 일차적으로 **기술적** 타당성의 문제일 것이다. 이 기술적 타당성은 개념을 통해 제공되어야 하지만 개념에 지배되어서는 안 된다. 이 필수성 때문에 덜 형식적이고 더 실질적인 개념들을 더 많이 사용하는 것이 나을 수도 있다. 바르트가 **자유**와 **사랑**이라는 개념을 중심으로 신적 속성들을 배열한 것이 이 접근법의 좋은 예다. 두 개념 모두 사건과 행동으로부터 단지 한 발자국만 떨어졌다는 것과 두 개념 모두 용어들의 형식적인 분석에 의해서가 아니라 기술적으로 내용이 채워진다는 것을 우리가 주목해야 한다. 그러나 바르트 이전에 도르너가 이미 하나님의 존재를 하나님의 "자기 보존(Selbstbehauptung)과 자기 전달(Selbstmittheilung])"의 행동들의 연합으로 제시한 데서 (비록 바르트의 유창함은 없지만) 통상적인 예리함을 가지고 이 점에 주목했다.[9] 케리그마적으로 그다지 공명하지는 않지만 도르너의 용어는 어떤 측면에서는 바르트의 용어보다 선호할 만한데, 이는 특히 도르너의 용어가 좀 더 정확하고 따라서 자유나 사랑 같은 좀 더 일반적인 용어들보다 잘못된 종류의 기대들을 불러일으키거나 부적절한 내용으로 채울 가능성이 작기 때문이다. 확실히 바르트는 자신의 용어들의 신학적 사용(*usus theologicus*)을 명확히 하는 데 많은 힘을 쏟아야 했다. 비록 바르트의 결과들이 웅장하더라도 도르너의 좀 더 제한된 용어들이 우리의 현재 논의에서 더 유익할 수 있다. **자기 보존**과 **자기 전달**이라는 이 두 개념이 함께 그리고 올바른 순서로 취해지면 두 가지 특성을 지닌 하나님의 완전성에 관한 기술을 형성하는 데 도움이 될 수도 있다.

하나님은 자신을 보존한다. 하나님의 자기 보존은 힘이 들지 않는 활동이다. 이 활동으로 하나님은 성부, 성자, 성령으로서의 자신의 삶의 영원하고 방해받지 않은 조화와 복됨과 탁월성을 유지한다. 하나님은 힘이 들지 않은 채로 완전하다. 하나님은 자신의 삶의 영역 외부로부터든 내부로부터든 위협에 대적해서 자신을 보존하는 것이 아니라 자신의 전적인 살아 있음을 실행하면서 자신을 보존한다. 하나님의 자기 보존은 하나님의 완전성을 부패시키거나 깨트릴 수 있는 것에 맞서서 대항하거나 방어하는 것으로 여겨져서는 안 된다. 하나님은 영원히 완전하고 따라서 고통을 뛰어넘는다. 하나님과 다툴 수 있는 자가 아무도 없으므로 하나님은 누구와도 다투지 않는다. 오히려 하나님의 자기 보존은 그의 축하이며, 하나님이 스스로 존재한다는 풍성함에 대한 반복이다. 마찬가지로 하나님의 자기 보존은 하나님이 그것을 통해 자신이 기다리는 완전성을 실현하기 위한 수단으로

<hr />

9   Dorner, *A System of Christian Doctrine*, 1:454.

생각될 수 없다. 하나님의 완전성은 온전하고 충만함에서 결코 결핍이 없기 때문이다. 이 충만함은 하나님의 완전성이 단순한 정지 상태임을 의미하지 않는다. 하나님은 자신의 완전성을 **실행한다**. 그러나 이 실행은 그의 자기생산, 즉 하나님이 자신의 비존재의 가능성으로부터 출현하는 것이 아니다. 그것은 오히려 바르트가 말하는 하나님의 자유 개념에서와 같다.

> 우리가 하나님이 자유롭게 존재한다고 말할 때 말하자면 하나님이 자신을 마치 비존재로부터 존재로 들어 올린다고, 즉 하나님이 자신을 자유롭게 존재하도록 만든다고 말하는 것이 아니다. 우리가 말하는 것은 비존재의 가능성에 의한 어떤 제한도 없는 존재 양식이 하나님께 적합하다는 것이다. 하나님은 자신이 존재자(the Existent)인 분이다.[10]

완전한 하나님으로서 그는 스스로 존재하는 자이며 스스로 존재하는 하나님으로서의 자신의 존재를 재확인하거나 확인한다.

다시 말해서 스스로 존재하는 자로서의 하나님의 완전성은 단순한 부동성, 즉 단순히 운동의 단순한 부재로 여겨지는 쉼이 아니다. 하나님이 스스로 "존재한다"라고 말하는 것은 하나님이 스스로 "산다"고 말하는 것이다. 하나님은 존재하고, 따라서 살고, 따라서 움직인다. 그리고 이 존재, 그의 삶과 운동에서 하나님은 완전하다. 이렇게 제한적이고 비사변적이며 교의학적으로 확정적인 의미에서 우리는 하나님의 존재가 되어가는 (becoming) 중이라고 말할 수 있다. 하나님의 존재에 적절한 "되어감"은 마치 하나님의 정체성의 풍성함이 하나님의 자기 실행의 산물이기라도 한 것

....
10   Karl Barth, *Church Dogmatics* (Edinburgh: T&T Clark, 1957), II/1:306.

처럼 모종의 결함 상태를 전제하지 않는다. 그런 용어로 말하는 것은 하나님의 영원성과 자신 안에서의 완전성 모두를 무의미하게 만들 것이다.

> 전혀 움직임이 없는 존재와 비교하면 운동이 되어감 안에 주어진다는 점은 사실이다. 그러나 우리는 시작으로서의 되어감을 사용할 수 없다. "되어감" 안에 뻣뻣하고 활기 없는 존재 대신에 운동의 원리, 그러나 쉼이 없고 목적이 없는 원리가 있었어야 하기 때문이다. 그런 원리가 영원한 변이를 제공해줄 수 있을지도 모르지만 하나님에 대한 좀 더 구체적인 아이디어를 위한 확고한 근거를 제공해주지는 못할 것이다. 하나님이…되어감일 뿐이라면 절대적 영은 그 되어감을 계속하기 위해 자신의 존재의 다른 형식(본성) 안으로 가라앉아야 한다. 그리고 이 본성으로부터 하나님은 영원한 순환에서 자신을 절대적 영으로 다시 고양시킬 것이다. 그것 자체의 절대적 되어감에 시작이 있어야 하는데, 이 시작은 결코 목표에 도달할 수 없고 단지 헤라클레이토스의 흐름, 즉 하나로부터 다른 하나로의 쉼 없는 되어감에 도달할 수 있을 뿐이다.[11]

하나님의 되어감에 관한 신학적 언어는 그의 완전성의 특별한 성격을 알려준다. 하나님의 완전성은 최초의 자기 구성 행동에서 비롯되는 상태가 아니라 영원하고 언제나 새로운 자기반복과 자기실현의 행동이다. 도르너가 설명하는 것처럼 "하나님은 말하자면 과거에 한 번 자신을 절대적이고 실제적으로 존재하는 자로 형성한 것이 아니라" 그가 "자신의 절대적 실재의 진정한 근거이며 그 근거로 남도록" "영원히 자신을 형성했다." 그리고 "그 근거에서 하나님은 자신의 영원히 절대적이고 참된 잠재성 또는 인과성,

....

11   Dorner, *A System of Christian Doctrine*, 1:252.

즉 자신의 실재의 참된 가능성이다."[12] 도르너는 좀 더 구체적으로 다음과 같이 주장한다. "하나님은…그의 존재가 단번에 실현됨으로써가 아니라 영원한 자기실현을 통해 본래 **절대적 삶**이다." 그리고 "하나님 자신의 절대적 잠재성 또는 가능성은 행동 안에서 상실되지 않고 도리어 행동 안에서 안전하게 보존된다."[13] 도르너는 그러한 개념적인 진술을 다음과 같이 보충한다.

> **하나님은 살아있다**. 하나님은 단순히 휴식하고 있는 존재로 생각되거나 단순히 이상과 사유로 생각될 수 없다. 절대적 삶으로서 하나님은 본래 **플레로마**(πλήρωμα, 충만), 진정한 힘들의 세계를 지닌다. 하나님은 자신 안에 무궁무진한 샘을 지니고 있고, 이 샘 덕분에 하나님은 영원히 흘러나오고 또한 자신 안으로 영원히 흘러 들어가는 생명이다. 하지만 하나님은 일시적인 생명으로 정의되지 않아야 한다. 하나님은 만물 이전에 존재하는 본질적으로 절대적인 생명이다. 하나님은 자신의 활기 있는 활동에서 자신을 비우지도 않고 상실하지도 않는다. 하나님은 자기 주위를 회전하는 삶의 바다다. 말하자면 힘들의 무한한 충만함이 그 안에서 움직이고 물결친다.[14]

간단히 말해서 완전한 하나님은 본래 "살아 계신 하나님이시요 영원한 왕이시다"(렘 10:10). 하나님의 완전성은 성부, 성자, 성령의 자신을 발생시키고, 스스로 운동하며, 자신을 확장하고, 자신에게 돌아오는 삶이다.

하나님이 자신을 보존하듯이 하나님은 자신을 전달한다. 하나님의 삶

....
12   Ibid., 1:257.
13   Ibid., 1:258.
14   Ibid., 1:259.

인 완전성, "힘들의 무한한 충만함"을 가지고 "자기 주위를 회전하는 삶의 바다"는 하나님이 아닌 존재에게 향하는 것을 포함한다. 완전한 하나님은 자신의 삶의 온전성(integrity)에서 자신 안에 완전성(perfection)을 지닌다. 그러나 하나님은 자신이 창조하고 화해시키고 완전케 하는 생명과 관련해서도 자신의 완전성을 지닌다. 성부와 성자의 완전한 상호성에서 완성되는 부성을 지닌 성부 하나님은 천지의 창조주이기도 하다. 그들의 영원한 교제에서 성부의 완전한 상대방인 성자 하나님 역시 피조물들의 주님이다. 그는 창조된 존재의 영역에 대한 자신의 구원하는 통치를 행사할 때도 자신의 신성을 지닌다. 성부와 성자 사이의 생명과 사랑의 완전한 유대인 성령 하나님 역시 피조물들에게 생명을 수여하는 존재이자 만물을 완전케 하는 완전한 존재다. 이렇게 하나님은 피조물들에 대한 그의 자기 전달 안에서, 그리고 자신의 창조물들과 자신 사이의 교제의 역사 안에서 자신이 된다.

자신을 전달하는 하나님은 전적으로 은혜롭다. 이 은혜로운 자기 전달은 선택, 화해, 구속을 포함하는데 이것들의 핵심에 신적 의지가 놓여 있다. 하나님이 자신을 전달할 때 하나님의 삶과 행동의 완전성에 어떤 타협도 없다. 하나님은 삼위일체 위격들의 영원한 즐거움 안에 있는 자신을 보존한다. 하나님은 부족함으로부터가 아니라 충만함으로부터 자신을 전달한다. 하나님이 향하는 피조물은 전적으로 스스로를 구성하고 스스로를 유지하는 하나님의 완전성을 실현하거나 확장하지 못한다. 그러나 이렇게 단언할 때 기독교의 하나님 교리 안에 심원한 무질서의 위험은 없는가? 하나님의 완전성이 하나님이 피조물들과 맺는 교제의 역사에 선행한다고 주장함으로써 하나님의 대외적 운동을 무효로 만들 유혹은 없는가? 그런 위험은 하나님의 영원한 완전성에 관한 기독교의 신학적 주장들을 상상될 수 있는 유일한 완전성이 정태적인 지속의 완전성으로 보는 형이상학의 함정에 빠뜨리는 것일 수 있다.[15] 좀 더 직접적인 삼위일체의 용어로 표현하자면, 신성의 위격들의 정체성을 단지 기원 관계의 관점으로만 결정하고 따라서 대외 활동들(*opera ad extra*)이 단지 부수적인 현상이 되는 추가적인 위험이 있을 수 있다.[16] 오늘날 몇몇 전통적인 형식의 삼위일체 신학이 지닌 상투성은 이런 위협들에 관해 (정교함과 설득력 수준이 다양한) 경종을 울린다.[17] 우리의 주의를 환기하는 그런 위험들이 회피될 수 있는가?

위와 같은 질문에 대한 대답의 최초의 개요는 출원(procession)과 파송(mission) 개념에서 몇몇 자원을 발견할 수 있다. 이 자원들은 자신 안에서의 하나님(God *in se*)과 외부로 나타나는 하나님(God *ad extra*)의 질서정연한 일치를 지적하고 그럼으로써 하나님의 자발성―하나님이 자신의 삶을 실행하는 완전한 자유―이 경륜 안에서 하나님이 피조물과 맺는 교제보다 앞서고 하나님의 활동 안에서 비준됨을 보여준다. 이 순수하고 완전한 자유, 이 자기 충족은 자신 안에서 절대적 생명력을 구성하는 출원들 또는 위격적 관계들 안에 있는 하나님의 삶이다. 하나님은 성자를 낳는 성부로서 완전하다. 이 낳음에서 하나님은 자신의 존재를 반복한다. 여기서 반복은 똑같

....

15   젠슨은 삼위일체 하나님 교리에 대해 자신이 제시하는 내용이 "존재를 지속성으로 보는 고대 이교도의 해석을 삼위일체 교리 안에서 최종적으로 극복한 것"으로 본다(Jenson, *Systematic Theology*, 1:159). 거기서 "성경의 내러티브는… 하나님 자신의 실재에 대한 최종 진리다"(1:108).

16   삼위일체 교리에서 시원론에 대한 관심이 지배적인 데 대한 비판은 젠슨의 성령론에서 주요 주제다. Jenson, *Systematic Theology*, 1:156-59을 보라.

17   대표적인 설명은 Catherine M. Lacugna, *God for Us: The Trinity and Christian Life*(New York: HarperCollins, 1991)에서 찾아볼 수 있다. 라쿠냐는 "신적 완전성은 자기충족성과 정반대다. 오히려 신적 완전성은 타자를 위하고 타자로부터 나옴으로써 정체성과 본질을 지닐 수 있는 절대적 능력이다"라고 제안한다(304). 폴 D. 몰나르는 *Divine Freedom and the Doctrine of the Immanent Trinity: In Dialogue with Karl Barth and Contemporary Theology*(Edinburgh: T&T Clark, 2002)에서 그런 경향에 대해 날카로운 응답을 제시한다.

음이 아니라 생명의 풍성함과 부성(*paternitas*)과 자성(*filiatio*) 관계를 나타내는 긍정, 확인, 충만함을 의미한다. 성자의 발생은 자신을 절대적 삶으로 유지하는 신적 충만함이다. 즉 하나님에게서 나온 하나님, 빛에서 나온 빛, 참하나님에게서 나온 참 하나님으로 유지한다. 물론 이것이 성자가 "나셨으나 창조되지 않으셨다"고 고백되는 한 가지 이유다. 성부와 성자의 전적이고 영원한 충족성은 그들의 관계를 **생산** 관점으로 보려는 어떤 이해도 금지한다. 하나님"에게서 나온" 하나님은 신성의 축적이 아니다. "에게서 나온"은 기원을 의미하는 동시에 영원하고 무한한 풍성함, 즉 하나님의 삶인 무궁무진한 관계를 의미한다. 더욱이 하나님은 성부로서 완전하고, 성부와 함께 성령을 내쉬는 성자로서 완전하며, 마찬가지로 성부와 성자로부터 출원하는 성령으로서 완전하다. 숨 쉼(spiration)이라는 용어에 어떤 내용이 주어지든(삼위일체 신학은 그 문제에 관해 특징적으로, 심지어 당황스러울 정도로 애매모호했다), 세 번째 위격의 숨 쉼—성부와 성자에게서 나오는 형언할 수 없고 영원한 파생—은 한편으로 능동적 호흡(*spiratio activa*)의 행위자들인 성부 및 성자와 다른 한편으로 수동적 호흡(*spiratio passiva*)이 보내지는 성령 사이에 어떤 종류의 틈이나 시간 간격이 있음을 암시하지 않는다. 능동적이든 수동적이든 그 숨 쉼에서 성령이 출원하며, 출원하는 성령은 인과적 순서에서 분리될 수 있는 요소들이 아니라 하나님의 완전성의 양식들이다(그래서 아퀴나스는 신성에서 기원의 관계들은 동등성에 따른 것[*secundum aequalitatem*]이라고 논평했다).[18] 삼위일체 하나님의 모든 완전한 관계는 **아게네토스**(ἀγέννητος), 즉 비기원적이다. 그러나 여기서 "비기원적"이라는 부정은 단지 부성, 낳음, 숨 쉼으로 실행된 생명의 순전히 긍정적인 전체성과 풍성함

....

18   *Summa Theologiae* 1a.q43.a1.ad1; 1a.q42.a1도 보라.

의 반대일 뿐이다.[19]

　이 모든 논의는, 하나님의 내재적 완전성에 관해 말하는 것은 하나님의 생명의 무한성을 가리키는 것임을 암시한다. 그것은 하나님이 성부, 성자, 성령으로서 자신 안에서 자신의 영원한 존재를 구성하는 사랑 안에서 자신을 보존한다고 말하는 것이다. 그러나 다시 말하거니와 하나님은 자신을 보존하듯이 자신을 전달한다. 성부에게 순종하는 성자와 성령의 사명은 하나님이 그 안에서 자신의 절대적 생명을 가지는 위격적 관계들에 상응한다. 신적인 출원들과 그것들로부터 흘러나오는 신적 사명들은 모두 하나님의 완전성이다.

　하나님은 자신의 절대적 생명을 전달한다. 이 전달은 피조물이 성 삼위일체에게 고유한 생명에 참여함을 의미하지 않는다. 그렇다면 하나님이 피조물**에게** 생명을 수여하는 존재일 뿐만 아니라 피조물들**로부터** 생명을 받는 존재일 것이기 때문이다. 그럴 경우 하나님의 생명은 더 이상 절대적이지 않을 것이다. 하나님은 피조물들을 존재하게 하고 그것들이 하나님 자신과의 교제 안에서 그것들 자신의 피조물로서의 온전성과 완전성에 도달할 수 있도록 그것들을 보존하고 구원하며 영화롭게 함으로써 자신의 생명을 전달한다. 다소 쉽게 **상호 내재**가 되는, 훨씬 더 유동적인 용어인 **친교** (communion)와 달리 **교제**(fellowship)는 하나님과 피조물 사이의 친밀함과 시간 안에서 그들의 관계의 본질적인 상태인 그들 사이의 메워지지 않는 큰 격차를 모두 나타내기 때문에 **교제**는 신적 사명의 설명에 있어서 핵심 용어다. **교제**는 공유된 존재의 상호성이 아니라 은혜의 상호성을 가리킨다.

....
19　이와 연관하여 아퀴나스가 신적 출원들은 대내적이며 "행위자 안에 머무르는 행동에 상응한다"(*Summa Theologiae* 1a.q27.a1)고 주장한 것은 신적 우발성의 어떤 암시에 반대하는 의미 있는 차단막을 제공한다.

성부 하나님은 자신의 자유를 장엄하게 행사해서 하나님이 피조물과 함께하는 역사가 있어야 하며 이 역사가 성자와 성령의 사명에서 그것의 목표에 도달해야 한다고 결정한다.

성자와 성령의 파송에서 삼위일체 하나님은 생명을 준다. "아버지가 자신 안에 생명을 가지고 있듯이 아들에게도 생명을 주어서 아들 역시 자신 안에서 생명을 가지게 했다"(요 5:26, 개역개정을 사용하지 아니함). 요한의 용어에서 아버지가 신적 생명을 아들에게 준 것으로 표현된, 성부에게서 나오는 성자의 이 출원은 성자의 구원 활동을 위한 조건이다. 성부와 맺는 이 관계 덕분에 성자는 자신이 "생명"이며(요 14:6) 그러므로 "양으로 생명을 얻게 하고 더 풍성히 얻게 하려고"(요 10:10) 세상에 오는 존재다. 마찬가지로 성령은 성자의 이름으로 성부에 의해(요 14:26), 그리고 성자에 의해 성부로부터(요 15:26) 보내지는 존재이며, 따라서 성령은 피조물들을 향해 생명을 주는 영으로서 활동한다(롬 8:2; 고후 3:6). 이 문제를 개념적으로 약간 달리 표현하려고 할 때 외부로 나타나는 하나님의 생명을 전달하는 사명이 하나님이 그 안에서 자신의 내재적 존재의 생명으로 가득한 풍성함을 보존하는 신적 출원들과 완전히 통합되는 것이 중요하다. 한편으로 이 통합은 성자와 성령의 현세의 사명들이 단순히 보조적인 것이 아님을 의미한다. 하나님의 자기 전달과 분리될 경우 하나님의 자기 보존은 닫힌 원에 불과하다. 이 문제에 대응하려면 자기 보존과 자기 전달이 똑같지는 않더라도 동일하게 근본적이어야 한다. 그러나 다른 한편으로 대외적 사명들은 모종의 방식으로 하나님이 완전성에 도달하는 것이 아니라 하나님이 순수행동(*actus purus*)으로서 영원히 존재한다는 완전성의 필수적인 요소다. 대외적 사명에서 하나님은 자신을 피조물들에게 자유롭게 그리고 인격적으로 현존하게 함으로써 자신의 존재를 확인한다(그러나 창조지는 않는다). 이런 연관성에서 아퀴나스가 성자와 성령의 경륜적 사명들이 신성 안에서의 종속이나 분리는 말할 것도 없고 시간적 연속 또는 공간적 이동을 수반하지 않는다고 주장한 것은 전적으로 옳다. 이 사명들은 하나님 자신 안에서의 출원과 분리될 수 없다. 그 이유는 사명들이 출원에 근거하기 때문이다. 또한 아퀴나스는 시간적 사명이 어떻게든 하나님의 완전한 생명을 완성한다는 데 동의하고 싶지 않기 때문에 그 사명이 "영원한 출원을 포함하며 여기에 시간적 효과가 추가된다"는 점에 주목한다. 따라서 아퀴나스는 "신적 위격이 자신의 원리와 맺는 관계는 영원해야" 하며 따라서 "출원이 영원의 출원과 시간적 출원이라는 두 개의 출원으로 명명될 수 있지만 원리와의 두 가지 관계가 있는 것이 아니라 두 가지 관점, 즉 시간적 관점과 영원의 관점이 있다"고 주장한다.[20]

하나님의 내재적 출원들에 시간적·피조적 관점이 있다는 사실은 신학이 피조물의 실재를 이해하는 방식에 대해서뿐만 아니라 신론에 대해서도 매우 큰 의미가 있다. 하나님의 완전성을 자신 안에서 순환하는 풍성함으로만 생각하는 것은 결국 우리가 하나님의 본래의 완전성과 목적론적 완전성 사이에서 선택해야 한다는 파괴적인 가정에 빠지는 것이다. 기독교의 신론은 그 선택이 가짜라고 주장한다. 하나님은 영원한 성부와 영원한 성자와 영원한 성령의 위격적 관계에서 충만하다. 그러나 하나님의 완전성은 피조물들 사이에 자신을 현시하기를 삼감으로써만 순수성과 온전성을 보유할 수 있는 그런 완전성은 아니다. 자기 보존과 자기 전달은 경쟁하는 요소들이 아니다. 자기 보존은 자신 밖에서의 하나님의 운동을 위한 조건이며 그 운동을 지탱하는 에너지다. 자기 전달은 하나님의 완전한 삶의 안정

············
20   *Summa Theologiae* 1a.q4.a2.ad3.

성이나 이미 획득한 지위를 위협하지 않는다. 하나님의 광대함이 자신의 편재성에 의해 위협에 처하거나 확장되지 않고 편재성에 의해 확인되는 것과 같은 방식으로 하나님의 내재적 완전성 역시 그의 관계적 완전성(*perfectio relativa*) 안에서 반복된다.

젠슨(Jenson)은 "왜 역사 안에서의 몰입이…존재론적 완전성이 되어서는 안 되는가?"라고 묻는다. 나는 실제로 역사 안에서의 몰입이 존재론적 완전성으로 여겨져야 한다는 것이 삼위일체론의 필연적인 귀결이라고 주장했다. 그러나 이 주장은 하나님의 "사건적 현실성"(eventful actuality)[21]이 그의 내재적 탁월성에 근거한다는 평행적인 확언과 일치할 경우에만 하나님의 **완전성**에 관한 주장으로서 안전하다. 우리는 하나님의 자기 보존(*Selbstbehauptung*)과 하나님의 자기 전달(*Selbstmittheilung*) 사이의 선택을 강제하지 않아야 한다. 이런 용어들을 발전시킨 삼위일체론에 대한 자신의 비판적 서론의 끝에서 도르너는 "우리는 하나님이 자신의 절대적 초월성과 고독한 위엄—이는 그 자체로 배타적일 것이다—을 초월한다고 생각해야 한다"고 결론짓는다. 그다음에 도르너는 "그런 초월이 하나님과 세상의 새로운 혼합의 위험 없이 어떻게 일어날 수 있는가?"라고 묻는다.[22] 아마도 이 질문에는 헤겔(Hegel)이 근대 신학에 드리운 그림자의 뭔가가 존재할 것이다. 그러나 하나님의 완전성에 관한 모든 기독교 신학에서 핵심적인 문제, 즉 하나님의 완전성이 세상에 대한 하나님의 관계를 어떻게 포함할 수 있는가에 관한 질문을 가리키는 뭔가도 존재한다. 도르너는 이 질문에 대한 답은 **"하나님에 관하여 구체적인 기독교 교리"**[23]를 전개하는 데 놓여 있다

....

21   Jenson, *Systematic Theology*, 1:64.
22   Dorner, *A System of Christian Doctrine*, 1:343.
23   Ibid., 1:343.

고 주장한다. 그 교리만이 "하나님이 과묵함 없이 그의 존재를 보존할 수 있는 것처럼 하나님이 자기 손상 없이 세상에 자신을 전달할 수 있는 전망을 열어주기"[24] 때문이다.

하나님의 완전성과 우리 자신의 완전성

간략한 종결부에서 나는 피조물들에게 고유한, 신적 완전성에 관한 지식의 종류 문제로 돌아가고자 한다. 피조물은 계시에 의해, 즉 하나님이 명령하고 자신을 인식할 수 있게 해주는 그의 현존이라는 하나님의 선물을 통해 하나님의 완전성을 안다. 계시는 완전한 하나님과 하나님이 그의 사랑의 활동 안에서 관련을 맺는 사람들 사이의 교제의 한 측면이다. 그러므로 우리가 이 하나님에 대해 알게 된 지식은 그와의 특정한 관계, 즉 화해된 피조물이 완전해지고 있는 도상에서 하나님과 맺는 관계에 서 있도록 끌어가는 한 측면이다. 이 관계—우리는 이를 성화의 역사라고 부를 수 있다—는 우리의 인지적 삶을 다음과 같이 재정리하는 것을 포함한다. 즉 거짓과 허영이 하나님의 현존의 빛에 의해 드러나고 압도당한다. 이성은 성령이 화해된 자들을 진리로 인도함으로써 가르치기 때문에 갱신된다. 하나님에 관한, 그러므로 하나님의 완전성에 관한 기독교의 신학적 담론은 이성의 성화에서 일어나는 에피소드일 뿐이다. 이는 완전한 하나님에 관한 지식의 작은 산들 주위에서 어슬렁거리는 것일 뿐이다. 조나단 에드워즈(Jonathan Edwards)는 1730년 초의 설교에서 다음과 같이 말했다. "하나님의 영광과 탁월성에 관한 직접적이고 즉각적인 감각이 있어야 한다. 나는 추론에 의

....
24   Ibid.

해 단순히 하나님이 영광스럽고 탁월하다고 인정하는 것과 구별하기 위해 직접적이고 즉각적이라고 말한다." 피조물들이 하나님의 완전성을 제대로 알기 위해서는 그들 자신이 완전해지고 그들의 고유한 목적에 이르러야 한다. 그래야 피조물들은 전체적인 문제가 얼마나 적합한지를, 얼마나 최고로 **옳은지를** 알 수 있다. "하나님을 바라보는 복된 시선을 가진 사람은 하나님의 영광과 탁월함을 볼 뿐만 아니라 그것을 그 안에 적정성을 가진 것으로 본다."[25] 하나님의 완전성 또는 탁월성에 관한 그런 시각은 우리의 미래에 놓여 있다. 현재 신학적 작업은 이해를 추구하는 소망(*spes quaerens intellectum*)으로 남아 있다.[26]

....

25   Jonathan Edwards, "The Pure in Heart Blessed," in *Sermons and Discourses 1730-1733*, ed. Mark Valeri (New Haven, Conn.: Yale University Press, 1999), 64.

26   Jürgen Moltmann, *Theology of Hope: On the Ground and the Implications of a Christian Eschatology* (London: SCM, 1967), 33.

13장

하나님의 섭리와 행동

데이비드 퍼거슨

섭리에 대한 교리는 대부분의 신학 체계에서 중추적인 위치를 차지한다. 창조, 구속, 종말론과의 연결은 하나님과 세계 사이의 관계에 대한 설명을 요구하기 때문이다. 이 관계는 일반 섭리와 특별 섭리, 창조된 본래 상태의 우주적 질서와 현재의 질서 사이의 구분과 더불어 세계 안에서 일하는 하나님의 특별한 행위를 바탕으로 이해된다. 그러나 창조 교리의 세부 항목으로서 섭리에 대한 일반적인 표현은 자주 그것이 고심해야 하는 많은 문제와 주제들을 너무 성급하게 취급하는 결과를 낳는다.[1] 칼 바르트는 이러한 방식의 섭리 이해는 하나님의 섭리를 너무 단순하게 세계 내에서 작동하는 질서와 동일시하는 것이라고 비판한다. 신비하고 숨겨져 있으며, 종종 겉으로 드러나는 모습과 반대되는 섭리는 예수 그리스도에 의해 시작된 하나님의 언약적 목적과 더 밀접하게 이해되어야 했다. 신앙의 한 측면으로서 섭리에 대한 이해는 신자로 하여금 부분적이고 잠정적인 세계관과 함께 살아갈 수 있도록 만들어주어야 한다.[2]

성경신학에서의 섭리

신적인 보호와 보존의 주제를 다룰 때 섭리의 교리는 자연의 합법칙성을 신적인 신실함의 표현으로 이해한다. 이러한 이해는 노아 언약, 시편, 산상

....
1   개신교 교의학에서 섭리 교리는 보통 창조 교리 아래에서 논의된다. 대부분의 중세 신학에서 섭리 이해가 하나님에 관한 교리의 한 측면으로 다루어지는 것과 달리 개신교 섭리 교리는 창조와 세계 통치에 관한 이해와 명시적으로 연결되어 있다. 아퀴나스의 섭리 이해에 대한 최근 논의는 다음을 참조하라. Michael A. Hoonhout, "Grounding Providence in the Theology of the Creator: The Exemplarity of Thomas Aquinas," *Heythrop Journal* 43 (2002): 1-19.
2   Karl Barth, *Church Dogmatics* (Edinburgh: T&T Clark, 1960), III/3:57.

수훈을 바탕으로 하고 있다. 또한 은하, 행성 및 탄소 기반 생명체의 출현을 가능하게 했던 중력의 법칙과 같은 우주의 근본적인 특징에 관한 인류원리적 해석을 섭리와 연결시켜 이해할 수도 있을 것이다. 그러나 현대 과학과의 대화는 일반 섭리와 관련하여 신-다윈주의에 직면해서 더욱 방어적이 된다. 이러한 주제에 국한될 때, 창조의 한 측면으로서의 섭리는 여러 형태의 유신론과 양립할 수 있는 교리다. 그러나 이는 성경에 있는 하나님과 세계의 관계에 대한 훨씬 더 깊고 넓은 묘사들로부터 부득불 달라지게 되는데, 성서는 섭리를 구원의 경륜 전체에 걸쳐 이루어지는 창조세계에 대한 하나님의 참여 이야기로 묘사한다.

섭리에 대한 성경적 통찰은 적절한 신학적 이해를 위한 일련의 공식을 생성한다. 비록 이 공식들은 상호 간에 약간의 긴장 관계를 형성하지만 다뤄져야 할 필요가 있다. 구체적인 내용들은 다음과 같다. 창조는 선한 것이다. 하나님의 행위는 최초의 창조 행위로 끝나지 않는다. 자연과 생명의 리듬은 잘 조율되어 있다. 죄, 고통, 죽음을 이기는 것은 신적인 목적을 실현하는 데 필수적이다. 죄와 구속의 이야기가 다뤄져야 할 필요성은 섭리를 자연적 또는 역사적 과정들과 동일시하는 것을 불가능하게 만들었다. 그러나 동시에 영지주의 사상에 대한 거부는 신학으로 하여금 세계 내적인 차원에 확립되어있는 질서들이 종말론적 완성에 이르게 될 하나님의 선한 창조물임 또한 인정하도록 만들었다.

성경 자료들을 살펴보면 이러한 긴장이 이미 정경에 담겨 있음을 알 수 있다. 창세기 1장에 나오는 창조 행위의 평온함은 투쟁을 통해 세상을 만드는 것을 묘사하는 다른 신화와 대비된다. 성경의 다른 곳에서(예. 시 74:12-17) 우리는 이 투쟁에 대한 잔재들을 엿볼 수 있다. 반면 일부 주석가들은 창세기 1:2의 물(**테홈**[*tehom*])이 창조의 시작부터 제압은 되지만 완전히 극복되지는 않는 이상한 세력에 대한 암시를 담고 있다고 주장하기도 한다. 어쨌든, 히브리 학자들은 창세기 저자에게 있어 창조는 무로부터의 창조가 아닌, 형태가 없고 무질서한 상태로부터의 창조로 이해되는 경향이 있다고 지적한다. 시편에서 하나님의 섭리적 통치는 보편적이고 일관된 것으로 찬양된다. 그러나 이러한 정서는 동시에 악의 세력들과 씨름할 뿐만 아니라 하나님 자신의 백성의 완고한 저항과도 씨름하는 하나님의 모습과도 결합되어 있다. 이러한 이해들을 바탕으로 신적인 섭리는 모든 일어날 일을 미리 예정하는 것과 구분된다. 섭리는 찬양을 받을 하나님의 통치력의 행사이지만, 완벽한 통제를 의미하거나 긴장이 부재한 형태를 이야기하는 것은 아니다. 벌코프(Berkhof)는 "신적인 보존이 종종 정적인 상황보존으로 잘못 오해된다"고 주장한다, 그는 "현실에서 신적인 섭리는 긴장과 드라마로 가득 차 있다"고 지적한다.[3]

"야웨의 파트너로서 피조물"[4]을 그려내는 성경적 설명은 세계를 축복받은 것으로 묘사한다. 그곳은 인간과 다른 피조물들이 생육하고 번성하는 데 적합한 집이다(예. 시 24편, 104편). 이러한 번영을 위해서는 분별하는 지혜, 보존하기 위한 관심, 하나님의 통치 아래 있는 세계의 피조적 특성을 기념하고 상기시키는 예배가 필요하다. 섭리를 인정하는 것은 철학적 가설이라기보다(비록 철학적 요소가 지혜 문헌에 존재하지만) 예배와 윤리의 맥락에서 정립된 믿음의 행위에 가깝다. 동시에 하나님의 통치는 질병, 불의, 불행, 때 이른 죽음을 포함하여 다양한 형태로 나타나는 혼돈의 세력에 의해 위협을

....

3   Hendrikus Berkhof, *Christian Faith* (Grand Rapids, Mich.: Eerdmans, 1986), 220.
4   이 표현은 월터 브루그만에 의한 것이다. Walter Brueggemann, *Theology of the Old Testament* (Grand Mich.: Eerdmans, 1997), 528. 다음에 이어지는 논의들은 야웨의 파트너에 관한 브루그만의 논의들을 바탕으로 한다.

받는다. 전투, 승리, 즉위에 관한 언어는 창조 안에서 하나님의 통치를 위태롭게 하고 저항을 불러일으키는 세력을 배제하고서는 이해될 수 없다.[5] 기독교 신학이 히브리 성경을 통해 증언되는 하나님과 세계 사이의 관계에 대한 이 중요한 통찰을 오랫동안 무시해왔다는 비판이 계속해서 제기돼왔다. 시편의 탄식 시들, 욥기, 그리고 특히 (무엇보다) 예언자들의 글들은 하나님의 통치에 대한 저항이 있다는 사실을 이야기한다. 이 저항을 마니교적 의미에서 다른 창조자로부터 기인하는 것으로 오해해서는 안 된다. 하나님은 세계의 질서를 궁극적으로 확립하는 유일한 존재다. 그럼에도 불구하고 하나님은 신적인 통치에 대한 이러한 저항을 처리하는 데 이해할 수 없을 정도로 더디고, 때로는 너무 자주 침묵한다. 이러한 더딤과 침묵은 이스라엘의 빈번한 불평의 원인이었고, 하나님이 의인을 다시 회복시키고 세상의 질서를 재정립할 때에야만 비로소 그러한 불평은 사라졌다. 세상이 왜 이런가를 설명하려는 신정론적 시도가 부재한다는 사실이 여기에서 굳이 강조될 필요는 없다. 그 문제에 대한 대답은 악을 도말하는 신적인 행위로부터 찾아진다. 고전적인 악의 딜레마 문제가 예레미야 12:1-3에서 제기되었을 때도 선지자가 원했던 것은 설명이 아니었다. 그가 원했던 것은 "반역하는 자들"을 추방하는 하나님의 행위였다.

이러한 히브리 성경의 유사-이원론적 이해를 히브리 유일신 신앙이 극복하지 못한 고대 근동 신화의 잔재로만 볼 수는 없다. 이러한 이해는 아직 파괴되지 않았거나 완전히 극복되지 않은 힘들이 가지는 중요한 기능을

---

5 이러한 맥락에서 이후 일반 섭리와 특별 섭리를 구분하는 것은 성경 안에서 명확히 드러나지 않는다. 만약 그러한 구분이 창조세계를 이해함에 있어 단순히 신과 인간 사이에 벌어지는 드라마의 배경으로만 생각하도록 만든다면, 그것은 생태학적인 차원의 문제를 야기할 수 있다.

드러내준다. 그것들은 이스라엘로 하여금 자신들이 겪었던 폐허가 된 성전
(시 74편)과 포로됨(사 51:9-11)의 역사적 경험을 야웨의 통치에 대한 우주적
위협의 관점에서 해석하게 만들어 준다.

> 깨소서, 능력을 베푸소서.
>
> 옛날 옛 시대에 깨신 것 같이 하소서.
>
> 라합을 저미시고
>
> 용을 찌르신 이가 어찌 주가 아니시며
>
> 바다를, 넓고 깊은 물을 말리시고
>
> 바다 깊은 곳에 길을 내어 구속받은 자들을
>
> 건너게 하신 이가 어찌 주가 아니시니이까?
>
> 여호와께 구속받은 자들이 돌아와 노래하며 시온으로 돌아오니
>
> 영원한 기쁨이 그들의 머리 위에 있고 슬픔과 탄식이 달아나리이다(사 51:9-
>
> 11).

존 레벤슨(Jon Levenson)은 히브리 성경에서 그러한 주제가 지속되고 있는
것은 유대 신학과 기독교 신학이 애써 무시해왔던 악의 실재성을 증언하
고 있는 것이라고 주장한다.[6] 에덴동산의 뱀(창 3장)의 존재와 사탄의 역할
(욥 1-2장, 대상 21장)을 통해 알 수 있듯이 히브리 성경 내 다른 흐름들도 이
부분을 이야기한다. 세계에 만연한 공포스러운 악을 직면하는 것은 하나님
이 세계에서 일어나는 모든 일을 전적으로 통제하고 있다는 절대적인 유일

......

6   Jon Levenson, *Creation and the Persistence of Evil: The Jewish Drama of Divine Omnipotence*
     (Princeton: Princeton University Press, 1988), 『하나님의 창조와 악의 잔존』(새물결플러스
     역간).

신 사상을 부적절한 것으로 만들어버린다. 세계의 질서는 현재 부분적이고 잠정적인 방식으로만 실현되고 있다. 그것은 미래에 더 온전히 확립될 것을 기다리면서도 현재의 보존을 위한 하나님의 지속적인 행위를 요청한다. 논쟁의 여지는 있지만 정경의 다른 흐름들, 예를 들어 제2이사야서 같은 흐름들은 틀림없이 더 확고한 유일신적 이해를 보여준다. 이러한 흐름들은 악의 세력을 야웨에 의해 완전히 통제된 것으로, 심지어는 야웨로부터 파송된 대리인으로 이해한다. 욥기 후반부의 폭풍 가운데 하나님이 말씀하실 때 묘사되는 괴물들은 분명 하나님의 피조물이다. 시편 104편의 리워야단 또한 마찬가지다. 홍수 가운데 물들은 하나님의 통치를 받고(욥 38장), 창세기 6-7장의 우주적 홍수 또한 하나님의 명령과 결정에 따라 물러난다.[7]

> 나는 여호와라. 나 외에 다른 이가 없나니
>
> 나 밖에 신이 없느니라.
>
> 너는 나를 알지 못하였을지라도 나는 네 띠를 동일 것이요,
>
> 해 뜨는 곳에서든지 지는 곳에서든지
>
> 나 밖에 다른 이가 없는 줄을 알게 하리라.
>
> 나는 여호와라. 다른 이가 없느니라.
>
> 나는 빛도 짓고 어둠도 창조하며
>
> 나는 평안도 짓고 환난도 창조하나니
>
> 나는 여호와라. 이 모든 일들을 행하는 자니라(사 45:5-7).

....

7   그러한 주제들의 후기 유대 지혜 전통 안에서의 논의들은 다음을 참조하라. A. P. Hayman, "The Survival of Mythology in the Wisdom of Solomon," *Journal for the Study of Judaism* 30 (1999): 125-39.

드러나는 섭리의 형태는 하나님의 확실한 주권을 기반으로 선포되는 것이기는 하지만, 문제가 전혀 없는 성질의 것은 아니라고 말할 수 있다. 완전한 통제는 유예되고 있다. 창조의 시작 때 결정된 계획이 단순히 실현되는 것이 섭리가 아니다. 자연과 역사의 변덕스러운 과정 가운데 투쟁, 침묵, 극적인 대립이 일어난다. 하나님은 이 전체 과정을 단순히 총감독하거나, 지켜보는 존재가 아니다. 물론 인간의 죄와 잘못이 창조세계에 큰 혼란을 가져오지만, 문제는 그것보다 훨씬 더 광범위하다. 이후에 정립된 기독교 신학과 달리 히브리 성경은 현재의 어려움을 설명하기 위한 시도로 창세기 3장의 사건을 이야기하지 않는다. 혼돈은 아우구스티누스가 주장한 것처럼 최초의 원죄로부터 발생했던 것이 아니라 그 이전에도 있었다. 탄식의 시들은 기독교 참회 전통이 말하는 것처럼 죄와 죄책감으로부터 기인하는 것이 아니다. 프레데릭 린스트룀(Frederik Lindström)은 부분적으로는 모든 고통이 어떤 식으로든 죄악된 행위로부터 기인한다는 생각(HIV 관련 우려와 관련하여)을 불식시키기 위해 이 점을 주장했다.[8]

바울이 십자가의 "어리석음"(고전 1:23)이라고 부르면서 강조한 고난과 신적 통치의 히브리적 패턴을 발견할 수 있다. 신적인 세계 통치는 하나님의 독생자를 십자가에 못박음으로써 제정되는데, 이것은 그리스인들과 스토아학파의 섭리 이해에서는 어리석은 것이었다. 피조물들로부터 야기된 제약을 받아들임으로써 하나님의 능력과 지혜는 수치스러운 방식으로 나타난다. 이것은 하나님의 통치 방식에 대한 우리의 무지뿐만 아니라, 죄와 고통과 악으로 점철된 우리의 상태를 있는 그대로 끌어안는 하나님의 모습

....
8   Frederik Lindström, Suffering and Sin: Interpretation of Illness in the Individual Complaint Psalms (Stockholm: Almqvist & Wiskell, 1994). 이 부분에 관해서는 다음을 참조하라. Brueggemann, *Theology of the Old Testament*, 537.

또한 드러낸다. 구약에서 그려지고 있는 완전히 정복되지 않는 하나님의 통치에 대한 위협은 복음서와 서신서의 묵시적인 부분들에서도 등장하며, 요한계시록에서 또한 히브리적 악의 이미지와 유사한 방식으로 자주 등장한다. 그곳에서 혼돈의 물은 계속해서 위협을 일으킨다. 그 짐승은 모든 파괴적인 폭력을 행사하며 세상을 위협하려고 물로부터 올라온다(계 13:1). "바다가 더 이상 존재하지 않는다"고 증언하는 요한계시록 21:1에 이르러서야 비로소 모든 재앙의 위협은 마침내 제거된다.[9]

신적인 주권은 의심할 바 없이 가장 중요한 주제이지만, 이 주권은 악을 정복하는 데만 극적으로 행사된다. 짐승으로 대표되는 세력이 한동안은 하나님의 백성보다 우세한다. 그러한 상황 가운데 하나님의 통치는 여전하지만 숨겨져 있다. 새 창조에서 마침내 실현되는 이 통치는 역사의 이면에서 작동하는 것이다.

아퀴나스와 칼뱅의 섭리 이해

우리가 일부 고전적인 섭리 이론들을 살펴보면 이 이론들이 비록 부분적이긴 하지만 성경적 모티프들로부터 다소 분리된 지점들을 보게 될 것이다. 예를 들어 토마스 아퀴나스(Thomas Aquinas)의 섭리 이해는 그가 어느 정도선까지 플라톤과 스토아학파의 영향을 받았는가에 대한 논쟁을 가능케 하지만, 그가 그 학파들로부터 영향을 받았다는 사실은 틀림없다. 하나님은 창조주로서, 존재와 선의 근원으로서, 만물을 그들의 최종 목적으로 인도하

....

9   예를 들어 다음을 참조하라. Richard Bauckham, *The Theology of the Book of Revelation* (Cambridge: Cambridge University Press, 1993), 51-53.

는 존재로서 섭리를 행사한다. "선은 피조된 존재들의 본체 안에 내재되어 있을 뿐만 아니라, 그들이 목적(end)을 향해 이끌리고 있는 그 상태에도, 나아가 우리가 목도했듯이 신적인 선함이라는 모든 존재하는 것들의 최종 목적에도 깃들어 있다."[10] 이 섭리는 사건들의 일반적인 과정들뿐만 아니라, 그 과정 내 개별사건 하나하나까지 통치한다. 모든 것이 그것의 실존에 있어 하나님에게 의존하고 있기 때문에, 그것들의 최종 목적 또한 반드시 하나님의 인도를 받을 수밖에 없다. 여기에서 아퀴나스는 하나님을 예술가로 비유하는데, 이는 현대 신학자들에 의해서도 선호되는 비유다. "그의 지식은 예술가가 그의 예술 작품에 대해 가지고 있는 종류의 지식과 같기 때문에…모든 것은 그분의 지시 아래 있어야 한다."[11]

이어지는 설명은 모든 사건이 하나님의 이전의(또는 무시간적으로 영원한) 뜻에 의해 결정된다는 신적인 통치에 대한 이해를 제시한다. 이러한 이해는 그의 설명 곳곳에서 특징적으로 드러나는데, 특히 보에티우스(Boethius)의 입장을 수용하는 지점들에서 더욱 그러하다. 원인이 없거나 무작위적인 사건을 제외하고는 아무 일도 우연히 일어나지 않는다. 창조된 질서 내에서 발생할 수 있는 유일한 우연은 본래 연관되지 않았던 개별 인과과정들이 서로 교차하게 되는 경우뿐이다. 그럼에도 불구하고 이러한 우연한 교차조차 보편적 원인에 의해 지배된다. "따라서 두 종의 만남은 서로가 맡은 심부름을 알지 못했기 때문에 그들의 눈에는 예상치 못한 것으로 여겨졌을 수 있으나, 그들을 의도적으로 보낸 주인에 의해서는 이미 예견된 것이었다."[12] 피조물 내 현존하는 악은 신적인 섭리에 의해 다스려진

....

10   *Summa Theologiae*, 1a.22.1.
11   Ibid., 1a.22.2.
12   Ibid.

다. 악은 어떤 특정한 사물의 본성과 상충할 수 있지만, 이러한 악들은 자연의 전체적인 목적(telos)에 기여한다. "모든 악이 원천적으로 차단되었다면 세상에는 좋음이라는 것이 없었을지도 모른다. 먹이로 삼을 동물이 없었다면 사자도 없을 것이고, 폭군에 의한 박해가 없었다면 순교자의 인내도 없었을 것이다."[13] 우발적 실체들에 작용하는 제2원인들(the secondary causes)은 그 실체들이 발생하는 데 필요충분조건인 제1원인(the primary cause)으로서의 하나님의 뜻과 관련되어 있다. "따라서 모든 세부 사건에 대한 전체적인 디자인은 이미 하나님의 마음 안에 깃들어있었다."[14] 제2원인들의 독립적인 인과성이 제1원인에 의해 획득되기는 하지만, 그것들의 방향과 결과들은 항상 제1원인에 의해 결정된다. 제2원인들에 의한 우발성을 강조하면서도 아퀴나스는 모든 것이 운명에 의해 정해진 것이라고 주장하는 보에티우스의 생각에 동의한다. 이러한 맥락에서 섭리는 하나님의 마음속에 있는 보편적인 계획으로 간주될 수 있고, 운명 또는 숙명은 이 계획이 세계 안에서 실현되는 것으로 이해될 수 있다.[15] 나아가 아퀴나스에 의해 수용된 아우구스티누스의 예정론 또한 모든 시간적 효과에 대한 예정의 측면을 강화했다.[16] 유기를 포함하는 예정은 섭리의 한 측면이다. 그것은 무조건적이고 고정되어 있으며 확실하기 때문에 자유로운 선택들에 관한 예지로 환원될 수 없다.[17]

....

13   Ibid.
14   Ibid., 1a.22.3. 참조. *De Potentia* 3.7.
15   아퀴나스와 스토아주의 및 그가 이어받는 중세 신학자들의 전통의 연관성에 관해서는 다음을 참조하라. Gerard Verbeke, *The Presence of Stoicism in Medieval Thought* (Washington, D.C.: Catholic University Press, 1983), 71-96.
16   예를 들어 *Summa Theologiae*, 3a.24.1을 보라.
17   Ibid., 1a.23.

아퀴나스의 관점은 결정론적이고 일원론적이다. 모든 것은 불변하는 신적인 계획에 따라 움직인다. 모든 결과의 제1원인은 비록 피조물적 차원과 동떨어져 있지만 제2원인들을 매개로 모든 것을 통제한다. 이 지점에서 철저한 결정론과 신적인 부재가 결합한다면 스토아학파의 관점과 다를 바 없어진다. 아퀴나스의 이러한 관점은, 예를 들어, 키스 워드(Keith Ward)의 다음과 같은 비판을 받아왔다.

> 아퀴나스의 무자비한 논리는 원동자를 세계와 실제적인 관계를 맺을 수 없는 존재로 만들었다.…[그러나] 현실적으로 자유와 책임이 근본적인 차원에서 주어져 있다는 관점이 가능하고, 아퀴나스의 고통받을 수 없고 불변하는 하나님에게는 불가능했던 하나님과의 기도 안에서의 인격적 교제를 인정하는 관점 또한 가능하다.[18]

그러나 『신학대전』의 맥락과 성경적 근거, 그리고 아퀴나스 신학의 다른 결과적 특징들은 이러한 비판이 과장되었음을 보여준다. 그것은 부분적으로 『신학대전』 "제1부"(Prima Pars)의 시작 부분에 국한된 아퀴나스 이해로부터 기인한다. 『신학대전』의 제3부와 그 이전 부분들의 핵심내용들은 기독론적이다. 그리스도 성육신의 신비에 의해 우리는 축복에 이르렀다. 이 축복에 대한 암시는 『신학대전』 전체에 나타나며, 그 부분들에 대한 이해는 아퀴나스의 전체적인 의도와 관점의 맥락에서만 파악될 수 있다.[19] 『신학대전』의 다른 부분들에서 인간의 자유, 기적, 중보기도에 대한 아퀴나스의 설명은

....

18   Keith Ward, *Rational Theology and Creativity of God* (Oxford: Blackwell, 1982), 87.
19   이러한 주장은 다음을 참조하라. William C. Placher, *The Domestication of Transcendence* (Louisville, Ky.: Westminster John Knox, 1996), 21-36.

하나님과 세계 사이의 관계에 대해 신적인 주도권과 피조물적인 응답에 있어 상호성을 인정하는 방식으로 더욱 극적인 형태의 설명을 제공한다.[20] 이 상호성은 아퀴나스가 주장해온 하나님의 우정의 견지에서 제시된다. 여기에서 상호적 사랑은 하나님과 인간들 사이의 공동체적 삶을 형성한다.[21]

자유라는 주제에 관해 아퀴나스는 아우구스티누스의 입장을 완화해 수용함으로써 하나님은 우리의 우발적 자유를 위협하기보다 보장한다고 주장한다. 하나님은 인간들의 구체적이고 개별적인 모든 행동을 직접 일으키지 않는다. 다만 하나님은 그들을 본성적 차원에서 그들 되게 만들어서 자유롭게 행위를 할 수 있게 한다. 인간의 행위력에 와서는 신적 원인과 피조물적 원인 사이에 새로운 질서들이 나타난다.[22] 중보기도에 대한 설명에서 우리는 그 힌트를 얻을 수 있다. 기도의 효능과 적절성에 대해 오래전부터 제기돼 온 우려에 대해 설명하면서, 아퀴나스는 신적인 섭리가 때때로 인간의 기도를 통해 효력이 발휘되도록 세상이 창조됐다고 주장한다. 따라서 기도는 자연스럽고 보편적인 행위라는 것이다: "기도의 경우에 있어 우리는 하나님의 계획을 바꾸기 위해 기도하는 것이 아니라, 그레고리우스(Gregory)가 말했듯이, 전능하신 하나님이 영원 전부터 우리에게 계획하신 것이 이루어지고, 우리가 그것을 받아들일 수 있도록 하기 위해 기도하는 것이다."[23] 이상의 본문들은 적어도 세계 질서에 대한 아퀴나스의 설명에서

....

20   이러한 주제들은 섭리 교리의 맥락에서 다뤄져 왔다. 다음을 참조하라. Brian Davies, *The Thought of Thomas Aquinas* (Oxford: Oxford University Press, 1992), 169-70.

21   *Summa Theologiae*, 2a.2ae.23.1.

22   Ibid., 1a. 105.5. 카예탄은 해당 본문을 다음과 같이 해설한다. "*Impotentis est non posse alia cooperativa sibi* —당신과 함께 동역하도록 허용하지 않는 것이야말로 약함이다." 나는 이 문헌을 퍼거스 커로부터 소개받았다. 더 자세한 논의는 다음을 참조하라. Davies, *The Thought of Thomas Aquinas*, 177.

23   *Summa Theologiae*, 2a.2ae.83.2.

인간의 행위와 신적인 행위가 일치될 수 있음을 보여준다.

『기독교 강요』에서 장 칼뱅(John Calvin)은 성경이 하나님을 모든 것을 결정하시는 분으로 가르친다고 주장한다. 그러나 이 입장은 하나님의 통치에 대한 저항, 투쟁, 위협을 이야기하는 성경적 입장과 상충된다. 그러므로 성경 내 이러한 구절들은 인간의 인식론적 한계로부터 기인하는 것으로 이해되어야 한다. 불확실하고 혼란스러워 보이는 것 이면에는 불변하고 신실한 하나님의 뜻이 있다. 성경 내 하나님의 후회와 관련된 부분들은 인간적 차원의 사고에 적응하여 주어지는 것으로 이해되어야 한다. 하나님의 섭리는 그 뜻을 이루기 위해 피조물을 사용한다. 여기에서 칼뱅은 아퀴나스와 마찬가지로 모든 사건을 하나님의 뜻에 귀속시킨다고 해서 하나님이 죄와 악의 원인이 되는 것은 아니라는 점을 강조한다. 죄와 악은 큰 틀에서 피조물적 행위를 가능케 하는 신적인 행위에 종속되기는 하지만, 각 범죄에 대한 유일한 책임은 그 행위를 일으키는 피조물적 행위자에게 있다. 태양열로 인해 시체가 부패할 수 있지만, 그것의 악취는 태양 때문이 아니라 시체 때문인 것처럼 말이다.[24]

칼뱅의 설명은 결정론 바탕의 수사학에 기반을 두고 있다. 그리고 그것은 특수한 형태의 경건을 강조한다. 그는 에피쿠로스 학파의 우연 개념을 맹렬히 비판하면서 하나님이 모든 것을 결정한다고 주장한다. 모든 것은 신적인 경륜에 의해 일어난다. 이 관점은 어떠한 것도 운이나 우연에 의해 일어나지 않는다는 신앙의 태도를 가능케 한다. 모든 것은 하나님 아버지의 보살핌 아래 있다. 이러한 방식의 신앙에는 좋은 실천적 지혜가 있다. 갑자기 닥칠 수 있는 악에 대한 근심은 불안과 무기력을 유발한다. 항해하

....

24   *Institutes* 1.17.5.

는 배는 침몰할 수 있다. 거리와 들판에도 위험은 도사리고 있다. 집이 불타 버릴 수 있으며, 높은 벽을 가진 정원 안에도 뱀이 숨어들 수 있다. 불행이 닥치면 우리는 가쁜 숨을 내쉰다.[25] 이러한 문제들에 대한 해법은 하나님을 신뢰하고 모든 것이 아버지 하나님의 보살핌에 의해 좌우된다는 사실을 깨닫는 것이다. 이러한 신앙은 그리스도인의 삶 전체에 걸쳐 의심할 바 없는 위안과 평안함을 준다. 그것은 심지어 세속적인 일을 감당하는 데 있어 활력을 불어넣기도 한다(우리는 여기서 베버[Weber]의 주장이 설득력 있음을 발견한다). 그러나 동시에 이러한 형태의 신앙은 삶의 취약성에 직면해 불평이나 질문을 억제하는 의심스러운 결과도 가져온다. 하나님에게 이의를 제기하는 것은 있을 수 없다. 탄식의 시들은『기독교 강요』내 칼뱅의 섭리 이해 안에서 긍정적으로 평가받지 못한다. 성경의 성가신 과부의 흔적은 칼뱅에게서 발견되지 않는다. 대신 그는 다음과 같은 아름다운 고독의 말들을 칭송한다. "주신 이도 여호와시요 거두신 이도 여호와시오니 여호와의 이름이 찬송을 받으실지니이다"(욥 1:21). 신적인 섭리에 대한 묵상에 있어 적잖은 통찰을 이뤄낸 사람들의 태도를 다루면서 칼뱅은 다음과 같이 이야기한다. "주님이 뜻하셨으므로 우리는 감수해야 한다. 그것에 대해 그와 다투는 것이 불법이기 때문일 뿐 아니라, 그가 하시고자 하는 일 가운데 정당하지 않거나 부적절한 것은 하나도 없기 때문이다."[26]

　　칼뱅의『시편 주석』의 많은 부분이 이러한 형태의 경건을 확증한다. 특별히 믿음, 기도, 종교의 모든 의무를 다루는 부분에서 그는 모든 사건이 하

....

25　*Institutes* 1.17.10.
26　Ibid., 1.17.8. 이러한 방식의 모든 것에 대한 신적인 통제 이해는 개혁신학의 역사 안에서 보존, 동행, 통치라는 삼중적인 구분과 함께 전개되었다. 예를 들어 다음을 참조하라. Heinrich Heppe's compendium, *Reformed Dogmatics* (Grand Rapids, Mich.: Baker, 1978), 251-80.

나님의 인격적인 통치에 의해 일어난다는 확신을 가지고 이야기한다.[27] 하나님이 모든 것을 다스리기 때문에 우리는 우리에게 닥치는 악을 우리의 죄에 대한 하나님의 진노의 표시로 보아야 하며, 우리에게 일어나는 선한 것들은 하나님의 과분한 은총의 표시로 인식해야 한다. 하이델베르크 교리문답(1563)에서도 유사한 형태의 경건 이해가 발견된다.

제27문: 하나님의 섭리란 무엇인가?

답 : 전능하시고 무소부재하신 하나님의 능력이 하늘과 땅과 그 안의 모든 만물을 보존하시고 다스리시는 것으로, 나뭇잎과 풀잎, 비와 가뭄, 풍년과 흉년, 양식과 음료, 건강과 질병, 부와 가난 등 이 모든 것이 우연에 의해 생기는 것이 아니라 아버지 하나님의 손길로부터 온다는 것을 의미한다.

제28문: 하나님의 창조와 섭리를 앎으로써 우리는 어떠한 유익을 얻는가?

답: 우리가 역경에 처할 때 인내할 수 있으며, 축복 가운데 감사할 수 있고, 미래에 있어 신실하신 아버지 하나님을 신뢰할 수 있다. 나아가 세상의 어느 것도 우리를 하나님의 사랑으로부터 떼어놓을 수 없다는 것과 세상 만물이 온전히 하나님의 손안에 있으므로 그의 뜻이 아니고서는 어떠한 것도 가능하지 않음을 배울 수 있다.

근세 영국 개신교의 정체성 발달에 대한 최근의 역사적 연구는 이러한 방식의 신적인 섭리에 대한 생생한 믿음이 가져온 실제적인 효과를 보여준다. 정치적, 의학적, 철학적 사고의 중심에 있었던 섭리에 대한 확신은 "혼

....
27   John Calvin, *Commentary on the Psalms*, trans. James Anderson, vols. 1-5 (Edinburgh: 1847).

돈과 위기 상황에 대처한 뿌리 깊은 교구적 대응이자, 위험하고 척박한 환경에 처했던 사람들에게 주어진 위안의 실질적인 원천이었으며, 섭리 신앙을 받아들이고 있었던 사람들에게 현실적이고, 감정적이며, 상상력을 바탕으로 하는 영향력을 행사한 사상이었다."[28]

칼뱅이 그의 성경 주석과 설교의 다른 곳에서 말한 것을 살펴보면 그가 섭리에 대해 다소 다르게 설명하는 부분들을 발견할 수 있다. 이 부분들에서 본문의 세부적인 내용들과 우발적인 역사적 사건들을 통한 복음의 전개에 대해 그가 가지는 관심은 몇 가지 놀라운 통찰을 제공한다. 그의 신학 곳곳에서 발견되는 적응의 주제는 하나님이 개인들을 선택하고, 율법을 주며, 이스라엘을 인도함에 있어 인간의 나약함을 수용하는 방식으로 그렇게 한다는 것을 보여준다.[29] 여기서 우리는 그가 하나님의 섭리를 더욱 상호적 반응을 전제로 이해하고 있음을 발견한다. 하나님의 섭리는 다루기 힘든 인간적인 것과 씨름해야 한다. 그 결과 칼뱅의 신적인 행위에 대한 이해는 『기독교 강요』에서 논의된 형태보다 더욱 즉흥적인 방식으로 그려진다. 다른 시편들에 대한 그의 주석과 달리, 이스라엘의 역사를 다루는 시편 106편 주석에서는 하나님의 씨름과 양보, 인내에 대한 이야기가 더욱 강하게 묘사된다.[30] 나아가 섭리 교리는 미시적 수준에서 일어나는 하나님과 피조물

....

28 Alexandra Walsham, *Providence in Early Modern England* (Oxford: Oxford University Press, 1999), 3. 이 주장은 다수의 저널과 서신들, 전기들과 사적인 메모들을 통해 논의되었다.

29 나는 이 통찰에 있어 나의 동료인 데이비드 라이트의 칼뱅 오경 연구의 도움을 받았다. David F. Wright, "Calvin's Pentateuchal Criticism: Equity, Hardness of Heart, and Divine Accommodation in the Mosaic Harmony Commentary," *Calvin Theological Journal* 21 (1986): 33-50. 그는 다음과 같이 말한다. "이러한 모습에 있어 특징적인 요소는 하나님의 은혜로운 낮아지심이 아니라 교만한 그의 백성들의 욕망에 의해 주어질 수 있는 고통에 대한 수용성과 상처 가능성이다" (46).

30 "하나님은 그의 지치지 않는 인자하심 안에서 그의 백성들의 죄악을 끊임없이 다루신다."

사이의 상호작용을 가르친다. 이 신적인 상호작용은 신적인 설계에 따라 프로그램된 초기 결정이 단순 실행되는 것으로 환원될 수 없다. 하나님의 손은 자연법칙의 운행과 역사적인 세력들 안에서 감지된다. 섭리는 자연에 부여된 일반적인 능력이 아니라 모든 개별 피조물을 돌보는 특별한 보살핌이다. 그리스도가 가르쳤듯이, 하나님의 자비는 작은 새 하나까지도 스스로 살아갈 수 있도록 돕는 "기적과도 같은 일"이다.[31] 이러한 맥락에서 존 리스(John Leith)는 칼뱅의 이신론에 대한 우려가 그를 범신론의 위치에 이르게 한다고 주장한다. 다만 칼뱅이 신적인 초월을 반복적으로 강조함으로써 범신론에 대한 혐의를 피하고 있기는 하지만 말이다.[32]

아퀴나스와 칼뱅의 섭리 이해가 결정론적이고, 철학적 영향에 매료되어 있으며, 성경에 비추어 봤을 때 부적절하다는 비판은 온당치 못하다. 그러한 비판은 섭리에 대한 근세의 합리주의적 설명에 반대될 때만 온당해진다. 특정한 전통에 서 있지 않으면서 합리적으로 섭리를 이해하고자 하는 입장들은 섭리를 더욱 결정론적인 방식으로 기술한다. 이러한 입장의 대표적인 예는 라이프니츠(Leibniz)의 『신정론』(Theodicy)으로, 라이프니츠에게 있어 세계 내 각 사건은 가능한 모든 세계 가운데 가장 최적의 세계인 현 세계에 독특한 기여를 한다. 이 세계를 창조할 때 신적 지성은 단순성과 다양성을 동시에 고려함으로 인해 발생하는 제약을 받는다. 가장 높은 단순성은 가장 방대한 다양성을 최대 질서와 함께 창출한다. 그러므로 하나님은

....
   Calvin, *Commentary on the Psalms*, 4:242.

31   D. W. Torrance and T. F. Torrance, eds., *A Harmony of the Gospels: Matthew, Mark and Luke* (Edinburgh: St. Andrew, 1972), 1:221.

32   John Leith, *John Calvin's Doctrine of the Christian Life* (Louisville, Ky.: Westminster John Knox, 1989), 112.

이 세계를 가능한 모든 세계 가운데 최선의 것으로 실현하기를 선택해야만 했다.[33] 데이비드 블루멘펠트(David Blumenfeld)는 이러한 관점의 엄격함으로 인해 라이프니츠가 초기에 가졌던 피조물에 대한 하나님의 부모적 보살핌에 대한 이해가 점차 약화되었다고 지적한다. "『담론』(Discourse)에서 라이프니츠는 하나님을 자녀의 필요에 대해 무한한 관심을 갖고 있는 아버지로 묘사하지만, 『신정론』에서 그는 우리에게 하나님을…(자기 자녀들의) 행복을…최대의 관심사로 가지고 있는… '어머니'로 보지 말라고 경고한다."[34] 하나님이 그런 세상을 창조했다는 합리적인 요구는 일어나는 모든 일에 필연성을 부과한다. 따라서 실수들, 재난들, 그리고 범죄들은 어떤 식으로든 우주의 전체적인 조화에 기여하는 것으로 이해되어야만 한다. 다양성과 질서 안에서 세계의 역사는 모든 세부 사항에 있어 신의 뜻이 표현되는 장으로 인식된다. 여기서 투쟁, 저항, 언약적 동반자 관계라는 성경적 주제들은 악에 대한 철학적 정당화와 이해로부터 점차 멀어진다.

섭리를 새롭게 이해하기

신학적 결정론의 이전 형태들을 보존하려는 시도들은 여전히 발견된다. 폴 헬름(Paul Helm)은 아우구스티누스-개혁전통을 옹호하며 하나님의 통치는

....

33 G. W. Leibniz, *Theodicy* (London: Routledge & Kegan Paul, 1951). 볼테르는 그의 『캉디드』 (*Candide*)에서 이러한 이해를 풍자한다. 그는 다수의 재난 상황에 직면하여 만약 현 세계가 가능한 세계 중 가장 좋은 세계라면 다른 세계들은 어떠할지 묻는다.

34 David Blumenfeld, "Perfection and Happiness in the Best Possible World," in *Cambridge Companion to Leibniz*, ed. Nicholas Jolley (Cambridge: Cambridge University Press, 1995), 410.

피조된 질서 내의 어떤 우연도 용인하지 않는다고 날카롭게 주장한다.[35] 신적인 주권으로부터 느슨하게 연결되어 있는 창조세계는 그 미래와 마지막 상태에 있어 어떤 것도 보장받지 못한다는 것이다. 급진적인 위험과 불확실성을 세계 안에서 발견하는 것은 섭리와 종말론에 대한 성경적 주장들과 모순을 일으킨다. 우연은 하나님의 통치를 훼손하며 불안정하게 만든다. 변덕스럽고 예측 불가능한 부모 밑에서 아이가 위태로워지는 것처럼, 신적인 통제를 벗어나 있는 피조세계는 불안과 종국적 파멸을 맞이할 수밖에 없을 것이다. 어쨌든 죄와 은혜의 논리는 우리가 하나님에 의해 선택받지 못한다면 우리의 결정들은 우리를 하나님으로부터 멀어지게 만든다고 이야기한다.

그러나 아퀴나스와 칼뱅으로 대표되는 결정론은 두 가지 비판을 피할 수 없다. 첫째, 하나님이 뜻하는 사건과 하나님의 뜻에 반대되는 사건을 충분히 구별할 수 없다. 둘째, 인간의 자유에 대한 설명이 부적절하다. 제1원인과 제2원인을 구분하는 것은 세계 내 모든 사건을 원인에 의해 구성된 것으로 이해하게 하고, 따라서 하나님의 원초적 뜻에 따라 모든 것이 절대적으로 결정되는 것으로 인식하게 만든다. 칼뱅이 보여주려고 애쓰고 있는 이 섭리 개념은 일어나는 모든 일을 단순히 예지하는 신적인 전지에 관한 것이 아니다. 그러한 견해는 하나님을 용납할 수 없을 정도로 수동적으로 만든다. 신적 예지 자체는 신적인 의지의 한 기능이며, 이는 일어날 일에 대한 필요조건이자, 충분조건이다. 세속적 원인들의 사슬은 신적인 뜻이 실행되는 수단으로 이해된다. 아미랄두스-아르미니우스 논쟁들의 열기 속에서

....
35   Paul Helm, *The Providence of God: Contours of Christian Theology* (Leicester: InterVarsity, 1993).

이러한 입장을 유지하려는 (루터파와 반대되는) 개혁파 전통의 경향은 신적인 결정을 강조하는 신학으로 점철된다. 결론은 (당신에게 일어나는 것은 당신에 의한 것이 아니라는) 운명론적 사고방식이며, 이는 모든 우발적인 사건을 어떤 신적인 목적의 표현으로 인식하게 하는 종교적 입장이다. 따라서 우리가 견뎌야 하는 불행은 믿음을 강화하기 위한 일종의 시험이고, 우리로 하여금 순종케 하려는 징벌이며, 또는 우리가 범한 죄에 대한 보복으로 해석된다. 이런 관점에서 보면 인간에게 자유가 있기는 하지만, 이 자유는 양립주의자들이 이야기하는 자유다. 여기서 자유는 자발성과 의지의 내적 결정이라는 측면에서의 자유다. 그것은 신학적인 (그리고 다른) 형태의 결정론과 양립할 수 있다.[36] 그러나 자유에 대한 더 자세한 설명이 필요한 지점에서는 결정론의 일부 축약이 불가피해진다.

결정론의 색채를 다소 완화하고 그것을 자유와 화해시키려는 시도는 종종 신적인 인과성과 피조물적인 인과성 사이의 비대칭성에 주목하는 아퀴나스 신학의 맥락에서 이뤄져 왔다. 신적인 차원에서 원인 개념을 사용할 때, 그 개념은 피조물 된 우리에게 명확하지만은 않은 유비적인 방식으로만 사용 가능하다. 인과관계에 대한 우리의 일차적 지식을 이끌어내는 우발적 사건들의 사슬 없이 하나님은 어떤 시공간적 연속성 안에서 하나의 연결고리로 축소될 수 없다. 그러나 이 말은 하나님이 발생하는 사건들에 부재하거나 관여하지 않는다는 말이 아니다. 존재하는 모든 것의 최종 목적을 보존하고, 확보하며, 실현하는 데도 하나의 인과적 역할이 요청된다. 이 역할은 피조물적 원인들의 우발성을 파괴하기보다 보장한다. 그러므로

....
36   이러한 맥락에서 데이비드 흄의 자유의지에 관한 이론은 개혁전통의 주를 이뤘던 자유에 관한 신학적 설명의 세속적 버전으로 간주될 수 있다.

신적 인과성과 피조물적 인과성을 이해할 때, 우리는 두 인과성 사이의 관계를 한 쪽이 더 많이 가지면 자동으로 다른 쪽은 적게 가지게 되는 제로섬 게임으로 이해해서는 안 된다. 두 가지 형태의 인과성 사이의 유비적 관계는 상호배제가 아닌 상호수반의 관계를 보여준다. 이 관계는 등장인물들이 자유로운 선택, 기질, 상황 및 다른 사람들의 행동에 기반해서 움직이는 연극의 유비로 이해될 수 있다.[37]

우리는 이 인물들 각자가 연극의 결말에 상대적인 기여를 하고 있음을 알 수 있다. 그러나 다른 차원에서 우리는 전체 희곡을 극작가의 창작물로 이해하고, 그것을 극작가의 맥락, 가정, 의도와 연관해 지각할 수 있다. 이 두 가지 차원은 양립가능하다. 비판자들 또한 두 가지 차원 모두 가능하다는 것을 잘 안다. 그러나 예를 들어 이 유비는 필연적으로 한계가 있는데, 이는 모든 종류의 이중 행위이론의 문제점을 드러낸다. 곧 이 유비 또한 결정론으로 소급될 수밖에 없다는 문제점을 지니고 있다.[38] 만일 우발적 원인들 안에 인간의 자유가 포함된다면 그 결과들은 자유의 행위 이외 어떤 형태의 충분조건도 가질 수 없다. 그러나 일어나는 모든 일과 함께 이러한 자유의 행위들 자체가 예정된 (또는 무시간적으로 미리 정해진) 경우 하나님의 관점에서 볼 때 우리의 자유로운 선택들과 그 결과들은 이미 필연적으로 충분히 결정되어 있었던 것으로 봐야 한다. 이러한 형태는 우리가 직관적으로 생각하는 자유는 아닐 것이다. 이 관점에서 자유로운 행위들을 포함하

....
37   비록 그 한계들이 강조되기도 하지만 그 유비는 플래처에 의해 사용된다. Placher, *The Domestication of Transcendence*, 125.

38   비슷한 맥락의 이중행위에 대한 최근 비판은 다음을 참조하라. Vincent Brümmer, *Speaking of a Personal God: An Essay in Philosophical Theology* (Cambridge: Cambridge University Press, 1992), 108-10; Paul Fiddes, *Participating in God: A Pastoral Doctrine of the Trinity* (London: Darton, Longman & Todd, 2000), 116-20.

는 제2원인들은 제1원인의 단순한 도구들로서 사용될 뿐이다.[39]

　그러나 라이프니츠적 결정론을 거부하는 데 있어 더 중요한 지점은 악의 문제로 인해 발생하는 불안을 어떻게 해결할 수 있는가에 있다. 나아가 모든 일이 하나님의 뜻으로 이루어진다면 성경에 묘사된 하나님의 신적인 저항과 악에 대한 승리를 어떻게 이해할 수 있을까? 우리 주변에서 일어나는 많은 일 가운데 어떤 것은 하나님의 뜻과 반대되는 것으로 봐야 하는 목회적, 정치적 필요가 분명 존재한다. 질병을 하나님이 일으킨 것으로 해석하기를 거부하는 것은 질병을 극복하기 위한 올바른 전략 중 하나일 것이다. 이와 유사하게, 불의의 형태에 대한 투쟁은 이러한 형태가 하나님의 뜻에 명백히 반대된다는 확신에 의해 활력을 얻는다. 묵인이 아닌 저항이 우리에게 요구된다. 이러한 저항은 이미 고전 신학의 흐름들 가운데 많이 있었다. 다만 그 흐름들을 지금 다시 강조하려면 결정론을 완화시키는 것이 필요할 뿐이다.

　섭리 교리를 수정함에 있어 고전적인 입장에 대한 대안으로서 과정 신학이 주로 제시된다. 과정 신학 안에서 결정론과 신적인 통제에 대한 이해는 사라지지만, 무로부터의 창조와 종말론 또한 근본적으로 수정된다. 그 대신 하나님의 자기비움적(kenotic) 사랑을 바탕으로 한 성취의 조건으로 하나님의 유인을 수용하고 독립적이며 통제되지 않는 세계가 제시된다. 섭리는 현실적 존재들을 끝없이 설득하고 이끌어감을 통해서만 행사된다. 하나님의 뜻은 피조물들의 자유로운 행위에 영향을 주는 방식으로만 이루어진다. 어떤 면에서 이러한 이해는 위에서 언급한 어려움들로부터 벗어날

　　　　　　　

39　팀 고린지는 다음의 저작에서 극작가가 아닌 배우들을 전반적으로 관리하는 무대감독의 모델을 사용하면서 비교적 덜 결정적인 하나님의 섭리에 대해 이야기한다. Tim Gorringe, *God's Theatre: A Theology of Providence* (London: SCM, 1991), 77-82.

수 있는 길을 제공하지만, 다른 면에서는 다니엘 밀리오리(Daniel Migliore)가 주장하는 것처럼 성경 이야기로부터 훨씬 더 동떨어진 섭리 이해를 제시한다. 신적인 창조, 성육신, 종말론적 구속의 상실은 섭리를 지나치게 잠정적이고 위태로운 것으로 만든다. 하나님의 회복에 대한 약속은 이러한 이해 안에서는 약화된다.[40]

그러나 앞서 말한 고전 신학의 흐름들 가운데 적절한 입장이 있다면 그것은 섭리 교리에 대한 중도적 입장의 근거가 될 수 있을 것이다. 아퀴나스와 칼뱅의 고전적인 모델은 신적인 투쟁과 승리를 증언하는 성경적 주제들을 수용한다는 측면에서 라이프니츠의 합리주의적 모델과는 구분된다. 수정된 중도적 입장의 모델은, 예를 들어, 과정 신학과 같은 하나의 대안으로 환원되어서는 안 된다. 왜냐하면 섭리에 대한 새로운 모델은 많은 부분에서 고전 신학자들이 제시해온 창조, 성육신, 종말 사건에 역사하는 신적인 행위에 대한 설명을 반영해야 하기 때문이다. 최근 몇 년 새 그 근거들을 마련한 소위 섭리에 대한 **리스크** 이론들(risk theories)은 창조가 인간의 자유와 같은 우발적 요인들로 인해 모든 사건이 미리 계획되거나 결정되어 있는 통제된 실험과 같지 않다고 주장한다.[41] 이 관점은 하나님이 모든 세부사항에서 원초적인 계획을 단순히 실현해나가는 것이 아닌, 피조물적 원인들에 대한 반응에 즉흥적으로 대응하면서 자신의 뜻을 이루어가는 신적인 프로젝트로서의 섭리 모델을 상정한다. 성경의 내러티브 또한 모든 사건을 미리 결정해놓았던 초기 디자인이 단순 실현되는 차원으로 섭리를 이야기

----

40   Daniel L. Migliore, *Faith Seeking Understanding: An Introduction to Christian Theology* (Grand Rapids, Mich.: Eerdmans, 1991), 112. 『기독교 조직신학 개론』(새물결플러스 역간).

41   좋은 예는 다음과 같다. John Sanders, *The God Who Risks: A Theology of Providence* (Downer's Grove, Ill.: InterVarsity, 1998). 샌더스의 저작은 성경비평과 철학적 신학을 기반으로 하는 저작들에 의존하고 있다.

하지 않는다. 오히려, 강조점은 언약적 관계에 놓여있다. 하나님은 자신이 뜻하지 않은 사건들에 지속적으로 반응하면서 그 굴곡들과 예상치 못한 사건들을 바로 잡아가는 존재로 묘사된다. 그러한 경우가 바로 십자가 사건이다. 그 사건은 종교와 율법의 세력들이 결탁함으로써 하나님의 독생자의 죽음을 가져왔다. 그러나 그 같은 사건으로부터 세계가 구원받는 계기가 마련된다. "십자가가 우리의 안내자라면 하나님은 결정론자가 아니다."[42] 여기서 신적인 예지는 불가능한 것이 된다. 그것은 미래의 우발적인 사건들이 이전의 믿음들을 입증할 때 종종 인정될 수 있지만, 이외의 경우들에서는 인정되지 않는다. 하나님은 불변의 전지성을 보존하는 것보다 언약적 관계를 유지하는 데 더 큰 관심을 두고 있다고 생각해야 한다.[43]

아퀴나스와 칼뱅의 섭리 교리에서 창조를 완전한 실현으로 이끌어 가는 성령의 지속적인 활동에 대한 논의가 거의 없다는 점이 놀랍다. 로마서 8:22-25에 기록된 대로 회복을 향한 피조물의 내적인 신음은 성령의 사역과 밀접하게 연관되어 있다. 그러나 이러한 방식의 신적인 행위에 대한 설명은 아퀴나스의 하나님의 세계 통치에 대한 논의나 칼뱅의 『기독교 강요』에서 전개되지 않는다. B. B. 워필드(B. B. Warfield)가 칼뱅을 "성령의 신학자"라고 이야기한 것이 맞을지는 모르겠으나, 섭리에 관한 그의 논의에서 성령론은 눈에 띄지 않는다. 성령에 대한 보다 풍성한 논의야말로 섭리를 이해함에 있어 신적인 예정의 단순한 실현이 아닌 하나의 과정으로서의 섭리를 잘 보여줄 것이다. 섭리를 성령론적인 맥락에서 다룸으로써 우리는 하나님의 통치와 세상의 자율성 사이의 긴장을 극복할 수 있다. 세계를 그

....

42   Gorringe, *God's Theatre*, 12.
43   참조. J. R. Lucas, "Foreknowledge and the Vulnerability of God," in *The Philosophy in Christianity*, ed., Godfrey Vesey, 119-28 (Cambridge: Cambridge University Press, 1989).

것의 목적(telos)으로 이끌어 가는 데 있어 성령은 결정론적이지 않은 방식으로 최종 결과를 실현하기 위해 활동한다.[44]

리스크 이론(risk theory) 또한 완전히 적절한 이론은 아니다. 왜냐하면 그 이론 안에서 무로부터의 창조와 종말론을 통해 세계의 끝은 보장되어 있지만, 그곳에 이르는 경로는 정해져 있지 않기 때문이다. 그럼에도 불구하고 이 이론은 일어나는 모든 일이 하나님의 뜻에 의해 결정된 것이라고 말하지 않는다. 무한하고, 상호적이며, 피조물적 영향에 열려있는 신적인 사랑의 본성은 세계가 하나님의 언약의 동반자로서 시간과 공간 안에서 신적인 신실함과 인자함의 대상이 되도록 사전에 모든 것을 결정하는 방식이 아닌 방법으로 창조한다. 우주는 창조되고 구속되지만, 지속적인 성령의 사역과 성부의 마지막 종말론적 행위에 의해서만 완전하게 된다. 바로 이 지점에서 반스톤(Vanstone)의 사랑의 현상학이 그 근거로 제시된다.[45]

이 현상학을 차용하는 것에 대한 주된 비판은 사랑의 현상학이 지나치게 인간의 자유, 신적인 은혜로부터 독립된 자유를 이야기한다는 것이다. 그러나 사랑의 현상학은 여전히 하나님의 심판과 긍휼을 바탕으로 한 구원을 이야기한다는 측면에서 기독교 신학으로부터 크게 벗어나 있지 않다. 자유는 방향이 없으나, 공허하게 행사되지 않는다. 사랑의 현상학을 바탕으로 제시되는 섭리 이해는 피조물이 하나님의 사랑을 받을지 받지 않을지까

----

44 이러한 입장은 Colin Gunton, *The Triune Creator* (Edinburgh: Edinburgh University Press, 1998), 179–80에서 제시되었다.

45 W. H. Vanstone, *Love, Endeavour: Love's Expense* (London: Darton, Longman and Todd, 1977). 반스톤의 영향은 다음과 같은 최근 저작들에서도 발견된다. John Polkinghorne ed., *The Work of Love: Creation as Kenosis* (Grand Rapids, Mich.: Eerdmans, 2001). 『케노시스 창조이론』(새물결플러스 역간).

지도 선택할 수 있다고 이야기하지 않는다.[46]

그러한 섭리 이해에 제기되는 또 다른 비판은 그러한 이해가 너무 많은 것을 포기한다는 것이다. 모든 것이 하나님의 명령에 의해 이루어지지 않는 위험한 창조는 온전히 통제될 수 없는 창조라는 것이다. 최종적인 종말마저 결정되어 있지 않을 수 있다. 그들은 우리가 행한 최선의 노력이 물거품으로 끝날 위기에 처해 있다고 주장한다. 이는 결과적으로 불안과 자신감 상실로 이어지며, 그리스도인은 그로 인해 삶의 무기력감을 가지게 된다고 이야기한다. 이러한 종류의 긴장감은 히브리 성경의 다양한 궤적들과 이원론적인 모든 암시를 억제하려는 경향에서 이미 경험되고 있다. 그럼에도 불구하고 창조세계가 마지막 때까지 정복되지 않는다는 이해는 성경을 관통하여 계시록에서 절정에 이른다. 종말론적 관점과 성령의 행위에 대한 교리가 섭리에 대한 이해를 보완한다면, 그렇게 종합적으로 제시되는 섭리 이해는 비결정론적인 이론에 대해 제기되는 앞선 비판들을 피해갈 수 있다.

지금까지 제시된 내용은 섭리 주제에 대한 일종의 서론에 불과하다. 결론적으로 세 가지 추가로 고려될 사항이 있다. 여기서 논의된 섭리 교리가 신적 행위에 관한 어떤 단일한 모델로 국한될 필요는 없다. 여러 가지 유형의 창조에 연관된 신적 행위 모델들은 상호 양립할 수 있으며, 차별화된 설명을 통해 신적인 허가, 의지, 영향 및 효과를 더 명확하게 구분하는 데

....

46 예를 들어 레벤슨에 따르면 이스라엘에게 하나님으로부터 택함을 받을 것인가, 말 것인가에 대한 선택권은 주어지지 않았다. 이러한 맥락에서 언약은 비록 자유를 바탕으로 하는 순종적 반응 가능성을 만들어 내기는 하지만 일방적이라고 볼 수 있다. "본성과 필연에 의해 언약적 의무 안에 살아가는 사람들은 자유로운 결정을 바탕으로 그러한 관계를 수용하도록 부름을 받는다." *Creation and the Persistence*, 148. 유사한 종류의 주장이 기독교 세례 교리의 맥락에서 제시될 수 있다.

기여할 수 있을 것이다. 이러한 맥락에서 우리는 다양한 선택지들을 살펴보면서 설득과 동행의 맥락에서 제시되는 하나님의 행위에 대한 설명을 구성해갈 수 있을 것이다. 결과적으로 창조, 성육신, 종말론에 연계된 신적인 상호작용에 대한 설명은 영향을 통한 행위의 중요성을 진지하게 고려하면서 논의될 수 있을 것이다. 창조 안에서 이뤄지는 하나님의 행위에 대한 다양한 논의들은 상호 경쟁하는 이론들로 오해되어 굳이 그 가운데 하나를 선택하는 방식으로 이해될 필요는 없을 것이다.

이와 관련하여 위르겐 몰트만이 자주 우리에게 상기시킨 바와 같이, 삼위일체적 용어로 신적 행위를 설명하는 것은 우리로 하여금 창조 질서에 대한 다양한 모델들을 수용할 수 있는 삼중적인 패턴으로 하나님의 행위를 인식할 수 있게 해준다. 둘째, 섭리를 신적인 영향의 맥락에서 이해하는 것을 저평가해서는 안 된다. 만일 하나님의 영이 편재하고 창조세계에 관한 가능한 모든 지식을 소유하고 있다면, 그 영향력을 행사할 수 있는 범위는 광범위하다. 이런 점에서 수정된 섭리 이해를 바탕으로 제기된 하나님의 자기비움은 실제보다 외견상으로만 더욱 그럴 수 있다. 마지막으로, 모든 것을 하나님의 뜻에 돌릴 필요가 없는 섭리 교리가 가져올 목회적 결과 또한 저평가돼서는 안 된다. 섭리 교리를 수정한다고 해서 악의 문제가 해결되는 것은 분명 아니다. 그러나 그러한 수정이 우리로 하여금 대안적인 차원에서 고통을 더욱 잘 견딜 수 있게 만들어 준다면, 그것을 수용하는 것은 실천적인 차원에서 긍정적인 효과를 얻게 만들어 줄 것이다.[47]

....
47   본 논문은 2002년 영국 신학연구학회(the Society for the Study of Theology)에서 발표한 회
      장단 연설을 수정 및 보완한 것이다.

14장

삼위일체 신학에 대한 통로로서의 성령 기독론

♛

필립 J. 로사토

몰트만을 기념하는 이 장은 논증과 내용에서 체계적이며 목회적·윤리적 어조를 지닌다. 이 장은 성자와 성령의 연합된 신적 사명들에 대한 신약의 이해―현대의 역사신학 및 조직신학은 그것을 재활성화했고 성령 기독론으로 불렀다―는 미래 지향적이고 실천에 바탕을 둔 삼위일체 신학으로 나아가는 통로로서 최근에 적실성을 가지게 되었다고 주장한다. 「한 하나님과 삼위일체 하나님」(De Deo uno et trino)이라는 제목의 논문에서 종말론과 정통 실천의 특징들은 성자와 성령의 사명들이 지니는 목적론적 차원, 즉 역사의 마지막에 죽은 자들의 부활, 보편적인 심판, 성부의 나라의 결정적인 시작을 통해 인간의 실현을 가져오는 그들의 역할로부터 파생한다. 이 종말 때의 차원은 성육신의 신비와 은혜의 신비 사이의 영원한 연결을 강조하며 또한 성부를 인간 실현의 궁극적 행위자로 계시한다. 그러므로 기독론과 성령론의 목적론적 차원들을 다루는 것은 정확하게 삼위일체 신학과 관계를 맺는 것을 수반한다.[1]

그러나 이 장은 목회적·윤리적이기도 하다. 성자와 성령의 임무들이 지니는 이 목적론적 차원은 그리스도인들이 모든 사람의 궁극적인 화해에 참여하는 것을 포함하기 때문이다. 이는 특정한 신약성경 본문들의 강력한 상징에 따르면 그리스도인들은 성자와 성령으로부터 역사의 희생자들과 그들의 억압자들 모두를 보편적으로 포용하는 바람직한 일에 참여하도록 초청을 받기 때문이다.[2] 그 나라가 시작될 때 지니는 이 미래의 책임은 당대

....

1   참조. Karl Rahner, *The Trinity*, trans. J. Donceel (New York: Crossroad, 1997), 100. 이 논문에서 성령 기독론의 목적론적 차원은 그것의 전망적 기능으로 불린다. 그리고 인과관계적 차원은 그것의 회고적 기능으로 명명된다.

2   오늘날 유대인들과 그리스도인들 사이의 대화가 이 논문의 주된 주제에 영향을 주었다. 참조. D. Ansorge, "God between Mercy and Justice: The Challenge of Auschwitz and the Hope of Universal Reconciliation," in *Good and Evil after Auschwitz: Ethical Implications for Today*,

의 그리스도인들에게 그들의 역사의 새로운 단계를 시작하라고 촉구한다. 이 새로운 단계의 역사는 그들의 사회에서 부당하게 대우받는 자들과 부당하게 동기가 부여된 자들의 실제적 화해에 대한 확고한 헌신으로 나타내질 수 있다. 비폭력과 자비에 대한 그들의 진실한 충성이 주목을 받음으로써 교회의 지체들은 더 큰 의식과 새로워진 활기를 가지고서 자기들이 이제 무엇보다도 화해를 가져오는 공동체라는 근원적인 주장에 의해 동기가 부여되고 있다는 가시적이고 신뢰할 만한 증거를 다른 사람들에게 제시할 수 있다(참조. 고후 5:18-21).

이 논문의 세 단락은 성령 기독론이 초기 교회에서 담당했으며 그것의 재활성화가 오늘날 담당해야 하는 전망적, 회고적, 사변적 기능들과 관련이 있다.[3] 첫째 단락은 성령 기독론의 전망적 차원, 즉 현재 존재하며 그 나라가 시작될 때 행사될 성자와 성령의 임무들과 관련된다. 이 단락에서는 보편적 심판에서 성자와 성령의 역할 및 교회 지체들의 역할에 관한 신약성경의 가르침에 대한 초기의 성찰이 제시될 것이다. 둘째 단락은 성령 기독론의 회고적 기능들을 다룬다. 이 단락의 강조점은 나사렛 예수를 그의 전 생애 동안 역사의 정의롭고 설득력이 있는 심판자이자 화해를 이루는 자가 되도록 준비시키는 성령의 본질적인 과제에 놓인다. 이 단락에서 이 보편적 책임을 위한 예수의 영적 발달은 교회가 미래에 모든 사람의 최종적 화해에 성자 및 성령과 함께 참여하기 위해 자신을 준비해야 하는 방식에 빛

....
1998년 바티칸 특별 심포지엄 회의록, ed. J. Bemporad, J. Pawlikowski, and J. Sievers, 77-90 (Hoboken, N.J.: KTAV Publishing, 2000).
3 보편적 심판에서 그리스도인들의 미래의 역할이 이 논문의 시작 부분에서 고려될 수 있도록 초기 교회의 성령 기독론의 전망적 차원이 이 논문의 앞부분에서 강조된다. 이 이유로 사도신경의 둘째 항목과 셋째 항목의 마지막 구절들이 이 체계적이고 목회적·윤리적인 성찰의 가장 앞쪽에 위치한다.

을 비춰줄 것이다. 셋째 단락은 성령 기독론을 통해 제공되는 독특한 관점에서 성부가 성자와 성령에게 부여한 영원한 명령들―성육신 이전의 기초를 구성할 뿐만 아니라 하나님 나라 이후의 설명, 구원과 성화에 대한 인류 역사의 완전한 의미, 교회의 화해시키는 사명이 그 안에서 행하는 역할을 형성하는 명령들―에 관해 숙고한다. 이 마지막 단락에서 성령 기독론에서 도출된 통찰에 영감을 받은 미래 지향적이고 실천과 관련된 삼위일체 신학은 오늘날의 교회를 자기인식과 활동의 결연한 화해 단계 안으로 새롭게 안내하는 데 불가결한 것으로 이해될 수 있다.

성령 기독론의 전망적 차원

요한계시록 3장에서 발견되는 삼위일체와 관련된 본문은 뒷받침하는 다른 성경 구절들과 함께 이 논문에 대한 신약성경의 토대를 제공한다. 이 본문은 심판의 종말론적 과제 혹은 그리스도와 성령이 초기 교회에 위임한 과제를 언급하기도 하고 현재의 교회 공동체에 의해 제공된 갱신된 화해 사명의 전형이 되기도 하기 때문이다. 이 본문에서 성령의 담지자일 뿐만 아니라 성령을 보내는 자가 되기도 한 부활한 그리스도는 소아시아의 라오디게아 소재 지역교회의 지체들에게 일인칭 단수로 말한다.[4] 부활한 그리스도는 그들에게 그들의 복잡한 사회적 환경에서 하나님 나라의 좋은 소식을 전해야 할 현재의 목표에 대한 미지근한 반응을 버릴 것과 그리스도와 함

....
4   참조. E. Stauffer, "ἐγώ," ("I"), in *Theological Dictionary of the New Testament*, 이후 *TDNT*로 표기됨, ed. G. Kittel and G. Friedrich, trans. G. W. Bromiley, 10 vols. (Grand Rapids, Mich.: Eerdmans, 1964-76), 2:351. 스타우퍼는 요한계시록에 수록된 서신들이 그리스도가 "훈계, 경고, 약속의 형태로" 초기 교회에 말하는, 하늘로부터 보내진 서신들이라고 주장하기 때문에 신약성경에서 독특하다고 말한다.

께 심판석에 앉았고 모든 사람의 결정적인 화해에 참여했으며 창조주-성부의 완전한 영광 받음을 촉진했기에 그리스도와 함께 기뻐해야 할 종말론적 목표에 대한 미지근한 반응을 버릴 것을 도전한다. 그리스도는 일곱 교회에 보내는 서신들의 끝에서 그를 따르는 이들에게 자신의 마지막 약속을 말하고 성령이 자신의 말에 완전히 일치한다고 증언한다. "볼지어다. 내가 문밖에 서서 두드리노니 누구든지 내 음성을 듣고 문을 열면 내가 그에게로 들어가 그와 더불어 먹고 그는 나와 더불어 먹으리라. 이기는 그에게는 내가 내 보좌에 함께 앉게 하여 주기를 내가 이기고 아버지 보좌에 함께 앉은 것과 같이 하리라. 귀 있는 자는 성령이 교회들에게 하시는 말씀을 들을지어다"(계 3:20-22). 예언적 서술자의 말들을 기록하는 요한계시록 뒷부분의 본문은 부활한 그리스도가 모든 사람을 심판하는 자신의 종말론적 과제의 모든 힘을 악을 정복한 자들에게—그들은 그리스도와 함께 아들딸들로서 자유롭게 다시 태어나고 세례를 통해 그리스도와 함께 공동 상속자가 되었을 때 악을 정복했다—넘겨준다는 이 이해를 지지한다. "또 내가 보좌들을 보니 거기에 앉은 자들이 있어 심판하는 권세를 받았더라"(계 20:4).

이 요한계시록 본문들의 근거가 되는 신약성경의 선행하는 구절들은 주로 바울 서신 중 고린도전서와 공관복음 중 누가복음에서 발견될 수 있다. 바울은 고린도 교인들에게 다음과 같이 선언한다. "너희 중에 누가 다른 이와 더불어 다툼이 있는데 구태여 불의한 자들 앞에서 고발하고 성도 앞에서 하지 아니하느냐? 성도가 세상을 판단할 것을 너희가 알지 못하느냐? 세상도 너희에게 판단을 받겠거든 지극히 작은 일 판단하기를 감당하지 못하겠느냐? 우리가 천사를 판단할 것을 너희가 알지 못하느냐? 그러하거든 하물며 세상 일이랴"(고전 6:1-3). 최후의 만찬에서 예수는 제자들에게 이렇게 약속한다. "너희는 나의 모든 시험 중에 항상 나와 함께 한 자들인즉 내 아버지께서 나라를 내게 맡기신 것 같이 나도 너희에게 맡겨 너희로 내 나라에 있어 내 상에서 먹고 마시며 또는 보좌에 앉아 이스라엘 열두 지파를 다스리게 하려하노라"(눅 22:28-30; 참조. 마 19:28).[5] 특히 누가복음 22:28-30과 요한계시록 3:21 사이 및 그 본문들과 고린도전서 6:1-3, 마태복음 19:28, 요한계시록 20:4 사이에 존재하는 주목할 만한 유사점은 그 본문들이 시편 110:1, 다니엘 7:9, 22, 26에 의존하는 데 기인한다. 이 본문들에서 하나님의 보좌에서 자리를 차지하는 것은 하나님처럼 심판하는 기능을 수반한다. 예수는 부활을 통해 보편적인 주님의 지위로 높아졌다. 그러나 예수는 이 영예롭고 책임 있는 임무를 홀로 행사하려고 하지 않는다. 그는 자기의 제자들과 그들의 추종자들이 자신의 심판하는 기능의 완전한 권위에 참여하기를 원한다. 그러므로 신약성경에서 "보좌에 앉은 이는 하나님 및 자신의 승리한 공동체와 함께하는 메시아적인 왕이다."[6] 따라서 초기 그리스도인들은 자신들이 세례를 통해 객관적으로 용서받고 영화롭게 된 것에 일치하는 예언적 삶을 살도록 요구되었다. 이런 삶의 방식은 그들이 그리스도와 같은 마음과 같은 목표를 가져야 하며, 이런 방식으로 하나님 나라가 완전히 시작되기 전에 그리스도와 함께할 공동 심판자로서 자신들의 종말론적 역할을 준비해야 함을 의미했다.[7]

....

5   에른스트 로마이어는 계 3:20-21에서 사상들의 연결이 눅 22:29-30에서 발견되는 것과 완벽하게 유사하다고 말한다. 우정의 공동식사는 그리스도의 심판 보좌 주위의 공동체에서 최고 위엄의 나눔과 결합된다. 참조. *Die Offenbarung des Johannes*, Handbuch zum Neuen Testament 16 (Tübingen: J. C. B. Mohr, 1970), 39.

6   K. Schneider, "κάθημαι"("to sit"), *TDNT*, 3:442.

7   H. 크래프트는 그리스도가 그와 함께 이기는 자들에게 주는 말들이 그들에게 그의 천상의 왕위에 대한 참여를 약속한다고 증언한다. 그리스도를 따르는 것에 대한 성경의 개념은 그리스도와의 외적 및 형태적 유사성이 아니라 유사한 마음과 공통의 목적들에 근거한 유사성을 함의한다. 참조. *Die Offenbarung des Johannes*, Handbuch zum Neuen Testament, 16/a

현재 이 본문들은 세례를 받은 모든 사람이 하나님 나라가 궁극적으로 실현되기 전에 그리스도와 성령이 자신들에게 요구할 책임을 현재 역사 속에서 실천할 것을 예견함으로써 그들의 미지근함에 맞서도록 하는 시의적절한 훈계로 이해될 수 있다. 이 책임은 결코 자신의 환경에 안주하면서 기다리는 것을 수반하지 않는다. 오히려 이 책임은 그리스도인들이 스스로 비폭력과 자비에 헌신함으로써 그리고 실제적인 희생자들과 가해자들 사이에서 화해의 사명을 수행함으로써 그리스도에 의해 꾸준히 "정복되도록" 자유의사로 허용하는 것으로 구성된다. 오직 그런 자세만이 행악자들이 자신의 비인간적인 폭력을 효과적으로 깨닫게 하고, 그들이 자유로운 회심을 경험하도록 그들을 자비롭게 격려하며, 그들이 용서를 자발적으로 요청하게 함으로써 최후 심판의 날에 그리스도인들이 성자와 성령에 참여하도록 그들을 준비시킬 것이다. 교회의 구성원들도 그리스도와 성령이 부당한 취급을 받은 피해자들을 변호하고 위로하는 동시에 피해자들이 가해자들의 회개를 받아들이고 그들을 자유의사로 용서하도록 부드럽게 촉구하는 것을 도와야 한다. 오늘날의 그리스도인들은 자기들이 요한계시록에 등장하는 일곱 교회보다 훨씬 더 무거운 신학적·도덕적·실제적 문제들에 짓눌려 있다고 생각할지 모른다. 그들은 이런 문제들을 근거로 자기들이 그런 중대한 임무를 맡기에는 하나님과 다른 사람들이 보기에 너무도 무가치하다고 생각할 수 있다. 그럼에도 성령의 능력 안에서 그리스도인들을 단번에 자신과 함께 죄를 정복한 자들로 삼은 그리스도는 자신의 심판 보좌 주위의 공동체에 그들을 포함시키겠다는 자신의 약속을 무효로 돌리지

....
  (Tübingen: J. C. B. Mohr, 1974), 86-87.

않는다.[8]

이 단락에서 **자유의사로**(freely)라는 단어를 강조하는 것은 명백히 하나님 나라가 완전히 시작하기 전에 일어날 일에 관한 이런 묘사를 **아포카타클라시스**(*apocataclasis*, 묵시록)라는 단어의 토대가 되는 개념, 즉 신적 자유가 인간의 피조된 자율성을 훨씬 능가한다는 점에서 인류의 모든 구성원이 강제적으로 영원한 기쁨 안으로 들어갈 것이라는 개념과 구별하기 위함이다. 여기서 제시된 묘사에 따르면 성부를 대행하는 성자와 성령은 인류의 수용 혹은 거부의 진실성을 충분히 존중한다. 성자와 성령은 그리스도인들을 보편적 심판에 참여하도록 초대한다. 바로 화해시키고 비폭력적이며 자비로운 동료 인간들이 역사의 희생자들에게 그들의 비통함을 내려놓으라고 설득하고 압제자들에게 그들의 잔인함을 내려놓으라고 설득할 수 있도록 말이다.[9] 더욱이 여기서 제시된 묘사에서 교회의 구성원들과 함께 행하는 성자와 성령의 이런 설득의 결과는 순전한 신적 창조성의 선물과 관련된 신앙의 신비임이 인정된다. 희생자들이 자기들에 대한 가해자들의 사면을 어느 정도까지 자유의사로 받아들일 수 있으며 받아들일 것인지, 그리고 가해자들이 악을 행한 것에 대해 어느 정도까지 자유의사로 회개할 수 있고 희생자들의 용서를 구할 수 있으며 그렇게 할 것인지를 알 수 없기 때문이다. 기독교의 신앙이 그 결과를 완전히 알지는 못하지만, 기독교의 소

....

8   참조. O. Schmitz, ""θρόνος"("throne"), *TDNT*, 3:165, 각주. 34: "다른 곳들에서도 언급되는 보좌에 앉는 행동은 심판하는 활동 안으로 들어감을 나타낸다." 그리고 166쪽에서 저자는 "이미 계 3:21에서 예수는 성부의 보좌를 공유하며 이기는 자들에게 보좌의 교제를 약속한다"고 주장한다.

9   삼위일체 하나님 및 인간의 자유에 대한 이런 관찰은 위르겐 몰트만의 사상을 반영한다. Jürgen Moltmann, *The Trinity and the Kingdom of God: The Doctrine of God*) (New York: Harper & Row, 1981), 212-22. 특히 "삼위일체적 자유론"이라는 제목의 단락을 참조하라.

망은 최종적 포용이 보편적일 것임을 완전히 기대한다.

성령 기독론의 회고적 차원

비록 성령 기독론의 미래적 함의들이 흐려지지는 않았지만 초기 그리스도
인들에게 성령 기독론의 즉각적인 유용성은 회고적 수단으로서였다. 그것
을 통해서 그들은 부활절과 오순절에 의해 제공된 빛의 도움을 받아 나사
렛 예수의 끔찍한 죽음의 의미와 그가 짧은 공개적 현시 이후에 받았던 정
치·종교적 정죄의 의미를 이해할 수 있었다. 이 냉혹한 현실은 예수가 세
례 요한에게 받은 소망으로 가득 찬 세례 및 여러 해 동안 예수가 관여했던
이전의 분별과는 대조되는 것처럼 보였다. 예수는 분명하게 들렸지만 불가
능해 보이는, 인류를 재창조함으로써 그들을 구원하라는 **아바**(*Abba*)로부
터 기원한 명령을 의식하게 되었고 그것을 기꺼이 떠맡았다. 공관복음들과
요한복음의 서론 이후의 본문은 역사적 예수에게 부여된 이 임무는 그 임
무가 실현되는 모든 단계에서 그 효력을 보장하는 협력적이고 같은 범위를
지니는 성령의 임무에 의해 촉진되었음을 명시적으로 증언한다.[10] 따라서
초기 그리스도인들은 예수의 생애의 끝에 발생한 사건들로부터 시작해서
그 신비로운 시작으로 거슬러 나아가면서 예수의 임무가 협력과 같은 범위
의 관점에서 성령의 임무로부터 분리될 수 없지만 그것의 내재적인 역동성
면에서는 그렇지 않은 것처럼 보였음을 차츰 파악할 수 있었다.

　예수의 임무에 내재된 구체적인 역동성은 가시적이고 자기를 비우는

....

10　참조. Jürgen Moltmann, *The Way of Jesus Christ: Christology in Messianic Dimensions*
　　(Minneapolis: Fortress Press, 1993), 73-150, 특히 3장 "그리스도의 메시아적 사명." 이 장
　　은 "성령 기독론" 단락으로 시작한다.

성격이며 죽음의 암흑을 향한다는 특징이 있는 반면에 그에 동반되는 성령의 임무의 구체적 역동성은 비가시적이고 승리를 거두며 생명의 빛을 향한다고 묘사될 수 있다. 초기 교회의 성령 기독론에서 발견되는 이처럼 다른 유형의 역동성이 성령 기독론의 현대의 적실성을 주로 다루는 이 짧은 장에서 어떻게 설명될 수 있는가? 다른 두 요인이 설명될 수 있으면서도 그것을 통해 두 역동성—첫째, 성령이 예수를 인류의 보편적 심판자로서의 종말론적 역할을 위해 미묘하면서도 철저하게 준비시키는 것. 둘째, 이번 장에서 지금까지 강조해온 것처럼 성령의 인도를 받는 예수의 도덕적 메시지와 활동의 중심에 있는 비폭력과 자비—의 상호작용이 예시될 수 있는 몇몇 전형적인 예들이 선택되어야 할 것으로 보인다. 예수의 공적 사역의 특별한 하위 범주인 소위 예수의 **예언적 표지 행동들**(prophetic sign-actions)이 이 모든 기준을 충족한다. 유명한 주석자들은 예언적 표지 행동들은 예수가 길거리 드라마의 상징적 형식으로 표현한 비유들로 구성되며 예수는 이 비유들을 통해 자신이 이스라엘의 예언자들의 유사한 표지 행동들에 의존함을 나타냈다고 주장한다.[11]

우리가 이러한 예언적 표지 행동 중 두 가지를 간략히 검토해보면 실제로 예수와 성령의 다른 면에서는 협력적이며 범위가 같은 예수와 성령의 임무들에서 작용하는 구체적인 역동성을 파악할 수 있다. 예언적 표지 행동들은 명백히 무모하고 대담한 특징들을 지니고 있어서 이런 행동들을 실행하는 자들이 배척받을 수 있기 때문에 이런 파악이 가능하다. 동시에 예언적 표지 행동들의 잠재적 효능은 그 행동들이 실현되는 순간에든 그 이

....
11   참조. Joachim Jeremias, *The Parables of Jesus* (New York: Charles Scribner's Sons, 1963), 229: "예수의 비유 같은 행동들은 케리그마적이다. 그 행동들은 예수가 비유들의 메시지를 선포했을 뿐만 아니라 그 메시지대로 살았고 그것을 자신의 인격 안으로 통합했음을 보여준다."

후에든 실행자들을 표지들에서 표현되고 표지들과 일치하는 도덕적 행동들로 실현되는, 하나님 앞에서 인간의 구원을 획득했다고 여길 수 있게 할 것이다. 이런 예언적 표지 행동들의 잠재적으로 모호한 결과는 그 행동들의 다음과 같은 특성에 기인한다. (1) 그들의 구경꾼들을 설득하여 하나님의 구원하고 성화하는 계획을 역사 안에 구현하도록 설득할 의도인 **비범한** 제스처들, (2) 수용에 근거하든 거부에 근거하든 그들의 구경꾼들 사이에서 강력한 충성을 형성하는 **창조적** 제스처들, (3) 그들의 구경꾼들에게 도덕적 회심을 경험하도록 요구하는 **도발적** 제스처들, 그리고 (4) 그들의 구경꾼들에게 임박한 메시아적 하나님 나라, 즉 자신을 선포한 예언자의 일반적인 담화의 중심에 있는 실재의 침입을 알리는 **예기적** 제스처들.[12] 비록 예수가 이런 표지 행동들을 실행함으로써 죄와 고통과 죽음의 어둠 속으로 더 깊이 끌려갔을 수도 있지만 이 사실이 예수로 하여금 그의 예언적 제스처들을 수용하는 모든 사람과 더불어 죄로부터의 구속, 고통에 대한 승리, 새로운 생명의 달성 안으로 간접적으로 들어가도록 하는 성령의 힘을 감소시키지 않을 것이다.

첫 번째 예는 누가복음 7:36-50에서 발견되며 두 번째 예는 누가복음 13:10-17에서 발견된다. 예수가 바리새인 시몬과 공공연한 여성 죄인이 있는 곳에 등장하는 첫 번째 예는 도덕적·신학적 논증에 초점을 맞춘다. 회당장과 꼬부라져 펴지 못하는 늙은 여인이 있는 곳에 있던 예수를 묘사하는 두 번째 예는 도덕적·율법적 논쟁에 초점을 맞춘다. 이런 예언적 표지

....

12   Gerhard von Rad, *Old Testament Theology: The Theology of Israel's Prophetic Traditions* (New York; Harper & Row, 1965), 2:95-98. 96쪽에서 저자는 다음과 같이 쓴다. "고대인들에게 있어서 표지는 우리가 이미 논의했던 엄숙한 말처럼 자료를 의미할 뿐만 아니라 그것을 실제로 구체화하기도 한다. 이는 표지가 창조적으로 행동할 수 있고, 더 이른 시기의 문화들에서는 표지가 아마도 말보다 그렇게 할 더 큰 힘을 가졌을 것임을 의미한다.

행동들의 도덕적 차원은 그 행동들이 심판의 장면들을 구성한다는 점에서 이번 장의 주제와 관련하여 특별히 의미심장하다. 이 장면들에서 예수는 스스로 의롭다고 여기지만 냉소적인 행악자를 바닥에 엎드린 죄 있는 여인의 도덕적 고통에 대한 종교적 무관심으로부터 회심시키려고 시도하거나, 율법적이지만 분노하는 행악자를 몸이 굽은 아브라함의 딸의 신체적 고통에 대한 종교적 무지로부터 회심시키려고 시도한다.[13] 회심했다면 그들은 피해자들에게 용서를 구했을 것이다. 피해자들이 그것을 받아들였다면 말이다. 더욱이 예수는 가해자들이 피해자들에게 진심으로 용서를 구한다면 선입견과 소외의 피해자들이 비통함의 매임에서 벗어나 자신의 박해자들을 기꺼이 용서할 것을 요청한다. 이런 이유로 인해서 우리는 예수가 자신의 문화에서 피해자들과 행악자들 모두를 화해시키고 그럼으로써 그의 추종자들과 함께 궁극적인 종말의 때에 있을 모든 사람에 대한 심판의 서곡을 제공할 때 성령이 예수를 비폭력적이고 자비로우면서 동시에 정의롭고 설득력이 있도록 이끌었다고 말할 수 있다.

아바(*Abba*)의 숨 또는 손가락이 어떻게 이것을 이루었는가? 어떻게 이뤄져야 하는지에 관한 구체적인 지침은 주지 않고서 인류를 재창조함으로써 구원하라고 성부가 예수에게 부여한 임무의 구체적인 역동성은 예수가 실패로 이어질 수도 있는 자기 비움의 행동들을 기꺼이 취하도록 요구했다. 예수가 자신의 임무를 완수하는 형식을 자유의사로 채택했다는 사실―그것은 잠재적으로 생명을 위협하기도 했고 효과적이기도 했다―은 성부

....
13   누가의 이 본문들을 예언적 행동들로 기술하는 것은 폰 라트가 이 장의 각주 12에서 언급된 쪽들에서 인용하는 다음의 두 연구에 근거한다. W. Robinson, "Prophetic Symbolism," in *Old Testament Essays*, 16 (Charles Griffin & Co., 1924). 여기서 저자는 이스라엘의 예언적 표지 행동들의 "성례적 의미"에 관해 말한다. Georg Fohrer, *Die symbolischen Handlungen der Propheten* (Zürich: Zwingli Verlag, 1953).

가 성령에게 준 임무의 구체적인 역동성을 간접적으로 드러낸다. 이 임무는 예수와 동행하고 예수의 전체 사명, 특히 불화를 일으키는 그의 예언적 제스처들이 종말론적으로 효과적이거나 초창조적(trans-creative)이 되게 한다. 즉 그것들이 승리를 거두고 자유롭게 하며 생명을 주게 한다. 하나님의 숨은 영감을 설명해주는데, 이 영감을 통해 예수는 조용히 분별하는 기도에서 자신의 사역 안으로 통합될 예언적 표지 행동의 대담한 장르를 발견했다.[14]

　　이번 장의 관점에서 예수의 이런 두 가지 예언적 표지 행동이 오늘날의 그리스도인들에게 주는 주요 의미는 예수가 그들 자신의 과제를 위해 제공하는 역할 모델이다. 그들은 성령의 안내를 받아 자신의 특정한 사회에서 어떻게 피해자들이 자유의사로 열린 마음으로 자기의 가해자들을 용서하도록 가장 잘 설득할 것인지, 그리고 가해자들이 피해자들에게 용서를 구하도록 어떻게 가장 잘 설득할 것인지를 분별할 과제를 지니고 있다. 특히 이 두 가지 상징적 행동을 하면서 예수가 명확히 말한 핵심적인 구절들은 성령이 교회 공동체의 구성원들에게 불어넣기 위해 일하고 있는 지혜와 거룩함을 알려준다. 성령은 그렇게 함으로써 현재 및 마지막 날에 그들이 예수와 함께 하나님 나라의 최종적인 시작 직전에 역사의 희생자들과 가해자들에게 이 지혜와 거룩함을 받아들이라고 설득할 책임을 질 수 있게 한다. "이러므로 내가 네게 말하노니 그의 많은 죄가 사하여졌도다. 이는 그의 사랑함이 많음이라. 사함을 받은 일이 적은 자는 적게 사랑하느니라"(눅 7:47)라는 답변은 예수가 심판 날에 피해자들과 압제자들 모두에게 제시할 용서와 다

14　참조. Morna Hooker, *The Signs of a Prophet: The Prophetic Actions of Jesus* (Harrisburg, Pa.: Trintiy Press International, 1997).

른 사람들에 대한 진정한 사랑 사이의 관계에 관한 논증들의 전조가 된다.[15] "그러면 열여덟 해 동안 사탄에게 매인 바 된 이 아브라함의 딸을 안식일에 이 매임에서 푸는 것이 합당하지 아니하냐?"(눅 13:16)라는 답변은 예수가 마지막 날에 같은 집단의 사람들에게 제시할 동정심과 진정한 인간애 사이의 관계에 관한 논증들을 예견한다.[16] 용서와 동정심은 피해자들이 악에 굴복함으로써 자신들을 괴롭혔던 가해자들에게 자유의사로 나아가도록 이끌 수도 있는 궁극적인 동기이며, 가해자들이 자신들이 가한 악에 의해 괴로움을 당했던 희생자들에게 나아가도록 이끌 수도 있는 동기다.

성부가 성자와 성령에게 부여한 영원한 임무들

이번 장에서 개략적으로 제시한 성찰들을 훨씬 더 광범위한 지평으로 투영할 논리적인 질문은 다음과 같다. 일반적으로 삼위일체에 의해 성취된 구원과 성화의 경륜에 대한 역사적 자기 현시로 여겨지는 신비인 성령 기독론은 신적인 세 위격의 내재적이고 영원한 존재에 대한 기독교의 이해에 어떤 특별한 뉘앙스를 제공하는가? 좀 더 구체적으로 표현하자면 성자와 성령의 협력적이고 범위가 같은 임무들의 회고적 차원이 인간적 관점에서

....

15   대다수 주석자는 참회하는 여인의 믿음이 이전의 회심을 가져왔고 예수를 향한 이 여인의 사랑의 제스처들은 감사의 표지들이라고 주장한다. 참조. H. Schürmann, *Das Lukasevangelium*, 1. Teil, Kommentar zu Kap. 1.1-9.50 (Frieburg im Breisgau, Germany: Herder, 1969), 436-38, 그리고 Joseph A. Fitzmyer, *The Gospel according to Luke (i-ix)* (Garden City, N.Y.: Doubleday, 1981), 1:686-87, 691-92.

16   참조. Joseph A. Fitzmyer, *The Gospel according to Luke (x-xxiv)* Anchor Bible 28 (Garden City, N.Y.: Doubleday, 1985), 2:1011-12. 여기서 저자는 예수가 무리와 회당장의 동정심이 부족함을 나무라면서도 그들에게 무례하지 않았지만 합리적이고 강력한 논증들을 사용했다고 지적한다.

볼 때 신적 영원성의 성육신 이전의 차원이라고 불릴 수 있는 것을 어떻게 밝혀주는가? 그리고 이 임무들의 전망적 차원이 신적 영원성의 하나님 나라 이후(*post regnum*)의 차원에 어떻게 빛을 비춰주는가? 이 두 질문은 다음과 같이 훨씬 더 예리하게 제기될 수 있다. 첫째, 창조주 성부가 성자와 성령이 잠재적으로 자유로운 창조세계에 성부의 영광을 계시해서 창조세계가 자신의 원래의 **자유로운 존재로서의 지위**를 완전히 유지하거나 그것을 어느 정도 상실할 수 있는 방식으로 영원히 성자에게 재창조의 임무를 부여하고 성령에게 초창조의 임무를 부여하는가? 둘째, 창조주 성부가 하나님 나라가 완전히 시작된 이후에 재창조주인 성자와 초창조주인 성령이 계속해서 그 임무들을 수행할 방식으로 이 동일한 임무들을 영원히 부여하는가?[17]

지각이나 이성에 직접 접근할 수는 없지만 과거에 성취되었고 현재 실행되고 있으며 미래에 실현될 실재들을 열어주는 신적 자기 계시에 대한 믿음을 근거로 그 질문들에 관해 추측해왔던 그리스도인들에 의해 여러 세기에 걸쳐 그 질문들에 대한 다양한 답변이 제시되어왔다. 여기서 제시되는 것은 주로 재활성화된 성령 기독론에 기인하는 사변이다.[18] 성육신 전의(*ante incarnationem*) 신적 영원성의 차원과 관련하여 삼위일체의 세 위격은 그들의 형상을 따라 지어지고 자율성을 부여받은 지적이고 사랑하는 존재

....
17 이렇게 성육신 이전과 하나님 나라 이후처럼 여러 다른 순간들로서의 삼위일체 하나님의 영원성을 고려하는 것은 성령 기독론의 회고적 기능과 전망적 기능이 모두 논리적으로 그 순간들의 가능성을 전제할 것을 요구한다는 점에서 정당화될 수 있다. 비록 경륜적 삼위일체와 내재적 삼위일체가 하나이며 동일하다고 주장된다고 하더라도 하나님의 영원성은 신앙의 신비이며, 기독교 신학은 성경이 제공하는 여러 관점으로부터만 이를 묵상할 수 있다.
18 신적 영원성에 관해 성령 기독론이 제공하는 이런 관점들은 사도신경의 두 가지 중요한 항목, 즉 (두 번째 항목의) 성자가 성령의 능력에 의해 육신이 된 것과 (세 번째 항목의) 성령이 세례받은 자들을 영생으로 인도하는 것을 명확하게 설명하려고 시도한다.

들로 이루어진 잠재적 창조세계가 실재가 될 수 있으며, 그것이 **형상을 따라 지어진 존재**의 핵심인 값없는 은혜를 수용하거나 거부할 수 있다는 예지를 항상 소유했다고 할 수 있다. 이는 신적인 세 위격이 다양한 정도로 은혜를 유지하거나 거부할 수 있는 창조된 종족에게 자유의사로 그들 자신을 영원히 계시할 수 있었다는 통찰로 이어진다.

히브리 성경은 자유로운 피조물들이 하나님의 은혜로운 결정으로부터 나왔으며 그들이 신적 은혜를 전적으로 거절하지는 않았지만 악을 행하고 악을 허용하는 피조물이 되기로 선택했다고 증언한다. 기독교 성경은 히브리 성경을 전제하지만 때가 찼을 때 하나님이 먼저 자신과 악의 가해자 및 희생자들 사이에 최초의 화해를 가져왔고, 자신과 악의 가해자 및 희생자들 사이와 이들 사이의 궁극적 화해도 가져올 것이라고 고백한다. 기독교 성경은 더 나아가 화해의 이 두 순간이 오직 창조주 성부의 아들이 인간의 죄와 고통과 죽음 안으로 들어감으로써 인간을 재창조하는 영원한 헌신 및 여기에 수반하여 창조주 성부의 영이 이 재창조가 효과적으로 초창조의 상태가 되게 하는 영원한 헌신에 의해서만 성취될 수 있다고 전제한다. 이런 식으로 성자에 의해 객관적으로 성취된 창조주 성부의 영광은 성령의 능력에 의해 지혜롭고 거룩하게 된 구속받은 피조물들의 주관적인 기꺼운 의지를 통해 강화될 수 있었다. 따라서 성자와 성령의 결합된 임무들은 객관적으로 구속받고 주관적으로 성화된 인류, 즉 성부의 손으로 하는 모든 일의 청지기를 통해서만 성부의 주권적이고 인자한 창조성을 완전히 영화롭게 할 수 있었다.

위에서 진술된 바와 같이 하나님은 먼저 자신과 악의 가해자 및 희생자들 사이에 최초의 화해를 가져왔고 자신과 악의 가해자 및 희생자들 사이와 이들 사이의 궁극적 화해도 가져올 것이다. 성자와 성령이 성부로부터 받은 임무들의 영원성은 집합적으로 신적 은혜의 혜택 중 모두는 아니더라도 많은 부분을 거부했던, 은혜로 **세상 안의 자유로운 존재들**로 창조되었던 자들을 재창조하고 초창조하는 것이 결정될 수 있는 가능성의 시대를 초월하지만 **선행하는** 전제조건으로 입증된다.[19] 이 진술은 성자와 성령의 임무들이 성육신 전에(*ante incarnationem*) 영원히 존재했음을 암시한다. 성자의 영원한 임무는 이번 장에서 채용된 용어들을 사용해서 다음과 같이 묘사될 수 있다. 성부가 자신의 비폭력적이고 자비로운 존재를 성자에게 충만하게 부여해서 성자는 신적 생명 안에서 객관적으로 그것의 완전한 형상이 될 수 있었고 신적 생명을 넘어서서 성자는 객관적인 구현을 통해 그것을 재창조할 수 있었다. 그러므로 성자는 성부로부터 신적인 비폭력과 자비의 형상이자 전달자로서 영원히 나왔다.[20] 성령의 영원한 임무는 동일한 용어들을 사용하여 다음과 같이 생각될 수 있다. 즉 성자의 아버지가 자신의 비폭력적이고 자비로운 존재를 성령에게 충만하게 부여해서 성부의 신적인 삶 안에서 성령은 주관적으로 성자와 함께 완전한 형상이 될 수 있었다. 신적 생명을 넘어서서 성령은 성자에 의해 성령 안에서 재창조되었던 자들 안에서 그것을 초창조할 수 있었다. 즉 더 높여진 상태가 되게 할 수 있었다. 그러므로 성령은 성자의 아버지로부터 영원히 출원했고(그의

....

19 이런 방식으로 기독교 신학자는 인간의 죄가 본래의 창조세계의 선함을 부분적으로만 오염시켰음을 부정하지 않으면서 재창조주가 칭의를 통해 창조세계를 객관적으로 갱신할 임무에 관해 말할 수 있으며, 초창조주가 거룩을 통해 창조세계를 주관적으로 재창조의 충만함으로 인도할 임무에 관해 말할 수 있다. 성자와 성령의 임무들의 구체적 역동성을 존중하면서도 창조세계의 칭의와 성화를 통일된 방식으로 설명할 수 있는 능력이 성령 기독론의 장점이다.

20 성자는 성부의 형상이자 성부의 진리의 전달이라는 점이 일반적으로 인정된다. 그러나 교회가 현재 가지고 있는 화해시키는 사명에 비추어 기독교 신학은 하나님의 진리가 비폭력과 자비에 의해 특징지어진다고 주장할 수 있다.

신적 본성, 존재를 가졌고) 성부와 성자로부터 그의 형태(그의 신의 내부의 프로필, 특수성)를 영원히 받았다. 그래서 성령은 신적 비폭력과 자비의 주관적 구현이자 전달자다.[21] 그런 사변은 왜 성령이 구원 및 성화의 경륜에서 나사렛 예수, 즉 자기를 비우는 사명을 띠고 보냄을 받은 성자에게 그의 예언적 표지 행동들에서 이 가치들에 따라 남들을 심판하도록 가르쳤고, 성자의 초림과 재림 사이의 기간에 여전히 교회에게 바로 동일한 가치들의 특징을 지니는 가시적인 친교가 되도록 가르치는지를 설명할 것이다. 그렇지 않다면 육신이 된 성자나 신비하게 그와 연합하여 존재하는 자들 모두 하나님 나라가 최종적으로 시작하기 전에 모든 사람을 심판하는 자신들의 역할들을 적절하게, 즉 창조주 성부의 뜻에 따라 수행할 수 없을 것이다.

성자의 재창조 임무와 성령의 초창조 임무가 하나님 나라 이후에(post regnum), 즉 궁극적 화해가 일어난 이후에 영원히 존재할 것인가? 어떤 근거로 이 질문에 대해 긍정적으로 답변될 수 있는가? 말하자면 영원의 이쪽 편에서 기독교의 사변은 구속되고 성화된 인간들이 완전히 회복된 창조세계와 함께 이 광대한 기간을 어떻게 채울 것인지 헤아릴 수 없다. 그러나 계시는 화해된 전체 인류가 영원을 섭리적으로 충분한 유일한 기간으로 경험하며 이에 따라 그들은 함께 자신들의 삶을 되돌아보고 성자와 성령의 임무들이 자기들이 구원받고 성화될 수 있도록 인도했던 많은 방법을 처음으로 인식할 수 있다는 것을 암시한다. 이는 희생자들이 가해자들을, 그리고 가해자들이 희생자들을 상상할 수 없을 정도로 다른 빛으로 볼 수 있으리라는 것을 의미한다.

....

21 이런 관찰들은 *The Trinity and the Kingdom of God*에 제시된 위르겐 몰트만의 사상의 영향을 받았다. 이 관찰들은 몰트만이 특히 182-87쪽의 "성자의 아버지로부터의 성령의 출원"과 "성령이 성자로부터 받는 것"이라는 제목의 단락에서 제안한 것을 반영한다.

따라서 그들의 집합적인 구원과 성화의 신비에 대한 각각의 폭발적인 통찰을 지녔으므로 우리는 창조주 성부와 재창조주 성자 그리고 초창조주 성령의 영광을 더욱더 확대하도록 촉구된다. 그러나 무한한 방식으로 만족하기 위해서는 모두가 신적 삼위일체의 영원한 존재를 구원과 성화의 개별적인 이야기 관점에서뿐만 아니라 삼위일체가 친구로 알고 사랑한 사람들의 이야기와 원수로 알고 거부한 사람들의 이야기란 관점에서도 헤아려야 할 것이다. 사실상 궁극적 화해 이후에 성자와 성령의 임무들의 지속은 각각에 적절한 특별한 역동성과 함께, 즉 재창조주의 자기를 비우는 의도와 초창조주의 생명을 주는 의도와 함께 계속되어야 할 것이다.[22] 왜 그런가? 그들은 전적으로 반(半)투명한 모형들로서 모든 구속받은 자들을 섬겨야 한다. 그것들은 구속받은 자들이 이 모형들을 통해 자기들이 알려진 것처럼 자신들을 알 수 있을 뿐만 아니라 성부가 그들의 잠재적 해방자로서 성자를 주고 그들의 잠재적 성화자로서 성령을 줌으로써 그것을 영원히 예견했듯이 자신들의 구원과 성화를 기뻐할 수 있는 명쾌한 모델 역할을 하기 때문이다.

맺는 말

이번 장에서 제시된 통찰들이 제공해줄지도 모르는 희망에도 불구하고 그

....

22   성부 창조주, 성자 재창조주, 성령 초창조주라는 용어들은 창조주라는 단어가 먼저 어떤 접두어도 없이 사용되고 그다음에 다른 두 접두어와 함께 사용되어 하나님의 세 위격의 통일성과 삼위성이 모두 강조되게 하려는 시도를 수반한다. 성부 창조주는 영원한 비폭력과 자비의 토대다. 성자 재창조주는 자기 비움의 형태로 드러난 그것의 객관적 형상이다. 그리고 성령 초창조주는 성자의 자기 비움과 성부의 창조적 힘을 영화롭게 하는 모습으로 드러난 주관적 형상이다.

통찰들은 대다수 그리스도인에게 새롭고 당황스럽게 느껴질 수도 있다. 이 통찰들이 새롭게 보일 수도 있는 이유는 그리스도인들이 사도신경의 둘째 항목의 마지막 말들, 즉 "살아 있는 자와 죽은 자를 심판하러 오십니다"를 대개 자신들이 신앙의 이 신비에서 적극적 역할을 하는 관점에서 해석하는 것이 아니라 자신들이 모든 사람과 함께 성자에 의해 수동적으로 자세히 조사되는 관점에서 해석하기 때문이다. 이 통찰들이 당황스럽게 보일 수도 있는 이유는 그리스도인들이 자신들을 역사 전체에 관한 한 악의 가해자들과 악의 피해자들 가운데 모두 포함된다고 여기기 때문이다. 따라서 그들은 하나님 나라가 시작할 때 자신들이 어떻게 심판받는 동시에 남들을 심판하는지를 이해하고자 할 때 당혹스러울 것이다. 이 당혹스러움에 대한 해결책은 마태복음 25:31-46에 대한 전통적인 의존을 감소시키는 데 놓여 있을 것이다. 전통적 해석에 따르면, 이 구절은 최후 심판에 대해 극명하게 묵시적 또는 보복적 이해를 강조하고 그럼으로써 하나님의 의로움만이 정의를 창조한다고 선포하는 예수의 구원하는 복음을 위험할 정도로 무색하게 한다. 전통적 해석 대신에 최후 심판에 대한 진정한 종말론적 이해가 증진될 수도 있다. 그 이해는 예수의 사랑과 원한을 종식하고(참조. 엡 2:16) 정의와 평화의 나라를 확립하기를 원하는 그의 바람을 강조한다.[23] 이 종말론적 이해에 따르면 그리스도인들은 참으로 자신들을 회심한 가해자들과 희

....
23 참조. Moltmann, *The Way of Jesus Christ*, 336-38, "기독교의 딜레마"라는 제목의 단락. 여기서 저자는 보편적 심판에 대한 묵시적 이해와 종말론적 이해를 구분하고, 정의를 시행받지 못한 자들에게 정의를 가져오며 불의한 자를 의롭게 만드는 예수 그리스도의 구원하는 복음에 의존하는 종말론적 이해를 선호한다. O. 슈미츠도 이 이해를 선호한다. 그는 예수와 심판 보좌 주위에 모인 공동체를 예수가 자신의 심판 행위에 참여하는 자들을 거느린다는 식으로 이해하는데(참조. 계 3:21), 마 25:31-46에서는 그렇지 않다. 자신의 공동체의 구성원들과 함께하는 심판자로서 예수의 이미지는 묵시적 이해보다는 예수의 칭의 메시지와 더 많이 일치한다. 참조. O. Schmitz, "θρόνος"("throne") in *TDNT* 3:165.

생자들로 여길 수 있다. 이들의 지혜와 거룩은 그들이 가해자 집단과 희생자 집단을 모두 납득시키고 성자 및 성령과 함께 궁극적으로 서로 자비롭게, 즉 그들이 최종적인 화해의 제스처를 취함으로써 의와 비폭력의 왕국의 완전한 실현이 시작되는 방식으로 심판할 자격을 갖추게 한다.

이 문제와 별개로 오늘날 대다수 그리스도인에게 이번 장의 내용은 세례를 받지 않은 사람들이 그것을 기독교가 보편적인 구원과 성화의 역사에서 자신의 독특한 역할을 칭송하는 주장을 너무 많이 한다는 추가적인 증거로 읽게 만드는 것처럼 보일 수 있을 것이다. 이 만만치 않은 반대에 대한 답변으로 혹자는 그런 주장들은 다른 종교적 전통들의 지지자들이 그들의 경전에 근거하여 그들의 명백한 지혜와 거룩이 종말의 때에 신과 인간 사이의 화해와 인간과 인간 사이의 화해가 실현되는 데 참여하는 것보다 더 나은 어떤 목표를 가질 수 있는지를 자문하게 하는 유익이 있다고 주장할 수 있을 것이다.[24]

이번 장에서 제시된 성찰들이 교회 안팎에서 분열을 초래하는 쟁점들을 제기한다면 기독교 신학자들은 최후 심판에서 세례를 받은 자들의 특별한 역할을 강조하는 것이 적절하지 않다는 점에 광범위한 일치를 보일 수 있다. 이것이 결정되어야 한다면, 신약성경의 강력한 이 상징과 이 상징이 이끄는 성찰들은 오늘날 모든 지역교회의 구성원들에게 교회 내에서 그들이 자신들의 공동체의 삶의 본질적인 측면 두 가지를 보호해야 한다는 점을 상기시키는 것으로서만 유익하다고 여겨질 수 있을 것이다. 첫 번째 측

....

24   참조. Moltmann, *The Way of Jesus Christ*, 324-25. 여기서 저자는 교회의 주님과 이스라엘의 메시아로서뿐만 아니라 인자로서 예수의 도래가 정의와 자유를 특징으로 하는 새로운 창조 세계의 최종적 도래를 진지하게 갈망하며 살아가는, 다양한 종교적 전통에 속한 모든 사람의 기대들이 실현될 수 있는 방식으로 이해될 수 있다고 말한다.

면은 모든 인간이 성부의 영광스러운 나라로 들어갈 때 성자와 성령의 영
원한 임무들이 충만하게 드러나기를 적극적인 소망 가운데 기다리는 자들
로서 그들의 예언적 또는 메시아적 정체성이다. 두 번째 측면은 부활한 성
자의 영이 동일한 목적으로 인도하는, 역사 안에서 그들이 감당하는 화해
적이고 비폭력적이며 자비로운 사명에 대한 믿음직한 충성이다. 장차 신적
자기 계시가 실현되기를 계속 지향하고 역사적 화해의 실천에 대한 충성
을 계속 유지하는 것은 확실히 값없이 주어지는 신적 은혜에 의존한다. 이
번 장이 제안하듯이, 그들이 비폭력적이고 자비로운 삼위일체 하나님의 신
비에 참여하는 것에 대한 숙고는 은혜의 지속적인 근원이며 따라서 그들의
사명에 대한 영구적인 권한부여다.[25] 성자 재창조주와 성령 초창조주는 역
사 안에서 부당하게 동기가 부여된 자들과 부당하게 대우받은 자들 앞에서
창조주 성부의 의를 증언하기 위해(참조. 고후 5:21) 현재와 미래에 그들에게
요구되는 되는 것이 무엇이든 그들이 그것을 수행할 준비가 되어 있기를
기대한다.

....

25 이 결론은 그리스도의 미래를 지향하는 기독교 정통(orthodoxy)과 동일한 실재에 의해 영
    감을 받은 기독교 정행(orthopraxy)이 모두 성령의 능력 안에서만 가능하다는 통찰에 의존
    한다. 간단하게 표현하자면 성부 창조주는 정통과 정행의 원천이고 성자 재창조주는 그 본
    체이며 성령 초창조주는 그 효능이다.

15장

삼위일체에 정의가
존재하는가?

♛

니콜라스 월터스토프

고대와 중세와 현대의 대다수 그리스도인, 특히 현대의 그리스도인들은 삼위일체 안의 정의(justice)라는 주제를 듣는다면 그 주제에 관해 생각하고 글을 쓰는 것에 대해 경악할 것이다. 어떻게 감히 삼위일체 안의 정의를 생각할 수 있는가? 사랑이 삼위일체 안에 상주하는데 사랑은 정의를 내쫓는다.

많은 사람은 정의라는 단어를 들을 때 정의를 **시행하는 것**(meting out justice)에 관해 생각한다. 삼위일체 안에서는 정의를 시행하는 일이 일어나지 않는다. 정의를 시행하는 것은 행악자에게 정의를 선언하고 집행하는 것을 의미한다. 삼위일체 안에 행악자가 없으므로 삼위일체 안에 정의를 시행하는 일이 있을 수 없다. 정의 시행이 정의의 모든 것이라면 삼위일체 안에는 정의가 존재하지 않는다.

다른 사람들은 정의를 좀 더 넓게 **판결하는 것**(rendering judgement)으로 생각한다. 판결하는 것에는 다음과 같은 세 가지 형태가 있다. 첫째, 갈등이 있는 경우에 결정을 내리는 것이다. 둘째, 피고인이 기소된 것에 대해 유죄인지 여부를 결정해서 그 사람이 죄가 있으면 유죄로 선언하고 죄가 없으면 무죄로 선언하는 것이다. 셋째, 유죄로 선언된 사람에게 심판을 시행하는 것이다. 삼위일체 안에는 악행이나 갈등이 없기 때문에 삼위일체 안에서 심판을 내리는 일은 일어날 수 없다. 판결하는 것이 정의의 모든 것이라면 삼위일체 안에는 정의가 존재하지 않는다.

종말에 인간의 삶에 정의가 존재하는가? 정의를 판결하는 것으로 생각한다면 정의가 없다. 종말에는 악행도 없고 갈등도 없기 때문에 심판을 내리는 일이 있을 수 없다. 종말에는 정의가 아니라 사랑이 존재한다. 하나님의 창조세계가 하나님이 본래 의도했고 원하는 대로 되었더라면 이 현재의 시대에 정의가 존재하겠는가? 판결하는 것이 정의의 모든 것이라면 정의가 존재하지 않을 것이다. 갈등과 악행은 창조세계를 향한 하나님의 뜻에 반한다.

위의 내용을 간략하게 통합하여 정리하면 다음과 같다. 삼위일체 안에는 정의가 없고, 종말에 인간들 사이에는 정의가 전혀 없으며, 현재의 삶이 본래 의도된 모습대로라면 현재의 삶에는 정의가 없다. 종말에서의 삶과 현재의 삶은 삼위일체 안의 생명을 반영하도록 의도되었다. 정의는 어느 곳에서도 보이지 않는다. 사랑이 다스린다. 사랑이 다스리는 곳에 정의가 들어설 여지가 없다. 정의는 사랑이 무너질 때만 들어설 여지가 있다.

정의는 실제 모습 그대로의 이 현시대에 본거지를 두고 있다. 여기서는 심판을 내릴 여지가 있으며 그것도 너무 많은 여지가 있다. 이 현시대의 삶에서 삼위일체를 반영하는 것은 정의가 아니라 갈등과 악행과 판결하는 것 안에 있는 균열들과 틈새들 안으로 찾아 들어가는 사랑이다.

판결하는 것으로서의 정의

그러나 판결하는 것이 정의의 모든 것인가? 그것이 정의의 전부인가? 정의와 판결하는 것이 동일시되어야 하는가? 우리가 삼위일체 안에 정의가 존재하는지 진지하게 고려하기를 원하고 그 생각을 분별력이 없거나 이단적인 것으로 무시하기를 원하지 않는다면 그 질문은 논의되어야 할 주요 질문 중 하나다.

그러나 먼저 삼위일체에 관해 한마디 언급해 둘 필요가 있다. 우리의 목적상 삼위일체 교리들을 자세히 탐구할 필요는 없을 것이다. 모든 정통 그리스도인들은 그들의 삼위일체 교리가 무엇이든 간에(만일 그 교리가 있다면) 삼위일체의 개별 위격들이 구별되는 것이 삼위가 서로 사랑하기에 충분하다는 입장을 취한다. 그 정도의 구별이면 우리가 삼위일체 안에 정의가 존재하는지를 고려하는 데 충분할 것이다. 정통 그리스도인들 또한 삼위일체의 위격들이 개별적으로 하나님이 아니라 오직 삼위 전체가 하나님이라고 주장한다. 세 신들이 존재하는 것이 아니라 한 하나님이 존재한다. 이 점을 이해하기 위해 예수의 말에서 전경으로서든 배경으로서든 항상 존재하는 유비를 명시적으로 사용하는 것이 도움이 될 수 있다. 삼위일체는 가족과 비슷하다. 가족에는 구성원들이 있지만 가족의 한 구성원이 가족인 것은 아니다. 가족은 가족관계를 맺고 있는 모든 식구로 구성된다.

판결하는 행위가 정의의 전부일 수 없다. 갈등이 있는 경우 결정을 내리는 것으로 구성되는 판결하는 것의 형태를 살펴보자. 판결하는 모든 행동이 정의의 사례인 것은 아니다. 판결하는 행동은 그것이 올바르게 내려진 공정한 판단인 경우에만 정의의 사례다. 그렇다면 **정당한 판결**은 무엇인가? **정당한 판결**은 판사가 분쟁 중인 문제에서 당사자들이 서로를 공정하게 대우하는 것이 무엇인지 결정한 후 그 효과를 가져오도록 선고하는 것이다. 그러나 서로를 공정하게 대우하는 것은 정당한 판결을 내리는 당사자 중 한 사람으로 구성되지 않을 것이다. 분쟁이 당사자 중 한 사람에 의해 판단이 내려질 것인지 말 것인지에 관한 특이한 경우를 제외하고는 말이다. 당사자 중 한쪽이 판단을 내릴 권리를 지니는 경우에 그 판결은 판단을 내리는 것에 관한 판결이 아닐 것이다. 정의에 판결하는 것 이상의 요소가 존재하지 않는 한 판결 행위는 정의의 한 가지 형태일 수 없을 것이다.

또는 피고가 기소 내용에 대해 유죄인지를 결정해서 죄가 있다면 유죄로 선고하고 죄가 없다면 무죄로 선고하는 것으로 구성되는 판결 행위의 형태를 살펴보자. 이런 형태의 판결 행위 중에서도 몇몇 예만이 정의의 사례다. 정의의 사례이려면 공정하게 내려진 공정한 판결이어야 하기 때문이다. 공정한 판결이 되려면 판사가 피고가 기소된 행위를 행했는지를 밝히고 피고인이 그 행위를 했다면 그것이 정의의 위반이었는지, 즉 그것이 부당한 행위였는지를 밝혀야 한다. 피고는 좀처럼 판결을 하는 행동에 대해 기소되지 않을 것이다. 기소 대상이 그런 행위인 경우에 그 유무죄 결정은 판결하는 행동에 관한 것이 아닐 것이다. 여기서도 우리는 정의에 판결하는 것보다 더 많은 내용이 존재하지 않는 한 판결하는 것이 정의의 사례일 수 없음을 보게 된다.

심판을 시행하는 것으로 구성되는 형태의 판결하는 것에 대해서도 마찬가지다. 심판의 시행 중 일부 사례만이 정의의 사례다. 판결이 공정하지 않고 공정하게 내려지지 않는다면 그것은 정의의 사례가 아니다. 공정한 판결은 죄가 있는 당사자에게 이러이러한 행동들이 취해지는 것이 공정하리라고 선언하는 것과 그 선언이 올바르다는 것으로 구성될 것이다. 유죄인 당사자가 받아야 한다고 선고되는 행동들은 대개 유죄인 그 당사자에게 판결을 내리는 누군가로 구성되지 않을 것이다. 따라서 여기서도 판결하는 것은 정의에 판결하는 것 이상의 요소가 존재하는 경우에만 정의의 사례다.

이제 판결하는 것의 두 번째 형태, 즉 피고가 기소 내용에 대해 유죄인지를 결정해서 죄가 있다면 유죄로 선고하고 죄가 없다면 무죄로 선고하는 경우를 살펴보자. 우리의 논의가 과도하게 복잡해지는 것을 방지하기 위해 나는 피고가 부당하게 판결한 혐의로 기소된 경우들은 고려하지 않을 것이다. 판사가 피고가 기소된 혐의에 대해 유죄라고 결정한다고 가정하고 그 판사의 결정이 올바르다고 가정하자. 피고는 누군가에 대해 부당하게 행동했고 정의의 위반을 저질렀다. 피고인이 누군가를 부당하게 대우했다고 선언하는 것은 그 희생자를 부당하지 않게 대우할 방법, 즉 정의의 위반이 아니었을 방법이 있었음을 암시한다. 희생자를 정당하게 대우할 방법이 있었다. 그런 정의를 **일차적 정의**라고 부르자. 정당한 판결을 내리는 것으로 구성되는 정의는 일차적 정의의 위반, 위반에 대한 고소, 또는 무엇이 위반일지에 관한 분쟁들을 다룬다는 의미에서 **이차적 정의**다.

공정한 판결을 공정하게 내리는 것으로 구성되는 정의는 일차적 정의의 붕괴와 일차적 정의를 붕괴시킨 행위나 그것을 붕괴시키려는 위협을 다룬다. 그런 정의는 또 다른 형태의 정의, 즉 일차적 정의를 전제한다. 삼위일체 안에 정의가 존재한다면 그것은 일차적 정의일 것이다. 삼위일체 안에 이차적 정의가 존재할 여지가 있을 수 없지만 이 주장으로부터 삼위일체 안에 정의가 없다고 결론지을 수는 없다. 마찬가지로 종말에 정의가 존재한다면, 그리고 본래 의도된 대로의 현시대에 정의가 존재한다면 그것은 일차적 정의일 것이다.

구약성경에서의 정의

올리버 오도노반(Oliver O'Donovan)은 그의 책 『민족들의 욕망』(*The Desire of the Nations*)[1]에서 정의에 대한 구약의 이해를 다음과 같이 말한다.

> [정의에 대한 구약의 이해는] 고전과 아리스토텔레스에게 영감을 받은 상당히 다른 정의 개념의 영향으로 종종 모호해진다. 이 개념은 적절성과 비례적 평등이라는 두 가지 개념에 근거한 것으로서 자신의 것을 받는 것과 사회적 균형 상태에 있는 것으로서의 정의다. **미쉬파트**(*mishpat*)로서의 정의는 일차

---

1   Oliver O'Donovan, *The Desire of the Nations: Rediscovering the Roots of Political Theology* (Cambridge: Cambridge University Press, 1996).

적으로 사법적 **수행**이다. "판결"이 있을 때 그것은 달성하는 사안들의 상태가 아니라 적절하게 수행되는 활동이다. 판결이 없을 때 불균형 또는 부적절한 분배에 대해 불평이 제기되는 것이 아니라 항상 실행될 필요가 있는 사법 기능의 실패에 대해 불평이 제기된다. 따라서 예를 들면 아모스가 정의(*mishpat*)를 "강 같이 흐르게 할지어다"라고 요구한 말은 바로 사법 활동의 물줄기가 마르도록 허용되지 않아야 한다는 뜻이다. 다른 곳(암 5:16)에서 아모스는 정의가 마을의 광장에서 항상 발견될 수 있도록 그곳에 고정된 기념물처럼 "세워질" 것을 요구했다.[2] 아주 비슷하게 예루살렘의 이사야는 예루살렘 주민들이 "정의를 구해야" 한다고 요구하며, 이를 고아를 위해 판결을 내리고 과부를 위해 소송하는 것에 대한 헌신으로 설명한다(사 1:17).[3] 그리고 이사야는 시온이 "정의(*mishpat*)로 구속함을 받을" 것이기 때문에 야웨가 성읍에서 "네 판사들을 처음과 같이, 네 모사들을 본래와 같이 회복할 것이라"고 약속한다.[4]

오도노반은 명사 **미쉬파트**가 구약성경에서 이차적 의미를 지니지만 이 이차적 의미가 "여전히 소송의 맥락과의 접촉점을 상실하지 않았다"고 주장한다. 판사에게 적절했던 **미쉬파트**가 이제 고소인에게 적절해진다. 판사는 그의 '주장'에 관심을 기울여야 한다."[5]

....

2   그 구절은 NRSV에서 다음과 같이 번역된다. "악을 미워하고 선을 사랑하며 성문에서 정의
     를 세우라."
3   이 구절은 NRSV에서 다음과 같이 번역된다. "악을 행하기를 멈추고 선을 행하기를 배우라.
     정의를 추구하고 억눌린 자들을 구하며 고아를 보호하고 과부를 변론하라."
4   O'Donovan, *The Desire of the Nations*, 39. NRSV는 인용된 마지막 구절을 다음과 같이 번역
     한다. "그리고 나는 너희의 판사들을 처음에서처럼 회복할 것이고 너희의 상담자들을 시작
     에서처럼 회복할 것이다. 이후에 너희는 의의 도시, 신실한 도시로 불릴 것이다. 시온은 정의
     로 구속될 것이고 그 안에서 회개하는 자들은 의로움으로 구원받을 것이다."
5   Ibid.

구약에 등장하는 **미쉬파트**—영어 번역에서는 보통 "정의"(justice)로 번역된다—가 종종 사법적 판결 및 변론과 내가 **판결하는 것**으로 불려온 것을 가리킨다는 데 의심이 있을 수 없다. 따라서 이스라엘의 삶을 위한 규례들의 장황한 목록의 한가운데서 우리는 모세가 다음과 같이 말하는 것을 발견한다.

> 네 하나님 여호와께서 네게 주시는 각 성에서 네 지파를 따라 재판장들과 지도자들을 둘 것이요 그들은 공의로 백성을 재판할 것이니라. 너는 재판을 굽게 하지 말며 사람을 외모로 보지 말며 또 뇌물을 받지 말라. 뇌물은 지혜자의 눈을 어둡게 하고 의인의 말을 굽게 하느니라. 너는 마땅히 공의만을 따르라. 그리하면 네가 살겠고 네 하나님 여호와께서 네게 주시는 땅을 차지하리라(신 16:18-20).

더욱이 비록 내가 위에서 주장했듯이 일차적 정의도 존재하지 않는 한 판결하는 것이 정의의 형태일 수 없다고 하더라도 이론상으로는 일차적 정의가 구약성경의 히브리어에서 언어적으로 표현되지 않았을 가능성이 있다. 그랬을 가능성이 크지는 않지만 그랬을 가능성이 있기는 하다. 그러나 우리가 앞으로 살펴보겠지만 확실히 그런 언어적 표현이 등장한다.

많은 예를 들 수 있지만 나는 한 가지 예로 한정할 것이다. 신명기 24:17에서 모세는 이스라엘 백성에게 "너는 객이나 고아의 송사를 억울하게 하지 말며 과부의 옷을 전당 잡지 말라"고 말한다. "너는 과부의 옷을 전당 잡지 말라"는 구절은 우리로 하여금 귀를 쫑긋 세우게 한다. 이것이 어떻게 판결을 내리는 데 대한 지시로 해석될 수 있는지 이해하기는 어렵다. 그것은 일차적 정의를 위한 지침인 것으로 보인다. 신명기 24:19-21은 이 구절을 삭제한다.

> 네가 밭에서 곡식을 벨 때에 그 한 뭇을 밭에 잊어버렸거든 다시 가서 가져오
> 지 말고 나그네와 고아와 과부를 위하여 남겨두라. 그리하면 네 하나님 여호
> 와께서 네 손으로 하는 모든 일에 복을 내리시리라. 네가 네 감람나무를 떤 후
> 에 그 가지를 다시 살피지 말고 그 남은 것은 객과 고아와 과부를 위하여 남겨
> 두며 네가 네 포도원의 포도를 딴 후에 그 남은 것을 다시 따지 말고 객과 고아
> 와 과부를 위하여 남겨두라.

실수가 있을 수 없다. 이 지시들은 일차적 정의를 위한 지시이지 판결을 내
리기 위한 지시가 아니다.

오도노반이 자신의 주장에 대한 예로 인용하는 친숙한 구절인 아모스
5:24조차도 그 구절의 의미가 과연 그러한지에 대한 의심의 여지를 남긴
다. 예언자 아모스는 하나님을 대변하여 이스라엘 백성 일반에게 이야기해
왔다. 해당 구절 직전에 하나님은 이스라엘 백성의 제의 활동이 불쾌하고
용인할 수 없는 것이라고 말한다. 그다음에 해당 구절이 나온다. "오직 정의
를 물 같이 공의를 마르지 않는 강 같이 흐르게 할지어다"(암 5:24).[6]

이 구절의 첫 부분이 자체로는 사법 절차들을 가리킨다고 해석되는 것
이 타당성이 없지는 않다. 그 예언자가 듣는 이들에게 공정한 법들을 갖추
고 공정한 판결들을 낳는 사법 체계를 수립하도록 명령하고 있을 수도 있
다. 그러나 두 번째 부분과의 평행은 이것이 그가 의미하는 내용일 개연성
이 없게 만든다. 예언자가 듣는 이들에게 "마르지 않는 강" 같이 흐르게 하

....
6   NRSV에서는 "공의"(rectitude) 대신에 "의"(righteousness)로 번역되었다.

라고 명령하는 공의는 확실히 판사들만의 공의가 아니라 모든 사람 각자의 공의다. 그 명령은 예언자가 말하고 있는 정의에 대해서도 마찬가지일 가능성이 있게 해준다.

똑같이 친숙한 미가서의 구절에서 말하는 정의가 단순히 사법 절차의 정의가 아닐 가능성은 훨씬 더 크다. 그 예언자는 "주께서 선한 것이 무엇임을 네게 보이셨나니 여호와께서 네게 구하시는 것은 오직 정의를 행하며 인자를 사랑하며 겸손하게 네 하나님과 함께 행하는 것이 아니냐?"라고 말하기 전에 듣는 이들에게 "사람아"라고 부른다.[7] "사람아"라는 말과 한편으로 "정의를 행하는 것"과 다른 한편으로 "인자를 사랑하며 겸손하게 네 하나님과 함께 행하는 것" 사이의 병행을 고려하면 나는 "정의를 행하는 것"이 전적으로 또는 심지어 주로 사법 절차들을 가리킨다고 가정하는 것이 타당성이 없다고 생각한다. 비록 이 구절이 백성을 피고인으로 상상하고 하나님을 판사로 상상하는 사법 절차의 맥락 안에서 나타난다는 점에 주목해야 하지만 말이다.

다소 역설적으로 오도노반 자신이 또 다른 형태의 정의인 일차적 정의가 없다면 판결하는 것이 정의의 형태가 될 수 없으며, 판결하는 것은 일차적 정의의 붕괴 및 일차적 정의를 붕괴시킨 행위나 그것을 붕괴시키려는 위협을 다룬다는 점에서 더 기본적이라는 나의 요점을 알고 있는 것처럼 보인다. 오도노반은 **미쉬파트**가 판결하는 것과 관련이 있으며 일차적으로 사법적 판결을 가리키고 이차적으로 사법적 변론을 가리킨다고 주장한 후에 계속해서 **미쉬파트**가 "존재할 때 그것은 달성하는 사안들의 상태가 아니라 적절하게 수행되는 활동이다"라고 말한다. 그다음에 그는 계속해서

....
7   미 6:8.

사법적 활동을 "판결하는 것은 정의로운 자와 정의롭지 않은 자를 구별하는 것이며 또는 더 정확하게 말하자면 그들 사이에 이미 존재하는 구별을 공적으로 드러내는 것이다"라고 묘사한다.[8] 판사가 한쪽 당사자가 죄가 있다고 결정하면 그 판사는 계속해서 선고를 내림으로써 더 많은 것을 행한다. 그러나 판단하는 것은 적어도 오도노반이 그것이 행한다고 말하는 것을 행하는 것과 자신의 결정을 알리는 무죄 또는 유죄를 선언하는 것을 포함한다.

판사는 각각의 경우에 정의로운 자와 정의롭지 않은 자 사이의 구별을 밝히 드러낸다. 이 구별은 일차적 정의 안에서의 구별 이외의 것이 될 수 없다. 그것은 판결하는 것 안에서의 구별이 아니다. 일차적 정의의 요구들을 고려하면서 판사는 피고가 그런 요구들을 위반했는지를 밝힌다. 판사는 그 문제에 관한 사안들의 상태를 밝힌다. 그 사안들의 상태가 피고가 일차적 정의의 요구들을 위반한 상태인가? 아니면 사안들의 상태가 피고인이 그 요구들을 위반하지 않은 상태인가? 사법적 판결의 수행은 일차적 정의와 부정의의 존재를 전제한다.

정의란 무엇인가? 권리란 무엇인가?

나는 우리의 이전의 목적상 우리가 삼위일체 교리를 깊이 탐구할 필요가 없다고 말했다. 이제 **일차적 정의**에 관해 어느 정도 설명되어야 한다. 이 설명은 짧아야 하므로 내가 제시하는 주장의 대부분은 여기서 방어될 수 없

....
8   O'Donovan, *The Desire of the Nations*, 38.

다.[9] 동의하지 않는 독자는 가설적으로 뒤따르는 내용을 다뤄야 할 것이다. 내가 정의에 관해 말하는 것이 사실이라면 삼위일체 안에서의 정의에 관해 어떤 내용이 뒤따를 것인가?

고대 그리스와 로마 시대 이후로 서구 전통에서는 정의에 관해 근본적으로 다른 두 가지 사고방식이 존재해왔다. 정의에 관한 한 가지 사고방식에서 정의는 올바른 질서다. 정의로운 사회는 올바르게 질서 잡힌 사회다. 그러므로 사회의 올바른 질서를 위한 규칙들은 정의의 규칙들이다. 그리고 정의로운 사회는 정의를 위한 규칙들을 따르는 사회다. 사람들이 예상하듯이 이런 방식으로 생각하는 사람들 사이에서 이런 규칙들의 기원과 내용에 관해 상당한 논란이 있다. 『국가론』(The Republic)에 등장하는 정의에 관한 플라톤의 논의는 정의를 올바른 질서로 생각하는 전형적인 예다. 올바르게 질서 잡힌 사회를 위한 근본적인 규칙, 따라서 정의의 근본적인 규칙은 모든 사람이 자신에게 가장 적합한 사회적 역할을 맡아야 한다는 것이다. 이 규칙의 기원은, 이 규칙이 형식의 내용인 정의 자체를 분명하게 표현한다는 점이다.

정의를 올바르게 질서 잡힌 사회 전체의 측면에서 보는 사고방식의 주요 대안은 정의를 사회 전체 구성원들의 권리의 측면에서 생각하는 것이다. 정의로운 사회는 그 구성원들(과 사회 전체 자체)이 각자 권리를 가지고 있는 재화를 즐기는 사회다. 고대 로마의 법학자 울피아누스(Ulpian)의 공식은 이미 정의는 각자에게 자신의 "권리"(ius)를 주는 것이라는 사상을 포착했다. 이런 권리 중 몇 가지는 사회적 관습 또는 입법을 통해 부여되겠지

....
9   이 논증은 근간 예정인 나의 저서 『정의』(Justice)에서 제시될 것이다(2010년에 Princeton University Press에서 발간했음).

만 모든 권리가 그렇게 부여되지는 않는다. 권리들의 사회적 부여와 비부여 자체가 정의롭거나 정의롭지 않기 때문이다. 그 시점에서의 정의와 부정의는 사회적으로 부여된 권리들을 참조함으로써 결정될 수 없다. 또는 그렇게 결정된다고 하더라도 사회적으로 부여된 권리들의 정의와 부정의는 그렇게 결정될 수 없을 것이다. 우리는 그런 식으로 끝없이 소급하게 될 것이다. **자연권**에 해당하는 몇 가지 권리가 있어야 한다.

나는 정의를 올바른 질서로 생각하는 것이 궁극적으로 지지될 수 없다고 주장한다. 정의는 기본적으로 자신이 권리를 가지고 있는 재화를 즐기는 사회 전체의 구성원들(과 사회 전체 자체)로 구성된다. 더 나아가 나는 권리로서의 정의 개념이 정의에 관한 성경의 도덕적 비전을 명확하게 설명한다고 주장한다. 성경의 저자들이 부정의를 받은 사람들을 단지 피해당한 사람으로 보는 것이 아니라 부당한 취급을 받은 사람으로 여긴다는 사실이 이 비전에 대한 실마리다. 그들의 도덕적 지위는 변경되었다. 성경의 저자들은 도덕적 지위의 적극적 측면의 관점에서뿐만 아니라 소극적 측면의 관점에서도 생각한다. 즉 사람은 부당한 취급을 받을 수 있고 죄가 있을 수 있다. 이와 대조적으로 고대의 이교도 행복론자들은 부당한 행동을 받는 것이 부당한 취급을 받는 것이고 따라서 그 사람의 도덕적 지위가 감소되는 것이라고 믿지 않았다. 그런 행동을 받은 자가 피해당했을 수는 있지만 부당한 취급을 받은 것은 아니다. 부당하게 행동하는 사람의 도덕적 지위만 감소할 뿐이다. 즉 행위자 자신의 덕이 감소된다.

나는 정의가 성경에서 올바른 질서로서의 정의보다는 권리로서의 정의로 이해된다는 주장이 많은 독자에게 믿기 어려운 것으로 보이리라는 것을 잘 알고 있다. 자연권이 14세기 유명론 철학자들의 발명이거나 17세기 말과 18세기 계몽주의 철학자들의 발명이라는 취지의 강력한 내러티브가 오늘날 세계에 널리 퍼져 있다. 어느 이야기가 선호되든지 교훈은 항상 동일하다. 개인주의적인 형태의 철학이 자연권 개념을 낳았고 이 개념은 그런 철학들 안에서만 들어설 자리가 있다는 것이다. 이 내러티브는 오늘날 단호히 논박되어왔는데 이에 대한 가장 주목할 만한 주장은 탁월한 중세 연구가인 브라이언 티어니(Brian Tierney)의 『자연권 개념』(*The Idea of Natural Rights*)에서 이루어졌다.[10] 티어니는 추호도 의심하지 않고 12세기의 교회법 학자들이 명시적으로 공식화된 자연권 개념을 가지고 활동했음을 보여준다. 물론 이 연구는 자연권 개념을 구약성경으로까지 거슬러 올라가기에는 턱없이 부족하다. 그러나 이 연구는 자연권 개념이 중세 후기의 명목론에서 태어난 것도 아니고 계몽주의의 세속적 개인주의로부터 발생한 것도 아님을 보여준다.

권리(right)란 무엇인가? 우리가 여기서 **일차적 정의**에 관해서만 이야기하고 있음을 상기하라. 응보적 권리 또는 악행이 만들어낼 수 있는 추가적인 형태의 권리가 무엇이든지 그것들은 고려되지 않는다. 그리고 우리는 도덕적 권리에 관해 이야기하고 있는 것이지 법적 권리나 사람들이 어떤 게임의 참여자로서 가지는 권리 등에 관해 이야기하고 있는 것이 아니다. **권리**는 특정한 선, 좀 더 구체적으로 말하자면 한 사람의 삶이나 역사에서의 특정한 어떤 선에 대한 도덕적으로 정당한 요구다. 누가 삶에서 어떤 선에 대한 권리를 가지면 그 사람에게 그것이 자신이 원하는 방식으로 일어나게 할 자격이 주어진다, 즉 그것을 "즐길" 자격이 주어진다. 또는 달리 표현하자면 누가 삶에서 어떤 선에 대한 권리를 가지면 그 선이 그 사람에게

....

10   Brian Tierney, *The Idea of Natural Rights: Studies on Natural Rights, Natural Law, and Church Law* (Atlanta: Scholars, 1997).

마땅히 주어져야 한다.

나아가 나는 누군가가 권리를 가지는 선들은 항상 사람들 또는 제도 및 조직 같은 사회적 실체들의 입장에서의 행동 또는 행동의 제한으로 구성된다고 주장한다. 행동이 제한당하는 사람은 거의 언제나 다른 사람들이 겠지만 몇몇 경우에는 자신이 될 것이다. 여기에는 다음과 같은 예들이 포함된다. 당신이 내게 당신의 질문에 대한 올바른 답변의 혜택을 제공하도록 기대할 권리. 당신이 내게 내가 다른 사람들과 협력하여 폭행으로부터 보호하는 혜택을 당신에게 제공하도록 기대할 권리, 당신이 내게 내가 당신을 고문하지 않도록 기대할 권리(~로부터의 자유), 그리고 당신이 내게 내가 당신이 뉴헤이븐그린(New Haven Green) 공원에서 산책하지 못하게 막는 것을 삼가도록 요구할 권리(~으로의 자유). 사람이 자신에 대해 가질 수도 있는 몇몇 권리라는 사소한 예외를 제외하고 권리들은 본질적으로 사회적이다. 권리들은 우리가 서로를 어떻게 대하는지와 관련된다. "권리 담론"(rights talk)은 흔히 소유적 개인주의의 표현이라고 비난받는다. 혹자는 "의무 담론"(duty talk)에 대해 자기주장이 강한 개인주의의 표현이라고 그럴듯하게 비난할 수 있다. 내가 당신에 대한 의무가 있는 것처럼 당신에 대한 권리가 있는 것도 사실이다. 그러나 당신이 나에 대한 권리가 있다는 것도 사실이다. 당신은 나에 대한 권리를 가지고 내 존재 안으로 들어온다.

우리는 더 깊이 논의해야 한다. 사람이 자신의 삶에서 유익이 되는 행동 및 행동에 대한 규제 중 일부에 대해서는 권리가 있지만 다른 것에 대해서는 권리가 없다는 사실을 어떻게 설명할 수 있는가? 당신은 내가 당신이 노후에 대비하여 모은 저축으로부터 당신을 사취하지 않는 유익에 대한 권리를 가지고 있다. 그러나 당신은 내가 당신의 노후에 대비한 저축에 기부하는 유익에 대한 권리는 갖고 있지 않다. 내가 기부한다면 좋겠지만 당신은 내가 기부하는 것에 대한 권리를 갖고 있지 않다. 무엇이 그 차이를 설명해주는가? 왜 전자는 당신이 권리를 지니는 선이지만 후자는 그렇지 않은가?

다시 한번 내 대답은 그것을 방어하는 데 필요한 논증 없이 제시되어야 할 것이다. 나는 내가 그런 식으로 행동할 경우 당신을 무례하게 대우하게 될 경우, 즉 당신의 가치보다 가치가 낮은 누군가 혹은 무엇에게 적합한 방식으로 당신을 대우하는 경우에 당신은 내가 특정한 행동을 하거나 행동을 삼가는 유익에 대한 권리를 가지고 있다고 제안한다. 당신의 노후에 대비한 저축으로부터 당신을 사취하는 것은 당신을 무례하게 대우하는 처사일 것이다. 당신의 가치에 적합한 방식으로 당신을 대우하려면 내가 사취하는 것을 삼가야 한다.

우리가 어떻게 행동할 것인지를 결정할 때 우리 모두 고려해야 하고 고려하는 한 가지 사항은 삶의 다양한 유익의 상대적 가치다. 이 행동 과정이 더 많은 삶의 유익을 가져올 것인가? 아니면 대안적인 행동 과정이 더 많은 삶의 유익을 가져올 것인가? 이기주의자라면 자신의 삶의 유익만 고려할 것이다. 이기주의자가 아니라면 다른 사람들의 삶의 유익도 고려할 것이다. 누군가가 그런 종류의 고려 사항만을 숙고한다면 그는 권리를 고려하고 있는 것이 아니다. 권리를 고려하기 위해서는 다른 종류의 고려 사항을 숙고해야 한다. 즉 사람들의 가치를 숙고해야 한다. X를 행하는 것이 Y를 행하는 것보다 더 큰 삶의 유익을 가져올 수 있을지도 모른다. 그러나 X를 행하는 것이 누군가를 무례하게 대하는 것일 수 있다. 즉 그 사람이 지닌 가치보다 더 낮은 가치를 지닌 것처럼 그를 대하는 것일 수 있다. 나는 절대로 그것을 행하지 말아야 한다. 나는 그 사람보다 가치가 낮은 누군가 혹은 무엇에게 적합한 방식으로 그 사람을 대하지 말아야 한다. 그래서 나는 X를 행하지 말아야 한다.

　도덕적 삶을 위한 칸트(Kant)의 유명한 공식 중 하나는 항상 사람을 목적으로 대하고 결코 수단으로만 대하지 말라는 것이었다.[11] 이 공식이 무엇을 의미하는지가 겉으로 보기에 전혀 명확하지 않다. 일반적으로 우리는 **목적(목표, 텔로스)**을 누군가가 가져오거나 가져오게 하려고 시도하는 어떤 것으로 생각하고, **수단**을 누군가가 목적을 달성하기 위해 가져오는 어떤 것으로 생각한다. 이런 이해에 기초하면 사람은 목적이 될 수 없고 수단이 될 수도 없다. 사람은 누군가가 가져오는 어떤 것이 아니기 때문이다. 그렇다면 사람을 목적으로 대하고 수단으로 대하기를 삼가라고 한 칸트의 말은 무슨 뜻인가? 『도덕 형이상학의 기초』(*Groundwork for the Metaphysics of Morals*)에 수록된 칸트의 논의는 그가 생각하고 있었던 것을 명확히 밝혀준다. 사람을 수단으로 대하는 것은 삶의 유익에 대한 고려가 어떻게 우리가 그 사람을 대하는지를 결정하는 요인이 되도록 허용하는 것이다. 대조적으로 사람을 목적으로 대하는 것은 자신의 고려에서 그 사람의 가치를 숙고하도록 허용하는 것이다. 그렇다면 칸트의 생각은 삶의 유익에 대한 고려들이 결코 우리가 사람을 어떻게 대하는지를 결정하는 유일한 요인이나 최종적인 요인이 되도록 허용하지 않는 것이다. 우리는 항상 그 사람의 가치를 적절히 존중하는 방식으로 사람을 대해야 한다. 그리고 사람을 무례하게 대하거나 마땅한 수준보다 덜 존중하면서 대하지 않아야 한다. 따라서 칸트의 공식은 내가 주장하는 요점을 표현하는 또 다른 방식이다.

　우리는 일차적 정의에 관한 우리의 논의의 다양한 가닥을 종합해서 일

──────────

11　칸트가 실제로 한 말은 한 사람 안에 있는 인간성을 항상 목적으로 대하고 수단으로만 대하지 말라는 것이었다. 내 논의의 목적상 여기서 왜 칸트가 인간성에 대한 언급을 삽입했는지에 관한 설명이 필요하지는 않을 것이다.

차적 정의는 사람들의 가치에 적합하게 존중하는 방식으로 그들을 대하는 것으로 구성된다고 말할 수 있다.

정의와 사랑

삼위일체 안에 정의가 있는가? 일차적 정의가 내가 주장한 바로 그 정의라고 가정해보자. 어떻게 삼위일체 안에 정의가 없을 수 있는가? 물론 이차적 정의나 교정적 정의가 아니라 일차적 정의 말이다. 삼위일체의 구성원들이 어떻게 서로를 각 위격의 가치에 적합하게 존중하는 방식으로 대하지 않을 수 있는가?

이 문제를 거기에 머무르게 하지 말고 이제 그 논의에 사랑을 넣어 생각해보자. 1930년대 초에 앤더스 니그렌(Anders Nygren)의 『아가페와 에로스』(*Agape and Eros*)가 출판된 이후 기독교 신학자들과 윤리학자들은 **아가페**와 **에로스** 사이의 구별이 사랑에 관한 자신들의 사유에서 거의 거부할 수 없는 것이라고 여겼다.

아가페는 자비로서의 사랑이다. 아가페는 종종 자신의 복지를 희생하는 정도로까지 타인의 복지를 추구한다. 아가페적 사랑은 타인의 복지에 대한 투자다. 니그렌은 **에로스**를 **아가페**의 반대로 묘사한다. 니그렌은 **에로스**가 자신의 복지를 추구하는 사랑이라고 말한다. 에로스적 사랑은 타인을 자신의 복지를 유지하거나 증진하기 위한 수단으로 대한다.

이런 이해에 비추어보면 우리는 왜 니그렌이 에로스적 사랑에 집요하게 적대적인지, 그리고 왜 니그렌이 그의 모든 동료 그리스도인들 역시 에로스적 사랑에 적대적이어야 한다고 생각하는지를 이해할 수 있다. 그러나 니그렌이 그의 예들에서 사용하고 보았던 에로스적 사랑에 대한 대조적인 묘사를 제쳐둔다면 우리는 그 묘사가 정확하지 않음을 알 수 있다. **에로스**는 애착으로서의 사랑이다. **아가페**와 **에로스** 사이의 대조는 타인의 복지를 유지하거나 증진하는 것을 목적으로 하는 사랑과 자신의 복지를 유지하거나 증진하는 것을 목적으로 하는 사랑 사이의 대조가 아니다. 그것은 타인의 복지에 대한 투자로서의 사랑과 애착으로서의 사랑 사이의 대조다. 어떤 사람, 제도, 명분, 집, 풍경에 애착을 갖는 사람은 필연적으로 이 애착이 유익이라고 생각할 것이다. 자기가 애착을 갖는 대상이 파멸됨에 따라 그 애착이 파괴된다면 그 사람은 발생한 일에 대해 슬퍼할 것이다. 그러나 이 애착은 그 사람의 삶에서의 어떤 유익을 위한 것이 아니다. 이 애착은 그것 자체 너머의 어떤 목적을 위한 수단이 아니다. 그 애착으로부터 나오는 경험들, 예를 들어 사랑하는 사람이나 물건이 있는 것에 기쁨을 느끼는 것 등이 본질적인 선인 것처럼 그 애착은 그 자체로 본질적인 선이다. 그 사람의 복지는 부분적으로 이 애착과 거기서 나오는 것에 의해 형성된다. 그러나 그 사람의 복지가 부분적으로는 타인의 복지에 대한 투자에 의해서도 형성됨을 주목하자. 그 사람의 삶은 그 투자 때문에 더 좋고, 더 가치가 있으며, 더 감탄할 만하다.

타인에 대한 애착으로서의 사랑과 타인의 복지에 대한 투자로서의 사랑은 종종 함께 오며 불가분하게 연결되어 있다. 내 아내에 대한 나의 사랑은 그녀에 대한 애착과 그녀의 복지에 대한 투자 모두로 구성되지만, 이 두 가지가 반드시 함께 올 필요는 없다. 우리는 누군가에 대한 애착을 느끼지 않고도 그 사람의 복지에 우리 자신을 투자할 수 있다. 이것은 자신이 복지를 증진해주었던 사람이 죽을 때 아무런 슬픔을 느끼지 않는 공상적 박애주의자의 사랑이다. 공상적 박애주의자의 부정적 감정은 자비로운 충동들을 위한 배출구가 이제 닫혔으며 또 다른 배출구를 찾아야 한다는 사실에 대한 실망으로 한정된다. 역으로 우리는 복지를 지니지 않는 사물들과 우리가 그것의 복지에 아무런 영향을 줄 수 없는 사물들에 애착을 가질 수 있다. 우리는 레이니어산(Mount Rainier)에 대해 애착의 사랑을 가질 수 있다.

니그렌은 엄격하게 말해서 하나님을 사랑하는 것은 결코 옳지 않다고 주장했다. 하나님을 향한 인간의 적절한 태도는 엄격하게 말해서 **피스티스**(*pistis*), 즉 신앙이다. **에로스**와 **아가페**의 특징 묘사를 고려하면 우리는 그가 왜 이런 주장을 하는지 이해할 수 있다. 우리가 하나님의 복지를 유지하거나 증진하기 위해 할 수 있는 것이 아무것도 없기 때문에 아가페적 사랑, 즉 자비로서의 사랑, 타인의 복지에 대한 투자로서의 사랑은 부적절하다. 자신의 복지를 위해 타인과 관계를 맺는 것으로 해석되는 에로스적 사랑 역시 부적절하다. 하나님은 우리 자신의 행복을 유지하거나 증진하는 목적을 위한 수단으로 다루어질 수 없다. 동일한 추론에 따르면 엄격히 말해서 삼위일체 안에는 사랑이 없다고 결론지어질 것이다. 삼위일체의 위격들은 다른 위격의 복리를 유지하거나 증진하는 것을 추구하지 않는다. 그들은 자신들의 복리를 유지하거나 증진하기 위해 서로와 관계를 맺지도 않는다. 니그렌이 **에로스**를 자신의 복지를 위해 타인과 관계를 맺는 것으로 생각하지 않고 애착의 사랑으로 생각했더라면 그는 자신이 우리가 하나님을 사랑하는 것이 옳지 않고 삼위일체의 위격들이 서로 사랑한다고 말하는 것이 잘못이라고 하는 이상한 입장에 봉착하지 않았을 것이다.

에로스적 사랑, 즉 애착의 사랑이 자신이 애착을 느끼는 실체의 본질적 가치, 즉 사람의 재치와 품위, 산의 아주 당당한 아름다움 등에 대한 인정에 근거한다고 생각하기 쉽다. 그러나 에로스적 사랑이 반드시 그런 형태를 취하는 것은 아니다. 애착, 즉 유대감은 신비로운 방식으로 작동하며 종종 애착을 느끼는 사물의 본질적 가치와 관련이 거의 없다. 아이들은 본질적인 가치의 관점에서는 보잘것없는 봉제 동물 인형들에 대한 애착이 강하다. 아이들은 종종 더 좋은 인형이 제시되면 그 인형이 더 좋다는 데 동의하면서도 이전에 애착을 느끼던 인형을 선호하여 새 인형을 거부한다.

그러므로 애착의 사랑은 가치의 인정과 구별되어야 한다. 이 둘은 종종 함께 나타나며 전자가 후자에 근거하지만 반드시 그런 것은 아니다. 후자는 전자 없이도 나타날 수 있다. 우리의 행동에서 우리는 타인에 대해 애착을 느끼지 않고서도 그 사람의 가치를 인정할 수 있다.

우리가 서로에 대한 삼위일체 위격들의 사랑을 어떻게 생각해야 하는가? 이 사랑이 **아가페**("사랑"), 즉 타자의 복리를 유지하거나 증진에 대한 투자로서의 사랑의 형태를 취할 수 없다고 주장하는 것이 옳다고 가정해보자. 확실히 이것은 애착의 사랑인 에로스적 사랑의 형태—다른 위격이 있는 곳에 존재함을 기뻐하고 다른 위격의 활동을 기뻐하는 것 등—를 취한다. 그렇다면 질문은 애착의 사랑이 다른 위격의 가치에 대한 인정을 포함하고 그 인정에 근거하는 형태를 취할 것인지 아닌지다. 이 경우에 애착의 사랑이 어떻게 그 형태를 취하지 않을 수 있는가? 그러나 다른 위격의 가치를 인정한다는 것은 내가 논증했듯이 다른 위격을 정의롭게 대우하는 것이다.

그렇다면 우리는 다음과 같은 결론에 도달한다. 즉 서로에 대한 삼위일체 위격들의 관계 안에 정의가 존재할 뿐만 아니라 그들의 관계 안에 있는 정의는 서로에 대한 사랑과 결부되어 있다. 삼위일체 안의 정의는 삼위일체 안의 사랑에 추가되는 사회적 관계가 아니다. 삼위일체 안의 정의는 삼위일체 안의 사랑의 구성요소다.

나는 그리스도인들 사이에 흔한 것으로 보이는 견해를 묘사함으로써 나의 논의를 시작했다. 우리의 세상에서의 정의는 삼위일체를 전혀 반영하지 않는다. 그것이 삼위일체 안에 정의가 없기 때문일 수는 없다. 성경은 하나님이 정의를 사랑하고 시행한다고 말한다. 이 말은 삼위일체의 내적인 삶을 반영하지 않는다. 정의를 사랑하고 시행할 때 하나님은 자신의 내적인 삼위일체의 삶을 반영하지 않는다. 삼위일체의 구성원들은 서로를 공정하게 대할 수 없고 따라서 정의롭게 대하면서 사랑할 수 없다.

나는 이 견해가 공정한 판결을 하는 행동을 정의의 모든 것으로 여기는 데 크게 의존하고 있다고 주장했다. 그러나 우리의 숙고는 판결을 하는 것이 정의의 모든 것일 수 없음을 보여준다. 공정한 판결을 하는 것은 또 다른 형태의 정의인 **일차적 정의**를 전제한다. 일차적 정의가 내가 주장했던 바로 그 정의라면 삼위일체 안에 정의가 존재하는 것이 틀림없다.

인간사에서 하나님이 정의를 시행하는 것은 하나님 자신의 삶 내부의 정의를 반영한다. 인간사에서 정의에 대한 하나님의 사랑은 삼위일체 내부의 사랑을 통합하는 정의를 반영한다. 따라서 서로 정의롭게 대우할 때 우리는 단순히 정의롭게 행동하라는 하나님의 명령에 순종하기만 하는 것도 아니고 하나님이 창조세계 안에서 정의를 시행하는 것을 단순히 모방하는 것만도 아니다. 우리는 삼위일체의 내적 삶을 반영한다.

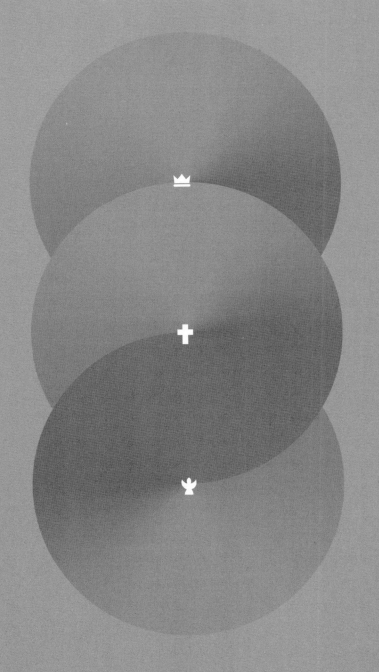

4부 삼위일체와 역사신학

16장

종말론과 기독론

몰트만과 그리스 교부들

니콜라스 콘스타스

위르겐 몰트만은 그리스 교부들, 특히 집합적으로 카파도키아 교부들이라고 알려진 카이사레아의 바실레이오스(Basil of Caesarea), 나지안주스의 그레고리오스(Gregory of Nazianzus), 니사의 그레고리오스(Gregory of Nyssa)의 신학적 통찰을 지속적이고 창의적이며 종종 도발적으로 사용했다.[1] 확실히 몰트만이 자신의 사회적 삼위일체 교리에서 **페리코레시스**(*perichoresis*)를 사용한 것은 확실히 그런 관심의 가장 유명한 예다. **페리코레시스**에서 세 위격은 "인간에게 신적 삶의 순환 안에서 자신들 스스로의 일치성을 형성한다."[2] 더욱이 "내적인 추동과 갈망을 남겨두어 소망에 대한 자극을 제공하는 갈망인 내적 추진력"을 남겨주는 하나님—그는 우리가 파악할 수 있는 것을 영원히 넘어선다—의 파악하기 어려움에 대한 몰트만의 초기 경험은 참으로 카파도키아 교부들의 감성이며 삶으로 경험된 실존적 부정신학(*apophasis*)의 표현이다.[3] 초기의 그런 "형언 불가한 것들에 대한 경험들"로 인해 몰트만 교수는 신학을 공부하게 되었다. 그에게 신학은 단지 학문만이 아니라 미지의 나라로 나아가는 순례이자 발견의 항해다. 이 점은 나지안주스의 그레고리오스가 『신학 연설』(*Theological Orations*)에서 제시한 신학의 정의와 깊이 공명한다.[4] 하나님은 알 수 없으며 인간은 신적 본질에 대한

....

1   카파도키아는 소아시아 중앙의 산악 지역으로서 폰투스산맥에서부터 타우루스산맥에까지 뻗어 있고 솔트레이크로부터 유프라테스강까지 뻗어 있다. 카파도키아 교부들은 4세기의 아리우스주의와 싸웠고 정교회 세계의 신학 권위자들이 되었다. 창조론에 특별한 관심을 기울이는 그들의 사상에 대한 소개는 Jaroslav Pelikan, *Christianity and Classical Culture: The Metamorphosis of Natural Theology in the Christian Encounter with Hellenism*(New Haven, Conn.: Yale University Press, 1993)을 보라.

2   Jürgen Moltmann, Jürgen Moltmann, *The Trinity and the Kingdom of God: The Doctrine of God*, trans. Margaret Kohl (New York: Harper & Row, 1981), 175.

3   Jürgen Moltmann, *Experiences of God*, trans. Margaret Kohl (Philadelphia: Fortress Press, 1980), 7.

4   구체적으로 그레고리오스의 전집에서 27번과 28번이 부여된 *Theological Orations*의 첫 번

어떤 지식도 지닐 수 없다. 하나님에 대한 경험은 우리의 생각을 넘어서며 우리의 생각은 우리의 말을 넘어선다. 따라서 하나님에 관한 우리의 언어는 "물속에 비친 태양의 희미한 반사들과 같은 반면에 태양 자체는 우리의 지각을 압도한다"(*Theological Orations* 28.3-4). 이런 의미의 실패로 인해 나지안주스의 그레고리오스는 신학의 산으로, 곧 부정신학의 정상으로 나아갔다. 거기서 우리는 "우리의 정신의 힘을 초월하여 있는 곳을 무력하게 응시한다." 이와 다르게 행한다는 것은 세상에 있는 무언가를 구체화하는 것이며 따라서 "우상숭배"를 행하는 것이다(*Theological Orations* 28.13).[5]

그러나 신학의 산은 절망의 장소가 아니라 소망의 장소다. 언어의 신학적 의미는 바로 의미화하지 못하는 언어의 무능력 안에서 발견되기 때문이다. (세계 자체를 포함하여) 창조된 상징들이 신학적 서술이라는 과제에 궁극적으로 부적합하다면 바로 그런 무익함은 하나님의 신비로운 삶에 더 깊이 참여할 가능성의 조건을 제공한다. 세상의 직접성이 인식론적 감금으로 우리를 위협할 수 있다면 그것은 자유에 대한 약속도 제시해준다. 몰트만에 따르면 해방으로 나아가는 열쇠는 미래 지향적인 **에페크타시스**(*epektasis*; 참조. 빌 3:13)인데 거기서 세상의 불가해한 내재성은 종말론적 초월 안에서, 그리고 그것을 통해서 투명하게 드러난다.[6]

....

째와 두 번째 신학적 연설에서 그렇다. 참조. Gregoire de Nazianze, *Discours 27-31*, ed. Paul Gallay, SC 250 (Paris: Cerf, 1978).

5   참조. Gregory of Nyssa, *On the Life of Moses* 249-55, ed. Jean Daniélou, SC 1 (Paris: Cerf, 2000), 278-82; St. Gregory of Nyssa, *The Life of Moses*, trans. Abraham Malherbe and Everett Ferguson (New York: Paulist, 1978), 118-20.

6   빌립보서의 **에페크타시스**(*epektasis*) 개념은 Gregory of Nyssa, *On the Life of Moses* 5-10, ed. Daniélou, 48-50에 자세하게 기술된 신적 무한성으로의 영속적인 상승(또는 심화)이라는 니사의 그레고리오스의 교리를 요약한다. Gregory of Nyssa, *Life of Moses* 5-10, trans. Malherbe and Ferguson, 30-31도 보라.

이런 중요한 통찰의 결과 우주론과 종말론이 몰트만의 조직신학의 중심이 되었다.[7] 이전의 정의들과는 대조적으로 종말론은 미래의 완성 상태로 이해되지 않고 오히려 계속되는 개방성의 과정으로 이해된다. 이 과정에서 모든 피조물은 하나님이 그들의 시간성에 참여하듯이 하나님의 끊임없고 개방된 영원성에 점점 더 많이 참여한다. 하나님은 세상을 초월할 뿐만 아니라 세상에 내재하여 페리코레시스적으로 자신을 내줌으로써 세상 안에서 그리고 세상을 통해 활동한다.[8] 무엇보다도 종말론적으로 변혁된 창조세계에 대한 몰트만의 비전은 궁극적으로 기독론에 뿌리를 둔다. 그것은 그리스도의 십자가와 부활에 근거한, 도래하는 하나님 나라에 대한 희망의 신학이기 때문이다.

종말론과 기독론은 몰트만 교수가 "생태적 창조론"이라고 명명했던 것의 핵심적인 두 가지 요소다. 그리스도인의 삶의 경험적 실재이기도 한 이런 동일한 범주들은 그리스 교부들의 우주론과 창세기 1장과 관련된 주석 전통에서 두드러지게 나타난다. 내가 기쁜 마음으로 몰트만 교수에게 바치는 이번 장은 모든 기독교 우주론의 토대가 되는 저작이라고 주장될 수 있는 카이사레아의 바실레이오스의 『헥사메론』(Hexameron)의 종말론적·기독론적 경향을 고려한다.

7 　Jürgen Moltmann, *God in Creation: An Ecological Doctrine of Creation*, trans. Margaret Kohl, Gifford Lectures (San Francisco: Harper & Row, 1985).

8 　이 주제에 관하여 몰트만의 우주론은 Dionysius the Areopagite, *On the Divine Names* 4.13 및 4.7.3(아래 각주 17-18에서 인용됨)과 유사한 점이 많다.

카이사레아의 바실레이오스, 『헥사메론』

창조를 종말론과 기독론의 상호 연결된 틀 안에 위치시키는 가장 중요한 시도들 중의 하나는 카이사레아의 바실레이오스가(379년 사망)가 『헥사메론』으로 알려진 저작에서 수행한 것이다. 『헥사메론』은 창세기 1장(창 1:1-25)에 관한 아홉 편의 일련의 주해 설교들이다.[9] 이 설교 시리즈는 전통적으로 바실레이오스의 성직 기간의 저작으로 여겨지는데, 현재는 그의 생애의 마지막 해에 저술된 것으로 여겨지며 신학적으로 성숙한 저작으로 간주된다. 본래 사순절 동안 노동자 계급의 회중 앞에서 행해진 이 설교들은 이후에 기독교 세계 전체에서 읽히고 연구되었다. 밀라노의 암브로시우스(Ambrose of Milan)는 그 설교들을 본래의 그리스어로 읽었다(로버트 그로스테스트[Robert Grosseteste]도 그렇게 했다). 그리고 15세기 중엽까지는 그 설교들이 라틴어와 시리아어로 번역되었다.[10]

　　근대의 주석가들은 바실레이오스가 세속적인 과학적 자료들을 사용한 것에 초점을 맞추거나 그의 문자적 주석이라고 여겨지는 것에 초점을 맞추

9　이 글에서 사용된 그리스어 본문은 Emmanuel Amand de Mendieta and Stig Y. Rudberg, *Basilius von Caesarea. Homilien zu Hexaemeron*, GCS, Neue Folge 2(Berlin: Akademie Verlag, 1997)에서 가져온 것이다. 나는 더 일찍 출간된 Stanislas Giet, *Basile de Césarée. Homélies sur l'Hexaéméron*, SC26(Paris: Cerf, 1968)도 참조했다. 영어 번역들은 Agnes Clare Way's in *Saint Basil: Exegetic Homilies*, FC 46 (Washington, D.C.: Catholic University of America Press, 1963), 3-150에서 채택되었다.

10　참조. Louis Swift, "Basil and Ambrose on the Six Days of Creation," *Augustinianum* 21 (1981): 317-28; Robert W. Thomson, *The Syriac Version of the Hexaemeron of Basil of Caesarea*, CSCO, vols. 550-51, Scriptores Syri (Louvain: Peeters, 1995); Robert Grosseteste, *Hexaëmeron*, ed. Richard C. Dales and Servus Gieben (London: Oxford University Press for the British Academy, 1990); Richard W. Southern, *Robert Grosseteste: The Growth of an English Mind in Medieval Europe* (Oxford: Clarendon, 1992); Henry W. Norman, *The Anglo-Saxon Version of the Hexaemeron of St. Basil* (London: J. R. Smith, 1848).

는 경향이 있었는데, 이는 대개 더 이른 시기의 알렉산드리아인들의 주석과는 현저하게 대조된다. 그러나 이런 학문적인 초점들은 탄탄한 기독교적 우주론을 제시하려는 『헥사메론』의 목적에 관해 잘못된 인상을 형성해왔다. 나지안주스의 그레고리오스는 확실히 『헥사메론』의 목적을 이렇게 이해했는데 그는 바실레이오스의 장례식에서 다음과 같이 밝혔다. "내가 『헥사메론』을 집어 들고 소리내 읽을 때마다 나는 나 자신이 창조주의 현존 안에 있음을 발견한다. 그리고 나는 창조세계의 내적 원리들(*logoi*)을 이해한다. 그래서 내 주위의 세계에 대해 눈으로만 보았던 이전보다 더 많이 경탄한다"(*Oration*, 43.67).[11]

표면상으로는 인간 이외의 창조세계에 관한 성경의 내러티브에 대한 해설들인 그 설교들을 읽어 나갈 때 우리는 그 창조세계 안에서의 인간의 위치와 목적에 대한 바실레이오스의 압도적인 관심에 즉각적으로 매혹된다. 주석, 우주론, 인간학 사이의 연결은 바실레이오스가 자신의 첫 번째 설교의 시작(*Hom.* 1.1)에서 그것을 소개할 정도로 아주 중요했다. 여기서 그런 연관성은 해석학적 경고의 형태로 나타난다. 바실레이오스는 회중에 대한 반사적 도전으로서 하나님을 지향하는 미덕의 삶과 분리된 채로 성경의 본문이나 창조세계의 텍스트를 제대로 이해할 수 없다고 단언한다. 환원주의적인 역사비평적 접근, 객관적인 과학적 연구 또는 냉담한 현상학적 분석과는 대조적으로 바실레이오스는 의지와 욕망의 근본적인 수준에서 독자들을 참여시키는 주석 관습을 요청한다. "우리의 마음은 성경에 세심하게 주의를 기울이지 않는다면 우리 자신을 볼 수 있는 다른 방법을 갖고 있지

......

11   Gregory Nazianzus, *Oration*, ed. Jean Bernardi, SC 384 (Paris: Cerf, 1992), 272.

않기 때문이다"(*Hexameron* 10.1).[12] 그런 변증적인 훈련의 결과로 우리가 창조세계의 내러티브에서 의미를 발견하면 동시에 세상과의 관계 속에서 도덕적 행동을 전개할 인류의 소명이 드러난다.[13]

신현으로서의 창조세계

자연 질서의 이해 가능성에 대한 믿음, 즉 창조세계의 본질적인 "합리성"(*logos*)에 대한 믿음이 바실레이오스의 방법과 논증 모두에 암시되어 있다. 오리게네스(Origen)부터 일련의 학자들이 창조세계의 이해 가능한 구조들이 "자연 관조"(*physike theoria*)로 알려진 영적 진보의 단계 동안 인간의 정신에 계시될 수 있다고 말해왔다.[14] 창조된 질서 안에 있는 대상들에 관한 적극적이고 독실한 묵상으로서의 자연 관조는 대개 전도서와 관련이 있었는데, 바실레이오스 자신이 이 견해를 옹호했다.[15] 그러나 바실레이오스는

....

12   Basil, *Hexaemeron*, ed. Alexis Smets and Michel van Esbroeck, SC 160 (Paris: Cerf, 1970), 166. 이 열 번째 설교가 바실레이오스의 저작인지는 논란 중임을 주목하라. 그것이 바실레이오스 자신의 저작이 아니라면 그의 학파의 저작으로 보는 것이 합리적일 수 있다.

13   이 과정에 관한 논의는 Paul Blowers, *Exegesis and Spiritual Pedagogy in Maximus the Confessor: An Investigation of the Quaestiones ad Thalassium*(Notre Dame, Ind.: University of Notre Dame Press, 1991)을 보라. 다음 문헌들도 보라. Jaroslav Pelikan, "The 'Spiritual Sense' of Scripture: The Exegetical Basis for St. Basil's Doctrine of the Holy Spirit," in *Basil of Caesarea: Christian, Humanist, Ascetic*, ed. Paul J. Fedwick (Toronto: Pontifical Institute of Medieval Studies, 1981), 2:337-60; Philip Rousseau, *Basil of Caesarea* (Berkeley: University of California Press, 1994), 318-49.

14   R. P. Lawson, *Origen: The Song of Songs, Commentary and Homilies*, ACW 26 (New York: Newman, 1956), 43-44; 참조. Marguerite Harl, "Les trois livres de Salomon et les parties de la philosophie dans les Prologues des Commentaires sur le *Cantique des Cantiques* (d'Origène aux chaînes exégètiques grecques)," in *Texte und Textkritik: Eine Aufsatsammlung*, ed. Jürgen Dummer, 249-69 (Berlin: Akademie-Verlag, 1987).

15   Basil, *Hom.* 12.1, *On the Beginning of the Book of Proverbs*: "우리는 솔로몬의 책 세 권, 즉 잠언,

『헥사메론』에서 자연 관조의 비유들을 창세기에 기술된 자연 세계에 관한 본문 연구에 직접 적용한다. 이런 변화는 부분적으로는 우주가 일종의 텍스트(또는 악기나 예술작품 같은 연관된 상징적 구조)로 이해되고 따라서 의미 있는 기표들(signifiers)의 거대하고 다양한 체계로서 구성되는 더 큰 문화적 맥락에 의해 고무되었다. 더욱이 창조세계의 "요소들"을 가리키는 그리스어 단어 **스토이케이아**(*stoicheia*)는 알파벳의 "글자들"을 가리키는 데 사용되는 것과 동일한 단어였다. 이런 언어상의 일치는 언어의 음소들(phonemes)이 물리적 세계의 요소들과 유사하다는 관념을 지지했다.[16]

그러나 바실레이오스의 창조 교리는 단순히 그리스식의 우주적 경건의 예가 아니다. 좀 더 일반적으로 그리스 교부 전통에서처럼 카이사레아의 그 감독에게 있어서 세상은 **하나님의 현현**(theophany), 즉 물질세계의 구조 안에서 현시된 신성의 진정한 현존으로 이해된다. 그 결과 신적으로 기록된 책이라는 은유에 중대한 전환이 일어난다. 즉 하나님과 세상은 저자와 책처럼 연관되는 것이 아니라 본문과 그것의 의미처럼 연관된다. 본문과 그것의 의미는 밀접하게 그리고 아마도 불가분하게 상호 관련된다. 6세기에 디오니시오스 아레오파기테스(Dionysius the Areopagite)는 우주를 신성의 현현으로 여기는 교부의 견해를 구체화했다. 바실레이오스의 창세기 해석의 신학적 경향들을 밝히기 위해 디오니시오스의 창조 교리를 검토할 가

전도서, 아가를 알고 있는데 각각은 특정한 목적(*skopos*)을 위해 쓰였다. 잠언은 우리의 악을 바로잡고 올바른 삶의 방식을 가르치기 위함이다. 전도서는 자연의 논리(*physiologia*)를 다루면서 우리가 일시적인 것들이 우리의 관심을 받을 가치가 있다고 생각하거나 헛된 것들이 영혼의 관심을 받을 가치가 있다고 생각하지 않도록 우리에게 이 세상의 헛됨을 계시한다. 아가는 영혼과 하나님 사이의 친밀함을 신랑과 신부의 연합으로 묘사하기 때문에 영혼의 완전함의 방식을 알려준다"(PG 31.388AB).

16 이에 관한 논의는 Robert Lamberton, *Homer the Theologian: Neoplatonist Allegorical Reading and the Growth of the Epic Tradition*(Berkeley: University of California Press, 1986)을 보라.

치가 있다.

핵심 단락인 『신명론』(*On the Divine Names*) 4.13에서 디오니시오스는 창조세계를 창조되지 않은 신성의 자기 현시로 묘사한다. "황홀경의 순간에 모든 존재에 대한 만물의 원인의 섭리로 말미암아 만물의 원인이 그것 자체의 외부로 드러나게 된다. 그리고 말하자면 선과 애정과 사랑(*eros*)에 유혹되어 만물 위에 있고 만물을 초월하는 존재로부터 만물 안에 있는 존재에게로 아래로 이끌려 내려온다."[17] 이런 에로스적 황홀경의 운동은 세상에 주는 하나님의 창조적인 선물이다. 그 안에서 절대적으로 이름이 없고 알 수 없는 존재가 만물을 통해 알려지고 모든 이름에 종속된다. 이 황홀한 자기 공여에서조차 하나님은 본질에 있어서 근본적으로 알 수 없는 존재로 남는다. 하나님 자신의 본질에 있어서 하나님은 하나의 존재가 아니고 심지어 존재 자체도 아니지만, 창조의 황홀경에서 "만물 안의 모든 것이 되고 어느 특정한 것 안의 아무것도 아니다"(*On the Divine Names*, 7.3).[18] 창조세계는 하나님 자신의 자기 계시이기 때문에 디오니시오스는 모든 피조물이 공여되고 계시된 하나님의 상징들인 한 그것들이 이해할 수 있는 실재의 "상징들"이라고 여긴다. 그러므로 창조는 신성의 참된 현현이고, 비가시적인 것의 역설적인 가시성이며, 다른 방법으로는 알려질 수 없는 것의 감각적인 이해이기 때문에 일종의 성육신이다.

그렇다면 이런 우주론에서 창조세계는 단지 신학적 드라마를 위한 무대가 아니라 신과 인간 사이의 소통을 위한 매체이자 형태 자체이며, 지상

....

17 Dionysius, *On the Divine Names*, ed. B. R. Suchla, *Corpus Dionysiacum* I (Berlin, 1990), 159, 9-14행; 참조. Eric Perl, "The Metaphysics of Love in Dionysius the Areopagite," *Journal of Neoplatonic Studies* 6, no. 1 (1997): 45-73.

18 Dionysius, *On the Divine Names*, 198, 8-9행.

의 초월적 희망들이 천상의 점증하는 치밀화를 만나기 위해 건너는 문지방이다. 따라서 창조는 하나님과 인간 사이에 존재하는 반사성의 운동이며, 그 안에서 무한히 다른 존재의 두 영역이 페리코레시스적으로 연합한다. 이런 인류학적·신학적 몰입은 바실레이오스로 하여금 세상을 닫힌 체계, 관계들이 없는 독립적인 단위, 신과 인류 모두로부터 분리된 단위로 정의했던 세속 과학과 철학의 무신론적 유물론을 거부하도록 설득했다.[19] 동시에 세상과 하나님 사이의 구성적 관계를 주장하는 것은 아리우스주의자들, 특히 에우노미오스(Eunomius)에 대한 신랄한 응답이었다. 하나님의 철저한 초월성에 대한 그들의 극단적인 강조는 단순히 말씀을 피조물의 지위에 종속시키기만 한 것이 아니라 창조주를 창조세계로부터 멀리 떨어지게 해서 성육신한 구세주에 의해 구원받은 피조물에게 마땅한 감사의 관계성을 훼손했다.[20]

창조와 종말론

창조세계가 지닌 관계적 특성은 바실레이오스를 두 번째 통찰로 이끈다. 창조세계가 자율적이지 않다면 그것은 영원하지도 않다. 창조세계는 하나님 안에 그것의 시작과 끝을 갖고 있기 때문이다. 바실레이오스의 창세기 해석에 따르면 **아르케**(*arche*)라는 단어의 상서로운 사용(참조. 창 1:1, "태초

----

19 참조. Basil, *Hexaemeron* 1.2: "하나님을 알지 못하기에 그들(즉 철학자들)은 지성이 있는 (*emphronos aitia*) 창조의 원인을 파악할 수 없었고 오히려 자신들의 처음의 무지와 일치하는 방식으로 결론을 도출했다"(ed. GCS, 4, 4-6행; trans. Way, 5).

20 Philip Rousseau, *Basil of Caesarea*, The Transformation of the Classical Heritage 20 (Berkeley, Calif.: University of Californa Press, 1998), 321에서 이렇게 주장되었다.

에")이 정의로운 심판의 특징을 지니는 **텔로스**(*telos*)라는 개념과 밀접하게 연결되는데, **텔로스**를 통해 세상은 결정적으로 변모될 것이다. 바실레이오스는 인간과 비인간 창조세계가 모두 정의라는 추상적 원리와의 만남이 아니라 정의로운 심판자라는 인격과의 조우를 향해 줄기차게 나아가고 있다고 주장한다. 철학자가 (자연의 순환 운동을 포함하여) 정적인 불변성을 보는 곳에서 그 주교는 관계, 방향, 의도성을 본다. 친구에게 보내는 서신에서 바실레이오스는 그리스도인의 삶의 목표는 "마음을 계속 하나님께 두고 마음을 꾸준히 미래로 향하게 하는 것이다"라고 말했다(Letter 293).[21] 우리는 『헥사메론』에서 이와 동일한 추동력을 발견한다. 이처럼 기원론이 아니라 종말론이 바실레이오스의 창세기 이해에 중요한 해석학적 원리를 제공한다.

바실레이오스의 종말론적 해석학의 예가 세 번째 설교에서 발견된다. 여기서 그는 창세기 1:8(LXX, 개역개정은 창 1:10)의 단어들을 다룬다. "그리고 하나님이 보기에 그것이 아름다웠다(*kalon*)." 만일 설교자가 이 구절을 읽는 것을 듣는 사람들이 하나님이 여하튼 심미적인 즐거움을 경험한다고 상상하거나 하나님이 특정한 대상을 자신의 염두에 두었다고 상상한다면 그런 기대들은 곧바로 전복된다.

> 하나님에 의해 창조된 것들이 하나님의 눈에 즐거움을 제공하는 것이 아니며, 아름다운 대상들에 대한 하나님의 인식이 우리의 인식과 같은 것도 아니다. 완전해지는 것과 각각의 목적(*telos*)의 유용성에 일치하는 것이 아름다움이다. 그러므로 하나님은 자신의 작품들에 분명한 목표(*skopos*)를 확립했고 그것들

....

21 그리스어 본문과 영어 번역은 Basil, *The Letters*, trans. Roy J. Defarrari, (Cambridge, Mass.: Harvard University Press, 1970), 4:200에서 취한 것이다.

이 개별적으로 그 목적(*telos*)을 달성하도록 승인했다. 사실 동상의 손 한 개나 눈 하나, 혹은 파편으로 놓여 있는 조각들이 그것 자체로는 보는 사람에게 아름답게 보이지 않을 것이다. 그러나 자신의 적절한 자리에 있을 때 그것들은 관계성(*analogia*)의 아름다움을 드러낸다. 예술가가 자신의 판단을 그것들의 최종 목적(*telos*)으로 향하게 함으로써 그것들을 조직했다.[22]

바실레이오스는 하나님을 피조물과 구별함으로써 시작한다. 하나님과 피조물은 아름다운 것에 대한 그들의 인식과 평가에서 뚜렷하게 차이가 난다. 창조주의 관점에서 보면 "아름다운 것"은 정적이고 분리된 대상 안에서 인식되는 것이 아니라 과정 중에 있고 그것이 창조된 목적과의 유기적 관계 속에 있는 주체로서 인식된다. (흥미롭게도 바실레이오스의 제자들은 그런 파편화를 성욕에 대한 집착과 그것이 인간 주체들을 자기만족의 대상들로 축소하는 경향과 연관시켰다.)[23] 자신의 요점을 설명하기 위해 그 설교자는 예술의 은유를 사용하여, 부러져 분리된 동상의 부분들은 의미가 없지만 이와 대조적으로 동일한 부분들이 예술가의 창의적 의도에 따라 합쳐지고 질서가 잡히면 아름다움이 밝게 빛난다(*emphanes*)고 말한다. 첫 번째 설교에서 바실레이오스는 "온 세상이 우주에 대한 관조를 위해 창조주에 의해 전시된 하나의 예술 작품이다"(*Hexameron* 1.7)라고 주장했고, 그럼으로써 부러지고 회복된 석상

....

22   *Hexaemeron* 3.10 (ed. GCS, 55, lines 7-18; trans. Way, 53); 참조. *Hexaemeron*, 1.7. 여기서는 모든 예술은 그것의 "적절한 의도, 목표, 목적"을 지닌다고 언급된다(ed. GCS, 12, 6-15행; trans. Way, 11-12).
23   참조. Evagrius of Pontus, *Thoughts* 25: "마귀의 생각은 사실 지성으로 구성된 합리적 인간의 불완전한 이미지다," trans. Robert Sinkewicz, *Evagrius of Pontus: The Greek Ascetic Corpus* (Oxford: Oxford University Press, 2003), 171.

에 관한 자신의 이미지에 중요한 공명을 주었다.[24]

바실레이오스는 네 번째 설교에서 이 주제들을 다시 다루는데, 그곳에서 그는 "바다들의 창조"를 다룬다(창 1:10).

> "그리고 하나님이 보기에 그것들이 아름다웠다"(창 1:10). 그러나 창조주는 우리의 눈과 같은 눈으로 창조세계의 아름다움을 보지 않기 때문에 이 구절은 바다 자체가 하나님에게 즐거운 광경으로 제시되었음을 의미하지 않는다. 오히려 하나님은 자신의 형언할 수 없는 지혜로 만든 것들을 관조한다. 깊은 고요함이 깃들 때 반짝이는 바다는 참으로 보기에 즐거운 광경이다. 부드러운 미풍이 표면에 물결을 일으켜 보는 이에게 자주색과 무지갯빛 청색을 반사할 때도 바다는 즐거운 광경이다. 그러나 우리는 여기서 성경의 의미가 바다가 하나님께 이런 식으로 즐겁고 아름답게 보였다는 뜻이라고 생각하지 말아야 한다. 대신에 그것의 아름다움은 창조 활동의 내적인 목적(*logos*)에 의해 결정된다.[25]

이 구절에서 바실레이오스는 창조세계가 그 자체로는 성찰이나 관조를 위한 궁극적으로 유의미한 지평을 낳지 못한다고 제안한다. 창조된 질서는 인간의 관점과 가치 부여를 통해 의미를 획득하지도 않는다. 대신에 우리가 위에서 세 번째 설교로부터 인용한 구절에서 보았듯이 미래의 관점, 하

....

24　*Hexaemeron* 1.7 (ed. GCS, 12, 16-17행; trans. Way, 12). 설교 1과 설교 2는 같은 날의 아침과 저녁에 행해졌다("일과 전과 후에"). 따라서 설교 3은 다음 날 아침에 행해졌다. 바실레이오스의 집회에 참석한 "장인들" 중에는 석공들이 있었을 수도 있음을 주목하라. 참조. *Hom.* 3.1 (ed. GCS, 39, 1-2행; trans. Way, 37).

25　*Hexaemeron* 4.6 (ed. GCS, 66, 9-19행; Way, 63-64).

나님의 목적들의 관점이 만물을 그것들의 적절한 빛에 비추어 볼 수 있게 해준다. 바실레이오스는 낭만화된 미학의 감성적 렌즈를 통해서가 아니라 하나님의 눈을 통해 창조세계를 보도록, 즉 만물이 창조된 목적의 관점으로 보도록 자신의 회중에게 다시 한번 도전한다.

바실레이오스가 창조세계를 폄하한 것이 아니라 그것을 더 넓은 종말론적 가치의 지평 안에 위치시켰다는 점이 강조되어야 한다. 창조세계는 자율적이지도 않고 절대적이지도 않다. 창조세계는 그것을 넘어서 존재하는 것의 영구성 및 중요성과 관련이 있다. 여기서 바실레이오스는 계속해서 위에서 언급된 전도서와 관련된 **자연의 관조** 원리들을 통해서 작업한다. 예를 들어 오리게네스는 전도서의 시작과 끝부분의 권고(참조. 전 1:2; 12:8. "헛되고 헛되도다. 모든 것이 헛되도다")의 수사학적 힘을 이용하여 솔로몬의 목적이 다음의 내용을 가르치는 것이었다고 주장한다. "가시적이고 물질적인 모든 것은 덧없고 부서지기 쉽다. 그리고…지혜 추구자가 일단 그렇다는 점을 파악하고 나면 틀림없이 그것들을 일축하고 경멸할 것이다. 그는 세상을 포기하고…보이지 않고 영원한 것들을 추구할 것이다."[26] "창조세계의 헛됨"을 창조세계를 넘어서 존재하는 것의 초월성과 관련이 있는 것으로 보는 오리게네스의 이해는 전도서에 대한 표준적인 주석이 되었고 니사의 그레고리오스, 폰토스의 에바그리오스(399년경 사망), 바실레이오스에 의해 다양하게 발전되었다. 바실레이오스는 그것을 창세기 해석에 다소 독특하게 적용한다.[27]

....

26 Origen, *Commentary on the Song of Songs*, trans. Lawson, 44.
27 참조. Lawson, *Origen*, 43-44; 참조. Gregory of Nyssa, *Commentary on the Song of Songs*, *Hom*. 4, trans. Casimir McCambley (Brookline, Mass.: Holy Cross, 1987), 105; Evagrius of Pontus, *Commentary on Ecclesiastes* 1.2, ed. Paul Gehin, SC 397 (Paris: Cerf, 1993), 58: "영적인 교회(*ecclesia*)로 들어간 자들 및 창조된 존재들의 본성을 관조한 자들에게 이 구절은 '이

창조와 기독론

위에서 인용된 『헥사메론』의 네 번째 설교에 있는 구절(4.6)을 다시 다루어
보자. 앞서 언급된 바와 같이 바실레이오스는 피조물의 아름다움에 대한
신적 인정을 **자연 관조** 전통에 기초한 미래 지향적 주석을 통해 정의했다.
그러나 여기서는 세 번째 설교에서 발췌한 내용(3.10)과 달리 창조세계에
대한 하나님의 원시적 관조의 행위자(agent)가 분명하게 드러난다. 바실레
이오스는 "하나님은 자신이 만든 것들을 자신의 형언할 수 없는 지혜를 통
해 관조한다"라고 단언한다. 달리 말하자면 하나님은 창조세계를 그리스도
안에서, 즉 창조세계와 그리스도의 연합 안에서 관조한다. 따라서 하나님은
"태초에" 이미 창조세계를 성육신한 지혜의 인격 안에서 만물의 연합을 위
해 의도된 계획을 실현한 것으로 본다. 바실레이오스는 첫 번째 설교(*Hom.*
1.7)에서 "세상은 예술작품이다"라고 선언함으로써 이미 창조세계 안에 지
혜가 현존함을 암시했다. 여기서 완전한 인용문은 다음과 같다. "세상은 창
조주가 이를 통해 모든 사람이 창조주의 지혜를 알 수 있도록 우주에 대한
관조를 위해 전시한 예술작품이다."[28]

신적 지혜(Divine Wisdom)의 인물에 관한 언급들은 『헥사메론』 전체에
걸쳐 나타나며, 창조에 대한 바실레이오스의 기독론적 해석은 대체로 지혜

....
것이 약속들에서 너희를 위하여 떼어놓은 궁극적 목적이라고 생각하지 말라'고 말한다. 하
나님 자신에 대한 지식과 관련하여 모든 것은 '헛되고 헛되기' 때문이다. 완전하게 건강해
진 뒤에는 약들이 헛된 것과 마찬가지로 여러 세대와 세계들의 원리에 관한 지식도 거룩한
삼위일체에 대한 지식을 획득한 이후에는 헛되기 때문이다." Theodoret, *Commentary on the
Song of Songs*도 보라: "전도서는 우리가 현재의 모든 것이 어떻게 죽음에 종속하는지를 배
우고 그래서 그것들을 무시하고 영원히 지속되는 미래를 갈망하도록 만들기 위해 가시적인
것들의 본질을 해석하여 우리에게 현재의 삶의 공허함에 관해 가르친다"(PG 81.48A).

28 각주 24와 같다.

론적이다.[29] 첫 번째 설교에서 그는 지혜의 창조적 예술은 창조세계의 소우주인 모세의 성막을 만들었던 건축가 브살렐의 작품에 표현되어 있다고 말한다(*Hom.* 1.5, p.10, 14-15행; 참조. 출 31:3, 7). 창조적 지혜를 이차적인 신으로 경멸하는 에우노미오스(Eunomius)에 대한 답변처럼 보이는 곳에서 바실레이오스는 몇 가지만 얘기하자면 "접근 불가능한"(*aprositos*: *Hom.* 1.2, p. 5, 18행), "표현 불가능한"(*arrhetos*: *Hom.* 3.6, p. 49, 3행; 참조. *Hom.* 4.6, p. 66, 11행), "형언 불가능한"(*aporretos*: *Hom.* 5.8, p. 83, 9행; 참조. *Hom.* 6.1, p. 87, 7행), "탐구 불가능한"(*anexichniastos*: *Hom.* 9.5, p. 157, 1행)과 같은 **부정신학적** 문구들을 다수 사용하여 지혜를 찬미한다.

전체적으로 창조세계에서 지혜의 현존은 바실레이오스의 논증의 본질을 미묘하지만 중대하게 변경한다. 더욱이 그의 종말론적 관심들과 일관되는 지혜론은 선재하는 지혜의 데미우르고스적인 조물주 기능에 제한되지 않는다. 실제로 네 번째 설교의 현저한 기독론적 전환은 세 번째 설교(3.10)의 논증에 의해 예상되었다. 세 번째 설교에서 바실레이오스는 인간 창조세계와 비인간 창조세계 모두가 "의로운 심판자"인 그리스도 자신을 최종적으로 인정하는 것을 향해 움직이고 있다고 주장했다. 그러므로 우리는 바실레이오스의 종말론이 예리하게 기독론적이며(단순히 자연적 목적론의 형태는 아니다), 종말론과 기독론 모두가 창조세계의 구조 안에 깊이 내장되어 있다는 결론을 내릴 수 있다.

....
29   GCS, 22의 색인에 표시된 거의 30개에 달하는 인용을 보라.

지혜서

창조의 맥락에서 종말론과 기독론이 수렴하는 것은 윤리학과 미덕의 삶에 대해 중요한 함의가 있다. 지혜는 우주라는 책에 현명한 교리들을 새겨놓았는데, 이는 물질의 수준에 지혜 자신의 고유한 의를 확장한 것이다. 이로 인해 창조세계는 "영혼들을 위한 학교"(*didaskaleion*)이자 "훈련의 장소"(*paideuterion*)"다.[30] 제대로 읽히면 창조세계의 책은 도덕적·사회적·정치적 정의의 설득력 있는 예들을 제시한다. 그런 위대한 책의 책장을 넘기면서 바실레이오스는 조화, 공평, 질서, 협력의 흔적들을 도처에서 발견한다. 예를 들어 그는 다양한 동물 왕국의 사회적 조직과 평화로운 공존에서 지혜의 현존을 식별하며, 이것을 인간관계를 위한 전형으로 삼는다. 아마도 피조물 중에서 이런 조화의 가장 좋은 예는 창세기 1:20(LXX, 개역개정은 1:22)에 관한 그의 논의에 나타날 것이다. "하나님이 그들[바다의 생물들]에게 복을 주시며 이르시되 '생육하고 번성하여 여러 바닷물에 충만하라.'" 바실레이오스는 다음과 같이 쓴다.

> 각자에게 적합한 공간을 할당받은 여러 종류의 모든 물고기가 어떻게 서로를 침범하지 않고 자신의 경계 안에 머무르는가? 어떤 측량사도 그것들의 거주 장소의 한계를 설정하지 않았고, 그것들은 자신들 주위에 울타리와 벽을 세우지도 않고 경계를 표시하지도 않는다. 그러나 각자에게 유용한 것은 그것들 사이에 분명하게 그리고 자연스럽게 정해졌다. 그러나 우리는 결코 그것들과

....

30 이 용어들은 *Hexaemeron* 1.5(ed. GCS, 9, 12행; trans. Way, 9)에 나타나며, 1.6(ed. GCS, 11, 11-12행; trans. Way, 11)에도 다시 나타난다.

같지 않다. 우리는 땅을 조각조각 나누어 분할하고, 우리의 재산을 증대하고 확장하며, 우리의 이웃에게 속한 것들을 취한다. 물고기들은 하나님의 법을 거스르지 않지만, 우리 인간은 우리 자신의 구원을 위한 교훈을 견딜 수 없다. 물고기들이 말하거나 생각할 수 없다는 이유로 그것들을 경멸하지 말고 창조주의 명령을 거부함으로써 당신이 물고기들보다 훨씬 더 비합리적인 존재가 되지 않도록 주의하라.[31]

바다의 생물들은 바실레이오스에게 회중이 모방하여 실행해야 할 인간 사회의 모습을 제공한다. 그러나 같은 생물들이 우리가 세심하게 피해야 할 경고의 모형 역할도 할 수 있다.

다른 여러 물고기에게 그것들의 종에 따라 다른 먹이가 할당된다. 몇몇 물고기는 식물을 먹지만 물고기의 대다수는 서로를 먹는다. 좀 더 작은 물고기들은 좀 더 큰 물고기들의 먹이가 된다. 그러나 때때로 그 작은 물고기들과 더 큰 물고기들이 모두 이제는 훨씬 더 큰 물고기의 뱃속으로 삼켜진다. 이것은 당신이 아랫사람들을 압제할 때 행하는 것이 아닌가? 당신은 부에 대한 탐욕적인 사랑으로 자신의 탐욕의 뱃속에 약한 것들을 삼키는 그 마지막 물고기와 어떻게 다른가? 어떤 사람은 가난한 자의 재산을 취하고, 더 큰 힘을 가지고 있는 당신은 그들 모두에게서 빼앗는다. 당신은 당신 자신이 불의한 자들보다 더 불의하며 탐욕스러운 자들보다 더 탐욕스러움을 분명하게 보여주었다. 당신이 낚시나 그물에 잡힌 물고기의 운명에 빠지지 않도록 주의하라. 확실히 우리가 그런 불의한 행위를 저질렀다면 우리는 최후의 보응을 피하지 못할 것

....

31   Ibid., 7.3-4 (ed. GCS, 118-20, 21-28행; trans. Way, 111-12).

이다.[32]

이런 구절들이 암시하듯이 바실레이오스의 성경 해석은 지적인 노력이라기보다 도덕적인 노력이며, 종말론적 목적을 위해 정돈된 사회적 정의라는 암묵적 의제를 가지고 있다. 창조세계는 연속적인 전체 내러티브로서 함께 짜여 있으며 이것의 분명한 의미는 가족생활에서의 애정, 검소한 영양 공급에 대한 적절한 지원, 공정한 재산 분배, 이웃과의 조화의 장점에 대한 풍부한 모형들을 제공해준다. 하나님이 "심지어 가장 작은 생물들 안에도 자신의 지혜에 대한 가시적 흔적을 두었기"[33] 때문에 바실레이오스는 자신의 회중에게 창조세계라는 책을 존중하고 모방하고 배우도록 초청한다.

바실레이오스의 창세기 1장 해석의 기저에 있는 신학적 원리들은 그의 저작들 전체에 걸쳐 나타난다. 자신의 금욕적인 설교들 중 하나에서 그는 창조세계, 인간학, 윤리, 종말론에 관한 요약적 개관을 제공해준다.

인간은 적합하고 유용한 몸에 정신이 연합되어 있는 존재다. 이 연합은 우주의 매우 지혜로운 장인(pansophos technites)에 의해 자궁에서 형성되었고, 출산의 고통에 의해 캄캄한 내면의 방들로부터 밝은 데로 드러났다. 이 존재는 땅 위의 만물의 청지기로 임명되었고, 그 앞에 창조세계는 미덕의 경기장(gymnasion)으로서 펼쳐진다. 그의 힘에 일치하게 창조주를 모방하도록, 그리고 천상의 선한 질서를 지상에 그려내도록 그를 위해 율법이 세워졌다. 이 존재는 부름을 받으면 세상을 떠나 자신을 보낸 하나님의 심판석 앞에 선다. 이

....
32   Ibid., 7.3 (ed. GCS, 116, 10-24행; trans. Way, 109).
33   Ibid., 7.5 (ed. GCS, 121, 25행과 122, 1행; trans. Way, 114).

존재는 자신의 삶과 행동에 책임을 지며 그에 상응하는 보상을 받을 것이다.[34]

결론

창조세계는 우리의 기억, 신화, 의미로 가득 찬 인류 역사의 짐을 지고 있으며 이 모든 것은 우리가 그것을 통해 우리 주변의 세계를 조사하는, 정교하게 새겨진 틀을 형성한다. 낙원의 정원을 경작하라는 신적 명령의 순간부터(창 2:15) 인간의 정신이 자연을 심원하게 형성해왔다. 땅의 얼굴인 "지면"(창 2:6)은 여러 층의 흙과 바위로부터 형성된 것만큼이나 인간의 욕망과 희망의 지형으로부터 형성되었다.

문화가 없이는 자연이 없다는 것이 사실이라면 우리가 환경을 문화적으로 점유하는 것에 관해 본질적으로 수치스러운 점이 전혀 없다는 것도 사실이다. 창조세계를 신학적으로 결합한 바실레이오스의 작업이 우리에게 보여주었듯이 환경에 대한 모든 접근이 죄책과 슬픔의 원인인 것은 아니며 오히려 축하와 칭송의 이유를 제시해줄 수도 있다. 우리가 인간이 지상의 생태에 끼친 영향이 순수한 복이 아니었다는 점을 인정하더라도(우리는 그 점을 인정해야 한다), 자연과 문화 사이의 오랜 관계가 이미 결정된 극심한 재난이었던 것도 아니다. 이제 우리에게는 어느 때보다 자연에 관한 새로운 시학, 즉 창조세계라는 책을 볼 새로운 눈과 그 책을 읽을 새로운 해석학이 필요하다. 그러나 우리에게는 침묵과 내면의 고요함, 우리의 세상이 "표현 불가능하고 탐구 불가능한" 지혜의 문지방이라는 점에 대한 인정도 필요하다. 창조세계에 대한 몰트만 교수의 종말론적이고 기독론적인 접근

....

34   *Hom.* 21, *On Detachment from the World* 5 (PG 31.549A).

법에서 우리는 그리스 교부들—그들도 마찬가지로 우리 자신, 하나님, 그리고 우리와 지구를 공유하는 지혜롭게 만들어진 피조물들 사이의 균형을 회복하고자 했다—의 유산에 빚을 지고 있는, 지배적이지 않은 새로운 방식의 관점과 행동을 발견한다.

17장

존 던의 삼위일체 이해

제럴드 오콜런스, SJ

칼 라너(Karl Rahner)는 "사제와 시인"[1]이라는 논문을 쓸 때 같은 사람이 사제와 시인, 또는 그 문제에 있어서는 신학자와 시인 모두가 될 수 있음을 알았다. 초기 기독교(예. 시리아의 성 에프렘[St. Ephraem], 나지안주스의 그레고리오스)와 이후의 세기들(예. 십자가의 성 요한[St. John], 제라드 맨리 홉킨스[Gerard Manley Hopkins])에서 분명한 예들이 발견된다. 언어는 특별한 방식으로 시인들과 사제들(신학자들)에게 맡겨진다. 신학자들이 더 산문적이고 신학자와 사제 중에는 시인이 거의 없기 때문에 신학이 손해를 보았다고 주장될 수 있다. 이번 장에서 나는 시인이자 천재 설교자로 기억되는 영국의 작가 존 던(John Donne, 1571/2-1631)에 관해 숙고하고, 그의 삼위일체 신학이 제시하는 내용을 검토한다. 매우 개인적인 그의 접근법은 위르겐 몰트만이 몇 편의 주요 저작에서 전개했던 사회적 삼위일체 교리와는 분명히 다르다.[2] 던과 몰트만의 뚜렷한 기독교 삼위일체 교리 제시에서 그들 사이에 어떤 유사점들이 있는가?

던은 앤 모어(Ann More)와 결혼하기 전과 후에 쓴 애정 시로 유명하다. 그들의 사랑 덕분에 던은 영어로 쓰인 가장 아름다운 애정 시 중 몇 편을 썼다. 그러나 그의 애정 시들에는 그의 상상 속에 하나님이 강력하게 존재하며 심지어 어떤 아내나 연인보다 더 많이 존재한다. 혹자는 그의 종교시와 다른 시인의 종교시를 "기도하는 인간을 엿듣기"[3]로 묘사할지도 모른다. 종

....
1   *Theological Investigations* (London: Darton, Longman and Todd, 1967), 3:294-317, 특히 294-302(시인들)과 302-7(사제들).
2   다음 문헌들을 보라. Jürgen Moltmann, *The Crucified God: The Cross of Christ as the Foundation and Criticism of Christian Theology*, trans. R. A. Wilson and John Bowden (New York: Harper & Row, 1974); *The Trinity and the Kingdom: The Doctrine of God*, trans. Margaret Kohl (New York: Harper & Row, 1981); *History and the Triune God: Contributions to Trinitarian Theology* (New York: Crossroad, 1992).
3   여기서 논의되는 모든 시에 대해 가장 최근의 자료는 John Donne, *The Complete English*

교 시인들은 말하자면 큰 소리로 기도한다. 그들 중 몇 사람은 자기의 모습을 그대로 보여주기보다 자신이 되기를 원하는 모습을 보여주는 데 전념한다. 던은 이 점에서 동시대의 매우 경건한 시인이자 사제였던 조지 허버트 (George Herbert, 1593-1633)에 비해 과시욕이 강한 사람이라는 비판을 받아왔다.[4]

던은 대다수 인간의 경험을 넘어서는 영적 은사와 은혜로 주목할 만하지는 않았다. 그는 십자가의 요한(1542-91) 같은 신비주의자가 아니었다. 제라드 맨리 홉킨스(1844-89)와는 달리 던은 자연 세계의 아름다움과 그 안에서 발견되는 삼위일체의 흔적들에 대해서는 깨닫지 못했던 것처럼 보인다. 내성적이고 자기 비판적인 던에게는 공통적인 기독교 신앙과 공통적인 인간 경험을 자연스러운 언어를 통해 인상적인 방식으로 표현하는 탁월한 능력이 있었다. 던이 다루는 참된 주제는 삼위일체 하나님과의 관계 안에 있는 인간의 마음이었다. 던은 강렬한 종교적 감정으로 삼위일체 하나님께 말하고 삼위일체 하나님에 관해 말했는데, 이 점에서 그보다 뛰어난 시인이나 심지어 그에 필적할 만한 시인도 거의 없었다. 먼저 그의 『거룩한 소네트』(Holy Sonnets) 중의 한 편을 살펴보고, 그다음에 "성부 하나님께 드리는 찬송"(A Hymn to God the Father)을 살펴보자.

"나의 마음을 치소서"

『거룩한 소네트』에 일반적으로 14번으로 등재된 시에서 던은 성 삼위일체

Poems, ed. and intro. C. A. Patrides(New York: Knopf, 1991)를 보라.

4 예를 들어 조지 허버트의 작품집 *The Temple*(1633)에 수록된, 놀라울 정도로 직접적인 그의 시 "Trinity Sunday"를 보라.

와 격렬하게 대화한다. 자비가 필요하고 자비를 발견한 죄인으로서 말하면서 그는 깊은 감정을 가지고 자신의 개인적인 경험을 강조하면서 글을 써서 다른 사람들로 하여금 그들이 읽은 내용과 그들 자신을 쉽게 연관시킬 수 있게 한다. 이 소네트(14행 시)에는 인칭 대명사가 많이 나온다. 삼위일체는 "당신"(you)으로 여섯 번 언급되고 "당신의"(your)로 세 번 언급된다. 던은 자신을 "나의"(my)로 한 번, "나는"(I)으로 네 번, "나를"(me)로 여섯 번 말한다. "당신"과 "나를"이라는 단어를 선호한 것은 신학적으로 적절한 것으로 드러난다. 무엇보다 중요한 것은 삼위일체가("당신이") 던을("나를") 위해 할 수 있는 일이다. 그 소네트를 살펴보자.

나의 마음을 세게 치소서, 삼위일체 하나님이여. 당신은
여태 가볍게 두드리고, 숨을 내쉬고, 비추고, 고치려고만 하기 때문입니다.
내가 일어나 설 수 있도록 나를 뒤엎고
당신의 힘을 기울여 나를 깨뜨리고, 세게 불고, 태우고, 새롭게 하소서.
나는 다른 군주에게 강탈당한 마을처럼
당신을 받아들이고자 애쓰지만, 오 아무 소용이 없나이다.
내 안에 있는 당신의 총독인 이성은 나를 방어해야 하지만
포로가 되었고, 허약하거나 충실하지 않음이 밝혀졌나이다.
하지만 나는 당신을 지극히 사랑하며 기꺼이[즐겁게, 기쁘게] 사랑받을 것입니다.
그러나 나는 당신의 원수와 정혼했으니
나를 이혼시켜주시고 풀어주시고 다시 그 매듭을 끊어주소서.
나를 당신에게로 이끄시고 가두소서. 나는
당신이 나를 사로잡지 않는 한 결코 자유롭지 못할 것이고

당신이 나를 범하지 않는 한 결코 정숙하지 못할 것이기 때문입니다.

("나의 마음을 세게 치소서"로부터 "나를 범하다"까지) 동사들이 풍부한 이 소네트
는 던이 구원받을 필요가 있음을 선언한다. 그가 삼위일체로부터의 도움을
간청할 때 세 개가 한 조로 이루어진 격렬한 동사들이 두 번 나타난다. "나
를 **이혼시켜주시고 풀어주시고** 그 매듭을 다시 **끊어주소서**. / 나를 당신에
게로 **이끄시고 가두소서**, 나는 / 당신이 나를 **범하지** 않는 한." 그의 상황은
무력하며 그를 구원하기 위해서는 "삼위 하나님"의 강력한 행동이 필요할
것이다. 던은 자체로서의 삼위일체보다는 우리를 위한 존재로서의 삼위일
체를 묘사한다. 즉 내재적 삼위일체보다 경륜적 삼위일체를 훨씬 많이 묘
사한다. 이 시는 수사학적 역설들을 포함한다. 즉 그는 일어나 서기 위해 뒤
엎어지기를 기도한다. 그가 자유로워지려면 삼위일체가 그를 가두고 노예
로 만들어야("사로잡아야") 한다. 그가 정숙해지려면 하나님이 그를 "범해
야" 한다.

　잘못된 그릇을 고치는 금속 장인(2행과 4행), 점령된 마을을 둘러싸고
있는 정당한 왕, 거짓된 연인에게 종속된 어떤 이를 구원하는 참된 연인이
라는 세 가지 이미지가 던의 절망적인 상황을 극적으로 변화시킬 수 있는
신적 구원의 과정을 묘사한다. 첫 번째 이미지는 하나님을 자신이 원하는
대로 진흙을 빚는 토기장이로 그리는 구약성경의 이해를 배경으로 한다(예.
사 45:9, 64:7; 롬 9:20-21을 보라). 구약성경은 포위당한 여리고와 예루살렘에
관해 말하지만, "강탈"당했거나 자신에게서 잘못 탈취된 것을 되찾기 원하
는 왕처럼 하나님이 마을을 포위하는 이야기는 제공하지 않는다. 세 번째
이미지는 충분한 성경의 배경을 가진다. 성경에서 예언자들은 예루살렘이
나 하나님의 선택된 백성을 불성실한 배우자로 표현하며, 하나님은 사랑으

로 그들과의 언약 관계를 갱신하기를 원한다(예. 호 2:14-23). 이 이미지를 소개하는 행("나는 당신을 지극히 사랑하며 기꺼이[즐겁게, 기쁘게] 사랑받을 것입니다")은 "주님, 모든 것을 아시오매 내가 주님을 사랑하는 줄을 주님께서 아시나이다"(요 21:15-17)로 끝나는 성 베드로의 사랑에 대한 세 번의 항변을 떠올리도록 의도되었을 수 있다.

던은 삼위일체가 그의 마음을 "세게 칠" 때 함께 행동한다고 씀으로써 정통 신학을 따른다. 전통적인 공리가 표현하듯이 "삼위 하나님"의 행동은 공통적이다. 던은 신적 행동에 대한 세 가지 동사, 즉 "두드리다", "내쉬다", "비추다"를 통해 삼위일체 내에서의 위격의 구별을 암시한다. "두드리다"는 요한계시록의 성자를 환기시킬 수도 있다. "볼지어다! 내가 문밖에 서서 두드리노니"(계 3:20). "내쉬다"는 물론 성령을 가리킨다. "비추다"는 빛으로서의 하나님(요일 1:5), "빛들의 아버지"(약 1:17) 또는 구약성경에서 자주 발견되는 하나님의 빛나는 영광을 떠올리도록 의도되었을지도 모른다. 단순히 가볍게 두드리고 숨을 내쉬고 비추는 것은 던 자신인 깨진 꽃병을 고치기에 충분하지 않을 것이다. 고치는 것을 넘어 그는 다시 만들어질 필요가 있다. 그러므로 그는 하나님께 훨씬 더 강력하게 행동하도록 간청한다. 그는 삼위일체께 (단지 가볍게 두드리기만 하는 것이 아니라) "당신의 힘을 기울여 깨뜨리고", (단지 숨을 내쉬기만 하는 것이 아니라) "세게 불고", (단지 비추기만 하는 것이 아니라) "태워서" 자신을 "새로운" 존재로 만들어 달라고 요청한다. 우리를 "새로운 피조물"(고후 5:17)로 만드는 그리스도를 통해 이루어지는 신적 구원에 관한 바울의 언어는 던의 기도를 뒷받침하며, "내가 만물을 새롭게 하노라"(계 21:5)라는 신적 선언도 마찬가지다.

던의 죄악된 상태를 구원하기 위해 필요한 격렬한 행동은 그 시의 맨 처음 단어들에서 나타난다. "나의 마음을 세게 치소서." 우리는 포위된 마을의 성문들을 공격하기 위해 사용되는 공성 망치를 쉽게 생각할 수 있다. 이와 같은 포위된 마을의 이미지(던의 두 번째 이미지)는 그가 원하는 구원의 첫 번째 이미지를 전개할 때 미묘하게 예상된다. "내가 일어나 설 수 있도록 나를 **뒤엎으소서.**" 던의 평생을 특징지었던 저지대 국가들, 독일 및 다른 곳에서의 끊임없는 전쟁 동안 한 통치자의 힘은 또 다른 통치자에게 정당하게 속한("다른 군주에게 속한") 마을을 자주 차지했다. 던은 천상의 왕에게 속하지만 하나님의 원수인 사탄에게 사로잡혔다. 정당한 왕이 도착하여 마을을 포위할 때, 여전히 그 왕에 대한 충성을 유지했던 마을 안의 시민들은 성문들을 열어 해방하는 세력이 들어오도록 노력할 것이다. 이것이 던의 상황이다. 즉 그는 천상의 왕에게 속하지만 원수에게 사로잡혔다. 그는 안쪽에서부터 성문들을 열고자 노력하지만 그의 노력은 "헛되다." 그 안에 있는 하나님의 "총독" 또는 대표자인 그의 이성은 사탄에 저항해야 하지만 너무 "약하거나" 심지어 사탄의 편으로 옮김으로써 "충실하지 않음"이 밝혀지기까지 했다. 심지어 이성조차도 성문들을 열지 않을 것이기 때문에 삼위일체가 문들을 쳐서 무너뜨리고 자신의 마을(던)을 다시 차지해야 할 것이다.

잘못된 통치자에게 종속되었다는 이미지는 쉽게 세 번째이자 마지막 이미지, 즉 거짓 연인인 "당신의 원수"에게 종속되었다는 이미지로 이어진다. 던의 시대에는 부모가 자기 자녀의 정혼을 주선했다. 던의 경우 그의 태곳적 부모인 아담과 하와가 죄에 빠져서 그를 하나님의 "원수"인 사탄과 "정혼"시켰다. 그러나 던은 자신의 진정한 신적 연인과 연합하기를 원한다. 그런 연합이 일어나기 위해서는 삼위일체가 강하게 그리고 심지어 격렬하게 행동해야 한다. "나를 이혼시켜주시고 풀어주시고 다시 그 매듭을 끊어주소서." 17세기의 정혼은 약혼보다 현대의 결혼과 더 비슷한 연합을 수반했기 때문에 던은 "이혼"(divorce)과 "매듭을 끊다" 같은 강력한 용어를 사용한다. "**다시** 그 매듭을 끊어주소서"라고 말할 때 그는 그리스도의 성육신과 십자가 처형이 아담과 하와의 죄가 그들의 후손들에게 초래한 원래의 정혼을 깬 방식을 염두에 두고 있다. 그 "깨뜨림"은 모든 인류에게 영원한 혜택을 주었다. 던은 세례를 받은 다른 신자들과 마찬가지로 자신의 죄를 저질렀고 사탄과의 정혼을 갱신했기 때문에 던이 자신의 정당한 연인의 품 안으로 "받아들여지려면" 하나님이 던을 구하기 위해 다시 한번 힘을 사용해야 한다.

던이 갈망하는 격렬한 구원은 다음과 같은 역설을 특징으로 한다. "가두소서. 나는 당신이 나를 사로잡지 않는 한 결코 자유롭지 못할 것이기 때문입니다." 이상적으로는 인간이 자신을 창조하고 자신에게 자유를 준 삼위 하나님께 자신을 전적으로 드리기를 자유의사로 선택해야 한다. 그러나 던은 자신의 약함을 안다. 그는 너무도 쉽게 죄와 사탄에게 다시 복종한다. 하나님이 그를 계속 "사로잡거나" 하나님을 섬기는 일에 예속시키지 않는 한 그는 진정으로 자유로울 수 없을 것이다. 이 표현의 배후에 두 종에 관한 성 바울의 가르침이 놓여 있다. 구원은 죄로부터의 자유와 하나님에 대한 새로운 "종 됨"을 가져온다. "죄의 종"이었던 사람들이 이제 "의의 종"이 된다(롬 6:15-23).

"사로잡다"라는 단어는 "종으로 삼다"라는 의미와 더불어 던의 시의 마지막 행으로 나아가는 길을 열어주는 낭만적인 의미도 지닌다. "당신이 나를 범하지 않는 한 결코 정숙하지 못할 것입니다." 던은 하나님이 그를 "범하거나" 힘으로 그를 취할 때에만 자신의 신적 배우자에게 "순결"하거나 충실할 수 있다. 신약성경(예. 엡 5:23-27)과 이후의 기독교 전통은 그리스도를 전체 교회 혹은 구원받은 사람들의 최종 공동체의 신랑으로 묘사한다. 던은 이 이미지를 변경하여 삼위일체가 신랑이고 던 자신은 신부라고 말한다. 시인은 에로스적 사랑을 사용하여 자신의 신적 연인, 즉 "삼위 하나님"과의 총체적이고 배타적인 연합에 대한 자신의 갈망을 표현한다. 따라서 이 소네트는 하나님이 던의 **마음**을 세게 치는 것에서부터 하나님이 그의 전 인격을 **범하는 것**에 이르기까지 완전한 원을 이룬다.

　우리가 이 "거룩한 소네트"에 표현된 삼위일체 신학을 최종적으로 어떻게 평가하든 던은 확실히 삼위일체 신앙을 전문가들을 위한 논리적 수수께끼에 지나지 않는 것으로 합리적으로 축소하지 않는다. 그런 입장이 임마누엘 칸트(Immanuel Kant)가 『학부들의 논쟁』(*Conflict of Faculties*)에서 다음과 같이 말하도록 조장했다. "삼위일체 교리는 문자적으로 취한다면 **실제적인 적실성이 전혀 없다.** 우리가 그것을 이해한다고 생각할지라도 말이다. 우리가 삼위일체 교리가 우리의 모든 개념을 초월한다는 것을 깨닫는다면 그것은 확실히 훨씬 더 적실성이 없다. 우리가 신성 안에 있는 세 위격을 섬기든지 열 위격을 섬기든지 아무 차이가 없다."[5] 자신의 약함과 죄와의 싸움에서 던은 "삼위 하나님"이 매우 적실성이 있음을 발견했다. 사실 "우리를 위한"(*pro nobis*) 삼위일체(전통적인 신학에서 경륜적 삼위일체)는 구원을 위해 우리가 가질 수 있는 유일한 희망이다. 다음번 시는 용서와 구원을 위한 훨씬 더 열정적인 기도를 제공한다.

"성부 하나님께 드리는 찬송"

이 시의 내용과 언어는 우리가 조금 전에 검토했던 "거룩한 소네트"보다 훨

5　In Immanuel Kant, *Religion and Rational Theology*, trans. A. W. Wood and G. di Giovanni (Cambridge: Cambridge University Press, 1996), 264(강조는 덧붙인 것임).

썬 더 개인적이다. 하나님에 대한 언급은 "당신의, 당신 자신"이 두 번 나오고 "당신"이 아홉 번 나온다. 던은 "나의"를 네 번 사용하고 "내가"(나는)를 열한 번 사용한다. 이 대명사들은 모두 이 시를 매우 개인적인 것으로 만들고 신학적 논증과 감정이 강력하게 섞이게 하는 데 도움이 된다.

> 당신은 내가 시작되었을 때의 그 죄를 용서하시겠나이까?
> 전에 저질러졌지만 나의 죄인 그 죄를 말이니이다.
> 당신은 내가 저질러왔고 여전히 저지르고 있는 죄를 용서하시겠나이까?
> 내가 그것들에 대해 한탄하면서도 여전히 저지르는 죄들을 말이니이다.
> 당신이 그 죄를 용서하셨어도 당신이 용서하시지 않은 것이나 마찬가지니
> 이는 내게 더 많은 죄가 있기 때문이니이다.
> 당신은 내가 다른 사람들이 죄를 짓게 하고
> 나의 죄를 그들의 문이 되게 한 죄를 용서하시겠나이까?
> 당신은 내가 한두 해를 삼갔다가 이십 년을 그 안에서 뒹구는
> 그 죄를 용서하시겠나이까?
> 당신이 그 죄를 용서하셨어도 당신이 용서하시지 않은 것이나 마찬가지니
> 이는 내게 더 많은 죄가 있기 때문이니이다.
> 나는 내가 나의 마지막 실을 자았을 때
> 내가 물가에서 소멸할 것이라는 두려움의 죄를 가지고 있나이다.
> 당신 자신으로 맹세하소서. 나의 죽음의 순간에 당신의 태양이
> 지금 및 지금까지와 같이 빛날 것이라고.
> 그리고 그렇게 하시면 당신이 하실 일을 다 하신 것이니이다.
> 나는 더 이상 구할 것이 없나이다.

시인은 자신의 죄들을 가지고 그리스도께 용서를 간구할 수 있었을 테지만, 던의 잉태부터 죽음까지를 다루는 일종의 일반적인 고백을 하기 위해 삼위일체의 첫 번째 위격을 자신의 고해를 들어줄 대상으로 선택한 것처럼 보인다. 이 고백으로 던은 다음과 같이 기도할 수 있다. "당신 자신으로 맹세하소서. 나의 죽음의 순간에 당신의 태양이 지금 및 지금까지와 같이 빛날 것이라고." 여기서 "태양"(Sun)은 "성자"(Son)의 언어유희임이 분명하다. 던의 다가오는 죽음에 대한 이야기는 그리스도 자신의 죽음을 쉽게 암시한다. 그리스도의 죽음은 하나님의 자비로운 사랑이 인간을 향해 빛나게 한다. 다른 곳에서 시인은 "태양"을 신적 자비의 상징으로 자주 사용하고 "태양"과 "성자" 사이를 쉽게 오간다. 그러므로 한 설교에서 그는 자신의 소망을 표현하는 데 이 둘을 함께 언급한다. "나는 하나님의 아들, 영광의 태양을 볼 것이고, 태양이 빛나듯이 나 스스로 빛날 것이다"(Sermon 4.162).[6]

죄와 죽음의 심각성을 고통스럽게 심지어 과도하게 의식하는 던은 자신의 공로로 여겨지는 어떤 것에도 호소하지 않고 하나님의 자비에 의지한다. 그렇게 하면서 그는 여러 곳에서 성경 이야기를 미묘하게 다룬다. 그는 자신의 부모를 통해 그가 아담과 하와로부터 물려받은 죄의 오염에 대한 용서를 간청하면서 시작한다. "당신은 내가 시작되었을 때의 그 죄를 용서하시겠나이까? / 전에 저질러졌지만 나의 죄인 그 죄를 말이니이다." 그는 이 구절에서 "내가 죄악 중에서 출생하였음이여, 어머니가 죄 중에서 나를 잉태하였나이다"(시 51:5)라는 시편 저자의 고백을 이해했을지도 모른다. 던은 자신의 죄와 관련하여 "뒹구는"(wallowed)이라는 단어를 선택함으

....
6   John Donne, *Sermons*, ed. George R. Potter and Evelyn M. Simpson (Berkeley: University of California Press, 1953-62)을 보라.

로써 그의 독자가 먹이를 먹을 때 오물에 뒹구는 돼지를 위해 일하는 굴욕을 당한 방탕한 아들에 관한 그리스도의 비유를 상기하기를 원했을 수도 있다.

시인은 죽음에 관한 생각으로 말미암은 괴로움을 표현한다. "나는 내가 나의 마지막 실을 자았을 때 내가 물가에서 소멸할 것이라는 두려움의 죄를 가지고 있나이다." 여기서 그는 그리스 신화에서 뱃삯을 받고 죽은 자들의 그림자를 지하세계의 두 강 건너편으로 옮겨주는 늙은 사공 카론(Charon)을 생각하고 있는가? 던은 자신이 "강의 다른 쪽으로 건너가지" 못할 것을 두려워하는가? 그의 두려움은 출애굽과 이집트로부터의 도피 이야기에 의지하는 것일 수도 있다. 그는 죽어서 홍해를 건너 자유로, 하나님과 영원한 삶을 누리는 약속의 땅으로 갈 것인가? 혹은 아마도 그가 아브라함과 아브라함에게 임했던 "깊은 잠과 큰 흑암과 두려움"(창 15:12) 이야기를 언급하는 것일 수도 있다. 던은 자신이 마지막 순간을 살았을 때("내가 나의 마지막 실을 자았을 때") 영원히 "소멸"해서 천국으로 가지 못할 것을 깊이 염려하고 있다. "당신 자신으로 맹세하소서"라는 하나님께 대한 간청은 아브라함에 대한 하나님의 약속을 상기시킨다. "내가 나를 가리켜 맹세하노니…내가 네게 큰 복을 주고 네 씨가 크게 번성하여 하늘의 별과 같고 바닷가의 모래와 같게 하리니…또 네 씨로 말미암아 천하 만민이 복을 받으리니"(창 22:10-18; 히 6:13-19을 보라). 마지막으로 던은 그 기도에서 과거, 현재, 미래를 매우 간결하게 말한다. "당신 자신으로 맹세하소서. 나의 죽음의 순간에 당신의 태양이 지금[현재] 및 지금까지[과거]와 같이 빛날[미래] 것이라고." 신적 자비는 "어제나 오늘이나 영원토록 동일하신"(히 13:8) 하나님의 아들을 통하여 효과적으로 드러난다. 던의 기도는 매우 개인적인 방식이긴 하지만 구원사의 전체 기간에서 과거, 현재, 미래의 차원들을 환기시킨다.

"성부 하나님께 드리는 찬송"은 성령이 등장하지 않기 때문에 충분히 삼위일체적이지 않다. 그러나 우리는 다시 한번 하나님에 대한 던의 신앙이 얼마나 열정적으로 강렬한지 그리고 그가 하나님께 무엇을 간청하는지를 안다. 그는 자신의 죄에 대한 용서와 죽음으로부터의 최종적 구원을 원한다. 그런 기도들이 받아들여진다면, 던은 더 이상 하나님께 구할 것이 아무것도 없을 것이다. 그는 자기의 이름(Donne)에 대한 언어유희로 하나님께 말한다. "그리고 그렇게 하시면 당신이 하실 일을 다 하신 것이니이다 (And having done that, thou hast done)." 마지막에 그는 자신의 아내 앤 모어(Ann More)를 우상화했던 죄를 다시 암시한다. 첫 번째 연과 두 번째 연은 모두 "이는 내게 더 많은 죄가 있기 때문이니이다(I have more, 언어유희에서는 '내게는 모어가 있다'로 해석될 수 있음)"라는 고백으로 끝난다. 시인이 죽을 때 구원받는다면, 하나님이 하실 일을 다 하신 것이다(have done, 언어유희에서는 '던을 가진다'로 해석될 수 있음)." 그리고 던은 자신의 아내를 숭배한 죄로부터 벗어날 것이다. "나는 더 이상 구할 것이 없나이다"(I have no more, 언어유희에서는 '내게는 모어가 없다'로 해석될 수 있음).

다음으로 던의 『신성한 시』(*Divine Poems*)에 수록된 "성부", "성자", "성령"께 드리는 "연도"(A Litany)를 검토함으로써 삼위일체에 관한 던의 입장에 대한 이 설명을 마무리하고자 한다. 우리는 "삼위 하나님"에 대한 신앙이 어떻게 던에게 필수적인 교리, 즉 삶과 죽음의 문제였는지를 다시 한번 살펴볼 것이다.

"연도"

던은 연도[7]라는 시를 자연스럽게 성부 하나님으로 시작한다.

> 하늘의 아버지, 당신을 통해
>
> 하늘과 하늘을 위해 우리와 우리를 위해 다른 모든 것을
>
> 만드시고 계속 다스리시는 분이시여, 오셔서
>
> 이제 파괴된 나를 재창조하소서.
>
> 나의 마음은 낙담으로 인하여 진흙이 되었고
>
> 자살로 인하여 붉게 되었나이다.
>
> 오 아버지여, 이 붉은 흙으로부터 모든 사악한 불순물들을
>
> 제거해주소서. 그래서 새로 창조되어
>
> 내가 죽기 전에 내가 죽음에서 다시 살아나도록 말이니이다.

던이 두 번째 행에서 "우리"에 관해 두 번 쓰기는 하지만 자신의 개인적 운명에 대한 그의 깊은 관심은 "나를", "나의"(각각 한 번 나온다), "내가"(두 번 나온다)라는 표현을 통해 강력하게 나타난다. 기독교 전통이 보통 그랬듯이 시인은 창조와 보존의 사역(만드심과 "계속 다스리심")을 성부에게 돌린다. 그러나 바로 처음부터 구원받은 인류의 미래가 나타난다. "하늘의 아버지"는 그것(하늘)을 만드셨고 "그것[하늘]을 위해 우리를" 만드셨다.

던은 자신이 "파괴되었기" 때문에 구원을 갈망한다. 그의 마음은 "낙담" 또는 우울로 괴로워하는데 이런 감정은 당시에 "진흙" 또는 흙에 상응

----

7   Donne은 "연도"(litany)를 간구 또는 겸손하고 간절한 청원으로 이해했다.

하는 차갑고 건조한 유머로 여겨졌다. "자살"은 시인의 마음에 상처를 입혀 마음의 피가 흐르게 하고 그것이 "붉은 흙"이 되게 했다. 그러므로 그가 필요로 하는 "새로 창조된" 또는 "재창조된" 존재는 먼저 그에게 달라붙은 불순물들을 제거하는 형태를 취해야 한다. "오 아버지여, 이 붉은 흙으로부터 모든 사악한 티들을 / 제거해주소서." 붉다를 뜻하는 히브리어가 **아돔**(*adom*)이기 때문에, 성 히에로니무스(St. Jerome)의 시대로부터 몇몇 그리스도인은 던처럼 **아담**(Adam)이 "붉은 흙" 또는 피로 물든 흙으로 만들어졌다고 해석했다. 구원은 던에게 **첫 번째 아담**으로부터 물려받은 "사악한 불순물들"로부터의 정화뿐만 아니라 **두 번째** 또는 **마지막 아담**인 그리스도를 통해 죽은 자들로부터의 영적 부활도 가져다줄 것이다. 심지어 그가 신체적으로 죽기 전에 말이다. 따라서 시인은 성부를 창조 사역을 통해서뿐만 아니라 구원 사역—그것이 훨씬 더 중요하다—을 통해서도(그것의 부정적이고 긍정적인 측면에서) "우리를 위하는" 분으로 묘사함으로써 그의 연도를 시작한다.

그다음에 성자의 구원 사역은 그의 수난 및 죽음과 관련이 있다. 구원에 관한 이 시의 설명에서 부활은 등장하지 않는다.

> 오 하나님의 아들이시여, 당신은 두 가지
>
> 곧 결코 만들어지지 않은 죄와 죽음이 숨어들어온 것을 보았나이다.
>
> 하나를 짊어짐으로써 쏘는 것을 맛보셨나이다.
>
> 다른 하나는 당신의 유산을 침범할 수 있었나이다.
>
> 오 당신이 나의 마음에 못박히소서.
>
> 다시 십자가에 달리소서.
>
> 나의 마음에서 떠나지 마소서. 나의 마음이 당신에게서 떠날지라도 말이니

이다.
그러나 나의 마음이 당신의 고통을 적용함으로써
당신의 피에 익사하고 당신의 수난에 죽임을 당하게 하소서.

그리스도의 구원 사역은 본래의 창조에서 하나님에 의해 "결코 만들어지지 않았지만" 이후에 "숨어들어온" "두 가지", 즉 죄와 죽음을 극복하는 것을 목표로 한다. 하나님의 아들은 "하나"(십자가 처형을 통한 죽음)를 짊어지고, "다른 하나"(죄)를 그것이 그의 인간 본성의 "유산"을 "침범할 수 있었던" 모든 "쏘는 것"과 함께 "맛보았다"(경험했다).

객관적인 구원이라고 불려온 것에 관해 네 행을 할애한 후에 던은 이제 자신과 자신의 변덕스러운 신앙을 다룬다. 그는 자신의 "마음"이 그리스도에게서 "떠나기"를 원하는 것을 두려워한다. 그래서 그는 그리스도께 "나의 마음에서 떠나지 마소서"라고 간구한다. 그는 그리스도에게 "나의 마음에 못박히소서 / 다시 십자가에 달리소서"라고 간청한다. 따라서 그는 "당신의 고통을 적용함으로써" "나의 마음이" "당신의 피에 익사하고 당신의 수난에 죽임을 당하게 하소서"라고 간청한다. 이 대담한 언어는 "그리스도와 함께 십자가에 못박히는"(갈 2:20) 것에 관한 사도 바울의 언어를 반향할 뿐만 아니라 히브리서가 타락한 그리스도인들의 특징을 침울하게 말하는 것을 역설적으로 사용한다. "이는 그들이 하나님의 아들을 다시 십자가에 못박아 드러내 놓고 욕되게 함이라"(히 6:6). 던은 그리스도가 **다시 십자가에 못박힐** 경우에만, 하지만 이번에는 시인의 마음에 못박힐 경우에만 그런 죄악된 실패를 피할 수 있다. 그러면 던의 편에서 어떤 배교도 불가능할 것이다. 그는 그리스도의 피에 익사할 것이고 그리스도의 수난에 죽임을 당할 것이다.

던은 성령에게 향할 때 오로지 자신과 그의 죄악된 젊은 시절이 초래했고 하나님만이 치유할 수 있는 영적 피해만을 본다.

> 오 성령이시여, 나는 성령의 전이오나
> 진흙 벽과 농축된 먼지이니이다.
> 그리고 신성모독적으로
> 젊은 시절의 교만과 정욕의 불로 절반을 낭비했으니
> 새로운 폭풍우를 맞닥뜨려야 하나이다.
> 나의 마음에서 당신의 불길이 두 배가 되게 하시고
> 경건하고 슬픈 눈물들이 그것을 의도하도록 하소서.
> (비록 이 유리 손전등인 육체가 불구가 되는 고통을 겪더라도)
> 불, 제사, 사제, 제단이 변하지 않게 하소서.

던은 세례를 통해 자신의 몸이 성령의 전이 되었음을 믿지만(고전 3:16-17; 6:19). "진흙 벽"과 "농축된 먼지"(창 3:19을 보라)가 자신의 몸을 부서지기 쉽게 한다는 것과 자기가 그 몸을 교만과 정욕의 죄들로 "신성모독적으로" 더럽혔다는 것을 안다.

던은 자기가 "새로운 폭풍우"―아마도 질병과 노령의 폭풍우일 것이다―에 맞닥뜨림으로써 정화되어야 함을 안다. 성령의 "불길"이 그의 마음에서 두 배가 되어야 한다. 역설적으로 시인의 경건한 회개의 눈물들이 이 불길을 끄지 않고 그것을 "의도"하거나 강화할 것이다. 그것을 통해 영혼의 촛불과 신적인 빛이 빛나는 유리 손전등인 인간으로서 던의 몸은 그의 교만과 정욕의 죄들로 인해 "불구" 또는 손상의 고통을 겪는다. 그렇더라도 던은 성령의 불이 제사를 드리는 이 사제/시인의 마음의 제단에서 변하지 않고 타기를("변하지 않기를") 기도한다. 이 제사는 "상한 심령"의 제사라고 할 수 있을 것이다(시 51:17).

성부, 성자, 성령에 대한 시를 다룬 후에 던은 네 번째 시를 통해 삼위일체에 관해 말한다. 처음 세 편의 시들을 통해 시인은 자신의 죄성에 대한 깊은 이해와 신적 자비에 대한 끈질긴 추구를 드러내지만, 네 번째 시는 **내재적 삼위일체**로 시작하고 마지막 세 행에서야 **경륜적 삼위일체**로 나아간다. 경륜적 삼위일체에서는 하나님이 자신의 개인적인 계시와 구원의 역사에서 던을 위해 계시하고 일했다.

> 오 복되고 영광스러운 삼위일체시여,
> 당신은 철학에는 뻐들이지만 신앙에는 젖이며
> 지혜로운 뱀들처럼 다양하게
> 가장 미끄럽지만 가장 얽혀 있나이다.
> 당신이 능력, 사랑, 지식으로
> 구별되지만 구분이 없듯이
> 내게 그런 자아의 다른 본능을 주소서.
> 나의 모든 존재가 이 요소들을 갖추게 하소서.
> 셀 수 없는 세 분인 당신을 사랑하고 알 수 있는 힘을 갖추게 하소서.

삼위일체 교리는 인간의 이성에 당황스럽고 철학에는 단단한 뼈일지도 모른다. 그러나 그 교리는 던이 인정하듯이 "신앙에는 젖"이다. 자신의 설교 중 하나에서 던은 다음과 같이 선언한다. "하나님을…성부로, 성자로, 성령으로 이해하는 이런 개념들은…매우 많은 유방이며, 그것을 통해 우리는 하나님에게까지 자랄 수 있도록 그에 대한 지식을 빨아먹을 수 있다"(*Sermons* 3.263). 그다음에 시인은 대담하게 세 신적 위격을 뱀들에 비유한다. 비록 "지혜로운 뱀들"이라고 표현하지만 말이다. 요한복음은 민수기에 근거하여 그리스도를 세상에 믿음과 생명을 가져오기 위해 십자가에 매달린 뱀으로 묘사한다(요 3:13-15; 민 21:9). 그러나 던은 대담하게 더 나아가서 예술, 문학, 인간의 공통된 민간전승이 관습적으로 악의 한 형태로서의 뱀과 결부되는 속성, 즉 미끄럽고 얽혀 있는 속성을 그의 "지혜로운 뱀들"에 돌린다.

아마도 던은 삼위일체 교리가 다양하거나 반대되는 도전들과 관련된다고 생각하는 것 같다. 즉 삼위일체 교리는 우리에게 이해되지 않거나 우리의 이해를 빠져나가지만, 우리를 끝없는 얽힘이나 복잡한 문제들에 연루시킨다. 미끄럽고 얽혀 있는 삼위일체라는 단어는 다음에 이어지는 행을 통해 이해되어야 한다. 한편으로 세 위격은 세 위격으로서 "구별"되어야 한다. 다른 한편으로 세 위격은 오직 하나의 신적 본성을 지닌 한 하나님을 형성하는 한 계속 "구분되지 않는다."

이 시를 마무리하면서 던은 "능력, 사랑, [그리고] 지식"을 각각 성부, 성자, 성령에게 돌린다. 세상을 창조할 때 사용된 "능력"을 성부에게 귀속시키는 것은 일반적인 관행이다. 그러나 "사랑"은 대개 성부와 성자 사이의 "사랑"의 선물인 성령과 연관된다. 더욱이 "지식"을 하나님의 말씀이자 하나님의 지혜인 성자에게 돌리는 것은 더 적절한 것처럼 보인다. 간단히 말해서 "능력, 지식, 사랑"은 속성들이 세 신적 위격에 일반적으로 귀속되는 방식에 밀접하게 상응한다. 동시에 던은 "사랑"을 성자와 연관시키고(예. 갈 2:20; 고후 5:14) "지식"을 성령과 연관시키는(예. 고전 2:10-13) 성경의 근거를 주장할 수 있었다. 또는 아마도 그 순서는 던이 한 때 드리는 기도를 따를 것이다. 그는 그와 같이 서로 다른 "자아의 본능" 혹은 정체성을 부여받아 자신의 모든 존재가 "셀 수 없는 셋"을 알고 사랑하는 능력의 "요소들을 갖추기를" 즉 그것들로 구성되기를 원한다. 토마스 아퀴나스와 다른 많은 선도적인 기독교 작가들처럼 던은 사랑이 지식과 통찰로 이어진다는 원리를 지지할지도 모른다.[8] 그는 삼위일체를 알고 삼위일체의 구별되지만 관련된 속성들을 진정으로 인식하기 위해 사랑을 필요로 한다. 시인은 "요소를 갖춘", 즉 통합된 자아로 삼위일체의 신비를 경배함으로써 마친다. 신적 위격들은 "셀 수 없다." 즉 숫자상의 연속체 안에 놓일 수 없다. 역설적으로 우리는 그들을 "셋"이라고 부르지만, 그들은 여전히 "셀 수 없는" 존재다.

비교

던과 몰트만은 3세기 이상 떨어져 있다. 그들이 삼위 하나님에 대한 자신의 신앙을 해설할 때 그들의 삶, 세계, 특정한 관심사에는 큰 차이가 있다. 던은 몰트만이 아우슈비츠 이후 십자가의 삼위일체 신학을 전개하리라고 예상하지 않는다. 던은 그리스도의 고난과 죽음이 하나님께 어떤 의미가 있는지를 질문하지 않는다. 그리고 그 시인은 삼위일체의 친교라는 주제를 탐구하지도 않으며 사회적 삼위일체 교리로 잘 알려지지도 않는다. 던의 개인적 필요와 삼위일체로부터의 사랑의 자비에 대한 그의 소망이 우리가 검토한 여섯 편의 시를 지배한다. 그는 자신의 죄와 하나님의 자비에 대한 자신의 필요에 몰두한다. 그는 관계 안의 세 위격으로부터 그리스도인과 인간의 삶을 질서 지우기 위한 근본적인 사회적 교리를 끌어내는 것을 전혀

....
8 Thomas Aquinas in *In 2 Sent.* 35.1.2c: "*ubi amor, ibi oculus*(사랑이 있는 곳에 비전이 있다)" 를 보라.

생각하지 않는다. 그러나 그들의 모든 차이점에도 불구하고 던과 몰트만 둘 다 그들이 모두 증언하는 뚜렷한 기독교적 사업에서 삼위일체보다 더 중요한 것은 아무것도 없다는 강력한 확신을 갖고 삼위일체에 관해 쓴다.

18장

삼위일체적 믿음과 예배

역사적 사례

브라이언 D. 스핑크스

1559년에 출간된 『기독교 강요』(*Institutes of the Christian Religion*) 1권에서 장 칼뱅(John Calvin)은 하나님의 본성에 관해 다음과 같이 말했다.

> 하나님이 자신의 단일성을 선포할 때 그는 단일성이 세 위격으로 존재한다고 우리 앞에 특징적으로 제시한다. 신의 꾸밈이 없고 텅 빈 이름이 어떤 참된 지식도 없는 우리의 뇌 안에서 일어나는 설침이 아니라면 우리는 이렇게 주장해야 한다.[1]

칼뱅이 1536년에 『기독교 강요』 초판을 쓴 후 삼위일체 교리에 대한 그의 설명은 아리우스주의라는 비난을 받았다. 이후의 판들에서 그는 그런 비난에 대응하기 위해 삼위일체 교리를 훨씬 더 충분히 다루었으며 1559년 최종판에서 삼위일체는 하나님에 관한 지식 뒤에 다루어졌다. 실제로 필립 부틴(Philip Butin)은 사실상 삼위일체 교리가 나중 판들의 『기독교 강요』 전체를 뒷받침한다고 설득력 있게 주장했다.[2] 더 최근에는 리처드 멀러(Richard Muller)가 『기독교 강요』의 목적과 구조적 전개 그리고 그것들과 칼뱅의 성경 주석 사이의 관계에 관심을 기울였다. 스티븐 에드몬슨(Stephen Edmondson)은 『기독교 강요』의 1권과 2권에서 성경 내러티브와 기독론이 담당하는 역할을 강조했다.[3] 따라서 칼뱅은 자신의 삼위일체 교리가 전체로서의 성경 내러티브에 대한 정당한 이해와 주석이라고 여긴 것으로 보인

....

1   John Calvin, *Institutes* 1.13.2.
2   Philip W. Butin, *Revelation, Redemption, and Response: Calvin's Trinitarian Understanding of the Divine-Human Relationship* (New York: Oxford University Press, 1995).
3   Richard Muller, *The Unaccommodated Calvin: Studies in the Foundation of a Theological Tradition* (New York: Oxford University Press, 2000); Stephen Edmondson, *Calvin's Christology* (Cambridge: Cambridge University Press, 2004).

다. 그는 성자의 완전한 신성을 열렬히 옹호했으며 성자의 위격은 낳아졌지만(begotten) 공통적인 신성의 본질인 성자의 본질은 그렇지 않다고 주장했다. 따라서 성자는 스스로 존재하는 하나님(*autotheos*)으로 묘사될 수 있었다. "그러므로 우리가 성부와 관련 없이 단지 성자에 관해서만 말할 때 그가 스스로 존재한다고 주장하는 것이 참되고 적절하며, 따라서 우리는 그를 유일한 시작이라고 부른다. 그러나 그와 성부 사이의 관계를 지칭할 때 우리는 올바르게 성부가 성자의 시작이라고 여긴다."[4] 칼뱅은 스스로 존재하는 하나님(*autotheos*)이라는 개념이 성자의 동일본질(*homoousios*)을 충분히 보호한다고 여긴 것 같다.

최근의 저작 『개혁교회 스콜라주의 및 이후의 스튜어트 교회에서의 정통성 전쟁』(*Reformed Scholarsticism and the Battle for Orthodoxy in the Later Stuart Church*)에서 스티븐 햄튼(Stephen Hampton)은 비록 칼뱅의 용어가 대부분의 개혁교회 진영에서 수용되었고 심지어 가톨릭 신자인 로베르토 벨라르미노(Robert Bellarmine)로부터도 어느 정도 지지를 받았지만, 영국에서 그의 용어는 부정적인 반응을 초래했고 에피스코피우스(Episcopius)와 네덜란드 저항파(Dutch Remonstrants)의 영향을 받았을 때에는 삼위일체 논의에서 점점 더 종속론의 경향을 띠었다고 지적했다.[5] 햄튼은 랄프 커드워스(Ralph Cudworth), 조지 불(George Bull), 존 피어슨(John Pearson)의 저작들에서 최초의 흔적들을 발견한다. 필립 딕슨(Philip Dixon)이 글로 정리했듯이 17세기의 마지막 수십 년 동안 그것은 이단에 대한 비난과 맞비난을 담은 일련의 책들이 나오게 했다. 가장 주목할 만한 예는 로버트 사우스(Robert South)와

4   *Institutes* 1.13.19.
5   Stephen Hampton, "Reformed Scholasticism and the Battle for Orthodoxy in the Later Stuart Church" (D.Phil. diss., University of Oxford, 2002).

윌리엄 셜록(William Sherlock) 사이의 뜨거운 언쟁이었다.[6] 18세기의 첫 수십 년 동안 싸움이 재개되었는데, 그 싸움은 뉴턴의 이론을 신봉하는 두 명의 신학자 윌리엄 휘스턴(William Whiston)과 사무엘 클라크(Samuel Clarke)에 의해 촉발되었다. 윌리엄 휘스턴은 케임브리지 대학교에서 아이작 뉴턴(Isaac Newton)의 뒤를 이어 루커스 수학 석좌교수가 되었다. 그는 박식한 사람으로서 수학, 과학, 종교의 광범위한 주제들에 관해 글을 썼다. 그는 아타나시오스(Athanasius)가 전체 교회를 잘못 이끌었고 아리우스(Arius)가 참된 성경의 가르침을 주장했다고 믿었다. 그는 고통스럽게도 자신의 석좌 교수직을 박탈당하여 런던에서 조용히 살았고 마지막에는 성공회를 떠나 침례교로 갔다.[7] 그러나 이 논문은 뉴턴의 이론을 신봉하는 다른 학자인 사무엘 클라크 박사에게 초점을 맞춘다.

클라크는 1675년에 노리치라는 도시에서 태어났고 거기서 지역의 자유 문법 학교(free grammar school)를 다녔다. 그는 1690년에 케임브리지로 가서[8] 1695년에 학사학위를 취득했으며, 1698년에 안수를 받았다. 그리고 [케임브리지 대학교의 구성 대학인] 곤빌 앤 카이우스(Gonville and Caius) 대학의 연구원과 노리치의 주교 밑의 사제로 일했다. 케임브리지 대학교에서 그는 아이작 뉴턴 경(Sir Isaac Newton)과 뉴턴의 저작을 알게 되었다. 뉴턴은 그를 1704년에 출간된 자신의 책 『광학』(*Opticks*)을 라틴어로 번역하는

....

6   Philip Dixon, *Nice and Hot Disputes: The Doctrine of the Trinity in the Seventeenth Century* (New York: Continuum, 2003).

7   Bryan D. Spinks, "Johannes Grabe's Response to William Whiston: Some Reflections on a Lutheran Convert's Contribution to 18th-Century Anglican Orthodoxy and Liturgy," in *Lord Jesus Christ, Will You Not Stay: Essays in Honor of Ronald Feuerhahn on the Occasion of His Sixty-Fifth Birthday*, ed. Barth Day et al, 91-104 (St. Louis: Concordia, 2002).

8   그의 생애에 관한 좀 더 충분한 세부 사항은 James P. Ferguson, *Dr. Samuel Clarke: An Eighteenth Century Heretic*(Kineton: Roundwood, 1976)을 보라.

일에 참여시켰다. 클라크는 라이프니츠(Leibniz)와의 서신에서 데카르트 철학에 맞서 뉴턴을 옹호했다. 영국 성공회의 가장 뛰어난 지식인 중 한 명으로 여겨지는 클라크는 1704년과 1705년에 보일 강좌(Boyle lectures)에서 강의했다. 클라크가 신학 박사 학위 시험을 치른 뒤 흠정 신학 교수인 헨리 제임스 박사(Dr. Henry James)가 "당신을 충분히 테스트했으니 이제 마치겠습니다"라는 통상적인 문구를 "당신은 내게 충분히 부담스러운 짐을 지웠습니다"로 수정했다고 한다.[9] 1709년에 클라크는 웨스트민스터의 성 제임스 교구 목사로 임명되었는데, 이 자리는 종종 주교직으로 나아가는 디딤돌이었다. 그러나 1712년에 출간된 『성경: 삼위일체 교리』(*Scripture: Doctrine of the Trinity*)에서 삼위일체에 관한 이단적 이해로 인식되는 내용을 대담하게 발표한 클라크는 이로 인해 사실상 승진의 모든 기회가 막혔다. 그러나 클라크의 동시대인인 토머스 에믈린(Thomas Emlyn)은 이 책에 놀라지 않았고 자신은 클라크가 실시한 이전의 보일 강좌로부터 클라크가 삼위일체에 관한 정통적인 견해를 가질 수 없다고 추론했다고 주장했다.[10]

클라크의 삼위일체 교리

클라크의 교리는 세 부분으로 제시되었고 55개의 명제로 시작한다. 그는 서두에서 성경만 사용하여 교리를 결정하고 설명해야 한다고 진술했다.

실로 철학 또는 예술의 사변의 문제들, 인간의 발명, 경험 또는 연구의 문제들

....
9   Ibid., 40-41.
10   Thomas Emlyn, *Works* (London, 1746), 2:479.

은 일반적으로 작은 것들에서 시작해서 점점 더 큰 확실성으로 나아가고 점차 완전에 도달한다. 그러나 이와 반대로 계시와 신적 증언의 문제들은 애초에 완전하다. 기독교는 시작부터 아주 완벽했고 하나님의 말씀은 하나님의 뜻의 가장 적절한 표명이며 하나님 자신의 창안에 대한 적당한 표현이다. 교훈으로 든 예시로든 성경에 제시된 예배의 형식들은 하나님을 예배하는 최선의 방식이자 가장 평범한 방식이다.[11]

클라크는 틸롯슨(Tillotson), 웨이크(Wake), 칠링워스(Chillingworth)에 호소했다. 그는 승인을 얻어 칠링워스를 인용한다.

나는 성경이, 그리고 오직 성경만이 개신교인들의 종교라고 말한다. 그들이 성경과 성경의 명백하고 부정할 수 없고 의심할 여지가 없는 결론들 외에 다른 무엇을 믿든 간에 그것들을 의견의 문제라고 여기는 것은 당연하다.[12]

이미 클라크는 성경의 분명한 본문으로부터 추론될 수 있는 것과 단순한 개인적 의견을 구별했다.

1부에서 클라크는 성부 하나님, 하나님의 아들, 하나님의 성령과 관련된 모든 성경 구절을 제시했다. 성자 하나님이라고 표현하지 않고 하나님의 아들이라고 표현한 것처럼 이런 칭호들의 선택에서조차 종속 관계가 탐지된다. 성부 하나님과 관련된 장에서 첫 번째 부분은 하나님이 한 하나님 또는 유일한 하나님임을 표현하는 구절들과 관련된다. 두 번째 부분은 하

....
11   Samuel Clarke, *Scripture: Doctrine of the Trinity, In Three Parts* (London, 1712), viii.
12   Ibid., xi.

나님이 탁월성과 우월성에 의해 절대적으로 하나님으로 표현된 구절들과 관련된다. 마지막 부분은 모든 기도와 찬양이 성부 하나님께만 드려져야 하는 구절들과 관련된다. 아들과 관련된 장에서 그는 예수가 하나님으로 표현되는 구절들과 영예 및 예배가 예수께 드려져야 한다고 말하는 구절들을 수집하기는 하지만, 그의 주된 관심은 아들이 "성부에게 종속하고 성부로부터 자신의 존재를 끌어낸다고 선언되는"[13] 구절들에 있는 것으로 보인다. 그리고 그가 성령을 기적들의 저자이자 실행자로 보여주는 구절들과 영예 및 예배가 성령에게 드려져야 한다고 선언하는 구절들을 열거하기는 하지만, 그는 성령이 성부와 성자에게 종속한다고 표현하는 구절들도 수집한다. 네 번째 장은 세 위격이 함께 언급되는 구절들을 열거한다.

총 1,251개 구절을 제시한 뒤 클라크는 2부에서 그 구절들이 제시하는 교리를 해설했다. 그는 성경에는 "사물들의 **하나**의 최고의 원인과 원형이 있다. 즉 **하나의** 단순하고 복합적이지 않고 분리되지 않는 지성적인 존재 또는 위격이 있는데 그는 모든 존재의 저자이자 모든 능력의 근원이다"라고 결론지었다.[14] 클라크는 계속해서 처음부터 첫 번째이자 최고의 원인인 성부와 함께 말씀 또는 아들인 두 번째 신적 위격이 존재했으며, 처음부터 성부 및 아들과 함께 성부와 아들의 영인 세 번째 신적 위격이 존재했다고 설명했다. 그러나 클라크는 성경이 이들의 형이상학적 본성, 본질 또는 본체가 무엇인지를 어디에서도 말하지 않는다고 경고한다. 따라서 그는 "그러므로 **성경**에서 전해진 삼위의 **위격적 특성, 직무, 능력, 속성** 대신에 그들의 **가정된 형이상학적 본성, 본질 또는 본체**로부터 연역된 모든 추론은 철

<hr />

13 여기서 클라크는 니케아 신조에게는 다른 쟁점, 파생적인 내용, 종속적인 내용이었던 것들을 함께 배치한다.

14 Clarke, *Scripture: Doctrine of the Trinity*, 241.

학적이고 그럴듯한 가설들일 뿐이다"라고 주장했다.[15]

　　클라크에 따르면 성부만이 [다른 존재로부터] 비롯되지 않았고 따라서 성자에 의해 행해진 모든 것의 저자이자 주도자(Principal)다. 더욱이 성부는 우주의 하나님이다. 성부는 아브라함, 이삭, 야곱의 하나님이자 우리 주 예수 그리스도의 아버지다.[16] 성부만이 비롯되지 않은 이유는 "성경이 **한 하나님** 또는 **유일한 하나님**을 언급할 때 항상 가장 높은 **성부의 위격**을 의미하기 때문이다."[17] 클라크는 이 주장을 여러 차례 반복한다. "성경에서 **하나님**이라는 말이 그것에 어떤 높은 **별칭**, **칭호** 또는 **속성이** 부가되어 언급될 때마다 그것은 대개 (항상은 아니더라도) **성부의 위격**을 의미한다." 그리고 "성경이 **하나님**을 절대적으로 그리고 탁월하게 언급할 때는 항상 **성부의 위격**을 의미한다."[18] 이런 진술들은 이미 클라크의 추론, 즉 성자와 성령이 하나님/성부에게 종속하며 그보다 열등하다는 추론을 나타낸다. 따라서 클라크는 성자가 스스로 존재하지 않으며 그의 존재 혹은 본질과 모든 속성을 최고의 원인인 성부로부터 끌어낸다고 지적한다.[19] 성경은 성자나 성령이 성부에게서 어떻게 나오는지에 관해 침묵하지만, 성령은 성부에게서 나오고 따라서 종속적이다.[20] 성자는 때때로 하나님이라고 불리는데, 이는 형이상학적 본체 때문이 아니라 우리에 대한 그의 권위 때문이다. 클라크는 더 나아가 모든 기도와 찬송이 주로 "모든 선의 원래 저자이자 주저자"

....

15　　Ibid., 243.
16　　Ibid., 244.
17　　Ibid., 245.
18　　Ibid., 263, 265.
19　　Ibid., 270.
20　　Ibid., 304, 349, 290-92, 272.

인 성부의 위격에 향해야 한다고 결론 짓는다.[21] 성자와 성령에게 돌려진 영예는 하나님의 영광으로 되돌아간다. 클라크는 성령에게 직접 기도를 드리는 것에 대한 성경의 어떤 근거도 존재하지 않는다고 덧붙인다.

그의 논문 3부에서 클라크는 무엇보다도 1662년판 『공동기도서』(*Book of Common Prayer*)에서 성부만을 한 하나님이자 유일한 하나님으로 표현한 구절들이나 기도가 성자의 매개(종속)를 통해 드려진다는 구절들을 열거한다. 그러나 그는 다양한 수집문과 다른 기도들뿐만 아니라 찬송시들과 찬송가들에 덧붙여진 소영광송(*Gloria Patri*), 아타나시오스 신경, 연도(Litany)의 첫 문장들과 같이 "앞서 말한 교리와는 다른 것으로 보이는" 구절들도 열거한다.[22] 그는 그런 구절들이 정확한(즉 자신의) 삼위일체 교리와 어떻게 조화될 수 있는지를 제안한다.

클라크는 자신이 초래한 논쟁을 그럭저럭 약화시켰지만 자신의 교리가 논리적이고 정확하다고 생각했다. 자신의 1712년 저작에서 기도서 의식(rites)에 대해 가능한 예전적 변화를 개관한 그는 이후에 그런 변화들이 개정된 예전에서 어떤 모습이 될 것인지를 사적으로 기록했다. 대영도서관은 1724년에 인쇄된, 간지가 포함된 『공동기도서』(*Book of Common Prayer*)를 보유하고 있는데 클라크는 그곳에 자신의 수정 내용을 기록했다.[23] 그 책은 단순히 문체의 문제인 몇 가지 수정 사항을 포함한다. 예를 들면 아침 기도의

....

21   Ibid., 354.
22   Ibid., 415-80.
23   British Library C.24.b.21. 그 책은 런던의 존 배스케스에 의해 인쇄되었다. 클라크의 아들이 그 책을 대영박물관에 기증했다. 이 책은 1774년 런던에서 출판된 『고(故) 사무엘 클라크 박사의 계획에 따라 개정된 공동기도서』(*The Book of Common Prayer Reformed According to the Plan of the Late Dr. Samuel Clarke*)와 혼동되어서는 안 된다. 이 공동기도서는 클라크의 원고의 제안들과 유사점이 거의 없다.

고백에서 "그런 것들을 하지 않고 놔두었나이다"가 **많은** 것을 하지 않고 놔두었나이다"로 수정된다. 아마도 "우리 안에 건강이 없나이다"에서 "우리 자신에게서는 구원의 소망이 없나이다"로 바뀐 데는 좀 더 신학적인 이유가 있을 것이다.[24] 그러나 삼위일체의 동등한 세 위격을 암시하는 구절들은 대폭 수정되었다. 그래서 클라크는 소영광송(Gloria Patri) 대신 "성령에 의한 천상의 도움을 통해 예수 그리스도에 의하여 하나님께 영광이 있어지이다", 또는 "모든 세대와 끝없는 세상에서 그리스도 예수에 의해 교회에서 하나님께 영광이 있어지이다, 아멘"과 같이 제안했다. "당신의 명예롭고 참되며 유일한 아들"로 시작하고 "모든 신자에게 하늘의 문을 여셨도다"로 끝나는 "당신을 주님으로"(Te Deum)라는 찬송의 기독론적인 부분은 다음과 같이 바뀐다.

> 당신의 참되고 유일한 아들에 의해 당신 자신을 우리에게 드러내셨나이다.
> 그리고 위로자 성령에 의해
> 우리는 당신의 그리스도가 영광의 왕이자
> 성부의 독생자임을 인정하나이다.
> 그는 성부가 자기에게 인간을 구원할 것을 맡겼을 때
> 동정녀의 태를 혐오하지 않았나이다.
> 그는 죽음의 날카로움을 극복했을 때
> …을 열었나이다.[25]

....
24   Ibid.
25   Ibid.

아타나시오스 신경은 전체가 그대로 수록되었다. 사도신경에는 구두점이 다시 찍혀 "나는 하나님, 성부를 믿습니다", "하나님, 전능하신 성부의 우편에 앉아 계시고"로 바뀜으로써 하나님이 성부와 동일시된다는 것을 분명히 한다. 세 번의 주님(*Kyrie*)은 생략된다. 성 요한네스 크리소스토모스(St. John Chrysostom)의 기도는 성부에게 유보된 임재의 약속을 "하나님"이 아니라 성자에게 돌리도록 수정되었다. 연도(Litany)에서 성자에게 드리는 간구는 변경되거나 제거된다. 이렇게 제안된 예전적 수정들에서 클라크가 예수를 기꺼이 "우리 주"로 부르지만 "주님"으로 부르지 않는다는 점은 의미심장하다. 클라크는 성경에서 예수가 주님으로 언급된다는 것을 잘 알고 있지만 이 칭호를 성부 하나님께만 남겨두기를 원했다. 따라서 클라크에게 **하나님, 성부, 주님**은 삼위일체의 첫 번째 위격이 다른 두 위격보다 높다는 것을 알려주는 용어들이다.

뉴턴과 계몽주의의 영향

클라크의 생애와 저작에 관한 연구에서 제임스 퍼거슨(James Ferguson)은 클라크를 교리에 있어서 아리우스주의자로 간주했다. 토머스 피젠마이어(Thomas Pfizenmaier)의 좀 더 최근의 연구는 좀 더 미묘한 접근을 지지한다. 그는 『성경: 삼위일체 교리』(*Scripture: Doctrine of the Trinity*)가 "카이사레아의 에우세비오스(Eusebius of Caesarea)에게서 발견되는 사상 궤적의 재주장을 대표한다"고 보기 때문이다. "에우세비오스는 오리게네스 학파로부터 주로 성자의 파생적 본성과 관련되는 특정한 종속론을 받아들였다. 클라크와 에우세비오스 두 사람 모두 성자의 발생(generation)이 궁극적으로 인간의 지식을 넘어선다는 것을 긍정했다."[26]

피젠마이어는 클라크를 유사본질주의자(homoiousian) 또는 에우세비오스주의자(Eusebian)라고 부르는 것이 더 정확하다고 제안한다.[27] 물론 아리우스가 아리우스주의자였는지 또는 아리우스주의가 아타나시오스의 해설과 별도로 존재했는지, 그리고 4세기의 수사학이 어떻게 해석되어야 하는지에 관해 많은 논쟁이 있었다.[28] 더욱이 클라크의 진술 중 많은 내용이 니케아 신조의 진술들과 상당히 일치한다. 클라크 자신은 유사본질주의의 입장을 잘 알고 있었지만 결코 그것을 주장하지 않았다. 그리고 그는 자신이 제시하는 견해들이 전통적인 정통에 미치지 못한다는 점을 잘 알고 있었다. 그는 전통적인 정통보다 자신의 엄격한 논리와 방법론을 증진한 것으로 보인다. 게다가 신성을 구성하는 요소에 대한 그의 선험적 견해들은 확실히 성경이나 교부의 자료에서 차용한 것이 아니었다. 그의 견해들의 기원은 계몽주의 철학에 더 많은 빚을 지고 있었으며 제임스 포스(James Force)와 다른 이들이 설득력 있게 보여준 것처럼 그의 친구이자 멘토인 아이작 뉴턴 경으로부터 나온 것이었다.[29]

뉴턴은 결국 성직 서임과 영국 성공회의 39개 조항에 대한 동의 모두

....

26   Thomas C. Pfizenmaier, *The Trinitarian Theology of Dr. Samuel Clarke (1675-1729): Context, Sources, and Controversy* (Leiden: Brill, 1997), 136.

27   Ibid., 140.

28   Robert Gregg, ed., *Arianism: Historical and Theological Reassessments* (Philadelphia: Philadelphia Patristic Foundation, 1985); Rowan Williams, *Arius: Heresy and Tradition*, rev. ed. (Grand Rapids, Mich.: Eerdmans, 2002).

29   James E. Force and Richard H. Popkin, *Essays on the Context, Nature, and Influence of Isaac Newton's Theology* (Dordrecht: Kluwer Academic Publishers, 1990); Force and Popkin, eds., *Newton and Religion: Context, Nature, and Influence* (Dordrecht: Kluwer Academic Publishers, 1999).

를 면제받았다. 그러나 뉴턴이 국왕에게 그것들을 면제받기 전 1670년대에 그는 하나님과 그리스도의 본성에 대한 자신의 생각을 쓰기 시작했다. 그의 열 번째 명제는 다음과 같이 진술한다.

성부가 전능자로 불리는 것은 적절한 칭호다. 우리는 항상 성부를 전능한 하나님으로 이해하기 때문이다. 그러나 이것이 성자의 능력을 제한하는 것은 아니다. 성자는 성부가 행하는 일은 무엇이든지 그것을 보고 행하기 때문이다. 그러나 모든 능력이 본래 성부에게 있고 아들에게는 자신 안에 아무 능력이 없으며 아버지로부터 나온다고 인정하는 것은 그가 스스로는 아무것도 할 수 없음을 고백하기 때문이다.[30]

뉴턴 자신은 삼위일체에 관한 성경의 증거들─또는 더 정확하게는 반박들─을 모아서 그것들을 로크(Locke)와 공유했고 로크의 친구인 르클레르(LeClerc)를 통해 익명으로 출판하기로 했으나 마지막 순간에 그것들을 철회했다. 클라크처럼 뉴턴도 아타나시오스에게 적대적이었고, 유사본질주의가 니케아 교부들의 진정한 확신을 대표한다고 생각했다.[31] 뉴턴은 본질에 관한 형이상학적 사변을 거부했다. 『자연철학의 수학적 원리』(*Principia*)에서 뉴턴은 다음과 같이 쓴다.

우리는 그의 속성에 대한 개념을 가지고 있지만 어떤 것의 진정한 본질이 무

....
30　　Newton, Yahuda Ms 14, f.25, Hebrew University, Jerusalem. Cited by James E. Force, "Newton's God of Dominion," in Force and Popkin, *Essays on the Context*, 79.
31　　Keynes Ms 10, "Paradoxical questions concerning the morals & actions of Athanasius & his followers."

엇인지는 모른다. 몸들에서 우리는 단지 그것들의 형체와 색상만을 본다. 우리는 소리만을 듣는다. 우리는 그것들의 외부의 표면만을 만지며 냄새만을 맡고 풍미만을 맛본다. 그러나 그것들의 내부의 본질은 우리의 감각이나 우리 마음의 어떤 반사작용으로도 알 수 없다. 그렇다면 우리는 하나님의 본질에 대해서는 훨씬 더 알지 못한다.[32]

클라크는 자연철학에 대한 뉴턴의 헌신을 공유했다. 일반 세계사에 대한 이해 및 자연철학을 통해 성경이 해석되고 판단되었다.[33] 뉴턴에게 있어서 이 자연철학은 본래의 합리적 유일신론에 대한 믿음을 포함했다. 합리적 유일신론은 인간의 비합리성과 오류성 때문에 다신론으로 이동했고 그래서 계시가 필요했다. 클라크는 다음과 같이 쓴다.

참으로 타락하지 않은 본래의 인간 본성의 상태에서는, 즉 인간의 마음이 편견, 타락한 애정, 사악한 성향, 관습 및 습관으로 타락하기 전에는 올바른 이성이 인간으로 하여금 자신의 의무를 꾸준히 실천하도록 보존하기에 충분히 훌륭한 안내자이자 충분히 강력한 원리였다고 생각해도 무방하다. 그러나 인류의 현재 상황과 조건에서 가장 현명하고 가장 분별이 있는 철학자들은 인간의 **이해가 너무 어둡고 흐리며**, 인간의 의지가 **악을 향하여 너무 편향되고 치우쳐 있으며**, 인간의 **열정이 너무 터무니없고 이성에 반한다**는 것을 알게 되었다고 한탄하기를 주저하지 않았다. 그들은 올바른 이성의 규칙과 법칙을 실

....
32 Isaac Newton, *Principia*, trans. Andrew Motte, rev. Florian Cajori (Berkeley: University of California Press, 1960 [1729]), 546.
33 Richard H. Popkin, "Newton as a Bible Scholar," in Force and Popkin, *Essays on the Context*, 103-5을 보라.

행하기가 거의 불가능하며, 세상이 그것에 복종하도록 설득할 수 있는 희망이 거의 없음을 발견했다. 한마디로 그들은 인간의 본성이 이상하게 **타락했다고** 고백했으며 이 **타락**이 진정한 **원인**을 알지 못하고 이에 대한 충분한 치료법을 발견할 수 없는 질병임을 인정했다. 그래서 그들은 종교의 큰 임무가 **행동의 규칙**이라기보다 **사변과 논쟁**의 문제라고 규정했다.…이런 모든 무질서를 치료하고 이런 모든 타락을 정복하기 위해서는 어떤 특별하고 초자연적인 **도움**이 필요했는데 이는 순전한 이성과 철학이 획득할 수 있는 범위를 초월하는 것이었다.[34]

이 진술이 이성이 계시에 종속한다고 암시할 수도 있지만, 뉴턴과 클라크 모두에게 있어서 계시 자체가 그들의 추론에 지배되었다.

뉴턴은 하나님과 관련된 공간과 시간에 대한 자신의 이해로 인해 자존과 발생하지 않은 존재라는 절대성을 하나님/성부에게만 돌렸다. 하나님의 단일성과 지배권에서 이 점이 초점이 되었는데 이는 그리스도와 성령이 종속적인 존재임이 틀림없다는 것을 의미했다. 『자연철학의 수학적 원리』 2판의 일반 주해(*General Scholium*)에서 뉴턴은 다음과 같이 주장한다.

지고의 하나님은 영원하고 무한하며 절대적으로 완전한 존재다. 그러나 아무리 완전하다고 하더라도 지배가 없는 존재는 주 하나님이라고 불릴 수 없다. 우리는 나의 하나님, 당신의 하나님, **이스라엘**의 하나님, 신들의 하나님, 주들의 주라고 말하지, 나의 영원자, 당신의 영원자, **이스라엘**의 영원자, 신들의 영

....
34   Samuel Clarke, *A Discourse Concerning the Unchangeable Obligations of Natural Religion* (London, 1706), 239-40.

원자라고 말하지 않으며 나의 무한자 또는 나의 완전자라고 말하지 않기 때문이다. 이런 칭호들은 종들과는 아무 관련이 없다. 하나님이라는 단어는 보통 **주**(Lord)를 의미한다. 그러나 모든 주가 하나님인 것은 아니다. 하나님을 구성하는 것은 영적 존재의 지배다. 즉 참되고 지고하거나 상상의 지배가 참되고 지고하거나 상상의 하나님을 만든다.[35]

뉴턴은 라틴어 단어 **데우스**(*Deus*)가 주를 의미하는 아랍어 **두**(*du*)에서 파생되었다는 옥스퍼드 대학교의 아랍어 교수 에드워드 포코케 박사(Dr. Edward Pococke)의 견해에 의존했다. 제임스 포스(James Force)가 결론짓듯이 뉴턴에게는 참되고 지고한 지배의 하나님만이 지고하고 참된 하나님이다.[36] 하나님의 지배는 또한 뉴턴 역학의 밑바탕을 이루는 근본적인 원리였다. 『광학』(*Opticks*, 클라크가 이 책을 라틴어로 번역했다)에서 뉴턴은 다음과 같이 쓴다.

> 물질이 반드시 모든 장소에 있는 것은 아니므로 하나님이 여러 크기와 모양, 공간에 대한 여러 비율, 그리고 아마도 다른 밀도와 힘을 가진 물질의 입자들을 창조함으로써 자연의 법칙을 변화시키고 우주의 여러 부분에서 여러 종류의 세계를 만들 수 있을지도 모른다.[37]

하나님은 의지적인 행동으로써, 즉 지배를 행사함으로써 하나의 물질 체계를 선택하는 전능자다. 일반 주해(*General Scholium*)에서 뉴턴은 다음과 같이

---

35   Newton, *Principia*, 544.
36   James E. Force, "Newton's God of Dominion," in Force and Popkin, *Essays on the Context*, 79.
37   Isaac Newton, *Opticks* (1730; New York: Dover Publications, 1952), 403–4.

쓴다. "우리는 [하나님을] 오직 만물에 대한 그의 가장 지혜롭고 탁월한 발명품과 최종 원인을 통해서만 안다. 우리는 하나님의 완전성으로 인해 그에게 감탄한다. 그러나 우리는 하나님의 지배 때문에 그를 경배하고 찬양한다. 우리는 하나님의 종들로서 그를 찬양하기 때문이다. 지배, 섭리, 최종 원인이 없는 신은 운명과 자연에 지나지 않는다."[38]

하나님에 대한 뉴턴의 이해는 예수가 하나님의 지배로부터만 파생될 수 있었음을 의미했다. "성자는 성부로부터 모든 것을 받고, 성부에 종속해서 성부의 뜻을 집행하며, 성부의 보좌에 앉아서 그를 자신의 하나님이라고 부른다. 그래서 왕과 부왕이 있어도 왕은 하나일 뿐인 것처럼 성자는 성부와 함께하지만 하나님은 한 분일 뿐이다. 하나님이라는 단어는 하나님의 형이상학적 본성과 관련되는 것이 아니라 지배와 관련되기 때문이다."[39]

클라크는 비슷하게 다음과 같이 썼다.

성경이 **성부**를 하나님으로 표현하고 **성자**도 하나님으로 표현하지만 동시에 항상 오직 **한 하나님**만 존재한다고 선포하는 이유는 우주의 **군주제**에는 오직 **하나의 권위**만이 있기 때문이다. 이 권위는 **성부**에게서는 원래의 것이고 **성자**에게서는 파생적이다. 즉 **성자의 능력**은 **성부**의 능력과 **대립하는 또 다른** 능력도 아니고 **성부**의 능력과 **동등한 또 다른** 능력도 아니다. 성자의 능력은 성자**에게** 전달되고 성자 **안에서** 드러나며 성자에 **의해** 행사되는 **성부의 권능과 권위**다.[40]

....

38   Newton, *Principia*, 546.
39   Newton, Yahuda MS 15.1, Hebrew University, Jerusalem, cited in Force, "Newton's God of Dominion," 79.
40   Clarke, *Scripture Doctrine of the Trinity*, 332-33.

클라크는 뉴턴의 하나님 개념을 반향하고 17세기 말에 존 로크(John Locke) 가 정의한 계몽주의의 **인격(위격)**에 대한 이해를 반향하는 것으로 보인다. 로크의 동시대인들 대다수는 인격(위격)이 합리적 본성의 개별적 본질이라 는 보에티우스(Boethius)의 정의를 받아들였다. 토마스 홉스(Thomas Hobbes) 가 행위자와 행위에 더 많은 초점을 맞추었던 반면에[41] 존 로크는 『인간 지 성론』(*An Essay Concerning Human Understanding*)에서 인격(위격)을 자아의 관점 에서 정의하는 데 집중했다. 인격(위격)은 "이성과 성찰을 지니고 있고 자신 을 자신으로, 즉 다른 시간과 장소에서 사유하는 동일한 존재로 여길 수 있 는 사유하는 지성적 존재다. 인격(위격)은 이것을 사유와 분리할 수 없는 의 식(consciousness)에 의해서만 행한다.…의식은 항상 사유와 함께한다.…바로 이것이 모든 사람을 각자 **자아**(self)라고 부르는 존재가 되게 한다."[42]

뉴턴은 **인격(위격)**을 지성적 본체(*substantia intellectualis*)라고 정의했다. 그러나 그는 엄격한 논리를 적용해서 세 위격이 세 본체라고 주장했다.[43] 클 라크는 『성경: 삼위일체 교리』 도처에서 **인격(위격)**을 일관성 있게 지성적 행위자로 정의했다. 그리고 하나님 안에서 그런 세 위격은 세 하나님을 야 기할 것이다. 그의 비판자 중 하나인 로버트 마요(Robert Mayo)에 대한 답변 에서 클라크는 다음과 같이 주장했다.

....

41   Thomas Hobbes, *Leviathan*, 16장: "인격(Person)이란 그의 말 또는 행동이 그 자신의 것으로 여겨지거나, 다른 사람의 말 또는 행동을 대표하는 것으로 여겨지거나, 사실이든 허구든 그 것들이 귀속되는 어떤 다른 사물을 대표하는 것으로 여겨지는 사람이다. 그것들이 그 자신 의 것으로 여겨질 때 그는 자연인(Natural Person)이라고 불리며, 타인의 말 또는 행동을 대 표하는 것으로 여겨질 때 그는 상상의 인격 또는 인공의 인격(Feigned or Artificial Person) 이라고 불린다."

42   John Locke, *An Essay Concerning Human Understanding*, ed. Peter H. Nidditch (Oxford: Oxford University Press, 1975), 2:27.9.

43   *Rationes* No. 7, Pfizenmaier, *The Trinitarian Theology of Dr. Samuel Clarke*, 163에서 인용됨.

하나님이라는 단어가 절대적으로 사용될 때 나는 그것을 통해 만물을 통치하는 지고한 지성적 행위자를 의미한다. 그리고 지성적 행위자라는 단어들이 인격(위격)의 정의다.…그러므로 (문자적으로 이해된다면) 세 위격 안에서의 한 하나님이라는 당신의 결론은 내가 그 용어들에 대해 이해하지 못하는 언어다. 세 지성적 행위자들 안에 있는 한 지성적 행위자, 또는 한 지성적 행위자 안에 있는 세 지성적 행위자들은 영어 단어들이지만 영어에서 아무런 의미도 없다.[44]

여기서 클라크의 해석학이 공개된다. 그는 교부들이 삼위일체의 신비를 설명하기 위해 **휘포스타시스**(*hypostasis*)/**이디오테스**(*idiotes*)/**페르소나**(*persona*)라는 단어를 어떻게 밀어붙이고 의미를 변경하려고 했을 수도 있는지에 대해 아무 관심이 없었다. 그의 뉴턴식 하나님이 그랬던 것처럼 영어에서의 그의 정의가 토론을 지배한다. 그는 다음과 같이 주장했다. "나에게는 하나님이 우주의 지고한 통치자이고 그는 이 권한을 누구에게서도 받지 않았고 스스로 존재하는 자신에게서 영원히 얻었다는 점 외에 하나님에 관한 다른 개념이 없다." 그리고 그는 "이것이 자연의 빛에 의한 하나님 개념이다"라고 결론짓는다.[45]

클라크의 방법론에 관해 숙고하기

21세기 신학 방법론들의 관점에서 돌이켜 생각해보는 혜택을 통해 클라크

....

44   R. Mayo, *A Plain Scripture-Argument against Dr. Clark's Doctrine Concerning the Ever-Blessed Trinity* (London, 1715), 8.

45   Ibid., 27.

의 약점 몇 가지를 찾아내기는 쉽다. 필립 딕슨(Philip Dixon)은 클라크가 묘사하는 하나님이 그가 설명한다고 주장하는 성경 자체에서 계시된 자애로운 창조자, 구원자, 성화자와 동떨어진 것처럼 보인다고 올바로 지적했다.[46] 그 이유들을 파악하기는 그다지 어렵지 않다. 이해를 추구하는 신앙은 신학자들에게 그들의 세계상(world picture)의 틀 안에서 기독교 복음을 이해할 것을 요구한다. 그러나 자명한 우선순위는 세계상이 아니라 교회의 선포와 신학에 나타난 하나님의 주도권이다. 인간의 철학과 종교의 성과의 역사는 계시의 술어이지 그 반대가 아니다.

첫째, 클라크는 야웨로 시작하지 않고 하나님으로 시작하는데 여기서 존재는 뉴턴의 사고에서 개념화된 존재다. 이스라엘에게 야웨라는 이름의 독특성과 그 이름의 정확한 의미에 관하여 구약학자들 사이에 계속해서 의견의 차이가 있지만 "나는 ~이다"(I am) 또는 "나는 스스로 있는 자다"(I am that I am)는 "존재"(Being)로서보다는 "나는 존재하게 만든다"(I cause to be)라는 관점에서의 이해가 가장 좋은 것으로 보인다. 존재는 이 하나님의 행동을 통해 정의된다. 야웨는 구원하는 행동들을 통해 알려진다. 지배를 하나님의 주요 속성으로 상정하는 것은 성경에 계시된 야웨 엘로힘(YHWH Elohim)보다 **하나님**(God)이라는 단어의 선험적 개념과 정의를 선호하는 것이다.

둘째, 클라크는 교부들이 사용한 용어에 인격(위격)에 대한 근대의 (계몽주의) 개념을 부과한다. 딕슨이 지적하듯이 교부들이 사용한 용어는 기껏해야 유비적이었다. 그리고 교부들은 신적 본성이 오직 세 위격을 통해서만 우리에게 알려진다는 점을 나타내기 위해 자기들이 그 용어가 담아낼 수 있

<hr />

46   Dixon, *Nice and Hot Disputes*, 194.

는 수준을 넘어 그 용어의 의미를 밀어붙이고 있음을 깨달았다. 클라크는 인격(위격)에 대한 근대의 정의를 취해서 삼위일체 교리가 논리적 모순으로 전락되는 지점까지 그것이 명료한 하나의 뜻을 가진 것처럼 주장한다.

셋째, 클라크가 성경 본문에 대한 자신의 주목할 만한 지식을 드러내기는 하지만 그의 책 『성경: 삼위일체 교리』에는 성경의 내러티브 개념이 전혀 없는데, 이 생략은 그의 접근 방식에서 치명적인 흠이다. 예를 들어 캐빈 로우(C. Kavin Rowe)는 누가복음 1:5-38의 주(kyrios)가 분명히 구약성경의 하나님인 야웨만을 가리킨다는 사실에 주목했다. 누가복음 1:38과 1:39 사이에는 그 기간에 예수의 잉태가 일어나는 내러티브의 틈새가 있다. 1:43에 비추어보면 이 틈새는 야웨의 성육신으로 이해될 수 있으며, 그 사실이 명시적으로 언급되지 않고 지나갔지만 엘리사벳이 마리아를 보고 내 주(kyrios)의 어머니라고 인사했을 때 포착되었고 그때 예수에게 주(kyrios)라는 칭호가 주어졌다.[47] 요한복음에서 예수가 "나는 ~이다"(I am)이라는 칭호를 주장한 것과 마가복음의 수난 내러티브에서 대제사장 앞에서 신적 이름을 발설했을 수도 있다는 점은 야웨와 예수 사이의 동일성을 너무 성급하게 일축해서는 안 된다는 점을 암시했을 수도 있다.[48] 클라크는 때때로 "주"(lord)가 단지 "선생님"(sir)만을 의미할 수도 있다는 점을 예리하게 지적했지만 다른 곳에서 그 단어가 분명히 야웨에 대한 70인역 번역의 함축을 지니고 있다는 사실에 대해서는 침묵했다. 클라크의 주장과는 반대로

....

47   C. Kavin Rowe, "Luke and the Trinity: An Essay in Ecclesial Biblical Theology," *Scottish Journal of Theology* 56 (2003): 1-26, 13-14.

48   Margaret Barker, *The Great High Priest: The Temple Roots of Christian Liturgy* (London: Continuum, 2003). 바커는 야웨가 본래 엘엘욘(El'Elyon)의 아들이라고 주장하지만, 이것이 야웨와 예수를 동일시하는 데 영향을 주지는 않는다.

예수에게는 주님 됨 또는 명예로운 지배가 아니라 그 이름이 주어졌다(빌 2:9).[49] 아우구스티누스가 다음과 같이 말한 것처럼 말이다.

> 삼위일체가 한 하나님임을 [우리는 믿어야 한다]. 성부, 성자, 성령이 동일하게 똑같다는 의미가 아니다. 그러나 성부는 성부이고, 성자는 성자이고, 성령은 성령이며 이 삼위일체 하나님은 "이스라엘아, 들으라. 우리 하나님 **여호와**는 오직 유일한 여호와이시니"라고 기록된 것처럼 한 하나님이다.[50]

클라크는 내러티브로서의 성경에 대해 논의하지 않기 때문에 자신이 삼위일체의 "성경적 교리"를 제시했다는 클라크의 주장은 다소 공허하게 들린다.

마지막으로, 로마-아프리카계 서방 교회 예전 전통과 일치하는 『공동기도서』의 예전들은 공식에 의한 것이 아닌 다른 방식으로 삼위일체 교리에 불을 붙였다.[51] 그럼에도 예전들은 선포, 기도, 신조 안에 충분한 내러티브를 보유했다. 이로써 클라크는 기도의 법칙(lex orandi)이 자신의 신앙의 법칙(lex credendi)에 모순된다는 점을 알 수 있었다. 따라서 그는 전승받은 예전 본문에 대해 불편함을 느꼈다. 『성경: 삼위일체 교리』(1712)에 제시된 그의 권고들과 1724년 판 『공동기도서』에 대한 그의 수정들은 모두 그가 웨스트민스터 성 제임스 교회에서 직무를 수행할 때 이미 작성하고 있었던 임시

....

49 Christopher R. Seitz, "Our Help Is in the Name of the Lord, the Maker of Heaven and Earth," in *Nicene Christianity: The Future for a New Ecumenism*, ed. Christopher Seitz (Grand Rapids, Mich.: Brazos, 2001), 19-34을 보라.

50 Augustine, *De fide et symbolo* 9.6. 강조는 덧붙인 것임.

51 Bryan D. Spinks, "Trinitarian Theology and the Eucharistic Prayer," *Studia Liturgica* 26 (1996): 209-24.

변통의 수정을 확장한 것으로 보인다. 따라서 그의 기도들은 그의 믿음에 모순되지 않았다. 계몽주의의 합리성은 일관성을 요구했다. 실제로 클라크의 예전적 수정은 궁극적으로 그가 전승받은 정통, 즉 니케아 공의회의 기독론과 콘스탄티노플 공의회의 삼위일체 신학으로부터 이탈했음을 확인한다.

추가적인 숙고

어떤 면에서 클라크가 계몽주의 전성기의 첫 수십 년 동안 한 일은 모더니즘의 마지막 수십 년 동안 모더니즘이 포스트모더니즘을 낳을 때 한 일에 상응한다. 특히 예배에서 사용되는 삼위일체 언어에 대한 여성신학의 비판의 일부 갈래와 때때로 제안된 예전적 대안들에 클라크가 한 일에 상응하는 것들이 있다. 다른 집합적인 용어와 마찬가지로 여성신학도 매우 다양하고 미묘한 많은 견해를 포괄한다. 그래서 일반화는 희화화의 위험이 있다. 여기서 나의 숙고는 루스 덕(Ruth Duck)이 제시한 견해들에 관한 몇몇 간략한 언급으로 한정된다.[52]

　『젠더와 하나님의 이름』(*Gender and the Name of God*)이라는 책에서 덕은 엘리자베스 쉬슬러 피오렌자(Elizabeth Schüssler Fiorenza)의 가부장제의 정의와 하나님을 "존재 자체"로 여기는 틸리히의 정의를 채택한다.[53] 그녀는 하나님을 표현하는 모든 언어는 은유적이라고 주장했다. 여기서 은유는 유사

．．．．．．．．．．．．

52　그러나 근대성의 증상들에 관해서는 Kathryn Greene-McCreight, *Feminist Reconstruction of Christian Doctrine*(New York: Oxford University Press, 2000)을 보라.

53　Ruth C. Duck, *Gender and the Name of God: The Trinitarian Baptismal Formula* (New York: Pilgrim, 1991).

성과 비유사성에 의해 의미를 제시한다. 신약성경과 예전의 용어인 **아버지**(Father)는 은유이지만 죽은 은유이며, 심지어 아버지들에 의한 아동학대에 비추어 적절치 않다. 흥미롭게도 덕은 카이사레아의 에우세비오스가 자신의 기독론으로 말미암아 이 마태복음 본문을 다른 말로 표현하였는지를 고려하지 않고서 그에게 호소해서 마태복음 28:19 본문에 관한 의심을 정당화한다. 그녀는 또한 이후의 서방 교회가 이 마태복음 본문을 세례의 공식으로 채택한 것에 호소하고 동방 교회의 증거를 완전히 무시한다.

덕은 패트리샤 윌슨-캐스트너(Patricia Wilson-Kastner)와 공동으로 저술한 책 『기독교 예배에서의 삼위일체 하나님 찬양』(*Praising God the Trinity in Christian Worship*)에서 이뤄진 이전의 연구에 기반을 둔다.[54] 이 책의 특정한 장들에서 덕은 하나님이 매우 관계적이지만, **성부, 성자, 성령**이라는 전통적인 용어들은 가부장적이라고 주장한다. 그녀는 근원(Source), 그리스도(Christ), 영(Spirit)이라는 표현을 사용할 것을 제안한다. **인격/위격**이 근대적 사고에서 문제가 있지만 덕은 기독교의 하나님이 관계적임을 표현하는 데 관심이 있기 때문에 **인격/위격**(person)이라는 용어를 **파트너**로 대체하기로 선택한다. 그녀는 아버지라는 단어를 사용하지 않기로 작정하지만 아버지는 어머니, 근원, 창조주, 거룩하신 분, 살아 계신 분, 신비와 함께 사용되는 은유다. 클라크와 달리 덕은 야웨에 관해 간략하게 논의하는데 이 단어가 가부장제의 또 다른 예라고 판단되는 "주"(Lord)로 번역된다는 의미에서만 언급한다. 우리에게 **주**(Lord)의 의미를 제시해주는 야웨, **아도나이**(*Adonai*), **퀴리오스**(*Kurios*)/**도미누스**(*Dominus*) 사이의 연관성도 논의되지 않

....

54   Ruth C. Duck and Patricia Wilson-Kastner, *Praising God: The Trinity in Christian Worship* (Louisville, Ky.: Westminster John Knox, 1999).

는다. 그녀는 또한 하나님(God)이라는 용어에 존재할 수도 있는 문제를 논의한다. 우리가 일반적인 신과 삼위일체 하나님을 어떻게 구별할 수 있는가? 그녀는 예전의 맥락이 그 구별을 분명히 해줄 것이라는 점을 근거로 이 용어의 사용을 정당화한다. 클라크의 경우에서와 마찬가지로 문제가 있는 전통적인 텍스트들은 전통적인 신조들을 포함한다. 덕은 마이클 다우니(Michael Downey)의 권위에 근거하여 전통적인 신조는 교리적인 것이 되기보다는 찬양과 감사인 대영광송(*Gloria in Excelis*)과 소영광송(*Gloria Patri*)이어야 한다고 주장한다. 그녀는 아리우스주의자들이 지지했던 니케아 이전의 송영이 적절하다고 여긴다. 덕 자신의 세례 신조는 다음과 같다.

> 당신은 생명의 근원이자 원천인 하나님을 믿습니까?
> 당신은 나사렛 예수와 교회 안에서 구현된 하나님의 후손인 그리스도를 믿습니까?
> 당신은 새로운 생명의 샘인 해방하는 하나님의 영을 믿습니까?[55]

물론 20세기 말에 글을 쓴 미국의 페미니스트 신학자 덕은 18세기의 첫 수십 년 동안에 저술했던 영국의 계몽주의 신학자 클라크와 동일하지 않다. 두 사람을 비교하는 것은 체커 게임과 체스 게임을 비교하는 것처럼 터무니없는 것처럼 보일 수도 있다. 그러나 나는 두 사람 모두 또 다른 게임에서 들여온 몇몇 규칙을 사용하는 체스 선수들과 같다고 제안한다. 그들의 활동 시기와 그들이 다룬 의제 모두가 다르지만, 성경과 예전 텍스트에 대한 그들의 접근에는 유사성이 있다. 클라크처럼 덕은 내러티브 틀에 아무런

....
55 Ibid., 54.

관심이 없고 하나님의 이름으로서의 야웨와 신약성경의 내러티브에서 그것의 공명을 추구하지 않는다. 덕이 제공하는 예전 텍스트들에서 하나님은 선호되는 용어이며 거의 언제나 창조주와 근원을 가리키는 데만 사용된다. 그리스도/예수/말씀과 성령이 **하나님**이라는 단어와 결합하는 경우는 거의 발견되지 않는다. 이런 선호는 **하나님**이라는 단어를 성부에게만 사용한 클라크의 선호와 유사하다. 비록 **하나님**이라는 단어에 대한 이해가 맥락에서 그것의 의미를 얻는다고 제안하지만 역설적이게도 덕은 성경에서 이 맥락이 성부, 성자 또는 주와 관계가 있을 가능성과 이어서 성경의 내러티브가 그 단어들에 그것들의 의미를 부여할 가능성을 허용하지 않는다.[56] 덕에게 있어서 의미는 내러티브 밖으로부터 도입된다. 그녀는 클라크처럼 **인격/위격**(person)이라는 용어를 싫어한다. 덕의 용어인 **파트너**가 교부적 용어인 **휘포스타시스/이디오테스/페르소나**를 전달할 수 없다는 점을 고려하면 덕의 예전 텍스트들의 많은 곳에서 삼위일체가 종속되는 것을 보지 못하기는 어렵다. 클라크처럼 그녀는 세 위격의 동일본질(homoousios)을 버리고 일반적인 하나님[신]을 선호한다. 카렌 웨스터필드 터커(Karen Westerfield Tucker)가 지적했듯이 하나님이라는 단어가 삼위일체의 첫 번째 위격만을 가리키는 것으로 여기고 두 번째 위격 및 세 번째 위격을 하나님보다 못하거나 하나

<hr />

56 Jürgen Moltmann은 내러티브 맥락이 바로 신약성경에서 "성부"가 사용되는 독특한 방식을 보여준다고 주장했다. "The Motherly Father," in *Faith and the Future*, ed. Johann-Baptist Metz and Jürgen Moltmann, 123-30 (Maryknoll, N.Y.: Orbis, 1995). 덕과 그녀의 몇몇 비평가의 견해와는 반대로 성부, 성자, 성령은 고유명사도 아니고 삼위일체 하나님에 대한 많은 은유 가운데 하나도 아닐 수도 있다. 그러나 R. 켄달 소울렌이 촉구하듯이, 이는 행했고 행하며 행할 야웨에 대한 하나의 불가피한 어형 변화다. R. Kendall Soulen, "Who Shall I Say Sent Me? The Name of God in Trinitarian Perspective," 미발표 논문. 그의 다음 논문도 보라. "Hallowed Be Thy Name! The Tetragrammaton and the Name of the Trinity," in *Jews and Christians: People of God*, ed. Carl E. Braaten and Robert W. Jenson, 14-40 (Grand Rapids, Mich.: Eerdmans 2003).

님과 다르게 만들 때 그 결과는 다시 되살아난(*redivivus*) 아리우스주의다.[57]

사무엘 클라크의 사례는 20세기의 저자들에게 성경의 내러티브의 틀 밖에서 취한 전제와 정의로 시작할 때 초래되는 위험들을 암시해주었을 수도 있다. 일반적인 용어인 하나님이라는 단어가 지배를 지니는 단일성으로 정의되든 존재와 근원으로 정의되든 간에 이 단어로 시작하면 믿음과 예배에서 삼위일체가 너무 쉽게 종속되는 것으로 보인다. 덕은 전통적인 예전적 용법이나 이해로는 아닐지라도 자신이 삼위일체를 확고하게 믿는다고 주장한다. 클라크도 자신의 견해가 완벽하게 정통이라고 주장했지만 그의 예전적 제안들은 유니테리안주의자들에 의해 열정적으로 받아들여지고 채택되었다.[58] 결국 클라크의 사례는 토머스 마쉬(Thomas Marsh)가 지적하듯이 다음과 같은 점을 확인한다. "자신의 기도에서 인간은 자기의 신의 이름을 짓고 그 신에게 말한다. 그러므로 인간의 기도의 구조는 여기서 신앙의 대상이 되는 신을 드러낸다. 즉 이 신이 누구이며 무엇인지를 드러낸다. 따라서 우리는 진실로 이렇게 말할 수 있다. '내게 당신의 기도를 말해주면 내가 네게 당신의 신을 말해주겠다.'"[59]

....

57 Karen B. Westerfield Tucker, "'Praise God from Whom All Blessings Flow': Trinitarian Euchology in the Churches of the Reformation," in *Source and Summit*, ed. Joanne M. Pierce and Michael Downey, 109-20 (Collegeville, Minn.: Liturgical, 1999).

58 Alexander E. Peaston, *The Prayer Book Reform Movement in the XVIIIth Century* (Oxford: Blackwell, 1940).

59 Thomas Marsh, *The Triune God: A Biblical, Historical and Theological Study* (Dublin, Ireland: Columba, 1994), 9.

삼위일체로 존재하는 하나님의 삶

Copyright © 새물결플러스 2024

1쇄 발행 2024년 1월 8일

지은이 미로슬라브 볼프 외 17인
옮긴이 김선권·백충현·정대경
펴낸이 김요한
펴낸곳 새물결플러스

편 집 왕희광 정인철 노재현 이형일 나유영 노동래
디자인 황진주 김은경
마케팅 박성민
총 무 김명화 이성순
영 상 최정호 곽상원
아카데미 차상희

홈페이지 www.holywaveplus.com
이메일 hwpbooks@hwpbooks.com
출판등록 2008년 8월 21일 제2008-24호
주 소 (우) 04114 서울시 마포구 신촌로28가길 29
전 화 02) 2652-3161
팩 스 02) 2652-3191

ISBN 979-11-6129-268-7 93230

책값은 뒤표지에 있습니다.